A Monseigneur Weakland, en
hommage à la démarche audacieuse
entreprise et en témoignage de
complicité, ce livre de convergence.

Alain Chanlat.
Montréal le 21-10-198

LA RUPTURE
ENTRE L'ENTREPRISE
ET LES HOMMES

le point de vue des sciences de la vie

Sous la direction de
A. CHANLAT/M. DUFOUR

LA RUPTURE ENTRE L'ENTREPRISE ET LES HOMMES

le point de vue des sciences de la vie

ÉDITIONS QUÉBEC/AMÉRIQUE
450 est, rue Sherbrooke
Montréal. QC. H2L 1J8

LES ÉDITIONS D'ORGANISATION
5, rue Rousselet
75007. Paris

La publication de cet ouvrage a été rendue possible grâce à une contribution financière de l'*École des Hautes Études Commerciales* (H.E.C.) et du *Centre d'études en administration internationale* (CETAI).

ÉDITION EUROPÉENNE EN LANGUE FRANÇAISE
© 1985, LES ÉDITIONS D'ORGANISATION, PARIS

DÉPÔT LÉGAL:
2e TRIMESTRE 1985
BIBLIOTHÈQUE NATIONALE DU QUÉBEC
ISBN 2-89037-228-6

Remerciements

Le contenu de cet ouvrage conduit à une profonde remise en cause de l'enseignement actuellement dispensé dans les écoles de gestion et des pratiques généralement observées dans les entreprises. La perspective retenue repose sur un ensemble de sciences humaines qui, jusqu'ici, sont toujours apparues comme étrangères et contradictoires à la vie de l'entreprise. Aussi l'adoption d'une telle démarche n'a pas été sans susciter de nombreuses réactions hostiles. Tout au long de cette aventure, il a fallu bénéficier de la compréhension et du soutien d'un grand nombre de personnes qui, chacune à leur manière, ont permis de poursuivre et de mener à bien cette démarche dans de bonnes conditions. À toutes, nous adressons aujourd'hui nos remerciements les plus chaleureux.

Sans l'initiative et l'implication d'André Poirier, à l'époque directeur du Centre d'études en administration internationale (CETAI) et sans la compréhension de Pierre Laurin, directeur de l'École des Hautes Études Commerciales de Montréal, ce projet n'aurait jamais pu ni voir le jour, ni aboutir.

Sans la complicité et l'efficacité de Sylvia Toledano, le colloque sur « les sciences de la vie et la gestion » n'aurait jamais pu se préparer ni se dérouler dans d'aussi bonnes conditions matérielles et psychologiques.

Sans les encouragements de tous nos étudiants, de quelques collègues et de leur soutien qui ne s'est jamais démenti, il aurait été certainement plus simple de renoncer à cette démarche.

Sans l'acceptation des conférenciers qui ont pris le risque de se compromettre en notre compagnie et sans le soutien de ceux qui, depuis, ont accepté de se joindre à eux, cette démarche n'aurait jamais acquis la crédibilité qu'on semble lui reconnaître aujourd'hui.

Sans l'hostilité soutenue de plusieurs personnes, il aurait été aisé de procéder avec moins de rigueur.

Sans le soutien financier du Centre d'études en administration internationale (CETAI), de la direction de la recherche de HEC Montréal, des ministères des Affaires intergouvernementales et de l'Éducation du Québec, du Conseil de la recherche en sciences humaines, de l'Agence canadienne de développement international, d'Air France et des participants au colloque, il n'aurait pas été possible de concevoir ni de réaliser un projet aussi ambitieux.

Sans l'enthousiasme, le dévouement et le travail de révision et de normalisation — mené dans l'ombre — par Allain Joly ce manuscrit n'aurait jamais vu le jour dans une forme acceptable.

Sans la patience de Manon Goedike, Andrée Gendron et de Carole Viau qui ont eu à taper de nombreuses variantes de plusieurs textes, cet ouvrage n'aurait pas pris sa forme actuelle.

Enfin sans la confiance de Gilles Cloutier et l'audace de Jacques Fortin, directeur des éditions Québec-Amérique, ce manuscrit serait resté dans les tiroirs.

Que tous ceux qui, au cours de ces années nous ont accompagnés, dans cette aventure intellectuelle et affective trouvent ici, l'expression de notre profonde reconnaissance.

Alain Chanlat et Maurice Dufour
Février 1985

Avant-propos

Le thème de ce livre est le fruit d'une réflexion que Maurice Dufour poursuit depuis près de vingt ans. En organisant, en 1980, les journées d'étude qui ont suscité la plupart des textes de ce volume, le Centre d'études en Administration Internationale (CETAI) n'aura eu d'autre mérite que celui d'avoir permis de concrétiser cette démarche. Ce n'est toutefois pas simplement par souci de recherche innovatrice que le CETAI, essentiellement orienté vers les questions de gestion internationale, a décidé d'encourager ce débat sur les sciences de la vie et la gestion.

Au début des années 70, l'École des H.E.C. participait à la création d'un programme d'enseignement de la gestion à l'Institut National pour la Productivité et le Développement en Algérie. Ce fut l'occasion de développer des compétences dans le domaine de la gestion internationale, ce qui eut son importance pour la formation du CETAI. En outre cette aventure algérienne nous imposa l'obligation de réfléchir sur l'universalité et la transmissibilité des concepts et des modes d'analyse enseignés dans les écoles de gestion.

Si les problèmes de transfert des instruments comptables ou mathématiques suscitèrent peu d'anxiété, nous avions beaucoup plus d'appréhension lorsque nous en venions à des disciplines comme le marketing, les finances ou l'économique. Quel que fût l'emballage que nous allions choisir pour les présenter, nous savions que ces disciplines avaient réputation de véhiculer un contenu idéologique qui allait être contesté. Nous pouvions cependant en prendre notre parti, nous souvenant qu'en choisissant de travailler avec une institution nord-américaine, les responsables algériens avaient implicitement accepté la situation. Mais nos craintes étaient particulièrement fortes face aux enseignements portant sur les relations humaines. Plus que tout autre, cet aspect des sciences de la gestion s'incarne dans le milieu socio-culturel où il est élaboré, enseigné et mis en pratique. Que l'on parle de relations humaines ou de comportement dans les organisations ou, de façon plus spécifique, de psychologie industrielle et de sociologie économique, cette analyse du comportement de l'homme économique, qui est essentielle à la compréhension et à l'apprentissage de la gestion des organisations, est étroitement liée à un tissu social riche de ses valeurs, de son histoire, de ses préjugés, de ses espoirs : un tissu social où les caractéristiques distinctives dominent les traits universels.

Mais, pour minimiser le risque de l'aventure, il nous fallait justement trouver moyen de situer le débat au niveau de ces traits universels, incapables que nous étions de nous réclamer, de manière crédible, d'une connaissance des caractères particuliers de la société où nous devions enseigner. C'est là que la démarche « sciences de la vie » élaborée par Maurice Dufour, démarche qui était connue à H.E.C. depuis plusieurs années, nous apparut intéressante. Ce ne fut pas l'audace où l'originalité de l'approche qui nous séduisit mais, au contraire, l'espoir qu'une telle façon d'aborder l'enseignement des sciences humaines allait minimiser les occasions de friction entre les professeurs et les étudiants. Cet objectif, somme toute prudent et conservateur, fut atteint, mais non sans effort. La méthode proposée par Maurice Dufour, de rechercher l'universel aux sources de plusieurs des sciences de la vie, exige beaucoup de celui qui la choisit. Alain Chanlat l'a pratiquée en Algérie, puis au Canada, pendant plusieurs années ; il a dû y consacrer un temps de préparation très important. Il est certain que le canevas proposé par Maurice Dufour n'est pas le seul à apporter une solution à un problème de transfert interculturel. D'autres sélections de disciplines scientifiques et de thèmes d'analyse pourrait y parvenir si, comme l'approche que nous avons retenue, elles permettent de remonter aux traits universels qui sous-tendent le comportement humain.

Aborder l'étude ou l'enseignement du comportement par un retour sur les acquis des sciences de la vie n'élimine pas toutes les embûches. D'une part les enseignements de ces sciences ne tiennent pas de la vérité immuable et, d'autre part, les propositions, tant de la paléontologie que de la psychanalyse, peuvent susciter des refus culturels, que nous tentions justement d'éviter. Toutefois, on peut normalement demander à des étudiants d'accepter les principales conclusions de ces disciplines comme hypothèses scientifiques. La sélection de thèmes scientifiques proposée par Maurice Dufour est bien équilibrée. Les enseignements de la paléontologie, de la biologie, de la neurologie, de l'éthologie et de la linguistique témoignent d'une communauté universelle de l'homme ; les observations de la psychanalyse et de l'ethnologie illustrent par contre l'universalité des particularismes des individus et des sociétés.

Ayant effectué cette démarche, des étudiants mûrs peuvent se faire une idée des facteurs moteurs et des implications des comportements humains et peuvent enrichir cette esquisse de toutes les touches socio-culturelles qui leur sont propres et qui expliquent peut-être plus immédiatement le spécifique des attitudes et des gestes, des tensions et des liens. En Algérie, cette formule a bien servi l'objectif qui nous l'avait fait retenir : enseigner les relations humaines dans un milieu qui nous était étranger. Les textes de ce livre démontrent que cette approche peut être à la base d'une réflexion sur l'enseignement de cette même discipline dans un milieu qui nous est familier et l'expérience qui se poursuit à H.E.C. prouve qu'elle peut trouver sa place dans la salle de cours.

Dans toutes les disciplines de gestion, — finances, marketing, production, relations humaines, — les connaissances et les expertises se sont rapidement augmentées des apports d'expériences et de théories, d'histoires de cas et d'outils d'analyse, au point où il est difficile de distinguer dans ces ensembles, le fondamental du contingent, les acquis scientifiques des artifices de la mode. Nous pouvons difficilement prétendre posséder une théorie générale du management. Dans ces conditions les expériences, même quelque peu révolutionnaires, ne risquent pas de détruire, mais bien d'enrichir, un art qui se cherche. Les sciences qui s'intéressent le plus aux relations humaines, comme la psychologie ou la sociologie, se sont, au moment où elles ont voulu investir le champ de la gestion, trop souvent engagées dans des voies restreintes qui les ont réduites à l'état de sous-produits : « psychologie industrielle » ou « sociologie de l'organisation ». Des sous-produits qui ont certes fait la preuve de leur utilité, mais qui pourraient tout aussi facilement montrer leurs limites. En s'engageant dans cette voie, ces sciences humaines ont mieux perçu leurs objectifs immédiats qu'elles n'ont retenu leurs origines. On peut en voir la preuve dans le peu de percées scientifiques majeures que les applications au monde de l'entreprise ont values à la psychologie ou à la sociologie. Le monde de l'entreprise est à ce point dominé par des impératifs économiques, qu'il est beaucoup plus utilisateur de recettes que laboratoire d'expériences objectives.

Les quelques sciences de la vie que ce livre invite à participer au débat ne peuvent certainement pas expliquer le phénomène de la gestion, ni même répondre à toutes les interrogations que suscitent l'observation des relations humaines dans l'entreprise. Il serait illusoire d'attendre de ces sciences qu'elles nous fournissent une théorie générale du management, dont nous ne saurions probablement que faire. Ces sciences de la vie ont développé leurs contenus trop loin du contexte habituel des préoccupations des gestionnaires pour qu'elles puissent être récupérées dans l'immédiat. L'éthologie de l'organisation ou la linguistique industrielle ne sont pas pour demain. Ce livre invite à tenir compte des enseignements des sciences de la vie dans une réflexion sur la gestion. On n'y propose pas de recettes ou même de guide d'interprétation. Ce qui ne signifie pas que la démarche soit sans retombées. La juxtaposition de ces grilles d'analyse peut ébranler certaines certitudes, enrichir la réflexion, stimuler l'imagination. Maurice Dufour, qui l'a initiée, a même fait la preuve qu'on pouvait en vivre dans le domaine pourtant compétitif du conseil en gestion.

Comme toute interrogation, cet appel aux sciences de la vie dans un domaine qui leur semblait étranger a parfois été vécue comme une remise en question et, comme toute remise en question, a entraîné quelques réactions de rejet. Lentement l'approche a fait sa place au soleil mais elle ne se pose pas, et il serait malheureux qu'elle soit perçue, comme détentrice d'une nouvelle Vérité. Un éclairage de plus sur une réalité complexe ne devrait pas nous faire oublier la remarque d'Hamlet : « Il y a beaucoup plus de chose au ciel et sur la terre qu'on ne peut en rêver dans nos philosophies. »

André Poirier

INTRODUCTION

Les sciences de la vie et la gestion

Alain Chanlat

I. Introduction

Ce recueil de textes marque une étape importante dans une démarche qui a débuté il y a de nombreuses années. Nous pensons que le thème retenu devrait contribuer à éclairer tout débat traitant de l'avenir de nos sociétés. Nous aimerions que ce livre soit l'occasion de poser, modestement mais en termes modernes, le problème du rapport de l'homme à lui-même et à son environnement. Nous conduisons-nous de manière à assurer la survie de notre espèce, faisons-nous ce qu'il convient pour favoriser l'épanouissement de chaque être humain? Essayer de répondre à des questions aussi fondamentales n'est pas une tâche facile. Plusieurs difficultés paraissent liées en particulier à la complexité du sujet et à notre parti pris d'adopter une perspective multidisciplinaire.

Nous vivons aujourd'hui dans un monde dominé par l'idéologie économique et par les impératifs de gestion; aussi est-il important d'en dégager les caractéristiques les plus marquantes et d'en faire apparaître la genèse. Ces remarques préalables sur le monde de la gestion sont indispensables avant d'examiner comment les sciences de la vie, au sens le plus large du terme, peuvent contribuer à renouveler la conception que l'être humain se fait de sa relation à lui-même et à son milieu. Cette réflexion facilitera la présentation du plan choisi et des contributions retenues.

II. Réflexions critiques sur le monde de la gestion

A) *Aperçu historique*

La gestion, en tant qu'ensemble de pratiques et de concepts liés à la production et à la distribution de biens et de services, a existé dans toutes les sociétés. Mais elle n'a pas toujours pris les mêmes formes. Pendant longtemps, dans notre propre histoire, et aujourd'hui encore dans des sociétés différentes des nôtres, la sphère économique était et est, selon les termes de Karl Polanyi[1], encastrée dans les sphères sociale, culturelle, politique et religieuse. Dans de telles conditions, toute activité a plusieurs sens, et l'économie doit tenir compte des multiples finalités en jeu. Pendant cette période, l'économie et la gestion pouvaient difficilement se constituer en disciplines à part. La naissance du capitalisme, qu'on peut faire remonter à la fin du Moyen Âge, et son développement accéléré depuis lors provoquent une rupture fondamentale et lourde de conséquences dans l'organisation sociale. La rationalité économique, avec le développement du marché, devient de plus en plus autonome face aux autres rationalités et finit par leur imposer sa propre logique. Cette rationalité privilégie le profit, la rentabilité, la production, et met l'accent sur les problèmes d'optimisation des moyens. De ce fait, elle va accorder une place prépondérante au CALCUL et à la MESURE. La gestion apparaît dans ce contexte et regroupe peu à peu toutes les disciplines qui peuvent, d'une manière ou d'une autre, contribuer à augmenter les revenus ou à diminuer les coûts des entreprises, ou les deux. Dans une œuvre récente en trois volumes, Braudel[2] relate les nombreuses expériences qui se sont déroulées en différents lieux et à différentes époques, avant que cette logique du profit et de la production ne se généralise avec la croissance rapide des sociétés industrielles. Les disciplines de gestion se sont

1. Karl POLANYI et C. ARENSBERG. *Les systèmes économiques dans l'histoire et la théorie*, Paris, Larousse, 1975.
2. Fernand BRAUDEL. *Le temps du monde, civilisation matérielle, économie et capitalisme du XVe au XVIIIe siècle*, Paris, Armand Colin, 1979, 3 vol.

alors diversifiées et progressivement sophistiquées pour imposer cette logique de rentabilité et d'efficacité à des activités de plus en plus interreliées dans l'espace et dans le temps.

L'apparition et le développement du socialisme et du syndicalisme en réaction aux excès du capitalisme n'ont toujours pas modifié la primauté accordée à la rationalité économique. Leurs efforts ont surtout mis l'accent sur un partage plus juste de la richesse économique créée. La recherche de l'efficacité et de la rentabilité pèse fortement sur toutes les formes d'organisation, qu'elles soient privées, publiques ou coopératives. Plusieurs principes sont unanimement acceptés et sont directement issus de cette logique économique. Dès 1835, Tocqueville saisit l'importance de la division du travail et des économies d'échelle :

> « On a reconnu que quand un ouvrier ne s'occupait tous les jours que du même détail, on parvenait plus aisément, plus rapidement et avec plus d'économie à la production générale de l'œuvre. On a également reconnu que plus une industrie était entreprise en grand, avec de grands capitaux, un grand crédit, plus ses produits étaient à bon marché.
>
> Ces vérités étaient entrevues depuis longtemps, mais on les a démontrées de nos jours. Déjà on les applique à plusieurs industries très importantes, et successivement les moindres s'en emparent.
>
> Je ne vois rien dans le monde politique qui doive préoccuper davantage le législateur que ces deux nouveaux axiomes de la science industrielle. »[3]

L'adoption de ces principes conduit à imposer le travail salarié comme forme privilégiée d'action sociale dans les sociétés industrielles. Devereux nous rappelle toutefois que

> « La formule de travail intensif, soutenu, quotidien, pour tous est historiquement nouvelle et malgré sa longue "domestication", je doute que l'homme y soit bien adapté (...). Remuants et surexcités comme nous le sommes, nous nous imaginons que l'énergie est partout considérée comme une vertu accessible à tous (...). Les premiers à travailler d'une façon monotone, intensive et continue ont été, je crois, les esclaves de l'antiquité et... ils en mouraient. »[4]

---

3. Alexis DE TOCQUEVILLE. *De la démocratie en Amérique*, Paris, Gallimard, Idées, 1975, p. 258.
4. Georges DEVEREUX. *Essais d'ethnopsychiatrie générale*, Paris, Gallimard, 1970, p. 275.

L'histoire enseigne, et Braudel ne manque pas de le rappeler, que ceux qui ont acquis un bien-être économique l'ont toujours fait en recourant au déracinement, à l'exploitation et à la violence. Il cite un texte italien, publié en 1776, qui observait déjà :

> « Une partie de l'humanité est maltraitée à en mourir pour que l'autre s'empiffre à en crever. »[5]

Cette formule lapidaire résume bien à quel prix est obtenue la richesse matérielle. Le niveau de vie élevé des Occidentaux repose en grande partie sur l'exploitation du Tiers-Monde, comme celui des bourgeois du XIXe siècle avait été construit sur la misère des ouvriers.

B) *La situation aujourd'hui*

La gestion prend une place prépondérante. Elle pénètre peu à peu dans tous les secteurs des sociétés industrielles : on la retrouve dans des domaines comme l'éducation, les arts, les sports, les loisirs. Elle s'introduit peu à peu à l'intérieur de la cellule familiale et étend progressivement sa logique et ses priorités à la planète entière. Toutefois, au moment même où la logique de la gestion s'apprête à triompher, elle fait face, en tant que théorie et pratique, à une crise très grave. Alors que la science a permis de maîtriser complètement les problèmes techniques de production, nous découvrons qu'il est ÉCO-LOGIQUEMENT impossible que l'humanité entière ait le même niveau de vie que les Occidentaux. Pour résoudre les difficultés de production et de rentabilité auxquelles sont confrontés les pays industrialisés, les gestionnaires font appel à des instruments aussi différents que l'organisation scientifique du travail (O.S.T.), la direction par objectifs (D.P.O.) l'informatique de gestion... Ces techniques manquent d'unité conceptuelle et soulèvent de graves problèmes dans leur application.

La recherche d'une plus grande égalité effectuée par les pays en voie de développement depuis la Deuxième Guerre mondiale, quels qu'en soient les soubresauts, rend à long terme l'exploitation de ces pays de plus en plus difficile. Les conflits tournent de moins en moins à l'avantage des pays développés. L'universalité et la supériorité de cette logique

---

5. F. BRAUDEL, *ibid.*, vol. 2, p. 413.

sont de plus en plus contestées, étant donné en particulier les nombreux échecs qu'on observe lorsqu'on tente de la transférer dans les pays en voie de développement.

Les espoirs placés dans la gestion ont été déçus. Le bien-être matériel est accompagné de conflits de plus en plus durs entre les générations, entre les sexes, entre supérieurs et subordonnés, entre professions, entre syndicats et patrons (qu'ils soient publics ou privés), entre pays en voie de développement et pays développés. Les gestionnaires sont l'objet de vives attaques, ils sont accusés d'être à l'origine de ces difficultés. Ils se sentent persécutés. Quel savoir ont-ils à leur disposition pour comprendre ce qui se passe? Enfermées dans leur perspective technique et limitée, les disciplines de gestion ne peuvent les aider à en rendre compte. L'ignorance des dirigeants sur ces sujets les conduit, selon un processus classique et bien connu, à l'intolérance et à la violence physique ou symbolique. Ils n'ont pas été préparés à comprendre, comme le dit Braudel,

> «qu'une envolée quelconque de la production et de l'échange n'est pas, ne peut pas être stricto sensu un simple processus économique. Jamais murée en elle-même, l'économie débouche à la fois sur tous les secteurs de la vie. Ils dépendent d'elle, elle dépend d'eux.»[6]

Toutefois, il est important de noter que les gestionnaires obéissant à cette logique qui les dépasse ne sont pas seuls en cause. On observe des comportements très similaires et tout aussi critiquables de la part des syndicats, des firmes de consultation et des écoles d'administration, autres grands acteurs dans ce monde de la gestion. Compte tenu de l'importance prise par les écoles de gestion dans la professionnalisation de ce savoir et dans sa diffusion, il est indispensable de les examiner d'un œil critique.

C) *Les écoles de gestion en question*

Toute institution s'inscrit dans un système de valeurs et génère le sien propre. L'entreprise propose aux écoles de gestion d'adopter le sien et en particulier d'accorder une place prédominante à l'argent et à l'autorité. Bien des enseignants partagent ces points de vue et sont prêts à socialiser les

---

6. F. BRAUDEL, *ibid.*, vol. 3, p. 468.

étudiants en conséquence. Dans une publication récente citée par Argyris, Ernest Gross exprime ce point de vue explicitement :

> « Perhaps the most general conclusion we can draw is that since organizations appear to be inevitable... a major type of socialization of the young ought to include methods for dealing with the organization... (for example) an important consideration in the preparation of individual for work should include training for the handling of or adjustment to authority. »[7]

Ici la position est claire et extrémiste et peut prêter à sourire. Elle n'apparaît pourtant pas si loin de la réalité. Beaucoup n'osent pas prononcer de tels propos, mais se conduisent souvent comme s'ils les partageaient. Les enseignants des écoles de gestion, par suite des contacts très fréquents qu'ils entretiennent avec les entreprises — certains ont des agendas plus chargés que les hommes d'affaires et ne lisent guère plus — sont portés consciemment ou inconsciemment à accepter comme allant de soi les impératifs de la gestion, et à mettre leurs connaissances au service de cette apparente nécessité... Ils finissent par oublier qu'un des rôles de l'universitaire n'est pas de se mettre au service de l'ordre établi, mais d'aider à mieux poser les problèmes qu'affrontent nos sociétés, nos organisations. Le contact fréquent et nécessaire ne signifie pas qu'il faille abandonner tout sens critique et renoncer à une hiérarchie de valeurs plus respectueuses de la réalité humaine. Les enseignants sont là pour être les gardiens de valeurs qui transcendent celles de l'entreprise, pour les rappeler, pour les expliquer et pour les vivre. S'ils se conduisent autrement, ils ne méritent pas les privilèges importants qui leur sont accordés par la société, et il serait alors plus logique qu'ils rejoignent l'entreprise.

Cette confusion concernant le choix des valeurs qu'ils représentent est d'autant plus difficile à faire disparaître que le statut de leur savoir n'est pas très clair. Les disciplines de gestion sont-elles des sciences comme elles aiment le prétendre (sciences comptables, administratives, économiques, sciences de la décision...) ? Il est difficile de croire qu'en dehors des mathématiques il y ait une seule discipline enseignée dans ces institutions qui mérite le nom de science, à moins d'en modifier considérablement les critères de définition.

---

7. Cité par ARGYRIS in « Personality vs Organization », *Organizational Dynamics*, New York, Fall 1974, p. 128.

Si ces disciplines ne sont pas des sciences, alors que sont-elles ? La réponse n'est pas facile et ne diminue pas l'aspect angoissant de la question. On constate qu'elles ont un fort contenu idéologique, même si on essaye de le dissimuler derrière un lourd appareillage scientifique. On peut remarquer aussi la prolifération de théories simplistes (elles apparaissent le plus souvent sous forme de tableaux à double entrée, de schémas, de diagrammes, de « check lists »), qui ne sont souvent qu'une forme, plus ou moins élaborée, d'opinions personnelles.

Compte tenu du caractère professionnel de ces écoles, on insiste beaucoup sur l'apprentissage des techniques, sur le comment, et rarement sur leur finalité, sur le pourquoi. Or ces deux savoirs sont étroitement liés et se déterminent mutuellement. Un savoir axé sur les techniques isole les hommes les uns des autres et les conduit, en exagérant les particularismes et les spécificités, à s'opposer avec la violence qui caractérise les gens imbus de leurs certitudes. Gusdorf nous met vigoureusement en garde :

> « Une discipline spécialisée, si elle se cantonne dans le splendide isolement de sa technicité, se coupe de ses origines et de ses fins. Incapable de se mettre en place dans la totalité du savoir, de se situer dans la réalité humaine, elle perd toute valeur de culture et devient un facteur d'aliénation, ainsi que l'atteste en toute évidence la crise actuelle de notre civilisation. Toute science est œuvre de l'homme, elle se trompe et elle nous trompe si elle l'oublie et prétend obtenir par elle-même une autorité quelconque. »[8]

En nous posant des questions sur le pourquoi, nous retrouvons des problématiques qui nous réunissent. Les réponses peuvent nous séparer, mais ces questions nous concernent tous.

Ainsi, les sciences du comportement enseignées dans les écoles de gestion depuis 1930 ont cherché à résoudre ce qui faisait obstacle à la production et à la rentabilité, et à modifier ce qu'avait d'excessif le schéma taylorien issu de l'économie classique. En aucun cas elles ne sont parvenues à se libérer des conceptions purement idéologiques de l'homme que cette économie implique.

À cet égard, les psycho-sociologues de l'organisation sont tout autant au service des impératifs de la gestion que les

---

8. Georges GUSDORF. *Pourquoi des professeurs ?*, Paris, Petite Bibliothèque Payot, 1977, p. 59.

disciples de Taylor et les psychologues industriels, même s'il est de bon ton dans ces mieux de s'en distinguer et de les critiquer. Le langage plus humaniste utilisé : la « qualité de vie au travail», «l'enrichissement des tâches», «la motivation intrinsèque», «la supervision démocratique», permet de tromper et de masquer de façon plus subtile l'objectif recherché. Le comble est d'arriver à montrer que, dans de nombreux cas, les intérêts de l'employé sont en harmonie avec les objectifs que se fixe la direction. L'homme qui s'en dégage est un être tronqué, désincarné, amputé de sa vie intérieure, de sa vie personnelle et affective, de son histoire et de ses dimensions collectives. Ces disciplines apparaissent alors comme un exemple de conditionnement à l'idéologie «managériale».

En mettant l'accent sur la transmission d'un savoir professionnel, les écoles de gestion préparent davantage les étudiants à l'administration des choses qu'au gouvernement des hommes. Elles contribuent à former des spartiates de la gestion, qui se présentent comme les nouveaux jésuites des sociétés industrielles. Les importantes difficultés que connaissent nos sociétés montrent à l'évidence que de tels choix méritent d'être discutés et que ces difficultés ne seront jamais résolues par des sciences humaines dévoyées.

III. Les sciences de la vie et la gestion

Plutôt que d'inventer de nouvelles techniques de gestion, ne serait-il pas préférable d'aborder les mêmes problèmes d'une autre manière ? La question n'a jamais été posée, semble-t-il, de savoir si l'ordre des préoccupations retenu par la gestion était convenable, s'il n'en existait pas un autre plus conforme à la réalité. Que se passerait-il si, au lieu de prendre la gestion comme système de référence, on renversait l'ordre des fins ?

Un tel changement dans la démarche nous libérerait de conceptions par trop idéologiques de l'homme et de sa nature, mais nous contraindrait à définir d'une manière plus réaliste sa spécificité. En faisant cela, nous rejoignons la réponse donnée par Sartre, peu avant sa mort, à la question : Comment se présente aujourd'hui cette idée de la fin ?

> «... Via l'homme... je veux dire que ça pourrait se démontrer ce qu'est un homme.»[9]

9. Entrevue avec Jean-Paul Sartre, *Le Nouvel Observateur*, Paris, 10 mars 1980, p. 58.

Le moyen le moins incertain de le faire est d'avoir recours à un certain nombre de sciences qui, jusqu'ici, sont toujours apparues comme étrangères et contradictoires à la vie de l'entreprise. Ce sont essentiellement les sciences de la vie, *dans le sens le plus large du terme.*

En envisageant la définition de l'homme du point de vue de la phylogénèse et de l'ontogénèse, il est possible, aujourd'hui, de « démontrer ce qu'est un homme ». L'adoption de cette double perspective facilite le choix des disciplines à retenir et l'ordre dans lequel elles peuvent être étudiées. Une telle démarche exige qu'on se pose le problème des origines de l'homme et qu'on sache quelles ont été les grandes étapes de l'évolution du monde vivant et les conditions qui ont facilité l'apparition et le développement de l'espèce humaine. Un tableau semblable décrit comment l'homme s'insère dans la nature et fait apparaître clairement ce qui le distingue des autres êtres vivants et ce qu'il partage avec eux.

À travers les différentes théories de l'évolution, on est en mesure de mieux comprendre la complexité des relations que l'homme entretient avec son environnement. La connaissance des données fournies par la biologie moléculaire facilite la compréhension des théories néo-évolutionnistes et est à l'origine de leçons importantes. Une des spécificités de l'homme étant l'extraordinaire développement de son cerveau et particulièrement de son néo-cortex, on doit logiquement analyser le fonctionnement de ce dernier. Les progrès réalisés dans la connaissance du neurone et de ses interconnexions permettent de mieux saisir comment les phénomènes psychiques s'inscrivent dans le système nerveux, et de mettre en évidence à la fois les possibilités extraordinaires du cerveau humain et sa très grande vulnérabilité. Les travaux menés en neurophysiologie du rêve et du sommeil montrent les effets importants de ces derniers sur l'équilibre psychique de l'homme. On est obligé de constater que les méthodes d'organisation du travail reposent sur des principes qui n'en tiennent pas toujours compte et sont même le plus souvent en contradiction avec les données de la neurobiologie.

Les études sur les réflexes conditionnels permettent de mettre en évidence les relations très complexes qu'un être vivant entretient avec son milieu par l'intermédiaire de son équipement sensoriel, « premier système de signalisation » selon Pavlov, et de découvrir à cette occasion combien ces phénomènes habituellement présentés comme simples sont en réalité très compliqués. Tous les travaux menés dans le domaine des névroses expérimentales soulignent l'influence considérable de l'environnement sur l'équilibre nerveux et dans la genèse de nombreux troubles de comportement.

Il est nécessaire de compléter ces points de vue en prenant connaissance des principales données de l'éthologie. Cette science, qui a fait des progrès considérables ces trente dernières années, analyse le comportement des animaux dans leur milieu naturel et le compare à celui de l'homme. Les conclusions auxquelles l'éthologie est arrivée remettent en question la séparation traditionnelle entre l'animal et l'homme, et bouleversent toutes les notions relatives à l'instinct. Elles montrent en particulier comment, au fur et à mesure qu'on remonte dans l'échelle des espèces, les animaux sont capables d'agir sur leur environnement.

Un bilan consacré à ce que nous savons sur nous en tant qu'espèce ne peut être complet s'il n'englobe pas le langage, ce « deuxième système de signalisation » de Pavlov, « le signe des signes ». Le développement de cette faculté, spécifique à notre espèce, a eu des conséquences importantes sur notre évolution. Le langage a facilité la vie sociale et a donné la possibilité à la transmission culturelle de se substituer à la lenteur de la transmission biologique. Compte tenu du rôle primordial joué par le langage dans la vie sociale et personnelle, il est indispensable de connaître les principes généraux de la linguistique et d'être mieux informé sur les rapports existant entre le langage et la réalité, le langage et la pensée, le langage et la logique.

Une description systématique de la réalité humaine exige parallèlement l'adoption d'une perspective ontogénétique. Qu'arrive-t-il à un individu depuis la fécondation jusqu'à l'état adulte ? Un compte rendu des éléments essentiels de l'embryologie et du développement neurobiologique du nourrisson permet d'établir un lien entre la phylogénèse et l'ontogénèse. C'est l'occasion de découvrir comment tout être humain, au cours des premières années de son développement, a tendance à refaire le chemin parcouru par son espèce au cours de son évolution. Cette introduction est indispensable à l'étude des dimensions psychologiques et sociales.

La personnalité psychique peut être étudiée à travers les deux concepts fondamentaux de la psychologie, l'intelligence et l'affectivité. Dans le domaine de l'intelligence, Piaget distingue plusieurs périodes qui se succèdent dans un ordre constant. Chacune de ces périodes est constituée de plusieurs stades, le passage d'un stade à un autre se faisant selon un processus d'assimilation-accommodation semblable à celui qui est observé en biologie. La psychologie génétique propose une vision dynamique de l'intelligence; elle la représente comme une série de conquêtes et d'intégrations successives. Il est possible de mieux saisir les rapports entre les notions de genèse et de structure, qui occupent une place centrale dans la théorie du développement de l'intelligence et qui sont des concepts clés pour comprendre ce qui se passe dans les organisations.

Il est impossible aujourd'hui d'étudier sérieusement l'affectivité sans faire appel à la psychanalyse. C'est la seule discipline à avoir rendu compte de façon satisfaisante de cette dimension, qui joue un rôle considérable dans la vie de l'homme. On ne peut pas dispenser de savoir comment Freud et ses successeurs conçoivent le développement affectif de l'homme et la place importante qu'ils accordent, dans leur théorie, à l'inconscient, à la sexualité, au conflit et à l'histoire. Une comparaison des théories de Piaget et de Freud permet de voir les relations très étroites existant entre la vie rationnelle et la vie émotionnelle et de mieux saisir la relation d'objet qui détermine les rapports à soi-même et au monde.

Pour les auteurs de ce recueil, il est clair que la compréhension de la personnalité psychique passe par des concepts qui portent nettement la marque de la culture dite «occidentale». L'étude des stades du développement intellectuel et affectif fait découvrir à l'évidence les liens subtils et innombrables qui permettent de façonner un individu à l'image la plus conforme possible de sa société. Seule l'ethnologie peut donner une vision exhaustive des différents hommes dans les différentes sociétés. Le recours à cette discipline est indispensable pour comprendre la dynamique interne qui anime leur évolution et qui les fait s'ouvrir ou résister à tel changement plutôt qu'à tel autre. Les conclusions sont valables pour toutes les sociétés.

Ce n'est donc qu'après l'étude des dimensions biologique, neurologique, psychologique et sociale de l'homme, et la prise en considération de ces données, qu'il est possible de s'interroger sur les structures et le fonctionnement de nos institutions.

Il s'agit dans ce livre de renverser la perspective et de prendre dorénavant comme système de référence les sciences de la vie.

Ce résumé, bien que bref, donne une idée de la façon systématique dont on peut aujourd'hui décrire la réalité de l'homme et répondre aux questions suivantes : quelle espèce sommes-nous ? Qu'est-ce qui fait notre spécificité ? Que partageons-nous avec les autres espèces ? Quelles en sont les conséquences ? Si notre néo-cortex nous distingue si nettement des autres êtres vivants, comment fonctionne-t-il ? Quels renseignements pouvons-nous en tirer ? Étant donné l'importance du système nerveux central dans nos expériences, pouvons-nous déterminer les conditions de son équilibre avec l'environnement ? Le langage occupe une place primordiale dans les secteurs de l'activité humaine ; que savons-nous de cette faculté ? Qu'arrive-t-il à un individu depuis la fécondation jusqu'à l'âge adulte ? Quelles sont les différentes phases de son développement neuro-moteur, intellectuel, affectif ? Comment est-il socialisé ? Quelles sont les interactions existant entre le biologique, le psychologique et le social ?

À travers les différentes réponses à chacune de ces questions, il est possible *d'examiner dans quelle mesure les pratiques de gestion sont en accord avec les données des sciences de la vie.* Cette orientation est par ailleurs en accord avec la volonté de rendre les disciplines de gestion plus scientifiques. Pourquoi ne pas être conséquent avec cette orientation en tenant compte, avant d'agir, de ce que nous savons sur l'homme aujourd'hui ? Ne serait-il pas plus logique — et même plus « efficace » — de développer des modes de gestion qui respectent la spécificité de l'homme plutôt que de le contraindre à s'adapter à des pratiques contraires à sa réalité ? Pourquoi laisser aux tortionnaires le monopole de l'utilisation systématique de ces sciences, dont nous sommes au courant grâce aux nombreux rapports sur la torture publiés régulièrement par Amnistie Internationale ? Pourquoi ne leur ferions-nous pas appel pour aider à l'épanouissement de l'homme ? La connaissance peut libérer ou asservir ; la meilleure garantie pour qu'elle libère consiste à la diffuser le plus largement possible.

Il n'y a pas de raccourci à la créativité, à l'invention de nouvelles relations, de nouvelles structures. Comme le montre Henri Laborit en se servant de la description du cerveau triunique de McLean, les capacités associatives du néo-cortex dépendent de la qualité et de la quantité des éléments enregistrés dans le système limbique, siège de la mémoire à long terme [10]. Dans ce domaine, il n'y a pas de miracle, ni de génération spontanée.

IV. Contenu du livre

Nous n'avons pas cherché à être exhaustif dans ce recueil. Nous avons eu le souci de rester fidèle à notre propos et nous avons conservé le plan suivi lors des journées d'études. Ce livre est donc divisé en cinq parties. Les quatre premières présentent certaines des dimensions biologiques, psychologiques, linguistiques et ethnologiques les plus caractéristiques de l'homme. La dernière partie constitue une synthèse et une discussion des notions introduites dans les parties précédentes. La grande majorité des textes de ce recueil est composée des différentes contributions aux journées d'études. Toutefois, nous avons décidé d'ajouter à cet ensemble des textes écrits depuis et destinés soit à faciliter ou à compléter la lecture des problèmes soulevés, soit à élargir le débat.

Dans la partie intitulée *Biologies et contestations des certitudes*, il s'agit de montrer comment des biologistes d'origines diverses posent les problèmes d'organisation, et comment ils conçoivent les notions de fonction, de structure, de niveaux d'organisation, de hiérarchie, de compétition et de coopération. Le titre retenu indique qu'ils abordent ces sujets avec humour et modestie. Dans « Niveaux d'organisation biologiques, comportements et structures psychosociales productivistes », Henri Laborit présente les principes de fonctionnement du cerveau humain et leurs effets sur les comportements. Son analyse aide à mieux saisir les limites à ne pas dépasser si l'on ne veut pas attenter à l'intégrité physique des hommes. Paul Hopkins, dans « Compétition, coopération, l'individu et le groupe », nous met en garde contre la tentation d'adopter le point de vue de la sociobiologie. Il précise les limites de la biologie en tant que science et nous fait découvrir combien celle-ci et l'économie n'ont cessé de s'influencer depuis leurs origines. Cette réflexion débouche sur une remise en cause fondamentale de la relation de l'homme à son milieu naturel et de la rationalité économique telle qu'elle est pratiquée aujourd'hui. Décrivant la complexité d'organisation des sociétés animales, il reproche à une certaine éthologie moderne de vouloir retrouver, dans le milieu animal,

---

10. Henri Laborit. *La nouvelle grille*, Paris, Laffont, 1974.

les comportements observés dans les sociétés humaines et de privilégier les points de vue individuels et les notions de compétition, de territoire et de hiérarchie, au détriment des facteurs de groupe et des concepts de coopération. Après avoir lu le texte de Paul Hopkins, il n'est plus possible de demander au monde animal de cautionner ou d'inspirer les valeurs et les modes d'organisation adoptés par l'Occident moderne, comme le voudraient les tenants de la sociobiologie wilsonienne. Dans « Ordre et désordre dans les systèmes naturels », Henri Atlan, pour sa part, nous démontre combien il est nécessaire dans les systèmes naturels de réinterpréter les notions d'ordre, de désordre, d'organisation et de complexité, à la lumière des plus récentes découvertes de la cybernétique et de la biologie moléculaire. L'ordre et le désordre ne sont plus dans des relations d'exclusion mutuelle mais paraissent, dans une perspective temporelle, entretenir à travers le concept d'auto-organisation des rapports dialectiques qui permettent d'expliquer la complexification des systèmes vivants.

Dans la partie intitulée *Psychanalyse et société*, nous avons regroupé les textes de deux analystes qui, chacun à leur manière, montrent l'importance de l'affectivité dans la vie relationnelle. Comme le mentionne Maurice Dufour, « il est difficile de se dispenser de connaître, moyennant les efforts requis, le discours psychanalytique et de ne pas voir, dans le développement de sa métapsychologie, un renouvellement fondamental des conceptions de la vie psychique dans la pensée occidentale. Il est de plus tout autant salutaire de scruter l'élaboration de la technique psychanalytique, source féconde d'inspiration pour l'approfondissement et l'amélioration de la dynamique, de l'économie et de la genèse des relations interpersonnelles. Bien que les aspects spécifiquement nosologiques entraînés par la mouvance psychiatrique soient d'un intérêt relatif pour notre propos, il n'en reste pas moins primordial d'être capable de repérer, à tout moment, les influences de certaines formes de rapports sociaux sur la vie mentale et d'en appréhender, si possible dans leur ensemble, les conséquences sur les mentalités. Une bonne compréhension de la théorie et de la pratique des différentes écoles de la psychanalyse reste donc, à l'heure actuelle, indispensable ». Dans « Institutions régressives et maturité individuelle », Charles Mertens de Wilmars montre comment la connaissance du mode de fonctionnement psychique, la genèse de la relation objectale, sa pathologie et la dynamique de groupe permettent de rendre compte des apports essentiels de la psychanalyse. Cet auteur remarque que les institutions suscitent le plus souvent des comportements d'indépendance, de dépendance, de contre-dépendance favorisant respectivement le développement de traits schizoïdes, hystériques (ou dépressifs) et obsessionnels (ou paranoïaques). Il est rare que les organisations mettent l'accent sur l'interdépendance, synonyme de maturité relationnelle. Elliott Jaques, disciple de Mélanie Klein, fait part dans «Structure d'organisation et créativité individuelle» de la façon dont la psychanalyse a influencé sa méthode d'intervention dans les entreprises et l'a amené à constater comment la multiplication des niveaux hiérarchiques, dans les grandes organisations modernes, a tendance à réactiver l'angoisse de persécution dans l'inconscient des employés et à créer un climat de méfiance généralisée. Elliott Jaques estime que l'horizon temporel contenu dans chaque tâche est le concept clé permettant de définir à la fois le nombre adéquat de niveaux hiérarchiques, le niveau de capacité exigé de chacun et le montant équitable de salaire. Pour lui, les conditions d'équilibre entre ces trois éléments sont universelles et nécessaires au rétablissement d'un climat plus harmonieux et au développement d'un sentiment de confiance en soi.

Dans la troisième partie intitulée *Communications et représentation*, nous avons réuni les textes d'un linguiste et d'un spécialiste des communications. En professionnalisant les fonctions et en multipliant les niveaux hiérarchiques, la bureaucratisation des grandes organisations a donné une importance considérable aux activités de coordination. Aucun des savoirs spécialisés n'est en mesure d'imposer aux autres ses conceptions particulières. Parallèlement, on a assisté à une contestation de l'autorité et à des revendications pour accroître la participation dans les décisions. Ces mouvements ne sont d'ailleurs pas indépendants et ont donné naissance à la mise en place de nouvelles techniques de gestion, comme la direction par les objectifs, la gestion par projet... ; en outre, ils ont favorisé la prolifération des comités, ce qui, dans tous les cas, multiplie les rencontres interpersonnelles et provoque d'intenses activités de parole. De ce fait, le dialogue se trouve inscrit au cœur de la problématique de gestion. Il semble alors impossible de ne pas faire appel aux sciences du langage pour éclairer ces problèmes. Jean-Blaise Grize, dans «Activités de langage et représentations», insiste sur le caractère dialogique du langage et met en évidence, à cette occasion, l'importance des représentations et la façon dont elles s'échangent entre interlocuteurs. Dans une telle perspective, la parole semble le moyen par excellence d'argumenter et d'exercer son influence sur autrui. Jean Cloutier, dans «Systèmes ouverts et communication médiatée», préconise d'adopter un point de vue systémique pour intégrer les télécommunications, les médias et l'informatique dans le processus de communication. À l'heure où les nouvelles technologies de l'information envahissent les entreprises, il est indispensable de s'interroger sur leur apport et sur les conditions qui leur permettent d'être mises au service des êtres humains.

La quatrième partie, intitulée *Ethnologie et idéologie*, rassemble les textes de quatre ethnologues et d'un professeur de gestion ayant décidé d'aborder le problème de l'homme au travail selon la méthode et les concepts anthropologiques. Ce n'est que récemment, et sous la pression des nécessités, que la société industrielle a été amenée à s'intéresser aux problèmes humains. Pendant longtemps l'homme a été traité, et il l'est encore aujourd'hui, comme une machine dont on se doit de tirer le plus haut rendement. Il fallut attendre les expériences de Hawthorne, commencées avec des hypothèses strictement tayloriennes, pour découvrir, non sans difficulté, l'importance des facteurs psychologiques et sociaux. Il n'est pas inutile de rappeler ici que ces expériences, qui ont eu un retentissement considérable, ont été menées pendant plusieurs années sous la direction d'Elton Mayo (Australien ayant une formation anthropologique) et se sont inspirées en grande partie de la méthode de l'observation participante. Cinquante-cinq ans plus tard, il faut admettre que nous ne sommes pas beaucoup plus avancés dans notre compréhension des problèmes humains — même si nous n'en avons jamais autant parlé. Cette situation est due en grande partie à l'omniprésence de la perspective productiviste retenue et au choix de méthodologies positivistes et rationalistes. Jusqu'ici, on s'est surtout attaché à identifier les dimensions psychologiques et sociales pouvant avoir des effets sur la performance des travailleurs. Au cours de cette même période, l'ethnologie, qui se spécialisait dans l'étude des sociétés dites traditionnelles, acquérait ses lettres de noblesse et nous faisait découvrir la très grande variété des sociétés humaines dans l'espace et dans le temps. Les travaux ethnologiques nous introduisent dans des mondes intérieurs et collectifs d'une complexité inouïe. Dans notre esprit, il ne fait aucun doute que l'ethnologie doit cesser de se cantonner dans l'étude des sociétés traditionnelles; qu'il est temps qu'elle examine, avec la même rigueur méthodologique et la même envergure de points de vue, les sociétés industrielles et leurs institutions. Nous avons un besoin pressant d'une ethnologie du monde blanc et en particulier de l'une de ses principales institutions, l'entreprise. Cette ethnologie du Nord devrait être menée en collaboration avec des ethnologues issus de sociétés non industrielles. Ce double regard, intérieur et extérieur, devrait nous aider à mieux comprendre ce qui nous arrive.

Lionel Vallée, dans « Représentations collectives et sociétés », nous propose un modèle permettant de comprendre les processus fondamentaux à l'œuvre dans toute société humaine et capables de se manifester sous une infinité de traits différents. Toute société peut être décrite à partir de l'analyse de trois systèmes interdépendants et respectivement consacrés à la production de biens matériels, à la production de symboles et à l'établissement d'une organisation sociale spécialement chargée de maintenir la cohérence dans la société, et particulièrement entre le monde des biens matériels et celui des symboles. Comme nous l'avons vu précédemment, c'est l'une des caractéristiques des sociétés industrielles que d'avoir privilégié le système de production de biens matériels et le développement d'une structure autoritaire au détriment du système de représentation symbolique. Il est temps de réhabiliter l'importance de cette dimension dans la vie des êtres humains. Lionel Vallée nous explique la raison profonde de l'existence du système de représentations, et les principaux éléments et relations qui le constituent. Cette vision globalisante est davantage porteuse de signification que la multiplication des études sur des symboles et des actes symboliques isolés les uns des autres, qui débouche sur une connaissance anecdotique des sociétés. Parmi les spécialistes de la gestion qui commencent à s'intéresser à l'ethnologie, rares sont ceux qui ne tombent pas dans ce piège. On commence à voir apparaître des comptes rendus de recherche sur les « tribus », les « rites », les « mythes » de l'entreprise. Une telle approche conduit à une folklorisation des organisations et favorise une récupération rapide et facile par l'entreprise de cette ouverture sur l'univers symbolique. La psychologie et la sociologie ont déjà vécu ce genre de mésaventure. Le texte de Lionel Vallée peut faciliter la description d'univers symboliques plus fidèles et plus complets.

Omar Aktouf, pour sa part, bien que n'étant pas ethnologue de formation, présente aussi fidèlement que possible « la méthode de l'observation participante » qu'il a utilisée lors de séjours dans deux brasseries, l'une située à Montréal, l'autre à Alger. Comme le souligne Maurice Dufour, « le texte est non seulement un recensement approfondi de la littérature sur la pratique de l'observation participante mais c'est surtout le fruit d'une interrogation, d'un cheminement et d'une culture personnels, sans quoi il ne saurait y avoir d'observation participante possible. Manière d'être aux autres plutôt que manière de faire, telle est l'impression laissée par ce document. C'est donc de plus aussi l'occasion de faire état des difficultés rencontrées dans la pratique de consultant auprès des clients et de s'interroger sur la pertinence de l'emploi du mot "méthode" concernant une telle approche. Ce terme introduit beaucoup de malentendus et d'ambiguïtés. La manière d'aborder les problèmes dans l'entreprise est trop marquée par la pensée diagrammatique des sciences de l'ingénieur : technologie et organisation obligent. Le discours de la gestion, enfermé quant à lui dans une double contrainte au sens moderne du terme, à cause d'une part, de la survalorisation théorique "l'homme" (formation réactionnelle à une pratique inhumaine), confortée d'autre part par une idéologie rationaliste, positiviste avec agressivité jusqu'au cynisme : résultats obligent. On considère au mieux les hommes comme une richesse ou une ressource, mais n'est-ce pas souligner par là combien il est difficile d'échapper aux rigueurs du compte d'exploitation ? La tendance est donc, au sein de l'entreprise de comprendre le mot "méthode" soit dans le sens "d'ensemble de règles, de principes normatifs sur lesquels reposent l'enseignement, la pratique d'un art" (4e sens dans le dictionnaire Robert) soit surtout dans celui de "manière de se comporter, technique raisonnée pour obtenir un résultat" (3e sens du dictionnaire Lexis). Si l'approche de l'observation participante participe un peu du premier sens, elle n'a strictement rien à voir avec le second, surtout si l'on donne à résultat le sens managérial. L'ouvrier spécialisé qui travaille en usine est encore soumis à un rythme difficilement compatible avec sa réalité et vit dans un univers symbolique très appauvri et privé de signification. L'homme au travail n'est pas encore et de loin, selon le souhait d'Aristote, la fin de ses propres activités. Cette réalité ne doit être, à aucun prix, camouflée si l'on veut traiter des "problèmes humains dans l'entreprise". »

Dans son texte « Idéologie et organisation », Georges Condominas décrit brièvement mais de façon très concrète deux sociétés très différentes de l'Asie du Sud-Est : les Mnong Gar et les Lao. Son concept d'espace social lui permet d'illustrer la variété des systèmes de production matériels et immatériels, des structures sociales et des relations dialectiques existant entre ces trois sphères. Le détour par ces deux sociétés lui donne la possibilité de jeter un regard neuf sur la nôtre.

Dans « Laisser parler les faits », Tom Lupton, pour sa part, explique comment son itinéraire personnel l'a conduit à remettre en question l'épistémologie orthodoxe de la gestion. Après avoir commencé sa vie comme ouvrier et avoir fait une entrée tardive dans le monde des sciences sociales, et de l'anthropologie en particulier, Tom Lupton montre comment cette double formation l'amena à se méfier de la fuite dans l'abstraction, à redécouvrir l'importance des faits et à être un des tout premiers à faire l'ethnographie d'un atelier. Dans son texte, il souligne les oppositions fondamentales existant entre le monde de la recherche scientifique telle qu'elle est générale-ment pratiquée et celui de l'action, confrontée à la nécessité de trouver des solutions aux problèmes pratiques. Il met en évidence les dangers qu'entraînent, pour les sciences de l'action, les emprunts de leurs modèles aux sciences physiques et aux sciences naturelles. Son analyse le conduit à remettre en question la formation dans les écoles de gestion et, en particulier, à souligner l'importance des expériences sur le terrain.

Dans son texte « Être truckeur », Serge Bouchard nous introduit dans l'univers symbolique des camionneurs de longue distance qui effectuent, dans un tournoi sans fin, le trajet Matagami — la Baie James — Matagami (1 800 km aller et retour dans le Nord-Ouest québécois). Il explique comment l'observation participante est particulièrement appropriée pour connaître la complexité du système de représentations des camionneurs, inaccessible par les méthodes impersonnelles d'investigation. Il souligne combien elle met en cause l'obser-vateur lui-même dans ce qu'il fait. Serge Bouchard illustre pleinement les considérations théoriques énoncées par Omar Aktouf et par Lionel Vallée. La fonction symbolique, subjective, du camion dépasse de beaucoup sa simple fonction objective, qui est de transporter de la marchandise. Elle est particuliè-rement présente dans le design de la cabine avant. Les valeurs de la machine comme la beauté, la force, la puissance structurent et reflètent en même temps l'idéologie du chauffeur de camion. Bouchard nous en présente quelques traits représentatifs ; nous sommes loin de la vision superficielle et stéréotypée qu'on se fait habituellement du camionneur à partir d'un point de vue strictement extérieur. Il décrit l'importance et l'essence du plaisir solitaire et social d'être truckeur et l'extrême richesse de son expérience intérieure. Cette création de mondes symboliques l'aide à transcender sa condition objective faite d'exploitation, d'usure physique et de souffrances morales.

Dans la dernière partie, nous avons réuni trois textes qui, chacun à leur manière, posent des questions sur la gestion à partir des points de vue développés dans les parties précédentes. Dans « À propos du management », Omar Atkouf regroupe les principales conceptions de gestion à l'intérieur de trois grandes écoles de pensée mettant respectivement l'accent sur la technologie, les dimensions sociotechniques et la prise de décision. Son analyse critique se fonde sur la manière dont ces écoles traitent les problèmes de production, de domination, de contrôle et d'avilissement du travail. En adoptant le point de vue des sciences humaines, Omar Atkouf dévoile les faces cachées de ces écoles qui paraissent alors, au-delà de leurs différences apparentes, procéder de la même logique productiviste, rationaliste et rationalisante.

Kä Mana, dans « Crise de l'Occident, crise de l'Afrique », s'interroge avant tout sur les valeurs et les finalités soustendant la rationalité scientifique et la logique économique, et sur les raisons à l'origine de la crise profonde qui agite tant l'Occident que l'Afrique. Pour Kä Mana, la crise de l'Occident est « celle de l'intégration de la rationalité dans les profondeurs de l'être, la crise de l'Afrique, celle de la redécouverte de la véritable identité historique de l'Afrique et son intégration dans une dynamique de la modernité ». Cette confrontation de deux visions souligne combien il est fructueux de recourir, chaque fois que c'est possible, au double regard interne et externe et à l'approche comparative. L'Occident et l'Afrique ont chacun beaucoup à y gagner. En réintroduisant dans le débat des considérations sur l'« être » et en évitant les analyses manichéennes, Kä Mana nous prouve à quel point il est urgent de réhabiliter la réflexion philosophique, seule capable de mettre un peu d'ordre dans cet immense désarroi qui atteint progressivement l'humanité dans son ensemble.

Dans la « Synthèse », Maurice Dufour nous fait découvrir, une fois de plus, l'influence déterminante de la pensée grecque sur l'évolution de la pensée occidentale. En faisant du respect de la loi l'essence de la vertu et en professant que la vertu est une science, Socrate et Platon ont conduit les sciences pratiques à prendre pour modèle les sciences théoriques pures et ont fortement marqué la conception qu'on s'est faite, jusqu'à aujourd'hui, de la formation des hommes d'action. Pour Maurice Dufour, il serait temps de revenir à une vision plus aristotélicienne de l'action, qui exige autant de sagesse que de science. Ces remarques préliminaires sont nécessaires pour aider à mieux tirer parti des leçons que nous offrent la biologie, la linguistique, la psychanalyse et l'ethnologie sur la situation de l'homme dans le monde. Il est urgent pour la gestion d'en tenir compte.

Il est temps maintenant de préciser les objectifs que nous, auteurs, poursuivons dans ce recueil. Nous sommes à la recherche d'un nouvel humanisme centré sur le sujet. Nous souhaiterions voir la gestion sortir du monde intellectuel étroit dans lequel elle s'est enfermée et lui ouvrir des voies pour mieux poser les problèmes auxquels elle se trouve confrontée. Nous aimerions que ce livre soit l'occasion pour beaucoup de lecteurs de s'initier à des disciplines qui n'ont habituellement pas droit de cité dans le monde de la gestion et qu'ils puissent y trouver un écho à leurs propres préoccupations personnelles et professionnelles. Nous croyons que cette remise en question pourrait déboucher éventuellement sur des actions concrètes et inspirer à plusieurs le désir d'expérimenter de nouvelles pratiques sociales.

Afin qu'il n'y ait pas de malentendu, nous tenons à souligner qu'il n'est pas question ici de proposer une nouvelle rationalité et de construire, à partir de là, une théorie générale du management. Si nous pensons que la science peut nous aider à résoudre les problèmes que nous affrontons, il n'est quand même pas question de tomber dans le scientisme. Aussi, Maurice Dufour poursuit-il cette introduction avec ses réflexions intitulées « Prolégomènes », et dont le plan et certaines remarques sont directement issus de textes mystiques, volonté d'affirmer que, en aucune manière, la science ne saurait détenir le monopole de la vérité dans un tel débat.

Pour conclure, nous souhaitons vivement que le lecteur aborde cette remise en question fondamentale avec la plus

grande ouverture. Le jeu en vaut la chandelle car, comme l'a
rappelé Sartre peu avant sa mort :

> « *Nous sommes en pleine bataille en ce moment*, et ça durera
> sans doute de nombreuses années. *Mais il faut définir cette
> bataille : nous cherchons à vivre ensemble, comme des hommes
> et à être des hommes.* Donc c'est par la recherche de cette
> définition et de cette action qui serait proprement humaine, par-
> delà l'humanisme bien sûr, que nous pouvons considérer notre
> effort et notre fin. Autrement dit, *notre fin c'est d'arriver à un
> véritable corps constitué où chaque personne serait un homme et
> où les collectivités seraient également humaines* »[11].

---

11. Entrevue avec Jean-Paul Sartre, *Le Nouvel Observateur*, Paris, 10 mars
    1980, p. 58.

Prolégomènes

Maurice DUFOUR

La physique peut s'enseigner sans obliger personne à remonter aux Grecs et aux Arabes. Elle peut s'enrichir de la mécanique quantique sans avoir à renier ni à renoncer à la mécanique classique. Il ne viendrait à l'idée d'aucun physicien de s'assurer que sa science lui a été correctement transmise en relisant toute l'œuvre de Newton et en réitérant sa démarche. Il n'a pas besoin de cela pour comprendre la physique et être un bon physicien. Ce ne sont pas, à mon avis, les problèmes de mesure, de quantification ou d'expérimentation qui séparent les sciences humaines des sciences physiques et naturelles. Les notions mêmes de découverte ou de progrès sont différentes, voire étrangères à ces sciences-là, et démenties par leur réalité. Une autre de leurs caractéristiques est leur démarche totalisante, dichotomique et exclusive, qui tend à procéder par tout ou rien. Quelqu'un comprend-il l'importance de la fonction, on se met alors à la voir seule et partout, elle devient la clé de l'univers. Un autre décrit-il une structure, on se précipite, on démonte tout grâce à elle, pour mieux démontrer que rien n'existe plus. Alors d'aucuns se mettent à construire des systèmes pour résoudre tous les problèmes précédents. Les plus vieux et les mieux informés rappellent que tout cela fut enseigné jadis par la scolastique, grand-mère de toutes ces démarches-là. De fait, toute explication d'un phénomène dans ces sciences est presque toujours assortie d'une explication contradictoire. Il est donc difficile d'y tenir un discours rigoureux et transmissible en toute certitude. Bien plus, non seulement les théories ne font appel à aucun vocabulaire univoque et chaque auteur peut y construire à sa guise le sien, mais encore le lecteur est libre, dans une large mesure, de déplacer les limites des concepts et de disserter à son tour sur eux. On se voit donc obligé avec le temps, d'ajouter à la lecture soigneuse des maîtres celle de leurs commentateurs les plus considérés. À cause de telles possibilités et de telles exigences, on reconnaît mieux l'avantage de pouvoir recourir à un métalangage, les mathématiques, pour élaborer les connaissances. Il permet de prendre du recul par rapport à elles et de les fixer. Il n'y a donc rien d'étonnant que les sciences humaines caressent aussi l'espoir de s'élaborer avec plus de rigueur grâce à elles.

La linguistique, par exemple, s'est depuis longtemps engagée dans cette voie, mais ce n'est pas être sarcastique ni faire preuve de scepticisme que de souligner la situation équivoque où elle se trouve actuellement. À force de se vouloir déductive et logico-mathématique, elle s'entend parfois supplier par les mathématiciens eux-mêmes de bien vouloir se retrouver pour ce qu'elle est, une science du langage. Et ce sont eux qui vantent les beautés incomparables des langues naturelles, qui possèdent en elles la source de la richesse et de la souplesse. C'est que l'évolution des sciences mathématiques et physiques conduit actuellement les savants sur de bien étranges chemins, qui semblent curieusement les rapprocher des sciences humaines. La physique théorique est devenue à ce point probabiliste qu'il semble à certains physiciens voir s'estomper les contours de leurs concepts tout comme leurs collègues, pensent-ils, des sciences humaines. Dans un autre domaine les intuitions prémonitoires d'un Bergson séduisent et retiennent plus d'un biologiste. Nous nous trouvons ici devant une illusion de perspective. L'évolution des connaissances est actuellement caractérisée par les aspects complémentaires d'un même phénomène. Les sciences humaines adoptent, par préoccupation d'exactitude, l'esprit et les méthodes des sciences physiques et naturelles, les sciences exactes poussent leurs investigations au-delà des limites de leurs résultats connus et s'ouvrent sur des métasciences. Il s'ensuit que les unes et les autres se rencontrent sur des terres prétendues communes, celles qui ne relèvent de la juridiction ni des unes ni des autres. Ces domaines étaient abandonnés jadis à la philosophie. Comme on est généralement convenu de n'en plus faire, chacun sollicite la liberté de traiter à sa manière ce retour de problèmes fondamentaux. Bien qu'un tel signe manifeste, du moins momentanément, l'impuissance à les traiter au sein de chaque science, ce pourrait être cependant l'occasion d'un enrichissement considérable. Il suffirait de ne pas se contenter de les redécouvrir périodiquement de la même manière mais de les reprendre délibérément, soit pour en modifier substantiellement l'approche, soit pour les mener à leur terme. Ce n'est possible qu'à certaines conditions. La première est de reconnaître la spécificité de chaque science et de ne pas les hiérarchiser en fonction de leur degré d'abstraction. La force de conviction des sciences physiques et naturelles tient à la cohérence de leur objet, de leur méthode et de leur discours, et à la distance toujours maintenue et toujours possible entre les objets connus et les sujets connaissants. Il paraît difficile de transmettre cette cohérence et cette distance aux sciences humaines. En outre, les physiciens savent très bien maintenant que les particules élémentaires ne peuvent pas être connues de la même manière que les autres objets physiques. Force leur est donc en cela de renoncer à la méthode traditionnelle fondée sur l'analyse et les lois de la mécanique classique. Ils se sont obligés à penser en termes d'incertitude et de relativité. C'est l'espoir de trouver peut-être une inspiration auprès des sciences humaines qui les incite à se rapprocher d'elles.

Or que voit-on faire ces dernières ? Elles transposent dans leur domaine les méthodes d'analyse et de pensée de l'ancienne physique, sans être sûres qu'elles conviennent à la nature de leurs problèmes. Elles voudraient bien aussi se construire un système de lois déterministes, précisément au moment où on le remet ailleurs en cause. N'est-ce pas décevoir l'espoir que la communauté scientifique met en elles ? Qui oserait aujourd'hui nier que l'homme est à la fois et nature et histoire, et sujet et objet de sa science ? Cette situation toujours ambivalente n'est-elle pas plus proche de celle qu'on trouve en microphysique, où une même particule est à la fois onde et corpuscule qui s'évanouissent et surgissent dans notre connaissance ? Or il ne s'agit pas là d'une défaillance dans l'instrumentation, ou dans le cerveau des hommes. Non, c'est comme cela, on ne peut pas connaître en même temps la vitesse et la position d'une particule. Il s'agit d'un phénomène naturel, dit-on. Est-il donc bien raisonnable de s'obstiner à ne pas chercher, pour en parler, un langage adapté à la réalité humaine et de continuer à transposer en sciences humaines les méthodes de la physique traditionnelle? Les biologistes eux-mêmes se demandent si elles peuvent les aider à rendre compte de tous les phénomènes qu'ils observent. On ne sait pas, de toutes manières, en sciences humaines encore moins qu'en physique, tirer les conséquences inéluctables cette réalité-là. Si l'on veut retrouver une certaine unité dans la science, il faut encore satisfaire à une seconde condition, celle de se préoccuper de sa signification générale pour l'humanité et de porter un jugement sur sa valeur et son orientation, en fonction de quelques points de repère que seules les sciences humaines peuvent fournir. Alors on pourra dire avec Jung qu'on a renoué « avec la culture, dont la loi profonde est la continuité de l'histoire, donc de la conscience humaine supra-individuelle », soit, en termes traditionnels, avec une sagesse. Beaucoup d'hommes de sciences nous invitent à l'élaborer au plus tôt avec eux.

Je me suis donc amusé à encadrer les quelques remarques qui vont suivre dans le texte d'un mystique chinois de la tradition t'chan [1]. Je l'ai choisi à dessein pour être bien sûr de me trouver à bonne distance de mon propos, dans l'espace et dans le temps. Il s'agit de Lin-Tsi, mort en 867 environ de notre ère, et de la première instruction collective de la section n° 10 de ses « Entretiens ».

« Lors d'une consultation du soir, le maître donna l'instruction suivante :

Parfois supprimer l'homme sans supprimer l'objet
Parfois supprimer l'objet sans supprimer l'homme
Parfois supprimer à la fois l'homme et l'objet
Parfois ne supprimer ni l'homme ni l'objet

Il y eut un moine qui demanda : « Qu'est-ce que supprimer l'homme sans supprimer l'objet ? » Le maître dit :

« La chaleur du soleil fait naître sur le sol un tapis de brocart. Les cheveux pendants de l'enfant sont blancs comme fil de soie. »

Il faut un instant abandonner ce langage poétique et continuer sur un ton moins allusif et moins énigmatique. En même temps que la société occidentale abandonnait un mode de relations interpersonnelles de type féodal pour un mode de relations plus abstrait de type bourgeois, elle abandonnait aussi le mode de pensée traditionnel d'inspiration vitaliste et

---

1. Shih I-Hsüan. *Entretiens de Lin-Tsi*, traduits du chinois et commentés par Paul Demiéville, Paris, Fayard, 1972, (Documents spirituels, n° 6).

finaliste pour découvrir les avantages d'un mode de pensée déterministe et mécaniste. Il n'est pas impossible d'esquisser très superficiellement et très rapidement les convergences de ces deux mouvements et de faire comprendre comment on a pu prendre l'habitude de transformer tout être en un objet susceptible d'être mesuré. Grâce à l'expérimentation à partir de l'observation des phénomènes et de leur mesure, la science a pu, selon l'expression de Huyghens, « rendre compte, en termes mécaniques, des causes de tous les phénomènes naturels ». Ce n'est pas ici le lieu de retracer toute l'histoire de cette physique. Elle procède par l'analyse, c'est-à-dire par la division de « chacune des difficultés en autant de parcelles qu'il se pourrait et qu'il serait requis pour la mieux résoudre », par leur mesure et par l'établissement de relations entre ces mesures en vue de déterminer des lois. Une fois donné un objet matériel, savoir la position et la vitesse de chacune de ses parties permet de prédire son état final. Mais qu'advient-il quand ces objets sont en nombre considérable et infiniment petits, comme c'est le cas pour la chaleur traitée comme énergie ? On considère en général comme un chef-d'œuvre de la physique mécanique, la réponse donnée à ce problème sous le nom de théorie cinétique des gaz. L'idée géniale fut de substituer en l'occurrence à la causalité rigoureuse, la causalité statistique. La science ne peut vraiment que se louer de ce tapis de brocart que sa méthode, qui est mécaniste, lui a procuré. Ce détour serait tout à fait hors de propos si, précisément, cette méthode n'était devenue, par analogie, la base du raisonnement et de la méthode en économétrie. Il n'est donc pas mauvais de rappeler l'analogie. La mécanique rationnelle a pour but de rendre compte du mouvement grâce à la notion de force, l'économie politique rendra compte de l'échange grâce à la notion de besoin. Jacques Rueff [2] exprime très clairement cette tendance quand il écrit : « les lois de l'économie politique... sont ainsi tout à fait comparables aux lois des gaz, les individus jouant dans l'économie politique le rôle des molécules dans la théorie cinétique ». Il ajoute un peu plus loin : « Nous nous trouvons, dans la recherche de ces lois, dans la situation d'une molécule qui voudrait comprendre les propriétés des gaz ». On pourrait s'étonner d'un tel discours, on le peut moins si l'on considère l'évolution de la société occidentale dans le même temps.

---

2. Jacques RUEFF. *Des sciences physiques aux sciences morales*, Paris, Payot, 1969 (Petite bibliothèque Payot, n° 143).

Avec la transformation progressive de l'organisation sociale traditionnelle, prenait naissance une formation sociale nouvelle appelée « le marché ». Dans cette formation et sous sa forme occidentale, les activités matérielles de subsistance sont séparées des activités domestiques et familiales, les unes deviennent l'entreprise, les autres le ménage. Cette dichotomie s'élabore en fonction des exigences de la comptabilité rationnelle qui permet un meilleur rendement du travail social. Cette scission dans les relations et dans les rôles de chacun permet de réduire l'homme à son activité vivrière, le travail. Ce dernier peut alors être traité comme une marchandise, être évalué, mesuré et, sous cette forme, à la fois entrer dans une comptabilité et être un objet d'échange sur un marché. « Orienté objectivement sur l'intérêt pour les biens d'échanges et seulement sur ceux-ci, le marché, écrit Max Weber[3], laissé à sa propre légalité, n'a de considération que pour les choses, aucune pour les personnes ni pour les devoirs de fraternité ou de piété, aucune non plus pour les rapports humains originels propres aux communautés personnelles. » C'est ainsi qu'en privilégiant les objets et leur mesure au détriment des sujets et de leurs rapports, la société industrielle fait pousser des cheveux blancs aux petits enfants.

« Le moine : "Qu'est-ce que supprimer l'objet sans supprimer l'homme ?" Le maître :

« Les ordres du roi sont en vigueur dans l'univers entier.

Pour le général aux frontières, point de fumée ni de poussière. »

Dans les poussières des ateliers et les fumées des usines, un ordre assez militaire était en train de mobiliser un homme nouveau. La science nouvelle lui avait, petit à petit, révélé les secrets de son monde extérieur. Il étendait grâce à elle sa puissance sur un nombre de plus en plus grand d'objets matériels qu'il fabriquait. Ils les soumettaient comme le monde à ses besoins et à ses propres intérêts. Sa méthode d'observation si bénéfique des phénomènes, en le maintenant lui-même à bonne distance d'eux, allait lui permettre, appliquée à lui-même, de s'éprouver comme un objet pensant. « Toute la grandeur de l'homme consiste donc dans la pensée. Tel est le principe de la morale » dit Pascal. Cet homme nouveau fut donc par définition rationnel et gouverné par la raison. Il

---

3. Max WEBER. *Économie et société*, Paris, Plon, 1971 (Recherches en sciences humaines, n° 27).

éprouvait ses connaissances comme étant sans limites et, de fait, l'avenir allait démontrer rapidement qu'elles n'en avaient guère. Il se jugeait complètement informé de tout, que lui importaient donc ses besoins. Sa raison et ses connaissances allaient servir à les satisfaire. Il s'y employa avec ardeur et s'amusa à s'en inventer de nouveaux, pour le seul plaisir d'être comblé. Cette situation avantageuse fit naître en lui la certitude qu'il était libre. En satisfaisant tous ses besoins, il s'en affranchissait ; découvrir par sa science les lois de la nature et par sa technologie les mettre à son service, n'était-ce pas encore se libérer d'elles ? Sa puissance était désormais sans limites, et jamais dans l'histoire des hommes on n'avait formulé de définition aussi ambitieuse que celle de l'homo œconomicus.

Vers la fin du XVIIᵉ siècle, par opposition à l'anatomie on créa une science à la gloire de cet homme-là ; elle fut appelée psychologie, mais cet homme nouveau se devait aussi de refaire son histoire et de s'inventer ses origines. Il le fit sous la forme d'un roman, Robinson Crusoé qui devint le nouvel Adam. Comme il découvrait en même temps les autres continents, il se mit à le voir partout devant lui. Alors il décida d'élever jusqu'à son propre niveau tous ces Robinson-là ; ils devinrent ses « colonies », et les ordres du Roi furent en vigueur dans l'univers entier.

« Le moine : "Qu'est-ce que supprimer à la fois l'homme et l'objet ?" Le maître :

« Les préfectures de Ping et de Fen sont coupées de toutes nouvelles.

Elles restent à part isolées dans leur coin. »

Il y a plusieurs manières de fuir hors de la réalité. L'idéalisme occidental va se montrer en cela très conséquent avec lui-même. La justification scientifique d'une certaine organisation sociale et son annexion à la science, l'exposait à ces retournements spectaculaires dont la science est quelquefois le théâtre quand ses théories ne sont plus en accord avec la réalité. Qu'arriverait-il si la science se mettait à contredire l'ordre social ? Le plus sûr moyen de se prémunir contre cette éventualité est de décréter que la science étant faite par et pour les hommes, elle est une pure création de leur esprit et ne reflète pas la réalité. L'enchaînement des causes et des conséquences que nous observons dans la réalité, c'est nous qui décidons de l'élever au rang de relations causales et de les dire

lois physiques. C'est une pure abstraction. Tout l'effort de la
science ne consiste-t-il pas, en effet, à ramener les expériences
sensorielles individuelles et donc incommunicables, à des
nombres et à des formules mathématiques qui permettent de
les traiter et d'en traiter? Dès le XVIIIᵉ siècle, d'Alembert,
avec une clarté perspicace, a décrit ce mouvement de la science
en donnant avant la lettre une définition du structuralisme.
« De cette manière, écrit-il, notre esprit dépouillera systématiquement par des abstractions, la matière de toutes ses propriétés sensibles, afin de n'avoir plus sous les yeux que la
silhouette, en quelque sorte. » Le monde va désormais être
pensé d'une manière abstraite à travers des modèles. Des
visions partielles et virtuelles du monde vont maintenant
remplacer le monde réel. La technologie, en démontrant qu'on
n'en a que plus de prise sur lui, va renforcer cette tendance.
L'idéalisme positiviste va s'étendre encore un peu plus loin.
Philippe Sollers, rendant compte récemment du dernier livre
d'un psychanalyste italien, va pouvoir écrire: « ce n'est plus
une vision du monde parce que le monde est une vision, une
projection de semblant qu'il ne s'agit pas de refléter mais
précisément de dissoudre. »

Appliquée à l'homme lui-même, en tant qu'être vivant, cet
idéalisme conduira aux mêmes conséquences. De l'immense
concours des sciences naturelles et médicales va sortir cette
abstraction: l'homme normal. Chacune d'elles, physiologie,
anatomie ou psychiatrie va en fournir un modèle. En fonction
de leurs préoccupations, elles assigneront à chaque modèle un
certain nombre de normes, statistiques, fonctionnelles ou
sociales. Cet homme normal sera censé les respecter. Le propre
d'un tel homme est de ne se jamais rencontre nulle part, mais
son utilité n'est pas là. Il permet de justifier à l'avance ce qu'on
attend de lui. Concernant un de ses avatars, celui qui nous
occupe à plus d'un égard, c'est encore Jacques Rueff que je
citerai parce qu'il me paraît l'auteur le plus ingénu et le plus
honnête.

> « L'homo économicus, par exemple, n'est certainement pas un
> portrait de l'homme vrai, ni même de l'homme moyen dont la
> complexité ne saurait s'exprimer en formules aussi rudimentaires
> que celles qui prévoient la recherche de l'utilité maximum. S'il
> est cependant l'instrument de la théorie économique libérale,
> c'est qu'il permet de retrouver, par voie déductive, l'énoncé des
> phénomènes économiques qui sont observés dans une économie
> libérale. »

Cependant, ce surinvestissement de la toute-puissance de la pensée fait naître deux attitudes complémentaires dans la conduite envers les hommes. Elle pousse ou bien à rechercher et à ne favoriser que le développement d'un objet parfait, d'un type idéal d'homme, ou bien à réduire son existence à l'observation minutieuse et scrupuleuse de toutes les lois établies soit au nom de la science, soit au nom de principes abstraits fournis comme théorie. Dans un cas comme dans l'autre, l'homme est ramené à des rapports abstraits définis par la loi. La vision idéale qu'on a de lui va conduire tout droit à la mort de l'homme. En l'isolant de sa réalité, elle va permettre de le tuer.

« Le moine : "Qu'est-ce que ne supprimer ni l'homme ni l'objet ?" » Le maître :

« Le roi monte sur son palais fait de matières précieuses ;
Dans la campagne, les vieillards se livrent aux chansons. »

Le rationalisme cartésien, en reléguant Dieu au coin, certes suprême, de l'Univers, et la méthode newtonienne avaient permis de se consacrer enfin aux choses sérieuses, à l'explication de l'ordre matériel du monde. Cette manière de penser s'étant rendue par elle-même obligatoire, on comprend mieux comment la philosophie a pu se substituer, petit à petit, à la théologie. Si la méthode de Descartes s'est vue couronnée de succès, c'est qu'il avait fourni en même temps un outil mathématique adéquat. Grâce en effet aux mathématiques et à cause d'elles, l'accès des sciences physiques était réservé aux seuls hommes de science et interdit aux philosophes. Il n'en était pas de même pour des sciences qu'on pouvait moins facilement mathématiser comme les sciences de la vie. Elles avaient déjà été pensées par procuration et en leur place. Les débuts lents et modestes de la botanique ne pouvaient pas introduire un bouleversement dans la conception du monde. Pourtant relayées soudain par la zoologie, ces deux sciences, en moins de cinquante ans allaient permettre l'ébauche d'une vision unitaire de la vie. Lamarck inventait au tout début du XIXe siècle, au cours d'une démarche qui allait soulever des tempêtes, le mot « biologie ». Son discours fut brutalement rejeté, et c'est curieusement un philosophe qui devait, quelque trente ans plus tard, décréter de l'esprit de la nouvelle science. C'est un sujet d'étonnement que le siècle qui essayait de faire taire Darwin, ignorait superbement Gregor Mendel ait paru écouter Auguste Comte. Le cartésianisme de son cours de philosophie positive lui donnait sans doute assez de crédit pour lui permettre de dire : « Placé dans un système donné de circonstances extérieures, un organisme doit toujours agir d'une manière nécessairement déterminée : et, en sens inverse, la même action ne saurait être identiquement produite par des organismes vraiment distincts. » Dans les cinq chapitres consacrés à la biologie, il se plut à voir dans l'anatomie l'aspect uniquement statique des êtres vivants et à réduire leurs aspects dynamiques aux seules fonctions des organes, mais Auguste Comte n'était pas un homme de science et la biologie, réduite par lui à une sorte d'avatar de la science générale de l'organisation, ne devait pas répondre de cette manière-là à de telles attentes. Cependant, ce genre de discours a marqué et marque la pensée de plus d'un savant.

La physique, quant à elle, ayant complètement achevé de rendre compte de notre monde immédiat, commençait à s'attaquer à la structure ultime de la matière. Disposant de moyens de plus en plus puissants, de méthodes de plus en plus raffinées, d'un discours de plus en plus sûr, elle pouvait se permettre pour rendre compte des phénomènes nouveaux de forger des concepts nouveaux. Ils allaient bouleverser la pensée. Beaucoup d'entre eux nous sont si familiers, par exemple le concept de « champ magnétique », qu'on n'est plus guère sensible à la révolution qu'ils introduisaient dans la conception du monde. Il devenait pourtant de plus en plus clair que

> « pour déduire le futur du passé, ... nous créons des représentations intérieures imaginaires ou des symboles des objets extérieurs et nous les façonnons de manière que les conséquences intellectuellement nécessaires des images soient toujours les images des conséquences naturellement nécessaires des objets extérieurs... Incontestablement, les images que nous voulons nous faire des choses ne sont pas encore déterminées par l'exigence qui veut que les conséquences des images soient de nouveau les images des conséquences. Il y a plusieurs images possibles pour un même objet et ces images diffèrent sous plusieurs aspects. »

Ce texte date de 1876. La complexité du monde physique renvoie ici à notre propre complexité. Petit à petit les esprits étaient ainsi préparés aux inadmissibles constatations de la mécanique quantique. L'expérience allait faire découvrir en effet que non seulement on ne pouvait pas connaître en même temps la vitesse et la position d'une particule mais encore que tenter de déterminer l'un ou l'autre en dehors d'une observation était une vaine entreprise. Cette constatation impliquait trois conséquences; reconsidérer la notion d'objet physique, utiliser le concept de «complémentarité» pour en rendre compte, introduire l'interaction de l'observation et de l'objet observé, donc de l'observateur quant aux circonstances de l'observation. Un des penseurs de cette nouvelle science, Niels Bohr, ajoute les précisions suivantes:

> «La notion de complémentarité n'implique en rien une renonciation à notre position d'observateurs détachés de la nature... En reconnaissant que l'interaction entre les instruments de mesure et les systèmes physiques étudiés constitue une partie intégrante du phénomène quantique, nous avons non seulement découvert une limitation insoupçonnée de la conception mécaniste de la nature, qui attribue des propriétés définies aux systèmes physiques eux-mêmes, mais nous avons été obligés, dans la mise en ordre de notre expérience, de porter une attention particulière aux problèmes de l'observation.»

Il demandait aussi par ailleurs de «ne jamais oublier en cherchant l'harmonie dans la vie que dans le drame de l'existence, nous sommes à la fois acteurs et spectateurs.» Les physiciens, après de pareilles prouesses, peuvent donc à juste titre monter au faîte de leur palais fait de matières précieuses.

La biologie accumulait de son côté les disciplines nouvelles. Avec les moyens de la biologie moléculaire, elle se mettait à donner une définition de l'homme, du moins génotypiquement. Grâce à la génétique, elle reconnaissait «l'individualité et l'unicité absolues de toute personne et de tout être vivant». L'électroencéphalographie représentait le cerveau «comme un vaste agrégat de cellules électriques aussi nombreuses que les étoiles de la voie lactée, à travers lesquelles surgissent les marées turbulentes de notre être électrique qui sont comparativement des milliers de fois plus puissantes que la force de la pesanteur»[4]. La physico-chimie et l'électricité faisaient découvrir les êtres vivants «comme une auto-organisation de la matière apparemment finalisée», comme le dit Henri Atlan qui nous les explique capables aussi d'utiliser le hasard pour «créer de la complexité organisationnelle». On découvre alors que le débat sur le mécanisme et le vitalisme prend une orientation nouvelle et s'ouvre sur une synthèse de points de vue en apparence contradictoires.

Les sciences économiques par leur choix du déterminisme causaliste le plus rigoureux, effectué du moins théoriquement,

---

4. Grey WALTER. *Le cerveau vivant*, Paris, Payot, 1969.

pèsent d'un poids très lourd dans la conception du monde de l'entreprise. Leur logique interne les oblige à élaborer un appareil mathématique toujours plus compliqué qu'elles empruntent aux nouvelles sciences physiques. S'il leur donne quelques satisfactions en macro-économie, il semble leur poser plus de problèmes en micro-économie. Peut-être est-on en train d'oublier que, pour le déterminisme statistique, les significations particulières n'existent pas, les sujets signifiants sont purement et simplement niés. C'est de peu d'importance concernant les molécules des gaz. Mais au fait, qu'en est-il de l'analogie de Jacques Rueff?

Aurons-nous l'audace, comme les physiciens et les biologistes, ou bien de trouver un nouveau langage ou bien de tenter l'élégante synthèse? Peut-être faut-il d'abord reprendre la question posée par Freud : «Quels sont les desseins et les objectifs vitaux trahis par la conduite des hommes, que demandent-ils à la vie et à quoi tendent-ils?» À moins que plus modestement nous ne fassions nôtre cette interrogation d'un chef indien d'Amérique du Nord, Vine Delora: «Quelles sont les qualités suprêmes de la vie de l'homme? Telle est la question.»

PREMIÈRE PARTIE

BIOLOGIES ET CONTESTATIONS DES CERTITUDES

Niveaux d'organisation biologiques, comportements et structures psychosociales productivistes

Henri LABORIT

I. Introduction

Quand on cherche dans le Petit Robert la signification du mot gestion, on est renvoyé aux mots administration, direction, organisation (de biens). Si on regarde au mot administration, on y trouve la définition « action de gérer ». Ainsi renseignés, nous savons tout au moins qu'il s'agit d'une action et que l'on agit sur quelque chose. Qui agit ? Dans le cas présent, ce sont des êtres humains. Sur quoi agissent-ils ? Sur des biens. Que sont ces biens ? Ils ne peuvent être que des « êtres » et des « choses ». Ainsi, on agit sur le monde matériel et sur le monde vivant.

Le premier, le monde matériel, a permis, depuis trois milliards d'années, la construction progressive sur notre planète du second. Les êtres vivants sont faits des mêmes atomes que la matière inanimée. Ce sont les relations qui s'établissent entre les atomes qui diffèrent. Il a fallu une source énergétique d'un certain type, à savoir *l'énergie photonique solaire*, pour réaliser cette organisation particulière des êtres vivants, des plus simples aux plus complexes [1]. La connaissance contemporaine des processus biochimiques au sein des organismes nous permet de découvrir l'unicité du monde vivant des autotrophes (végétaux) aux hétérotrophes (les animaux). Les premiers peuvent utiliser directement l'énergie photonique pour organiser leurs structures, grâce à certaines molécules comme la chlorophylle, alors que les seconds doivent la recueillir à travers eux, en absorbant ces molécules.

La matière inanimée pénètre les êtres vivants unicellulaires (les premiers qui soient apparus) par leur surface et s'intègre au volume de la cellule. Ce volume croît comme les cubes, alors que la surface cellulaire ne croît que comme les carrés. Il en résulte une diminution progressive de l'approvisionnement à mesure de la croissance en volume, ce qui nécessite une division cellulaire : il n'existe pas de cellule grosse comme un bœuf [2]. Les cellules se regroupent en *sociétés cellulaires*. Elles constituent les premiers organismes pluricellulaires. Au centre de ceux-ci, les cellules n'ont plus un accès direct à la mer primitive pour y prendre leur matière nourricière, c'est-à-dire l'énergie nécessaire à l'approvisionnement des petites usines chimiques qu'elles forment, ni pour y déverser les déchets de leur activité. Certaines cellules sont alors obligées de se *différencier* et d'assurer les *fonctions* d'approvisionnement et d'évacuation des nuisances : elles composent le système digestif, le système cardio-vasculaire et le système émonctoire. D'autres encore se différencient en assurant l'activité locomotrice, l'action dans l'espace à la recherche de la nourriture : elles forment le système nerveux et le système musculaire. D'autres encore assurent la communication intercellulaire permettant à l'organisme d'agir comme un tout cohérent : c'est le système nerveux autonome et le système endocrinien. D'autres enfin assurent le recueil des informations sur ce qui passe dans l'environnement et leur intégration : ce sont les organes des sens et le système nerveux sensoriel.

Ainsi, le grand courant d'énergie qui passe à travers toutes les structures vivantes a permis leur organisation historique progressive et assure leur maintien aujourd'hui au sein des espèces présentes. Les êtres vivants sont donc des *structures* ouvertes dans leur aspect thermodynamique. Mais le

1. Henri LABORIT. *Du soleil à l'homme*, Paris, Masson et Cie, 1963.
2. Henri LABORIT et Paul MORAND. *Les destins de la vie et de l'homme*, Paris, Masson et Cie, 1959.

terme de structure implique des relations entre les éléments matériels et énergétiques qui constituent les êtres vivants. Or la caractéristique de ces derniers est d'avoir établi leurs structures par *niveaux d'organisation* [3]. On peut ainsi observer un niveau atomique, un niveau moléculaire, puis le niveau de la réaction enzymatique englobé par le niveau des chaînes métaboliques, elles-mêmes comprises souvent dans des organelles intracellulaires (mitochondries, ribosomes, ergatoplasme, membranes, noyau, etc.). Les éléments se réunissent dans un ensemble cellulaire qui s'organise en structures fonctionnelles, les organes, eux-mêmes réunis fonctionnellement en systèmes (cardio-vasculaire, digestif, endocrinien, neuro-musculaire, etc.). L'ensemble de ces systèmes constitue un organisme pluricellulaire. Ces organismes sont généralement associés en groupes et en sociétés animales et humaines, éléments de l'espèce.

Chaque niveau d'organisation constitue un système *régulé* travaillant en constance, mais dont l'effet est contrôlé par les informations qui lui parviennent du système englobant. Chaque discipline biologique s'intéresse plus particulièrement à un niveau d'organisation qu'elle isole du système qui l'englobe et qui transforme normalement le système régulé en servomécanisme, *dépendant d'une commande extérieure au système*. Chaque discipline est réductionniste à partir du moment où elle sépare un niveau d'organisation du niveau qui l'englobe. On étudie une réaction enzymatique isolée in vitro, ou l'activité métabolique des mitochondries isolées, ou celle de cellules isolées en culture, ou celle d'un tissu, ou l'activité métabolique et fonctionnelle d'un organe isolé, ou d'un système isolé, ou bien encore celle d'un organisme isolé. On peut ainsi étudier les facteurs agissant sur l'activité du niveau d'organisation en faisant varier un seul facteur à la fois, ce qui facilite l'analyse du rôle de ces facteurs. Le niveau d'organisation étant replacé en situation de dépendance à l'égard de celui qui l'englobe, il est dès lors possible de comparer les conséquences fonctionnelles de la variable étudiée sur l'activité isolée et sur l'activité en place, et d'avancer pas à pas dans la connaissance de la dynamique fonctionnelle des niveaux d'organisation et de leur intégration progressive. On conçoit ainsi qu'il est

3. Henri LABORIT. « The need for Generalization in Biological Research. The Theories of "Ensembles" or Sets » in *Annual Korzybski Memorial Lecture*, New York, 1963; et H. LABORIT. *La nouvelle grille*, Paris, R. Laffont, Libertés 2000, 1974.

finalement plus important, pour comprendre la dynamique de l'ensemble, *de préciser les relations entre les niveaux d'organisation*, les commandes de servomécanismes, que de focaliser son attention sur les mécanismes des régulations à l'intérieur de l'un de ces niveaux, artificiellement isolé de l'ensemble qui l'englobe.

Cela permet de comprendre que chaque niveau d'organisation est un *système fermé sur le plan de sa structure*, bien qu'il demeure ouvert au point de vue thermodynamique. Pour « s'ouvrir » au point de vue *informationnel*, il doit être englobé par un niveau d'organisation qui le comprend.

Ces notions sont indispensables pour comprendre qu'il n'y a pas tellement à chercher d'« analogie » structurelle entre les différents niveaux d'organisation, mais plutôt à mettre en évidence les relations existant entre chaque niveau. En ce sens, il ne peut y avoir de solution de continuité entre la molécule d'acide désoxyribonucléique et l'espèce humaine.

Mais il y a une notion qui est rarement mise de l'avant et qui nous paraît pourtant importante : c'est que notre espèce, constituant la dernière étape, dans la biosphère, de l'évolution des espèces, de la complexification croissante de la matière organique, n'a pas compris qu'elle est cependant englobée dans cette biosphère, dépendant elle-même d'une commande extérieure au système, et qu'elle reste donc soumise, comme les autres espèces, à une pression de nécessité. Elle a inventé des règles qu'elle a crues extérieures à elle-même, religions révélées, morales, idéologies, structures étatiques, alors qu'elle restait enfermée dans son niveau d'organisation et demeurait dans l'ignorance totale de ce qui commande le comportement des individus et des groupes.

Dans ces conditions, il n'est pas étonnant que nous nous apercevions, tardivement, qu'elle a mal « géré » les biens mis à sa disposition, biens matériels et énergétiques, monde vivant de la flore et de la faune ; en outre, elle a mal géré le monde humain lui-même dans l'organisation des structures économiques et sociales, puisque tous les niveaux d'organisation qui vont de la molécule au système nerveux humain en situation sociale ont été ignorés jusqu'ici et remplacés par un discours, lequel exprime la conviction qu'une analyse logique découlant de faits dits objectifs aboutit forcément à la réalité. Mais la logique du discours n'a rien à voir avec la logique de la chimie et de la neurophysiologie des systèmes nerveux humains en situation sociale.

II. Signification fonctionnelle des centres nerveux supérieurs [4]

Les individus qui constituent un ensemble humain ne sont pas isolés les uns des autres et l'ensemble qu'ils constituent n'est pas isolé non plus des autres ensembles humains qui peuplent le monde. Si le monde matériel auquel s'ajoutent la faune et la flore dans un espace géoclimatique donné constituent une partie de l'environnement humain, les autres hommes sont sans doute, pour un individu, le premier environnement, le plus essentiel. Les relations qui s'établissent entre les individus ne sont pas aléatoires mais résultent de l'activité de leur *système nerveux.*

Or toutes les actions d'un organisme, par l'intermédiaire de son système nerveux, n'ont qu'un but, celui de maintenir la structure de cet organisme, son équilibre biologique, c'est-à-dire de réaliser son « plaisir ». La seule raison d'être d'un être, c'est d'être. Ce qu'il est convenu d'appeler la pensée chez l'homme ne sert qu'à rendre l'action plus efficace.

On peut ainsi considérer qu'un système nerveux possède essentiellement pour fonctions :

a) de capter des signaux internes, résumant l'état d'équilibre ou de déséquilibre dans lequel se trouve l'ensemble de la société cellulaire organique. Quand le dernier repas, par exemple, remonte à plusieurs heures, les déséquilibres du milieu intérieur qui en résultent constituent les signaux internes qui, en stimulant certaines régions latérales de l'hypothalamus, vont déclencher le comportement de recherche de la nourriture ; en outre, si les organes des sens annoncent la présence d'une proie dans l'environnement, ces signaux vont provoquer le comportement de prédation.

b) de capter en conséquence les variations énergétiques survenant dans l'environnement et cela grâce aux organes des sens, dont la sensibilité varie selon les espèces.

4. Henri LABORIT. *Les comportements. Biologie. Physiologie. Pharmacologie*, Paris, Masson, 1973, et H. LABORIT. *L'inhibition de l'action. Biologie. Physiologie. Psychologie. Sociologie*, Massie et Cie et Presses universitaires de Montréal, 1979.

c) en intégrant ces deux sources d'informations d'origine interne (motivations) et externe (circonstances), le système nerveux peut informer le système neuro-musculaire, qui assure un comportement adapté à l'assouvissement des besoins fondamentaux. Si l'action est efficace et rétablit l'équilibre du milieu intérieur, d'autres groupes cellulaires de la même région hypothalamique commanderont une sensation et un comportement de satiété.

Ces comportements, déjà extrêmement complexes dans leurs mécanismes biochimiques et neurophysiologiques, sont cependant parmi les plus simples, et ils sont indispensables à la survie immédiate, comme les mécanismes gouvernant la satisfaction de la soif et la reproduction, depuis les danses nuptiales et l'accouplement à la préparation du gîte, et jusqu'à l'éducation première des descendants, etc. Ces comportements sont les seuls à pouvoir être qualifiés d'«instinctifs», car ils accomplissent le programme résultant de la structure même du système nerveux, et ils sont nécessaires à la survie aussi bien de l'individu que de l'espèce. Ils dépendant donc d'une région très primitive du cerveau, commune à toutes les espèces dotées de centres nerveux supérieurs: l'hypothalamus et le tronc cérébral. Quand le stimulus existe dans l'environnement, que le signal interne est lui-même présent, ces comportements sont stéréotypés, incapables d'adaptation, insensibles à l'expérience, car la mémoire dont est doté ce système nerveux simplifié qui en permet l'expression est une mémoire à court terme, ne dépassant pas quelques heures. Ces comportements répondent à ce que l'on peut appeler les *besoins fondamentaux*.

Nous devons retenir que ce n'est primitivement que par une *action motrice sur l'environnement* que l'individu peut satisfaire à la recherche de l'équilibre biologique, de l'«homéostasie», du «bien-être», du «plaisir». Cette action motrice aboutit en réalité à conserver la structure complexe de l'organisme dans un environnement moins «organisé», grâce à des échanges énergétiques maintenus dans certaines limites entre cet environnement et lui. À l'opposé, l'absence de système nerveux rend les végétaux entièrement dépendants de la niche écologique qui les environne.

Chez les premiers mammifères apparaissent des formations nouvelles en «dérivation» sur le système précédent: c'est ce qu'il est convenu d'appeler le système limbique [5]. Alors qu'il a été considéré classiquement comme le système dominant l'*affectivité*, il nous paraît plus exact de dire qu'il joue un rôle essentiel dans l'établissement de la *mémoire à long terme* [6], sans laquelle l'affectivité ne nous semble guère possible. En effet, la mémoire à long terme, que l'on s'accorde de plus en plus à considérer comme étant liée à la synthèse de protéines au niveau des synapses mises en jeu par l'expérience [7], est nécessaire pour que l'être vivant reconnaisse qu'une situation a été déjà éprouvée antérieurement comme agréable ou désagréable, et pour qu'un « affect » puisse être déclenché par son apparition ou par celle de toute situation qu'il n'est pas possible de classer *a priori* dans l'un des deux types précédents, par suite d'un « déficit informationnel » à son égard. L'expérience agréable est *primitivement* celle qui permet le retour ou le maintien de l'équilibre biologique ; l'expérience désagréable est celle qui présente un danger pour cet équilibre, donc pour la survie, pour le maintien de la structure organique dans un environnement donné. La mémoire à long terme permet donc la répétition de l'expérience agréable et la fuite ou l'évitement de l'expérience désagréable. Elle permet surtout l'association temporelle et spatiale au sein des voies synaptiques, de traces mémorisées liées à un signal signifiant à l'égard de l'expérience, donc elle provoque l'apparition de *réflexes conditionnés* aussi bien *pavloviens* (affectifs ou végétatifs), que *skinnériens* [8] opérants (à expression neuromotrice).

Mais d'autre part la mémoire, en permettant la création d'automatismes, peut être à l'origine de besoins nouveaux, qui ne peuvent plus être qualifiés d'instinctifs, mais qui sont le plus souvent d'ordre socio-culturel. Ces *besoins acquis* deviennent nécessaires au bien-être, à l'équilibre biologique, car ils transforment l'environnement ou l'action humaine sur lui de telle façon qu'un effort énergétique moindre suffit pour

5. P.D. MCLEAN. « Psychosomatic Disease and "the Visceral Brain". Recent Development Bearing on the Papez Theory of Emotions », *Psych. Med.* II, 1949, p. 338–353.

6. B. MILNER, S. GORKIN et H.I. TEUBER. « Further Analysis of the Hippocampal amnesic Syndrome : 14 Years Follow-up Study of H.M. », in *Neuropsychol.*, no 6, 1968, p. 215–234.

7. H. HYDEN et P. LANGE. « Protein Synthesis in the Hippocampal Pyramidal Cells of Pats during a Behaviourial Test », in *Science*, no 159, 1968, p. 1370–1373.

8. B.F. SKINNER. *Behaviour of Organism*, New York, Appleton-Century-Crofts, 1938.

maintenir l'homéostasie. Ces besoins acquis peuvent engendrer des pulsions qui cherchent à les satisfaire par une action gratifiante sur l'environnement, mais elles peuvent aussi entrer en conflit avec d'autres automatismes, d'origine socio-culturelle eux aussi, qui en interdisent l'expression. Nous pouvons alors définir le *besoin* comme la quantité d'énergie ou d'information nécessaire au maintien d'une structure nerveuse soit innée, soit acquise. La structure acquise, en effet, résulte des relations interneuronales établies par l'apprentissage. Le besoin devient alors l'origine de la *motivation*. Mais étant donné qu'en situation sociale ces besoins fondamentaux ou acquis ne peuvent généralement être assouvis que par la dominance, comme nous le verrons, la motivation fondamentale dans toutes les espèces s'exprime par la recherche de cette dernière. C'est ce qui engendre les hiérarchies et la majorité des conflits inconscients, qui constituent la base de ce que l'on appelle parfois « pathologie cortico-viscérale » ou « psychosomatique » et qui serait plus justement appelée « pathologie de l'inhibition comportementale », nous verrons pourquoi. Chez l'homme, les interdits et les besoins d'origine socio-culturelle s'exprimant, s'institutionnalisant et se transmettant par l'intermédiaire du langage, le *cortex* est également engagé dans sa genèse comme fournisseur d'un discours logique aux mécanismes conflictuels des aires sous-jacentes.

Chez les êtres les plus évolués, en effet, l'existence d'un cortex cérébral, qui, chez l'homme, prend un développement considérable dans les régions orbito-frontales, fournit un moyen d'association des éléments mémorisés. En effet, on peut admettre que ces éléments, qui sont incorporés dans notre système nerveux à partir de canaux sensoriels différents, ne se trouvent associés dans notre mémoire à long terme que parce que l'*action sur l'environnement* nous montre, par expérience, qu'ils se trouvent associés dans un certain ordre, celui de la structure sensible d'un objet. La notion d'objet n'est pas innée mais acquise, comme la notion de schéma corporel. Mais si des systèmes associatifs suffisamment développés, tels les systèmes qui caractérisent les lobes orbito-frontaux dans l'espèce humaine, sont capables de recombiner ces éléments mémorisés d'une façon différente de la façon dont ils nous ont été imposés par le milieu, le cerveau peut alors créer des structures nouvelles, les *structures imaginaires*. Il crée une nouvelle mise en forme, de l'information. Un enfant qui vient de naître ne peut rien imaginer car il n'a rien mémorisé, et l'imagination est sans doute d'autant plus riche que le matériel mémorisé est plus abondant, à la condition que ce matériel ne soit pas enfermé dans la prison des automatismes acquis. En effet, grâce aux *langages*, qui permettent d'accéder aux concepts et de prendre de la distance par rapport à l'objet, la manipulation de l'abstraction par les systèmes associatifs donne à l'homme des possibilités presque infinies de création.

III. Bases neurophysiologiques et biochimiques des comportements fondamentaux

Chez l'animal et chez l'homme nous retrouvons un *comportement pulsionnel* tendant à satisfaire les besoins biologiques endogènes : si ce comportement de consommation, dont l'origine est une stimulation hypothalamique résultant d'un déséquilibre du milieu intérieur, est *récompensé*, c'est-à-dire s'il aboutit à l'assouvissement du besoin, le souvenir qui en est conservé permet le renouvellement, «*le renforcement*», de la stratégie comportementale utilisée. Ce système est catécholaminergique (dopaminergique et noradrénergique); il dépend du «Medial forebrain Bund», le (MFB), faisceau de la récompense.

Si l'action n'est pas récompensée, ou bien si elle est *punie*, le comportement est celui de la *fuite*, ou, si celle-ci est inefficace, de la *lutte*, de l'agressivité défensive. Ce comportement met en jeu lui aussi les différents étages cérébraux grâce au «periventricular system» (PVS). Celui-ci est cholinergique. Par contre, si la fuite ou la lutte sont récompensées, si elles sont efficaces soit dans l'assouvissement de la pulsion endogène, soit dans la possibilité d'une soustraction à une agression, elles peuvent être renforcées comme la précédente par mémorisation de la stratégie utilisée.

Enfin, si le comportement *n'est plus récompensé*, ou s'il est puni et que la fuite et la lutte se révèlent inefficaces, un comportement d'*inhibition* ou d'*extinction* d'un comportement appris survient. Ce système d'inhibition de l'action (SIA), qui met en jeu l'aire septale médiane, l'hippocampe dorsal, le noyau caudé, l'amygdale latérale et l'hypothalamus ventromédian, est cholinergique et peut-être aussi sérotonergique[9].

9. Henri LABORIT. «Action et réaction. Mécanismes bio- et neurophysiologiques», *Agressologie*, 15, 5, 1974, p. 303–322; et H. LABORIT. «Bases neurophysiologiques et biologiques des comportements d'évitement actifs et passifs. Conséquences somatiques», *Ann. Med. Psychol.*, 133, 5, 1975, p. 573–603.

Au fonctionnement de ces différentes aires et voies nerveuses centrales sont associées des activités endocriniennes parmi lesquelles nous retiendrons surtout celles qui sont en jeu dans le syndrome d'alarme[10]. C'est le couple hypophyso-corticosurrénalien, sous la dépendance d'un facteur hypothalamique provoquant la libération par l'hypophyse de corticotrophine (ACTH). C'est le «corticotrophin releasing factor» (CRF). Or l'hypothalamus est lui-même contrôlé par le système nerveux central dans ses rapports fonctionnels avec l'environnement.

IV. Inhibition motrice et angoisse [11]

Ainsi, parmi les fonctions du système nerveux central on a peut-être trop privilégié ce qu'il est convenu d'appeler la «pensée» et ses sources «les sensations», et pas suffisamment apprécié l'importance de «l'action», sans laquelle les deux autres ne peuvent s'organiser. Un individu n'existe pas en dehors de son environnement matériel et humain, et il paraît absurde d'envisager l'individu ou l'environnement séparément sans préciser les mécanismes de fonctionnement du système qui leur permet de réagir l'un sur l'autre : le système nerveux. Quelle que soit la complexité que celui-ci a atteint au cours de l'évolution, sa seule finalité est de permettre l'*action*, celle-ci assurant en retour la *protection* de l'homéostasie (Cannon), de la constance des conditions de vie dans le milieu intérieur (Claude Bernard), du plaisir (Freud). Quand l'action qui doit en résulter est rendue impossible, que le système inhibiteur de l'action est mis en jeu et qu'il y a, en conséquence, une libération de noradrénaline, d'ACTH et de glucocorticoïdes, avec leurs incidences vaso-motrices, cardio-vasculaires et métaboliques périphériques, alors naît l'*angoisse*. Nous ne rappellerons pas les innombrables travaux qui ont été écrits sur les rapports entre les réactions somatiques et centrales invoquées à l'origine de celle-ci. Ce qui nous intéresse, c'est d'isoler les principales circonstances au cours desquelles elle apparaît.

Lorsque l'apprentissage, grâce aux processus de mémoire à long terme, a fixé dans le réseau neuronal a) l'expérience

---

10. Hans SELYE. «A syndrome Produced by Diverse Noxious Agents», in *Nature*, London, 138, 32, 1936.

11. Henri LABORIT. «Action et réaction» et *L'inhibition de l'action*.

d'un *événement nociceptif* ou b) celle de la punition directe ou indirecte imposée par le cadre socio-culturel ou c) celle de la punition à venir du fait de la transgression d'un *interdit*, si cet interdit s'oppose à une *pulsion* hypothalamique tendant à assouvir un *besoin fondamental*, l'impossibilité d'agir avec efficacité aboutit à la mise en jeu du système inhibiteur de l'action. Mais la pulsion peut également procéder d'un autre apprentissage, socio-culturel lui aussi, d'un *besoin acquis*, et renforcé par la gratification qui résulte de son assouvissement. Si cette gratification est interdite ou punie, elle aboutit également à l'inhibition de l'action. On aura rapproché de la pulsion hypothalamique le « ça », et de l'apprentissage limbique le « surmoi » freudiens. On peut apprendre à un chien à n'accepter sa pâtée que de son maître en le punissant à la cravache chaque fois qu'il l'accepte d'une autre personne. Si on le laisse à jeun pendant 2 ou 3 jours et qu'on lui fasse présenter sa pâtée par quelqu'un d'autre que son maître, on peut créer chez lui une névrose ou déclencher son agressivité. Il refusera même la caresse qui le gratifie quand il n'a pas faim.

Le jeune enfant est constamment pris dans ce système manichéen où sa pulsion s'oppose à l'interdit socio-culturel. Dès qu'il a réalisé son schéma corporel, il apprend que le monde qui l'entoure ne se soumet pas toujours à ses envies ou à ses désirs. Il découvre le principe de réalité.

Jusque-là, son plaisir était associé à la voix de la mère, au contact de la mère, au visage, à l'odeur de la mère qui accompagnaient la satisfaction de ses besoins. Quand il comprend que sa mère n'est pas lui, son action pour l'infléchir passe parfois par le refus de l'acte dont il sait qu'il fait plaisir à la mère. Inversement, celle-ci peut le récompenser sur un autre registre, qui ne s'accorde pas avec celui de son désir. De même, plus tard, l'environnement social peut récompenser l'individu par des compensations narcissiques (compensations promotionnelles, compensations d'honneur ou de salaire) pour un comportement de soumission à la socio-culture aux dépens de la satisfaction libidinale, la libido étant comprise comme la recherche de l'équilibre biologique général. Le refus de ce comportement de soumission, au contraire, dépend évidemment de l'importance accordée par le sujet à l'assouvissement de sa pulsion libidinale, comparé au souvenir ou à la représentation du déplaisir qui résulterait de la punition que lui infligerait la socio-culture s'il y répondait.

Le deuxième mécanisme d'apparition de l'angoisse consiste en ce que nous avons appelé le *déficit informationnel*. Celui-ci résulte, d'une part, de l'apprentissage de l'existence d'événements dangereux pour la survie, l'équilibre biologique, le plaisir et, d'autre part, de l'apparition d'un événement non encore répertorié, ne permettant pas l'action efficace puisqu'on ne sait pas s'il est dangereux ou bénéfique. Paradoxalement, le « choc du futur » entre pour nous dans ce cadre, car la surabondance des stimuli que l'individu est incapable de classer suivant ses schémas culturels antérieurs, ses grilles comportementales, lui interdit aussi toute action efficace, donc gratifiante. Déficit ou surcharge informationnels ont ainsi le même résultat : l'inhibition de l'action et l'angoisse. De même, le contenu de l'espace, dont les moyens audiovisuels alimentent les systèmes nerveux de l'homme contemporain, n'est pas celui, beaucoup plus restreint, sur lequel celui-ci peut agir, alors qu'il y a peu d'années encore, l'espace qui était la source des informations était limité à l'espace sur lequel l'action de contrôle de l'individu était possible. C'est dans ce cadre du déficit ou de la surcharge informationnelle que les grilles idéologiques montrent leur efficacité thérapeutique de l'angoisse. Que la grille soit religieuse, politique, sociologique ou morale, elle fournit toujours un règlement d'action qui évite l'incertitude de l'angoisse. Elle empêche d'entendre les éléments étrangers au système d'interprétation qu'elle fournit, elle rend sourd aux messages non inscrits dans son code, elle automatise la pensée et l'action.

Enfin, chez l'homme, l'existence de l'*imaginaire*, capable, à partir de l'expérience mémorisée, consciente ou non, de bâtir des scénarios nociceptifs qui ne se produiront peut-être jamais, est également source d'angoisse, puisqu'il ne favorise pas l'action immédiate adaptée ou qu'il ne permet pas de juger de son efficacité future. C'est en cela que l'on peut dire que le courage peut être dans certains cas le propre de l'imbécile heureux par manque d'imagination. Mais il peut aussi résulter de l'acceptation d'un danger dans la réalisation d'un acte dont on imagine parfaitement les conséquences, mais pour lequel la conservation de l'image narcissique qu'on se fait de soi-même et que nous renvoie l'environnement social est plus motivante que la crainte des conséquences qui peuvent en découler. L'absence de refus en face du danger fait appel aux mêmes mécanismes chez le héros et chez le gangster. C'est le code social qui juge, et il n'est pas exceptionnel d'ailleurs de voir le passage de l'un à l'autre.

Quels sont les moyens de *résoudre l'angoisse*? Il y a d'abord *l'agressivité défensive*, l'action, même inefficace. Elle est généralement inadaptée. Cependant, lorsqu'elle est couronnée de succès, elle peut se renforcer du fait de la gratification qui en résulte. Il y a la névrose, dont le «langage du corps» (P. Janet) essaie d'exprimer le conflit inconscient et qui est une action. Sinon, pour éviter la *soumission* aux interdits, avec leur cortège psychosomatique, la fuite et la lutte motrice étant impossibles, il ne reste que la fuite dans *l'imaginaire*. Celle-ci peut se réaliser dans les religions, dans la toxicomanie, dans la créativité ou dans la psychose. C'est sans doute pourquoi cette dernière est fréquente chez l'homme, alors qu'il n'en existe pas de modèle efficace chez l'animal.

V. Mécanismes de passage du biologique au sociologique, de l'individuel au collectif [12]

L'action s'effectue dans un espace, ou des espaces. Ceux-ci contiennent des objets et des êtres. L'apprentissage de la gratification ou de la punition s'organise par rapport à eux. L'objet gratifiant doit être conservé pour permettre le renforcement. C'est l'origine pour nous du prétendu instinct de *propriété*, le premier objet gratifiant étant la mère, dont l'importance s'accroît du fait que la mémoire de la gratification se constitue avant l'établissement du schéma corporel. L'espace contenant l'ensemble des objets gratifiants est ce que l'on peut appeler le *territoire*. Il ne semble donc pas y avoir plus d'instinct inné de défense du territoire que d'instinct inné de propriété. Il n'y a qu'un système nerveux agissant dans un espace qui est gratifiant, parce qu'il est occupé par des objets et des êtres permettant la gratification. Ce système nerveux est capable de mémoriser les actions gratifiantes ou celles qui ne le sont pas. Cet apprentissage est ainsi largement tributaire de la socio-culture, et il n'est pas certain que les comportements dits «altruistes» chez l'animal et chez l'homme soient innés.

Or si le même espace est occupé par d'autres individus cherchant une gratification à l'aide des mêmes objets et des mêmes êtres, il en résulte aussitôt l'établissement, par la lutte, de hiérarchies. En haut de la hiérarchie, le dominant, qui peut se gratifier, est non agressif, tolérant et en équilibre biologique,

---

12. Henri LABORIT. *La nouvelle grille* et *L'inhibition de l'action*.

du moins tant que sa domination n'est pas contestée et quand est passée la période d'établissement de la dominance. Les dominés, au contraire, mettant en jeu le système inhibiteur de l'action, seul moyen d'éviter la punition, font l'expérience de l'angoisse, dont nous avons schématisé plus haut les mécanismes et les conséquences. Chez l'homme, les langages ont permis d'institutionnaliser les règles de la dominance. Celle-ci est établie, à travers la production de marchandises d'abord, sur la propriété des moyens de production et sur le capital, et, dans toutes les civilisations industrielles aujourd'hui, sur le *degré d'abstraction de l'information professionnelle*, capable d'inventer les machines et de produire de grosses quantités de marchandises en un minimum de temps. Toute la socio-culture en dérive dans la société industrielle, depuis la structure familiale jusqu'aux formes les plus complexes des structures sociales, les échelles hiérarchiques, les lois, les religions, les morales, les éthiques même.

Ainsi, le cerveau humain, grâce à ses systèmes associatifs, a pour caractéristique de pouvoir créer de l'information, grâce à laquelle il met en forme la matière et l'énergie ; il en va ainsi depuis, au paléolithique, la mise en forme par l'homme d'un silex qu'il a taillé, jusqu'à l'utilisation contemporaine de l'énergie atomique. Les groupes humains possédant une information technique et une information professionnelle élaborées ont ainsi imposé leur dominance à ceux qui ne la possédaient pas. Cette information leur a permis la construction d'armes plus redoutables, et ils ont pu ainsi aller emprunter hors de leur niche écologique les matières premières et l'énergie des groupes humains ne sachant pas les utiliser. De plus, un discours logique a toujours fourni un alibi langagier à leurs pulsions dominatrices inconscientes. Le progrès technique a été considéré comme un bien en soi, comme le seul progrès, alors que les lois biologiques commandant aux comportements n'ont pas dépassé, jusqu'à une date récente, les connaissances acquises au paléolithique, enrichies de toute une phraséologie prétendant toujours véhiculer une vérité, valable pour des sous-groupes humains dominateurs et prédateurs et jamais pour l'espèce entière.

VI. Conclusion : gestion et productivité

Ce que nous venons de schématiser nous permet de comprendre que le cerveau humain n'est que l'aboutissement le plus perfectionné sur cette planète de l'action de l'énergie solaire dans l'organisation de la matière en structures organiques de plus en plus complexes.

Ce cerveau a permis à l'espèce de découvrir les lois du monde inanimé, de créer la physique et son langage, les mathématiques. De cette connaissance a découlé la technologie, la mise en forme, grâce à l'information sécrétée par le cerveau humain, de la matière et de l'énergie. Celles-ci ont toujours été à la disposition des hommes. Les espèces animales les ont utilisées sans les transformer. L'homme a su les utiliser en les transformant à son profit. Ainsi, toute l'économie mondiale se résume à l'utilisation par l'homme de l'énergie solaire, et des sources énergétiques qui en découlent, pour transformer la matière au mieux de sa survie, grâce à l'information technique.

Malheureusement, cette connaissance des lois du monde physique, acquise progressivement au cours des millénaires, n'a pas été suivie de la connaissance du monde vivant qui ne se résume pas à la thermodynamique, mais pour lequel les notions d'information et de lois structurales spécifiques sont nécessaires.

La naissance d'un langage symbolique a fourni les alibis logiques aux pulsions prenant naissance dans les zones les plus archaïques du cerveau humain, qui ont soumis son néocortex à leurs lois inconscientes. Le développement technologique, que nous croyons lié, historiquement, à un déterminisme géoclimatique ayant favorisé certaines ethnies, a été ainsi utilisé pour établir des hiérarchies de dominance, entre individus, entre groupes, entre nations, entre blocs de nations. Il a permis l'invention par certaines ethnies d'armes de plus en plus redoutables leur permettant d'imposer, à celles qui ne les possédaient pas, une dominance économique et politique.

L'individu et l'espèce ont la même finalité : survivre. Cependant, entre eux s'interposent des groupes sociaux qui veulent survivre également, mais qui ont cru que la survie n'était possible qu'en établissant leur dominance sur d'autres groupes sociaux. Ce qu'on appelle le monde occidental a produit plus d'information technique qu'il n'avait de matière et d'énergie à transformer. Il est allé s'approprier la matière et l'énergie situées dans des niches géoclimatiques habitées par des ethnies dont l'évolution technologique était moindre. Mais à l'intérieur même de ce monde technicisé, la recherche de la dominance s'est établie sur la productivité en marchandises. Or il semble certain que cette productivité, qui est fonction elle-même de la production d'information technique, dépend du nombre des individus qui, à l'intérieur d'un État, sont capables de la produire. Bien que nous soyons, nous Français, le peuple le plus intelligent de la terre, c'est bien connu, nous ne sommes que 50 millions, alors que les É.-U. comptent plus de 200 millions d'individus, l'U.R.S.S. près de 300 millions et que la Chine qui va prochainement bénéficier de la technologie occidentale grâce à son association technologique récente avec le Japon, en compte plus de 1 milliard. Cette constatation, que nous pouvons résumer en disant que le laser avait peu de chances d'être découvert dans la république d'Andorre, montre la survivance d'États ou même de groupes d'États ne cherchant l'épanouissement des individus qu'ils «gèrent» que dans la dominance économique, c'est-à-dire dans l'appropriation des matières premières et de l'énergie, risquant ainsi de conduire à la disparition de l'espèce par une compétition aveugle dans la recherche de la productivité visant l'établissement des dominances. La conscience écologique qui a pris naissance au cours des dernières décennies s'effraie sans doute du résultat, sans pour autant dénoncer les facteurs comportementaux et systémiques qui en sont à l'origine.

La « gestion » ne peut plus être conçue aujourd'hui, à notre avis, comme la gestion d'entreprises, d'industries, de groupes multinationaux, administrant «leur» capital. Le capital à gérer appartient aujourd'hui à la planète, du fait de l'accélération de l'efficacité des moyens de production, de communication et d'échanges sur cette planète, dont la dimension et la structure sont restées les mêmes. La foire d'empoigne qui a contrôlé jusqu'ici l'ensemble des activités humaines, malgré les expédients technologiques qui pourront encore être découverts pour en masquer l'absurdité, risque de conduire l'espèce à sa perte.

Seule la planétisation de la propriété des matières premières, de l'énergie et surtout de l'information technique, sans laquelle les deux premières sont inutilisables, permettrait une gestion efficace des biens communs à l'espèce et serait capable d'en assurer l'évolution. Celle-ci ne peut pas être biologique mais culturelle, et doit réaliser, à partir de sous-ensembles jusque-là antagonistes, un organisme planétaire qui constituera le dernier palier de l'évolution. Il ne s'agit pas d'une morale, d'un humanisme bien pensant, d'un vœu pieux, mais bien d'une pression de nécessité à laquelle nous devons nous soumettre. Sinon nous devons accepter de disparaître.

Compétition et coopération : l'individu et le groupe

Paul HOPKINS

I. La gestion, la biologie, le scientisme, les raisons et les risques d'une confrontation

Quel rapport y a-t-il entre biologie et gestion ? Comment et à quoi bon chercher un lien quelconque entre deux domaines en apparence si différents l'un de l'autre ?

Si l'on persiste à chercher cette liaison, ne risque-t-on pas de favoriser le scientisme contemporain qui demande que tout débat, pour être « sérieux », s'exprime sous forme de néologismes, de termes savants, de tableaux, de graphiques et autres adjuvants de la mystification populaire du culte de « la science » ?

Car c'est un fait que les débats interdisciplinaires comme le nôtre ne font qu'encourager et flatter chez les scientifiques « spécialistes » une extrapolation tout aussi naïve que discutable, une fois qu'elle est débarrassée de son aura d'autorité scientifique.

En admettant néanmoins que l'on puisse éviter le double piège du scientisme et de la naïveté, pourquoi la gestion s'adresserait-elle à la biologie ? Car, contrairement aux sciences physiques et chimiques, la biologie n'a jamais su ou n'a jamais pu offrir à la gestion les bases mêmes d'une technologie exploitable et commercialisable [1].

Au contraire, l'activité de la société technologique, industrielle et urbaine modifie profondément le milieur naturel et semble à bien des égards vouée à la destruction de ce dernier. La biologie devrait donc rejoindre le camp de la contestation écologique, puisqu'une telle activité nous conduit à l'apocalypse écologique.

A) *La biologie et la gestion : des mondes et des esprits différents ?*

La différence entre le monde du gestionnaire et celui du biologiste semble énorme. On pourrait même estimer que la gestion et la biologie exigent des esprits aussi différents que pour ceux qui, autrefois, choisissaient entre le champ de bataille ou le cloître. Mais nous savons que le champ de bataille était souvent une voie sûre et rapide vers l'au-delà, tandis que le cloître menait avec moins de risques vers le pouvoir temporel. Prétendre que le chevalier était, en tant qu'homme d'action, plus réaliste que le moine est une proposition généralement contredite par notre histoire [2]. De la même façon, la recherche scientifique en tant que refuge pour âmes tendres, sensibles, idéalistes et irréalistes, n'est pas une vérité absolue, même s'il n'y a pas de fumée sans feu ; et on peut se poser des questions, par la même occasion, quant à la rationalité et au réalisme de la gestion.

Les préoccupations de la biologie et de la gestion sont convergentes à bien des égards, et il existe une importante intersection entre les deux domaines. Mais il reste à trouver un moyen de traduire ces préoccupations en des termes compréhensibles à la fois pour le biologiste et pour le gestionnaire, car le biologiste connaît assez mal les principes qui déterminent le raisonnement des gestionnaires et vice versa.

---

1. Les connaissances biologiques sont généreusement exploitées et commercialisées en médecine, en agriculture, en sylviculture, dans les pêcheries, etc., mais par l'intermédiaire d'une forte tradition empirique et par le biais de professions et métiers bien établis, au sein desquels la biologie n'occupe qu'une place secondaire.

2. Georges DUBY. *L'économie rurale et la vie des campagnes dans l'Occident médiéval : France, Angleterre, Empire, IXe-XVe siècle ; essai de synthèse et perspectives de recherches*, Paris, Aubier, 1962, 2 vol. (Collection historique).

B) *Les intersections entre la gestion et la*
   biologie. Aspects théoriques
   et pratiques

Dans un article intitulé « Economic Models in Ecology », Rapport et Turner [3] suggèrent que « The economics of resource allocation provides a framework for viewing ecological processes. » [4] Ils estiment possible que la répartition de certaines ressources limitées entre différents utilisateurs et leurs différentes utilisations soient au centre des préoccupations écologiques, comme c'est le cas en économie.

Cet article est particulièrement important, puisque les auteurs traitent explicitement de l'emprunt implicite et massif fait par les biologistes à la théorie économique de la gestion, au moyen d'analogies et d'idées économiques, pour décrire et comprendre les processus biologiques. Car, pour des raisons que nous tenterons d'expliquer, une réorientation récente et fondamentale de la biologie l'amène vers une véritable socio-économie du monde animal et végétal.

Cet emprunt n'est pas nouveau, mais il a été plutôt implicite jusqu'ici, bien qu'un article de Tullock [5] ait été intitulé « The Coal Tit as a Careful Shopper » [6] et que, depuis une vingtaine d'années, les courants principaux en écologie animale nous aient fatalement conduits dans ce sens.

Rapport et Turner ont noté non seulement l'emprunt fait par les biologistes à la théorie et à la pratique économiques, mais aussi un recours certain des économistes à la biologie, dans leur tentative d'explication — et éventuellement de justification — des processus économiques.

Les notions de compétition, de lutte, d'évolution (= progrès), de survie, de sélection en vue de l'excellence, avec d'autres notions comme celles de « coûts et bénéfices » et d'investissement, sont utilisées indifféremment en biologie et en économie. Au point qu'on a souvent du mal à savoir s'il s'agit de

---

3. D.J. RAPPORT and J.E. TURNER. « Economic Models in Ecology », in *Science*, v. 195, 1977, p. 367–373.

4. « Les règles économiques régissant l'allocation des ressources nous fournissent un cadre permettant de représenter les processus à l'œuvre dans un milieu écologique ».

5. G. TULLOCK. « The Coal Tit as a Careful Shopper », in *American Naturalist*, v. 104, 1970, p. 77–80.

6. « La mésange noire, une consommatrice avertie ».

notions biologiques appliquées à l'économie ou de notions économiques appliquées à la biologie. Rapport et Turner citent par exemple Keynes, qui écrivait que « le principe de la survie des plus aptes pourrait être considéré comme une vaste généralisation de l'économie ricardienne ».

Si jamais il s'avérait que les biologistes sont en train de s'inspirer d'une théorie économique qui, elle, se serait nourrie d'une théorie biologique, la démarche afficherait une circularité redoutable. On a de bonnes raisons de craindre que c'est ce qui s'est passé et qui continue de se passer, encore actuellement.

Néanmoins, ces considérations sont d'ordre théorique. Elles relèvent donc de l'épistémologie qui, elle, se rapproche de la philosophie, voire même de l'idéologie, chemin douteux et discutable pour le gestionnaire pragmatique et le biologiste empiriste, et qui les ramène rapidement au scientisme et à l'extrapolation naïve que l'on voulait éviter (ou du moins prévenir). C'est du moins le point de vue que l'on est amené à adopter si l'on souscrit à une certaine vision de la science qui se caractériserait par l'objectivité, le désintéressement et l'impartialité [7].

L'interférence entre la gestion et la biologie se situe à un tout autre niveau, encore que celui-ci soit des plus matériels. La gestion du système socio-économique, technologique, industriel et urbain a des conséquences indiscutables pour le milieu dit « naturel » et les organismes vivants. Le problème est de connaître la nature, le degré et la signification de ces conséquences par la communauté dans son ensemble, dans l'immédiat et à plus long terme. Il ne s'agit pas d'une contestation écologique irréaliste et gratuite, mais du problème du maintien des ressources naturelles renouvelables et du « cadre de vie », problème parfaitement exposé dans le *Rapport du Club de Rome* [8].

---

7. Les doutes surgissent cependant. L'« éveil » des milieux scientifiques les a conduits à s'interroger sur l'objectivité de la science et à se demander si l'apparente neutralité des chiffres ne masque pas en réalité la poursuite de vieilles querelles scolastiques.

8. *The Limits to Growth ; A Report for the Club of Rome's Project on the Predicament of Mankind*, edited by Donella H. Meadows and others, New York, Universe Books, 1972.

C) *Interférences théoriques*

1° *Darwin, son siècle et sa société*

Dans un livre provocateur, *The Rise of Anthropological Theory*, Marvin Harris [9] a fait remarquer que la théorie de l'évolution de Charles Darwin, avec ses messages de lutte, de conquête, de sélection en vue de l'excellence et de progression vers la perfection, fournissait une caution évidente à la philosophie d'une société en pleine expansion économique et industrielle, et qui s'approchait de son apothéose impériale.

> « Competition, progress, perfection, expansion, struggle, conquest, these were the themes, dynamic and optimistic, which awaited a joining with the biological interpretation of history. The fusion of all these diverse elements into one grand scientific theory was the achievement of Herbert Spencer and Charles Darwin. Yet the sociocultural need for this synthesis was so clear, and the ideological ground so thoroughly prepared, that in the absence of both of these geniuses, exact replicas of their theories would soon have arisen from parallel and convergent sources. »

Pour sa part, le généticien Richard Lewontin [10] rappelle que la théorie de l'évolution était essentiellement la théorie d'un changement nécessaire et inévitable ; ce message ne pouvait être qu'apprécié par un pouvoir industriel émergent et dynamique, face à l'inertie du vieil ordre social de l'état théocratique, dont le pouvoir était fondé sur la propriété terrienne et une aristocratie fermée, relayée par l'Église. L'affirmation selon laquelle l'homme appartient au monde animal et qu'il n'est pas issu d'un acte de création ponctuelle et privilégiée était, nous le savons maintenant, un élément qui contribuait à miner l'autorité ecclésiastique, avec des conséquences évidentes pour son pouvoir qui, pendant des siècles, avait trouvé là une justification et un appui. Par le fait même, la caution que l'Église fournissait aux pouvoirs temporels se trouvait compromise.

Nous pouvons admettre que Darwin n'ait pas été animé d'une volonté consciente et explicite qui l'aurait amené à apporter une caution biologique à la philosophie de la société

9. Marvin HARRIS. *The Rise of Anthropological Theory; A History of Theories of Culture*, New York, Crowell, 1968.

10. Richard C. LEWONTIN. *The Genetic Basis of Evolutionary Change*, New York, Columbia University Press, 1974, XIII (Columbia Biological Series, n° 25).

industrielle et impériale de la Grande-Bretagne; mais nous devons reconnaître que sa pensée a dû en subir certaines influences. Nous savons, par exemple, qu'il s'est inspiré de l'œuvre de Malthus, partie intégrante des courants qui formaient cette philosophie. Nous savons également qu'il connaissait et s'intéressait à certains de ces courants [11].

2° *La théorie de Darwin*

Darwin fondait sa théorie sur les considérations suivantes : pour un caractère donné, les individus d'une même espèce diffèrent plus ou moins les uns des autres. Ce sont ces différences qui font qu'ils seront plus ou moins aptes à la survie dans un milieu donné.

La progéniture ressemblant aux parents, le principe de la transmission héréditaire fait qu'un caractère favorisant la survie augmentera sa représentation au cours des générations successives, en fonction du nombre d'individus qui le possèdent. Un processus identique fait également que les caractères favorisant la survie accentueront leurs effets à cet égard ; de là naît la notion d'une modification permanente des caractères et donc de leur évolution, grâce au phénomène d'adaptation et de sélection naturelle.

Darwin ignorait la nature des gènes et les principes élémentaires de recombinaison découverts par Mendel. En termes très simples, un gène peut être conçu comme une unité contrôlant un caractère. Dans les organismes se reproduisant sexuellement, le descendant reçoit individuellement deux gènes pour un caractère donné : un de la mère, un du père. Ces deux gènes jumeaux (dits allèles) peuvent avoir le même effet, mais pas nécessairement, auquel cas deux versions du caractère qu'ils contrôlent sont possibles. Il s'avère que dans certains cas l'un des deux peut imposer « sa » version du caractère à l'autre. On a affaire alors à un gène (allèle) dit « dominant » et à un autre dit « récessif ». Le caractère exprimé par l'individu porteur de ces gènes dépendra de leur répartition (soient deux gènes équivalents : on aura alors ou deux gènes dominants, ou deux gènes récessifs, ou un de chaque et, dans ce dernier cas, le caractère exprimé sera celui de l'allèle dominant).

11. D.L. HULL. « Charles Darwin and Nineteenth Century Philosophies of Science », in *Foundations of Scientific Method : The Nineteenth Century*, edited by Ronald N. Giere and Richard S. Westfall, Bloomington, Indiana University Press, 1973.

C'est donc la théorie darwinienne qui s'est répercutée sur cette conception du gène, touchant à la fois sa transmission et sa fonction, qui est fondamentale pour la biologie contemporaine ; elle est connue sous le nom de théorie « néo-darwinienne ».

3° *La génétique des populations et l'aptitude à la survie*

La discipline de la génétique des populations [12] s'intéresse surtout aux changements de fréquences des individus possédant telle ou telle combinaison de deux gènes allèles. Ces individus, et donc leur « génotype », peuvent être identifiés ou bien par des caractères évidents, ou encore par des croisements contrôlés et, récemment, par l'analyse de certaines protéines et enzymes. Cette discipline a établi une mesure fondamentale du « succès » d'un génotype, de son aptitude à la survie, ou « fitness ». Cette mesure s'exprime en termes de nombre de descendants directs d'un génotype donné dans les générations subséquentes. Il convient de faire remarquer qu'en dépit de son objectivité, et même si elle est fondamentale, elle n'est pas absolue, car elle n'est définissable qu'en fonction d'un nombre connu de générations. Mises à part certaines espèces étudiées en laboratoire et qui se reproduisent rapidement, il est rare et difficile de connaître la descendance des animaux. Rappelons d'ailleurs que, même chez l'homme, il subsiste un élément de doute quant à la véritable identité génétique des descendants de croisements déclarés, même ceux qui ont été enregistrés dans les plus longues et les plus illustres des généalogies (le meilleur contrôle se faisant sur les chevaux de course et les taureaux).

Cet amendement néo-darwinien étant fait et expliqué, il semble qu'un gène est appelé, tout comme le caractère qu'il contrôle, à augmenter sa fréquence relative et à voir ainsi sa valeur pour la survie accentuée (puisque les mutations feront que, tout changement dans un gène augmentant cette valeur, ce gène sera nécessairement favorisé par rapport à la version originelle). Un gène qui n'arrive pas à s'affirmer de cette façon est condamné d'avance à disparaître.

---

12. Theodosius G. DOBZHANSKY. *Genetics of the Evolutionary Process*, New York, Columbia University Press, 1970, IX.

Le gestionnaire remarquera que ce système ressemble beaucoup à la production d'intérêts par un investissement de capital initial, le réinvestissement de ces intérêts enclenchant une production d'intérêts accrue, et ainsi de suite. Le gène (dans ce système simple) est assimilable à une unité monétaire, et les gènes engendrent les gènes comme l'argent engendre l'argent. C'est d'ailleurs dans la primauté et l'inévitabilité de ce processus que Richard Dawkins[13] a trouvé le thème principal d'un livre qu'il convient de citer ici pour souligner qu'il n'emporte pas l'adhésion de tous les biologistes et qu'il a été exploité dans un sens que son auteur n'aurait sans doute pas approuvé.

Il est nécessaire d'approfondir cet exposé de la conception du fonctionnement génétique pour aborder, dès maintenant, un argument élaboré plus loin. Nous admettrons ici «le biologiquement invraisemblable» (à savoir un rapport étroit du type « un gène, un caractère », et un «contrôle» direct et étroit du gène sur des comportements complexes), pour essayer de comprendre à quel point la biologie confond ses propres concepts avec ceux des disciplines économiques.

Il existe une exception à la règle voulant qu'un gène donné ne puisse qu'augmenter sa représentation par descendance directe. Imaginons un individu qui favorise la survie et la reproduction de ses proches parents. Ces derniers ont une certaine probabilité (mais pas une probabilité certaine) de posséder en commun avec cet individu le même gène. Cette probabilité, calculable grâce à Mendel, est de l'ordre de 0,5 pour un frère ou une sœur, de 0,25 pour un cousin ou une cousine, etc. Si, en favorisant la survie d'un parent, la fréquence d'un gène, par la descendance de tous les individus qui le portent, est supérieure à celle qui aurait été la conséquence d'une descendance directe, un comportement favorisant la survie d'autrui pourrait être maintenu. Il suffit bien entendu de connaître sa propre dot génétique, celle du bénéficiaire éventuel de l'aide en question (donc ses liens de parenté), les bénéfices alternatifs (en termes de survie génétique) de l'acte de donner ou de ne pas donner cette aide et donc de pouvoir évaluer les risques courus par ce même bénéficiaire éventuel ainsi que par l'altruiste en puissance. Il est évidemment question ici d'un processus assez complexe de prévision des

13. Richard DAWKINS. *The Selfish Gene*, Oxford, Oxford University Press, 1976, XII.

coûts et des bénéfices immédiats quant aux risques de survie, et à long terme sur le plan génétique. On imagine également des liaisons simples entre comportement et gène, qui sont contraires à la logique puisqu'elles sont contestables. Ceux qui ont déjà entendu parler de la sociobiologie reconnaîtront ici un sujet devenu familier et des exposés devenus classiques dont Trivers, dans «The Evolution of Reciprocal Altruism»[14], et Wilson, dans sa *Sociobiology*[15], donnent les détails. Mis à part les aspects assez sinistres d'un calcul aussi froid des coûts et bénéfices de l'amour, et du fait que «l'altruisme» même ne serait que de l'égoïsme éclairé[16], on peut exprimer les plus grandes réticences — et des plus biologiques — quant à la valeur de ce modèle. Dans sa forme simple, il est contestable, étant donné que le gène est difficile à concevoir structurellement comme une unité distincte, que son fonctionnement est complexe, que le «contrôle» des caractères par les gènes est toujours mal compris et que les caractères du comportement sont certainement loin de subir un contrôle aussi simple. En admettant néanmoins le modèle, on est obligé de l'élaborer au point où sa complexité intrinsèque et ses exigences, quant aux conditions de sa réalisation, lui enlèvent sa simplicité primordiale et on est tenté de dire primitive, au sens péjoratif du terme.

Ce n'est pas ici le lieu de se lancer dans le débat sociobiologique qui agite actuellement la communauté biologique et qui fait tache d'huile dans des eaux déjà assez troubles. Mais ce processus de sélection, qui provoque obligatoirement une augmentation constante de la représentativité d'un génotype, est fort semblable au principe de maximisation du bénéfice («profit maximisation») de la théorie économique.

La théorie de Darwin, la nature et le fonctionnement du gène révélés par la génétique, paraissent pourtant ressortir directement aux faits biologiques et pouvoir être expliqués sans a priori. Pourtant, encore une fois, ces faits et ces théories biologiques correspondent aux principes supposés du fonctionnement du système socio-économique au point de se confondre avec eux. Comme il serait délicat de supposer que les

---

14. R. TRIVERS. «The Evolution of Reciprocal Altruism», in *Quarterly Review of Biology*, vol. 46, n⁰ 4, 1971, p. 35-57.

15. O.E. WILSON. *Sociobiology — The New Synthesis*, Cambridge, Mass., Harvard University Press, 1975.

16. Un critique a eu ce mot ironique, mais pertinent : «scratch an altruist and watch a hypocrite bleed».

systèmes biologiques fonctionnent selon les principes de l'économie humaine, il nous reste à nous demander si le fonctionnement de ce système est régi par des principes biologiques ou,
plus fondamentalement, s'il est «naturel». Ceci deviendrait
encore plus urgent dans le cas où les gestionnaires cherche-
raient une aide auprès de la biologie [17].

D) *Interférence entre théorie économique et théorie biologique : l'économie animale*

En cherchant un rapprochement explicite entre l'économie
et la biologie, Rapport et Turner [18] ne font que suivre consciemment un chemin déjà fréquenté, inconsciemment, par de
nombreux biologistes.

Ce sont non seulement les implications inéluctables de la
théorie darwinienne, mais également les observations biologiques elles-mêmes qui ont encouragé de tels emprunts.

Dans une étude sur la mésange noire vivant dans les
sapinières, Tinbergen et ses collaborateurs [19] ont cherché à
connaître sa prise alimentaire. Il faut remarquer qu'ils faisaient ceci dans le but pratique de comprendre les facteurs
influençant le nombre des prédateurs et celui de leurs proies et,
éventuellement, de contribuer au contrôle des animaux nui-
sibles économiquement importants. Ils n'avaient donc pas de
préjugés théoriques...

Ils ont dû conclure que la prise alimentaire des oiseaux ne
constituait pas une activité dépendant simplement de l'abondance de la proie (de la densité par exemple), mais comportait
la recherche active de certains aliments et le refus de certains
autres. Cette sélection impliquait à son tour une évaluation de
l'abondance relative des aliments différents. Ces auteurs pro-
posaient la notion d'une «image de recherche» de nourriture
établie activement et en fonction d'une évaluation de la disponibilité de cette nourriture. Cette notion était ensuite généralisée, au fur et à mesure que l'on reconnaissait un peu partout

17. Soit pour établir que les processus auxquels ils sont confrontés sont
inévitables (ou non) ou encore, en admettant que l'économie n'est pas un
épiphénomène biologique, pour se justifier explicitement ou implicitement
en faisant appel à la biologie.

18. D.J. RAPPORT et J.E. TURNER, *op. cit.*

19. L. TINBERGEN. «The Natural Control of Insects in Pinewoods. I. Factors
Influencing the Intensity of Predation by Songbirds», in *Netherlands
Journal of Zoology*, vol. 13, 1960, p. 265–343.

que les animaux n'exploitaient pas leurs ressources alimentaires passivement. Comme il s'agissait non seulement d'une
préférence et d'un choix, mais également d'une modification
du comportement ayant une influence sur la probabilité de
contact avec les aliments, « l'image de recherche » s'est transformée progressivement en notion de « stratégie de recherche ».
Des études telles que celles de Murton et de ses collaborateurs [20],
portant sur le nombre de coups de bec, de pas par unité de
temps (donc l'effort dépensé par unité de temps/surface) et la
stratégie de recherche des pigeons ramiers, ouvraient la voie à
une quantification du comportement alimentaire. Une étude
sur les grives et les merles, réalisée par James Smith [21], a
ajouté la prise en considération des dimensions spatiales et de
telles stratégies. Smith a enregistré les trajets suivis par ces
oiseaux sur des pelouses et il a cherché à savoir si ces trajets
étaient activement modifiés en fonction de la répartition des
aliments. Il essayait de résoudre le problème théorique suivant :
dans le cas d'une proie cachée, dont les unités sont groupées,
un prédateur « aurait-il intérêt » à chercher dans la même zone,
une fois un aliment trouvé ? Ou, dans le cas d'unités de proie
isolées, devrait-il plutôt s'éloigner, une fois un aliment pris ?
De telles différences de stratégie avaient en effet été relevées
par Smith, qui mesurait la longueur des trajets et l'angle des
virements effectués après la capture d'une proie.

Il existe maintenant une véritable discipline qui se préoccupe de ces « stratégies » de recherche de nourriture, et elle
montre que le principe d'une recherche alimentaire, activement
modifiée en fonction de la disponibilité relative des aliments,
est généralisé. Cette discipline possède ses propres théories,
mais, pour l'essentiel, elle souscrit à l'idée que les stratégies de
recherche sont établies en fonction d'une évaluation du coût
énergétique nécessaire pour obtenir tel ou tel aliment, donc
l'apport d'une certaine quantité d'énergie. Ces stratégies
peuvent être diverses : par exemple, on peut chercher à écono-
miser le temps passé à chercher la nourriture plutôt que l'effort
dépensé par unité de temps ou inversement, mais la mesure de
base sera *énergétique* et la stratégie choisie sera « optimisante »
ou « maximisante » (tout comme en économie, ces deux termes
ne sont pas tout à fait équivalents : l'animal, comme une

20. R.K. MURTON. *Man and Birds*, London, Collins, 1971 (The New Naturalist,
     A Survey of British Natural History, n° 51).
21. J.N.M. SMITH. « The Food Searching Behaviour of Two European Thru-
     shes », in *Behaviour*, v. 48, 1974, p. 276–302.

chaîne de production, doit composer avec des demandes opposées concernant son temps et son potentiel de fonctionnement).

Il paraît logique d'imaginer que ces stratégies auront pour but d'augmenter autant que possible la quantité d'énergie obtenue par unité d'énergie dépensée, mais il existe encore une autre raison de le croire : ces stratégies sont des caractères qui contribueront à la survie de l'individu. Comme tout autre caractère, ils sont appelés, par la sélection naturelle, à s'affirmer vis-à-vis des autres, et ceci semble devoir passer par une maximisation ou par une optimisation de l'efficacité énergétique. Dans cette théorie, le problème pour le biologiste est de ne pas se perdre dans une redoutable comptabilité des coûts et des bénéfices énergétiques qui ne cesse de s'élaborer. Il doit se demander ce qu'il doit mettre dans la colonne des « crédits » ou dans celle des « débits » du bilan, surtout s'il tient compte de la vie de l'individu et de sa descendance, car, évidemment, il faut que le bilan énergétique s'équilibre avec le bilan génétique.

Le biologiste se trouve comme l'économiste devant la difficulté de devoir définir convenablement les postes de ces bilans.

Ce problème rejoint donc celui de l'économiste : pouvoir définir les limites de la comptabilisation et savoir ce qui est réellement coût et ce qui est réellement bénéfice dans ces bilans. Tant que le biologiste considère d'emblée que ces bilans sont obligatoirement maximisants ou optimisants en raison de l'action supposée de la sélection naturelle, il introduit un biais certain quant à ses conclusions éventuelles. Il est donc difficile d'affirmer à l'heure actuelle que les animaux ont des stratégies de recherche de nourriture qui sont indiscutablement maximisantes ou optimisantes.

Dans ce domaine, l'intersection entre l'économie et la biologie, tout en contribuant à mieux préciser certaines questions et en montrant la complexité et le raffinement extraordinaires du monde vivant, empêche, à certains égards, de connaître les principes de fonctionnement biologiques.

L'étude de stratégies de recherche chez les individus a mené tout naturellement à des études sur la façon dont les animaux organisent leurs déplacements afin d'exploiter les ressources en fonction des changements de localisation de ces ressources, et sur l'utilisation de l'espace par l'animal, utilisation subissant d'autres contraintes que la seule répartition des ressources.

Il était inévitable que ces préoccupations des écologistes rencontrent, d'une part, celles des socio-économistes préoccupés par les problèmes de l'exploitation agricole en fonction de la situation relative des habitations et des champs et, d'autre part, celles des économistes intéressés par la distribution des produits commerciaux et la répartition des consommateurs. Hamilton, Watt [22] et Covichs [23] cherchent dans les théories socio-économiques (« location analysis », « central place theory »[24], etc.) leur inspiration pour élaborer des hypothèses quant à l'exploitation des ressources par les animaux.

Un recours aussi massif aux théories économiques, par les biologistes de tant de domaines, exige, afin d'être justifiable, une certaine fiabilité et une certaine validité à la fois des théories et des concepts économiques auxquels on fait appel. Mise à part l'interférence éventuelle du darwinisme comme source d'inspiration pour l'économie, on peut essayer de savoir comment la théorie et les concepts économiques s'appliquent et sont reçus dans le domaine de l'économie.

E) *La contestation économique*

Pour le biologiste, la fiabilité des modèles économiques peut être quelque peu ébranlée si, en autodidacte consciencieux, il cherche à mieux connaître ces modèles économiques. Tout autodidacte, on le sait, court le risque très grave de faire une mauvaise lecture, de même qu'il manifeste généralement une fâcheuse prédisposition à s'enthousiasmer pour de grands classiques (malheureusement dépassés) ou pour des hérétiques (dont les insuffisances sont évidentes pour tous ceux qui souscrivent à la pensée orthodoxe).

J'avoue personnellement ne pas avoir fait autre chose que de lire, accidentellement je crois mais en tous cas avec enthousiasme, *Monopoly Capital* de Baran et Sweezy [25] et *The New*

22. W.J. III HAMILTON and K.E.F. WATT. « Refuging », in *Annual Review of Ecology and Systematics*, v. 1, 1970, p. 263–286.

23. A.P. COVICHS. « Analysing Shapes of Foraging Areas : Some Ecological and Economic Theories », in *Annual Review of Ecology and Systematics*, v. 7, 1976, p. 235–257.

24. « Analyse de localisation », « théorie de l'emplacement central ».

25. Paul A. BARAN and Paul M. SWEEZY. *Monopoly capital ; An Essay on the American Economic and Social Order*, New York, Monthly Review Press, 1966.

Industrial State de Galbraith [26]. Je n'y ai pas trouvé cette foi inconditionnelle dans le principe de maximisation, tant cité par les biologistes, en tant que force motrice de notre système socio-économique. Si j'ai bien compris, Baran et Sweezy estiment que la maximisation du profit est toujours une motivation. Mais j'ai également cru comprendre qu'il s'agit d'une maximisation réelle de « surplus » et qu'il est difficile de savoir ce qui est (et ce qui n'est pas) « surplus ». Pour sa part, Galbraith semble estimer que la survie de l'organisation prime et qu'on peut donc renvoyer au deuxième rang le principe de maximisation du profit. Mais les analyses des deux livres me semblent compromettre fondamentalement le principe de maximisation du bénéfice, par leur remise en cause de la rationalité du système dans son ensemble. Pour Baran et Sweezy, il est difficile de savoir ce qu'il faut mettre au compte des « coûts et bénéfices », aussi bien dans les états, même financiers, des compagnies que dans ceux des gouvernements et surtout des multinationales. La volonté et le fait de contrôler autant que possible toute la chaîne de production et de vente, depuis l'extraction des matières premières jusqu'aux marchés finals, font que la « compétition » ne rentre pas dans ce système comme facteur « naturel et biologique » assurant l'innovation. Au contraire, il semble que le système résiste de son mieux à l'obligation de faire face au hasard et à l'incertitude d'une « sélection naturelle ». Baran et Sweezy citent, à titre d'exemple, le fait que les grandes compagnies laisseraient délibérément l'innovation et les risques à de petites entreprises, prenant en main la production et la vente du produit seulement après la mise au point; cette prise en main, par le poids économique et le pouvoir des grands, ne relève en rien d'une saine et loyale concurrence. Galbraith énumère toute une série de cas de collusion entre compagnies visant à éviter la concurrence des prix et à assurer à chacune sa part du marché. Nous connaissons les tarifs, subventions et autres arrangements occultes qui font que le marché est loin d'être « libre ».

Ces critiques peuvent évidemment être contestables dans le détail ou confondues avec des arguments idéologiques ou politiques, mais il reste un autre aspect de cette activité économique qui est soulevé par ces auteurs et qui ramène le débat sur le terrain de la biologie.

---

26. John Kenneth GALBRAITH. *The New Industrial State*, Harmondsworth, Penguin Books, 1970 (Pelican books).

Des secteurs importants de cette activité socio-économique impliquent un gaspillage certain — et l'exigent parfois — afin que soit assurée leur «rentabilité». Baran et Sweezy se demandent si les dépenses de l'État sont en réalité des «dépenses» ou si elles font partie d'un surplus dont il est essentiel de se débarrasser pour pouvoir en produire davantage. Le maintien, par les États, d'armées et d'armements coûteux, qui se justifient essentiellement par le fait que l'on n'aura pas à s'en servir, est le même phénomène, reformulé en termes d'évidences flagrantes pour tout contribuable. Les divers projets de prestige que nous avons connus — et que nous continuons à connaître — confirment que des ressources financières et matérielles importantes peuvent être consacrées à des fins dont la justification relève essentiellement de l'idéologie (on pourrait même dire de l'escroquerie) [27]. Mais à la fois Galbraith, Baran, Sweezy et Vance Packard [28] présentent des arguments difficiles à réfuter. Une des forces motrices de notre système, qui prétend chercher la maximisation des bénéfices, est le gaspillage conscient. Cette gestion du gaspillage permet de contester la rationalité de ce système socio-économique, ou, plus précisément, la rationalité de sa rationalité dans son ensemble. Rappelons que la socio-économie animale, telle qu'elle s'exprime actuellement à travers l'étude des stratégies énergétiques, suppose d'emblée — et exige, en guise d'acte de foi darwinien — un principe d'optimisation énergétique, c'est-à-dire d'efficacité entre l'énergie obtenue et l'énergie dépensée. Pour les biologistes et les économistes qui voudraient s'emprunter mutuellement des concepts et des théories, il y a évidemment ici une contradiction fondamentale ; et l'activité humaine se trouve en bonne place pour être classée comme non naturelle, voire même irrationnelle, contredisant paradoxalement une théorie darwinienne qui se réfère à bien des égards à cette même activité socio-économique.

---

27. Il y a toujours eu des projets de type «Concorde» dont l'évaluation des coûts, au départ, est très modeste, et dont les avantages éventuels ne se répercuteront que peu sur les contribuables, lesquels devront par la suite subventionner cette réalisation très onéreuse de crainte d'avoir contribué en pure perte aux investissements initiaux.

28. Vance Oakley PACKARD. *The Waste Makers*, New York, D. McKay Co., 1960.

II. La rationalité de l'irrationnel : efficacité biologique et inefficacité humaine

L'homo sapiens ne saurait voir dans son irrationalité que du rationnel, et on le comprend. Pourtant, les sociétés humaines n'ont jamais brillé par leur souci de l'économie. Depuis toujours, ces sociétés ont élevé leurs mégalithes et leurs dolmens, leurs pyramides, leurs temples, leurs églises et leurs palais, sans que les avantages ne semblent s'en être répercutés directement et égalitairement sur ceux qui ont contribué à leur construction. Nos projets de prestige actuels, avec toute leur complexité, en sont les descendants directs et ils s'inscrivent dans cette tradition. Par ailleurs, le surplus, selon Baran et Sweezy, comporte une portion de «gaspillage», comme nous l'avons vu. Les anthropologues sociaux se sont penchés avec beaucoup d'intérêt sur la destruction ritualisée des biens matériels (le potlatch), et bien des conflits humains appartiennent, de toute évidence, à ce genre d'exercice plutôt qu'aux courants politiques, économiques ou autres, si laborieusement et savamment invoqués pour les «expliquer».

Mais cette irrationalité pourrait relever de la rationalité d'une certaine irrationalité, voire même de profonds processus socio-économiques «naturels». Roy Rappaport [29] présente un argument de ce genre dans son livre *Pigs for the Ancestors*. Chez les peuples de la Nouvelle-Guinée qu'il a étudiés, l'économie de base repose sur la culture de la patate douce dans des clairières dont la localisation change avec le temps, ces peuples étant «nomades» mais de façon intermittente. Ils élèvent des porcs, cet élevage absorbant une partie de la production des cultures. Quand le cheptel des porcs atteint une certaine taille, il est décimé, et la viande est consommée lors de fêtes et de rituels. Comme ces fêtes interviennent dans les rapports sociaux au sein des groupes tout autant qu'entre ces derniers, elles peuvent donc influencer la répartition de la population (la guerre est d'ailleurs l'une des modalités de ces «rapports sociaux»). Rappaport suggère l'idée que le cheptel des porcs sert en quelque sorte à évaluer l'impact des groupes sur le milieu et que la répartition de sa population, donc son impact, est ajustée par des interactions sociales dont la rationalité ou

---

29. Ray A. RAPPAPORT. *Pigs for the Ancestors ; Ritual in the Ecology of a New Guinea People*, New Haven, Yale University Press, 1968.

la raison n'est pas évidente à première vue. Cette idée, que des événements apparemment incohérents (le rite et le rituel chez l'homme) pourraient néanmoins avoir une certaine rationalité, a été inspirée à Rappaport par l'hypothèse des biologistes selon laquelle l'organisation sociale pourrait servir à régler les stratégies d'exploitation du milieu et que ce mécanisme jouerait aussi pour l'homme mais à d'autres niveaux.

Cependant, que l'on trouve ou non des justifications culturelles à l'irrationalité économique et que l'on imagine que cette dernière puisse être expliquée, en réalité, par des considérations d'économie «naturelle», le gaspillage de notre système socio-économique contemporain se fait à une telle échelle et pourrait avoir des conséquences si graves qu'on doit chercher à savoir s'il est réellement à ce point inévitable.

A) *Le rapport du Club de Rome*

Le rapport du Club de Rome, *The Limits to Growth*, a conclu à une incompatibilité entre, d'une part, les besoins actuels et futurs de l'homme en matières premières et en énergie et, d'autre part, les ressources qu'il a traditionnellement exploitées sur la planète.

On constate que le même système socio-économique qui prétend fonctionner par la production d'intérêts à partir d'un investissement initial en capital, en réinvestissant ces intérêts pour en générer de nouveaux et ainsi de suite, qui souscrit donc au double principe de l'inviolabilité du capital et de la nécessité de la croissance, ne peut le faire qu'en puisant dans — et en épuisant — les capitaux de réserves énergétiques et matérielles du globe, compromettant donc ainsi la croissance. Il en ressort une confusion certaine entre les notions de rentabilité monétaire et d'utilisation efficace de l'énergie, confusion des plus graves puisque, en tant que gestion du gaspillage, elle comporte une contradiction, ainsi que nous l'avons déjà vu, et constitue l'une des cibles des contestataires du système économique.

Ce rapport a été critiqué pour son alarmisme et son pessimisme, à l'image de la vieille tradition des prophètes de malheur et des chantres de l'apocalypse. Il a été critiqué également pour l'insuffisance de ses données et de ses modèles, pour sa foi excessive dans l'ordinateur et l'algorithme, donc pour l'aventurisme et le caractère contestable de ses conclusions. Ces critiques ne sont pas sans fondement. Mais les événements des dix années qui ont suivi sa publication ne contredisent ni les difficultés de production et de distribution prévues, ni sa vision sombre de l'avenir. Mieux (ou pire), l'échéance d'une véritable crise serait plus courte que prévu.

Une autre critique, plus positive et plus convaincante, prétend que l'homme, grâce à son génie, saura toujours se sortir des ornières dans lesquelles il s'embourbe avec tant d'acharnement et de perversion depuis le début de son cheminement à travers l'histoire. Ainsi, grâce à une amélioration de la technologie, on a fait de l'extraction de métaux à partir de minerais au contenu en matière première de plus en plus faible, une opération économiquement rentable. Il reste toujours, selon Sinclair [30], à explorer les fonds des océans, à sonder les profondeurs de la terre, et on peut même envisager de filtrer l'eau de mer ainsi que l'atmosphère pour en extraire certains éléments. Il y a de bonnes raisons de croire que les ressources potentielles du globe seraient alors suffisantes, non pas pour des centaines mais bien pour des milliers d'années à venir. Il serait imprudent de prétendre que de tels rêves ne se réaliseront pas, et certains paraissent déjà en bonne voie de réalisation. Mais ce rêve est celui du technologue, du gestionnaire et du technocrate, et non pas celui du biologiste dont la sensibilité ne peut que frissonner devant de telles perspectives.

Fouiller jusque dans les derniers recoins et profondeurs de la terre, tout filtrer, tout tamiser, tout presser pour en extraire le dernier grain, la dernière gouttelette, rejette totalement dans l'ombre ce que cela implique pour la biosphère.

B) *La biosphère*

La couche mince d'organismes vivants qui recouvrent les surfaces terrestres et qui se répartissent dans les eaux et dans les airs, la biosphère donc, est, vue dans son ensemble, un gigantesque système d'assimilation, de transformation et de transport de l'énergie solaire. Elle assure un échange gazeux, entre autres fonctions vitales à la vie humaine, échange également nécessaire à sa propre survie. L'homme, comme on sait, en fait partie en tant qu'être vivant et il n'est pas prêt à pouvoir éliminer cette dépendance. Les sociétés technologiques, industrielles et urbaines ont toujours besoin des matières

30. T.C. SINCLAIR. «Environmentalism», in *Thinking about the Future*, London, Chatto & Windus, 1973.

premières d'origine biologique, souvent préférées et préférables aux matériaux artificiels. Potentiellement, les ressources biologiques sont indéfiniment renouvelables et peuvent éventuellement être exploitées à un moindre coût que les ressources non biologiques. La main-d'œuvre industrielle, le gestionnaire et le citadin, même le technocrate, ont besoin de manger. Jouir du «milieu naturel», profiter de ses loisirs ou de sa maison de campagne sont des motivations qui, paradoxalement, justifient l'engagement de plusieurs dans un rythme de travail infernal, à la chaîne de production ou dans la vie morne du bureau. Le comble, c'est qu'on a fait de ce désir l'argument de vente d'une vaste industrie et le leitmotiv d'une publicité tous azimuts, au point de le confondre avec une véritable philosophie du naturel, de la nature et du biologique.

Mais si cette biosphère et ce milieu naturel sont essentiels à la survie — pour ne pas dire au bien-être de l'homme — et que l'impact de ce dernier — et surtout l'impact de son activité socio-économique contemporaine et à venir — compromet son existence, les principes les plus élémentaires de la bonne gestion semblent exiger de chercher à en connaître l'enjeu.

Suivant ces mêmes principes élémentaires, il semble raisonnable de s'adresser à ceux qui sont les mieux placés pour connaître et pour comprendre son fonctionnement, si on ne veut pas, comme dans la chanson, «que la terre se perde entre les mains de maladroits». On trouve ici une raison pour le biologiste d'intervenir auprès de la gestion, raison qui n'a rien de théorique ou d'académique, comme on pourrait le supposer en entendant les chuchotements darwiniens dans les couloirs de la théorie de la gestion, et dont l'intérêt pratique est encore fort peu évident.

Mais que sait-on de cette biosphère, de son fonctionnement? Comment évaluer l'impact de l'homme et comment en prévoir les conséquences?

C) *L'impact de l'homme sur le milieu dit «naturel»*

L'histoire de l'homme paraît avoir toujours été l'histoire de la modification et de la transformation de son milieu. Le feu et le pâturage ont déjà été de puissants outils entre ses mains, avant que la technologie du vingtième siècle ne lui donne le pouvoir de faire éclater la planète à la lumière d'un feu d'artifice à l'éclat de «mille soleils».

Le déboisement peut provoquer une érosion des sols et un lessivage, qui introduisent des changements irréversibles tendant à l'appauvrissement, voire même à la désertification du milieu. Beaucoup de landes d'Écosse, que l'on imagine trop facilement «naturelles», sont en réalité de tels déserts; il en est de même des champs de pierres de la Grèce qui, autrefois, étaient peut-être des terres plus fertiles. Le biologiste ne peut que constater que la migration des centres du pouvoir politique et économique de la société occidentale, partant du bassin de l'Euphrate pour passer par la Méditerranée et aboutir jusque dans le nord de l'Europe, a été accompagnée du déboisement et de la modification du milieu. Certes, l'amélioration des pratiques agricoles a compensé cet appauvrissement, mais seulement grâce à un apport d'énergie et de matières premières dont la recherche, devenue frénétique, expliquerait en partie l'histoire de la colonisation européenne d'outre-mer. À l'heure actuelle, comme le fait remarquer le rapport du Club de Rome, le rendement agricole par unité de surface entraîne une lourde dépense, et chaque augmentation de ce rendement implique une augmentation disproportionnée de cette dépense. Vouloir «expliquer» l'histoire humaine par l'écologie humaine serait vain. L'accident, le hasard et parfois la folie y interviennent trop souvent pour que l'on puisse envisager de séparer cause et effet, bien que l'analyse des facteurs socio-économiques contribue à une interprétation souvent beaucoup plus convaincante de l'histoire que les amours et les querelles des princes. Et en ce qui concerne les sociétés préindustrielles du moins, s'intéresser à leur socio-économie, c'est s'intéresser à leur écologie et à l'écologie de leur milieu «naturel».

Quoique la biologie puisse manifester (ou non) un intérêt légitime pour la socio-économie et l'histoire humaine, ce qui reste certain, c'est que l'impact de l'homme sur son milieu a déjà été énorme avant la révolution industrielle, même si l'accentuation de cet impact depuis le siècle dernier est indéniable. Actuellement, l'Europe du Nord porte partout les traces de cet impact, et il en est de même ailleurs, sur de vastes étendues de l'Inde, de la Chine, etc. À vrai dire, quand on parle du «milieu naturel», on parle souvent d'un milieu maintenu dans un état particulier par l'activité de l'homme. En Afrique, il s'agit souvent de forêts secondaires plutôt que de forêts primitives, la savane de l'Afrique de l'Est par exemple étant largement une création de tribus pastorales telles que les Massaïs. Des ouvrages comme la route transamazonienne promettent de réduire à néant les quelques zones qui sont restées relativement intouchées. Les changements ne sont pas pour autant obligatoirement « négatifs ». Il semblerait, par exemple, que le clôturage des champs en Angleterre au dix-huitième et au dix-neuvième siècle aurait rétabli, sous forme de haies et de bois, une couverture végétale et, avec elle, une certaine faune ainsi qu'une flore qui étaient sérieusement réduites auparavant. Comment donc porter un jugement de valeur sur l'« impact » de l'homme ? Est-il toujours à déplorer ?

Dans son livre *The Ecology of Invasions* [31], Charles Elton a décrit le brassage gigantesque des espèces qui a eu lieu sur la planète, de tout temps, parfois sans l'intervention de l'homme, mais qui a été indiscutablement intensifié et accéléré par notre système industriel et technologique. Des espèces de valeur commerciale ont été réduites au point de s'éteindre. Le transport accidentel a d'ailleurs probablement contribué davantage à ce brassage que les déplacements volontaires. Des événements tels que l'ouverture des canaux de Suez et de Panama, qui ont relié des océans, donc des faunes et des flores séparés pendant des temps immémoriaux, ont eu comme résultat de les modifier à bien des égards. La faune marsupiale de l'Australie a été profondément transformée par l'introduction des mammifères placentaires. Il est notoire que l'introduction des espèces dans une région nouvelle est souvent suivie de leur multiplication et pose des problèmes économiques. Évidemment, rien ne permet de faire une distinction absolue entre les changements introduits par l'homme et ceux qui ont été introduits par d'autres facteurs. Le problème est donc de savoir si l'impact de l'homme est acceptable et, sinon, s'il est nécessaire.

D) *La contestation écologique*

Depuis une vingtaine d'années, les contestataires « écologistes » ont établi un lourd dossier des méfaits et des nuisances indiscutables de l'activité socio-économique humaine, et ils ont rempli là un rôle que les sciences biologiques ont, chose étonnante, choisi d'esquiver, en prétextant le désintéressement nécessaire à l'objectivité « scientifique ».

---

31. Charles Sutherland ELTON. *The Ecology of Invasions by Animals and Plants*, London, Chapman and Hall, 1977 (Science paper-backs, n° 133).

Ce sont évidemment les cas les plus flagrants de pollution et autres agressions qui figurent en première place dans ce dossier. Il suffit de citer ici Seveso, l'Amoco Cadiz et le Golfe du Mexique, pour rappeler qu'il s'agit d'événements actuels, susceptibles de se produire de nouveau. On constate que la véritable étendue des dégâts qui s'ensuivent et leurs conséquences à long terme sont impossibles à définir et à chiffrer. On constate également que l'on ne peut réparer ces dégâts que partiellement et que les moyens disponibles sont souvent dérisoires, surtout quand on les compare aux moyens mis en œuvre pour « produire » l'événement. L'incident de Three Mile Island a constitué une chaude alerte. Il a montré que toute technologie, même celles qui sont prétendues infaillibles, peut être défaillante et que les conséquences peuvent être d'une gravité extraordinaire (surtout quand il y a défaillance de l'« infaillible »)[32].

Ces événements ont parfois révélé le fait que les défaillances étaient dues à une recherche de « rentabilisation » qui augmentait les risques. Dans le cas des naufrages de pétroliers dans la Manche, il semble qu'un entretien et une sécurité minimale des bâtiments vieillissants soient facilités par l'emploi de pavillons de complaisance. Ici, la recherche de rentabilité monétaire immédiate — pour une activité commerciale particulière — augmente de toute évidence les risques courus par la communauté dans son ensemble. On a proposé que les industries utilisant les eaux des rivières soient mises dans l'obligation d'installer leur canalisation de prise d'eau en aval de leurs égouts. La proposition, qui exigerait en tout cas de profonds changements dans la gestion de ces industries, met en évidence le fait général que la gestion paraît souvent préoccupée surtout d'imposer à la communauté les véritables frais des opérations, tout en se réservant les bénéfices de la vente. Les contestataires de l'économie relèvent le même problème quand ils considèrent que les différentes subventions et les avantages directs ou indirects dont bénéficient beaucoup de secteurs économiques dits « privés » les amènent à un degré de dépendance tel qu'ils deviennent en réalité « nationalisés ». Mais il n'est pas toujours aussi simple d'évaluer le coût social d'une activité économique, d'autant que les bienfaits et les

---

32. Nous avons appris dernièrement dans quelles conditions la chasse soviétique a abattu un Boeing coréen. Il s'agit là d'une démonstration claire de l'aveuglement et de la faillibilité des systèmes mis en place pour empêcher les conflits nucléaires.

méfaits peuvent être impossibles à chiffrer. Ainsi, aux « calamités sociales et écologiques » de l'installation d'une zone industrielle il convient évidemment d'opposer la création d'emplois nouveaux. Le cas des pesticides a montré à quel point ce type de problème ne comporte aucune solution simple. Si une législation vient appuyer la contestation initiale de la production et de l'emploi (surtout abusif) de ces produits au point que personne n'en contestera plus les risques, il est impossible de renoncer d'emblée à s'en servir et on est obligé de courir des risques difficiles à évaluer. Ici, les intérêts commerciaux des producteurs et des utilisateurs se confondent avec l'intérêt de la communauté. Mais une grande partie de la contestation des écologistes est dirigée contre des problèmes beaucoup plus ponctuels tels que l'arasement des talus, la construction industrielle ou urbaine qui menacent la conservation locale de certaines espèces de papillons, d'oiseaux ou de fleurs (souvent abondants ailleurs), ou encore contre des activités économiques qui semblent injustifiables par rapport à des critères esthétiques, ou même moraux, vis-à-vis du milieu.

Mais il en ressort toujours qu'aucune activité économique ne peut être réellement ou raisonnablement isolée du milieu social et « naturel » dans lequel elle s'effectue. Ainsi, on est obligé d'admettre que la somme des coûts et des bénéfices monétaires de telle ou telle activité n'en est qu'une mesure partielle et, si elle est la seule qui permet une gestion traditionnelle, il y a de plus en plus de cas où on peut mettre en cause sa rationalité fondamentale et son réalisme, si souvent et trop souvent opposés à l'irréalisme de cette contestation écologique.

À l'instar du rapport du Club de Rome, cette contestation écologique rejoint donc la remise en cause de la véritable efficacité de notre système économique, de la rationalité de sa gestion et des principes de son fonctionnement que Baran, Sweezy, Galbraith et leurs disciples ont faite. Car la justification économique ne peut souvent s'affirmer qu'en imposant ses propres outils, à savoir l'approche des coûts et des avantages monétaires. La dimension écologique est alors exclue d'emblée.

Où se trouvent les limites de la comptabilisation et de la responsabilité de nos activités socio-économiques ?

Il s'ensuit que nous avons deux autres problèmes à régler quant à l'impact de l'homme sur son milieu. Le premier est de savoir comment mesurer son étendue et ses conséquences, ce qui permet d'éviter de faire une distinction absolue et de porter un jugement de valeur sur les changements dûs à l'homme et ceux qui sont dûs à d'autres agents. Le second est de savoir, dans le cas de l'homme, quels sont les critères qui justifient ces changements, et d'admettre que nous ne pouvons pas utiliser un seul critère, celui de l'état des coûts et des bénéfices monétaires, mais qu'il nous faut aussi des critères «biologiques».

III. Quelle biologie? systèmes magico-religieux et sciences: certitudes et suffisances

A) *Magie et religion, une «fonction» socio-économique?*

La biologie se trouve dans un certain embarras pour répondre à la question : « Quel est l'impact de l'homme sur le milieu naturel et que devons-nous faire par conséquent, pour mieux gérer nos affaires ?» Il en est de même si on cherche chez les organismes vivants un moyen de mieux comprendre la nature de l'homme et le fonctionnement de ses sociétés.

Car la biologie fait partie de notre science ; elle est née de la révolution industrielle du dix-neuvième siècle et si, par la suite, elle s'est affirmée comme éminence grise auprès de notre société, elle en est toutefois restée dépendante. La biologie, tout comme la science, porte donc les traces de ses origines et, comme tout dépendant, elle risque de rapporter à son maître ce qu'on l'a envoyée chercher.

Dans son livre *La pensée sauvage*, Lévi-Strauss [33] a fait remarquer utilement (quoique le fait soit un peu évident) que l'homme a besoin de classifier pour connaître. La description, la classification, le stockage et la transmission des connaissances du monde environnant ont été, et restent toujours, les principales préoccupations des systèmes magico-religieux. Mais ces systèmes sont toujours plus ou moins confondus avec l'organisation socio-économique de leurs sociétés. Ils y exercent une influence et un pouvoir matériel certains et, en général, on

---

33. Claude LÉVI-STRAUSS. *La pensée sauvage*, Paris, Plon, 1962.

s'attend à ce qu'ils le fassent même quand on ne va pas jusqu'à les y contraindre.

Sir James Frazer [34] a écrit un livre, *The Golden Bough*, qui représente une fantastique odyssée à travers la magie et la religion, les rites et les pratiques des sociétés humaines en tous temps et en tous lieux ; il y estime que les systèmes magico-religieux ont essentiellement comme « fonction » véritable de justifier et d'expliquer maints exercices destinés à faire ployer le monde environnant aux besoins et aux exigences de l'homme. Si ces exercices, ces explications et ces justifications paraissent souvent relever de la pure fantaisie, il faut rappeler que l'on n'a pas toujours les mêmes notions de cause à effet dans toutes les sociétés. Si, parfois, rien ne permet d'imaginer qu'il y ait une véritable relation de cause à effet (comme dans les cérémonies destinées à influer sur la pluie chez des peuples qui ne disposent pas d'avions ni de cristaux d'iode), dans d'autres cas il se peut que les relations soient réelles mais qu'elles soient assurées et interprétées différemment de chez nous. Il reste aussi le fait notoire que les systèmes magico-religieux et l'organisation socio-économique de ces sociétés sont souvent déphasés. Avec le temps, les pratiques et les connaissances se fragmentent, se perdent, se confondent et ne subsistent que sous forme de vestiges. Une telle déformation permet d'ailleurs des essais de reconstruction de mythes et de rites fascinants [35]. Mais les recherches des Opie sur les comptines d'enfants [36] montrent qu'il peut toujours s'agir de fantaisie pure et simple, et alors on aura affaire en réalité à du non-sens (stricto sensu). Il faut faire preuve d'une certaine prudence quand, chez l'homme, on se lance à la recherche du rationnel supposément caché sous l'irrationnel. Si on a tendance à penser spontanément à des traditions et à des croyances magico-religieuses largement dépassées par la socio-économie de la société, il convient de reconnaître que les systèmes magico-religieux peuvent également devancer ces pratiques.

34. James G. FRASER. *The Golden Bough*, London, McMillan, 1954.
35. Robert GRAVES. *The Greek Myths*, 2nd ed., Harmondsworth, Middlesex, Penguin Books, 1957.
36. Iona (Archibald) OPIE and Peter IONA. *The Oxford Dictionary of Nursery Rhymes*, Oxford, Clarendon Press, 1951.

B) *La science en tant que système magico-religieux, certitudes et suffisances*

Décrire, classifier, interpréter, stocker, transmettre les connaissances et les appliquer à des fins pratiques, sont le rôle et la fonction de notre science; en cela, elle n'est ni plus ni moins que le système magico-religieux de notre société industrielle et technologique. Dire qu'elle l'est ni plus ni moins n'est pas la dénigrer, c'est reconnaître son insertion sociale et, par conséquent, les influences sociales qu'elle subit. Comme pour tout système magico-religieux, on veut surtout savoir si ces certitudes sont suffisantes, car toute certitude absolue à cet égard demeure suspecte [37].

En quoi cette science, en tant que système magico-religieux, peut-elle être considérée comme supérieure aux systèmes d'autres sociétés et en quoi suffit-elle aux besoins de sa propre société ? Nous posons donc la question de la valeur absolue de nos connaissances et de nos certitudes «scientifiques», d'une part, et de la suffisance de celles-ci pour notre société de l'autre.

C) *La société occidentale et la nature, attitudes envers la nature, l'ignorance, la peur et l'agressivité*

Ici on limitera la discussion des certitudes et des suffisances à la biologie, qui nous fournit les connaissances sur le monde vivant. Elle a déjà un obstacle culturel redoutable à franchir. La conception que se fait la société occidentale (et toute société industrialisée) du milieu naturel est essentiellement une conception d'hostilité et d'agression. Nous connaissons tous la mission généralement accordée à l'homme et qui est celle de dominer et de contrôler la nature ; cette mission est affirmée partout, qu'il s'agisse du mythe judéo-chrétien de la création, ou des exhortations répétées des hommes politiques «pour assurer l'avenir» ou encore pour faire face à la contestation écologiste. La théorie darwinienne elle-même est une vision conflictuelle, même si on doit à la fantaisie et au

---

37. Fondamentalement, « la science » est marquée par le doute. Notre science se doit donc de douter d'elle-même.

chagrin de Alfred Lord Tennyson l'image consacrée de la nature aux dents et aux griffes ruisselantes de sang.

Curieusement, la fameuse «loi de la jungle», mise dans la bouche de Baloo, ours et sage accrédité de la communauté des animaux qui élevait Mowgli, était tout autre chose. La loi qui s'exprimait supposément par ces mots de Tennyson était, pour Kipling, une règle de respect d'autrui et d'entraide.

«As the creeper that girdles the tree-trunk the law runneth forward and back, for the strength of the pack is the wolf, and the strength of the wolf is the pack.»[38] Rudyard Kipling, auteur du *Livre de la jungle*, à la fois chantre et observateur désabusé de l'impérialisme anglais, y donne partout une image des sociétés animales qui préfigure de façon extraordinaire la conception qui s'impose à cet égard à la biologie contemporaine. Sa vision est d'autant plus intéressante qu'elle avait certainement subi l'influence des philosophies non occidentales.

Cette conception conflictuelle et cette hostilité vis-à-vis de la nature proviennent d'une ignorance profonde. Dans la culture dominante européenne, les connaissances sur les plantes et les animaux sauvages sont très restreintes, partielles et souvent erronées. Sous ce rapport — et pour ceux qui attachent une importance particulière aux racines de notre civilisation — il n'est peut-être pas sans signification de noter que la société grecque a été essentiellement urbaine. Pourtant, l'examen des peintures du Moyen Âge, par exemple, démontre que de telles connaissances existaient, car la représentation des fleurs sauvages y est souvent parfaite et répond tout à fait aux exigences de nos flores d'identification. Par ailleurs, certaines connaissances profondes existent dans la tradition ou l'expérience directe des chasseurs, herboristes, forestiers, etc. Mais en général, ces connaissances sont simplifiées au point de devenir caricaturales. Si l'on se réfère aux comptines anglaises et françaises, les animaux et les plantes mentionnés sont peu nombreux, généralement d'espèces domestiquées ou «familières», précisément de par leur statut «mythique»: le «méchant» loup, le «malin» renard, le «brave» chien, le «gentil» (ou stupide) mouton, etc. Bref, moins l'animal est connu, plus on l'a en horreur. Ainsi, les chauves-souris européennes résistent toujours assez bien à l'intérêt des biologistes

---

38. «Comme la liane qui enlace la branche, la loi s'en va et revient, car la force de la horde vient du loup et la force du loup vient de la horde.»

et nous connaissons, mieux que leurs mœurs, la place qui leur a été réservée dans l'imagerie populaire.

Mais si l'on peut faire abstraction de ce biais culturel, dans quelle mesure notre biologie fournit-elle une vision certaine et suffisante du monde vivant ?

D) *L'espèce, von Linné et le latin*

Notre base fondamentale en biologie est la classification des espèces, auxquelles nous attribuons un double nom latin ; nous devons essentiellement à Karl von Linné ce système qui date du milieu du dix-huitième siècle. Pourquoi deux noms et pourquoi en latin ? L'emploi du latin permet la communication internationale, puisque l'on peut s'accorder sur l'espèce, indépendamment du fait que son nom varie d'un pays à l'autre (et parfois à l'intérieur même d'un pays). Mais que nous apporte d'autre ce nom latin ? L'homme, on le sait, est « l'homo sapiens ». « Homo » désigne le genre, et comme on croit savoir qu'il y a eu d'autres types d'hommes (par exemple l'homme de Néanderthal ou « Homo neandertalensis »), on peut tous les ranger dans le même genre tout en précisant leur identité par le deuxième nom. La voie est ensuite ouverte à un système de classification hiérarchique, où les genres sont regroupés dans des familles, les familles dans des ordres, et ainsi de suite jusqu'aux grands groupements qui permettent les distinctions entre vertébrés et invertébrés, animaux et plantes, etc. Les distinctions et les définitions des espèces sont fondées essentiellement sur des caractères morphologiques discernables par l'homme, et dont l'ordre de signification est décidé par lui. La classification éventuelle est établie selon le degré de conformité à ces critères.

Mais « homo » veut simplement dire « homme ». Notre nom pour le chat sauvage est « Felis sylvestris », le chat des bois ; le chat domestique est un « Felis domesticus » ; le chien « Canis familiaris » est le chien domestique, de même que le loup « Canis lupus » est le chien loup (et non pas le chien-loup). On voit donc que ces noms en latin peuvent être de la plus grande banalité et ne pas apporter de complément d'information par rapport aux noms populaires. Mis à part un certain biais dans le nom spécifique latin attribué à l'homme (« sapiens » = savant... quel optimisme !), ces noms ne font donc souvent qu'affirmer l'évidence. L'anthropologue Berlin [39] fait d'ailleurs remarquer que les sociétés humaines ont toutes une tendance à reconnaître une même gamme d'espèces, ce qui renforce l'idée qu'il s'agit d'évidences, sans qu'on puisse pour autant s'assurer toujours que ces évidences sont incontestables ou, en d'autres mots, qu'il s'agit bien là de « la réalité ».

E) *Pédanterie et poésie*

Prenons maintenant *Les quatre flores de France* de Fournier [40], guide respecté de l'identification des fleurs sauvages françaises et autorité de poids dans ce domaine.

Les noms latins ne font très souvent qu'énoncer ce que tout berger connaît depuis son enfance, « sans le savoir » si l'on ose dire, décrivant simplement quelques caractères frappants de la plante tels que les habitats qu'elle affectionne ou même les associations qu'elle évoque.

Ainsi, le nom spécifique latin peut être « agrestis » (des champs), « aizoon » (toujours vert), « cimicinu » (à odeur de punaises), « catharticus » (purgatif), « falcatus » (en forme de faux), « hircinus » (à odeur de bouc), « petraeus » (des rocailles), « supinus » (étalé sur le sol), « tectorum » (des toits), « venusus » (joli, gracieux). On retrouve ainsi, recouvertes d'un vernis de pédanterie, des connaissances populaires dont la poésie démystifie beaucoup de connaissances savantes et, en même temps, dresse l'une des barrières les plus redoutables à l'acquisition de connaissances biologiques.

Ce n'est donc pas dans le nom latin en soi que nous trouverons l'essence de l'espèce, car ces noms sont surtout le reflet des différences reconnues par comparaison et, de ce fait, elles sont plutôt relatives.

Le binôme ne sert donc que de code binaire pour confirmer une classification établie selon d'autres critères. Mais quels sont ces critères ? La botanique occidentale s'est attachée à certaines évidences flagrantes, surtout dans la structure de la

---

39. B. BERLIN. « Folk Systematics in Relation to Biological Classification and Nomenclature », in *Annual Review of Ecology and Systematics*, v. 4, 1973, p. 259-271.

40. Paul FOURNIER. *Les quatre flores de France*. Corse comprise (générale, alpine, méditerranéenne, littorale). Manuel botanique d'excursions de l'étudiant, du touriste, de l'amateur, du spécialiste, avec 8 075 figures dessinées par l'auteur, Paris, P. Lechevalier, 1946.

fleur (pour les plantes dites angiospermes, avec une structure florale de pétales, étamines, etc.) mais aussi dans le nombre des éléments, ce qui permet de différencier les familles principales. Mais pour désigner les espèces, on a recours à d'autres caractères tels que la forme de la feuille, moins souvent celle des fruits et des graines, ou des racines et, parfois, à des « impressions » telles que l'aspect ou le port de la plante. Pour différencier deux espèces, on peut avoir recours à des caractères difficiles à voir tels que le nombre ou la forme des poils, la façon dont une feuille ou une tige se cassent ou d'autres phénomènes assez subjectifs. Et cette classification n'est pas absolue ou exclusive. Un botaniste professionnel identifie les plantes en fonction de son expérience, sans avoir recours à l'examen de la fleur, et ses critères sont souvent difficiles à cerner. On le voit, par exemple, déceler à quelques centaines de mètres le repère d'une ou de plusieurs plantes par une nuance de couleur et l'aspect du terrain.

Mais au fur et à mesure que cette classification fait appel au détail, elle révèle ses propres limites. Car nous savons maintenant que la variation au sein d'une même espèce, même une « bonne », est souvent grande. Il peut s'agir de différences progressives qui permettent néanmoins de reconnaître toujours un « type », mais ces différences peuvent faire qu'il y a deux ou plusieurs « types » (le polymorphisme) et que ceux-ci peuvent parfois être discontinus. Le botaniste amateur sait combien il est difficile de savoir à quelle espèce appartient l'exemplaire, peut-être chétif, peut-être d'une rareté convoitée, à l'allure souvent triste après une journée de séjour dans un sac en plastique rudement secoué, qu'il rapporte chez lui. Car la clé binaire, qui procède par des oppositions du genre, « la plante possède tel caractère : allez en a », « la plante ne possède pas tel caractère : passez en b », ne permet pas toujours un choix facile. Quant à l'identification définitive, la « certitude » ne revient souvent à rien d'autre que l'« intime conviction », renforcée par un refus de se lancer une dixième fois dans une vérification. Et il se peut que l'on ait affaire à un hybride !

En réalité, nous savons qu'une méthode de classification rigide ne peut pas décrire complètement un système possédant une variabilité presque infinie et qui, au surplus, est en voie de perpétuel changement en vertu de l'évolutionnisme darwinien.

Il n'y a pas que les botanistes amateurs qui ont des problèmes de définition des espèces. Car beaucoup de nos « espèces » linnéennes ont été divisées ou fusionnées, enlevées ou remises dans d'autres genres, voire même dans d'autres familles, depuis deux cents ans. Face à cette situation, il est nécessaire de faire certaines abstractions et approximations, donc de s'éloigner de la «réalité objective». C'est Fournier qui dit, dans l'introduction des *Quatre flores* :

> «Notre manière de voir en ces questions repose sur la conviction que l'espèce n'est pas une simple vue de l'esprit (...) mais qu'elle répond, pour une grande part, à la réalité concrète. Espèces, sous-espèces, races, sont des blocs élémentaires concrets que les systématiciens ont souvent déplacé sur l'échiquier des genres et des groupes mais qui gardent leur individualité quelle que soit leur position passagère.»

Article de foi, glissement conceptuel, nuance dans la nuance et cri de désespoir en même temps, ces mots nous rappellent que notre biologie elle-même ne sait pas trop ce que c'est que l'espèce.

Rappelons également que le système linnéen était essentiellement établi cent ans avant que la théorie de l'évolution de Darwin ne vienne en offrir une explication en termes de transformation des espèces par l'adaptation et la sélection naturelle, donc de phylogénèse et de relations phylogénétiques (de parenté). Ainsi, ce même système de classification, qui a tellement bien épousé la cause darwinienne qu'on aurait pu le croire à l'origine de celle-ci, s'est pourtant très bien accommodé de la théorie de l'immutabilité des espèces et de la création divine. Évidemment, il est possible que les biologistes pré-darwiniens aient hésité à tirer des conclusions qui les auraient amenés à risquer, devant l'ordre établi, une confrontation des évidences matérielles aux dogmes reçus semblable à celle de Galilée et qui s'est si mal terminée pour lui. Mais rien dans notre système «fondamental» de classification ne permet d'affirmer qu'il est plus complet que d'autres et il nous reste certains doutes sur sa puissance explicative. Dans un article, David Hull[41] démontre par exemple que ces doutes au sujet de la définition de l'espèce pénètrent et troublent les fondements de la biologie darwinienne, base de nos connaissances quant aux principes d'organisation et de fonctionnement du monde vivant.

Dans les pages qui suivent, nous exposerons une conception biologique de l'organisation et du fonctionnement du

---

41. David HULL, *op. cit.*

monde animal surtout (elle est donc déjà insuffisante du fait
de l'omission des plantes), qui est particulière à *notre* biologie
personnelle et qui ne dispose de l'absolutisme d'aucune caution.

F) *Organisation et fonctionnement des systèmes biologiques : l'isolement de la biologie par rapport à la nature*

Depuis une centaine d'années, la biologie s'est éloignée
dans son ensemble du milieu naturel et du contact direct avec
les animaux et les plantes tels qu'ils existent dans « la nature »,
donc des « réalités écologiques ». Elle a suivi le modèle des
sciences physiques et chimiques, devenant à bien des égards
une science expérimentale de laboratoire, essentiellement
réductionniste des points de vue méthodologique et conceptuel.

Elle s'est surtout acharnée à démanteler les organismes
vivants et à comprendre leur physiologie, et, triomphe indiscutable, elle est arrivée à connaître la structure des gènes et à
décoder l'information génétique. Mais, en suivant ce chemin,
la biologie a perdu à certains égards son identité, si ce n'est sa
vertu. Dans la biologie moléculaire, on a longtemps perdu de
vue l'organisme dans son ensemble et on ne voit que difficilement une différence entre processus biologiques et processus
physiques et chimiques.

Or c'est précisément au niveau de l'organisme dans son
ensemble que s'expriment bien des phénomènes vitaux et,
nous le savons maintenant, beaucoup d'autres n'apparaissent
que dans les interactions entre les individus membres d'une
même espèce, d'une part, et entre les espèces, d'autre part. S'il
est exact qu'une science réductionniste a beaucoup contribué à
bouleverser toutes nos connaissances du monde, même certains
phénomènes complexes, devant les phénomènes d'ensemble
par contre, non seulement elle reste impuissante à bien des
égards, mais encore elle risque de les détruire ou de nous les
occulter.

Par ailleurs, le réductionnisme, poussé aux limites de sa
logique, nous a amené aux mathématiques et à la mystique de
la physique des particules, où l'atome se désintègre et la
matière s'évanouit dans l'anti-matière. De l'effondrement d'un
monde complexe mais familier et presque compréhensible en
est surgi un autre, étrange et largement méconnaissable,
n'ayant rien de concret ni d'évident.

On peut reprocher à la biologie, tout comme à l'économie, de ne pas avoir assez tenu compte des complexités réelles ni des phénomènes biologiques plus globaux. Tout comme les sciences économiques, la biologie s'est engagée dans trop d'analyses partielles et détaillées aux dépens des analyses d'ensemble synthétiques.

Évidemment, on ne fait que retrouver ici les conséquences de la priorité accordée en science au véritable rite d'initiation que sont les années pendant lesquelles le scientifique est supposé se former et s'affirmer, et établir sa «renommée scientifique» par la dissection patiente (et de préférence silencieuse) de problèmes et de faits parfois de la plus grande insignifiance. Le droit de concevoir une synthèse, «the right to theorise», est «the reward for years of laboratory and field work»[42]. La conséquence pratique, comme le fait remarquer Levins[43], en a souvent été l'accumulation d'une masse de faits d'autant plus indigestes que non seulement il n'existait pas de schémas conceptuels et théoriques adéquats pour les encadrer, mais qu'ils sont d'une valeur discutable, n'ayant pas été convenablement sélectionnés faute justement de tels concepts et schémas. Trouver un juste équilibre entre, d'une part, la théorie qui devient facilement source de biais tout autant pour l'interprétation que pour la récolte des données et, d'autre part, l'absence de théorie dans l'intérêt de «l'objectivité», est un problème que l'on ne résoudra jamais. Mais l'absence de contact avec les véritables complexités de structure et de dynamique des systèmes biologiques et le refus d'envisager une synthèse autre que la théorie néo-darwinienne (devenue véritable dogme) ont causé à la biologie un tort certain. Un redressement n'a eu lieu à cet égard que depuis vingt ans. Il implique une réorientation majeure de la biologie, dont on ne comprend toujours pas la signification. Mais nous savons que cette réorientation est à la fois l'origine et la conséquence d'une convergence d'intérêts de trois disciplines biologiques en particulier : l'écologie, l'éthologie et la génétique des populations.

---

42. Le droit à la formulation de théories représente la récompense et l'aboutissement de longues années passées en laboratoire et sur le terrain.
43. Richard LEVINS. *Evolution in Changing Environments ; Some Theoretical Explorations*, Princeton, N.J., Princeton University Press, 1968 (Monographs in Population Biology, n⁰ 2).

G) *L'écologie, la démographie des plantes et des animaux, la population et l'individu*

L'écologie a toujours eu comme préoccupation principale de décrire la répartition des espèces et de connaître les facteurs influant sur la natalité et la mortalité, donc sur les fluctuations des effectifs. Son unité de base était la «population» (les individus d'une même espèce habitant une même zone) dont les caractères permettaient de la différencier d'autres populations. Comme cette définition manque peut-être de précision autant qu'elle se caractérise par la circularité et l'absolutisme de ses termes, il faut donc préciser que l'on pense surtout à des groupes dont les membres sont potentiellement en mesure de se reproduire entre eux, mais cette définition ne nous protège pas pour autant des a priori méthodologiques et des préjugés de l'observateur humain.

Ceci dit, l'écologie a donc été essentiellement une discipline démographique et elle ne s'intéressait pas outre mesure à l'individu autrement qu'en tant qu'unité interchangeable, nécessaire à la construction de ses histogrammes et de ses courbes (de préférence gaussiennes). Cette écologie a néanmoins établi un certain nombre de principes qui paraissent devoir gouverner l'organisation et le fonctionnement des organismes vivants.

H) *Quelques principes d'organisation, de structure et de fonctionnement des populations et des écosystèmes. Les communautés*

Dans une étude de deux régions situées respectivement au Chili et en Californie, et dont le climat et la végétation étaient semblables, Cody [44] a compté le nombre d'oiseaux et celui de leurs espèces; il a ensuite décrit et mesuré certains éléments tels que la hauteur moyenne au-dessus du sol à laquelle ils s'alimentaient et le type d'alimentation prise.

Il trouva non seulement des correspondances quant aux nombres d'individus et d'espèces mais une certaine équivalence, c'est-à-dire qu'il y avait dans chaque région un oiseau

---

44. Martin L. CODY. *Competition and the Structure of Bird Communities*, Princeton, N.J., Princeton University Press, 1974 (Monographs in Population Biology, n° 7).

ayant les mœurs et la morphologie d'un «troglodyte», d'une «mésange», etc.

Une des données fondamentales de l'écologie est l'affirmation que des milieux semblables supportent une biomasse semblable. Mais les observations de Cody rappellent que cette biomasse posséderait aussi une véritable organisation. C'est comme s'il existait une véritable communauté dans laquelle il y a des «places» et des «rôles» à tenir. Car les oiseaux qui remplissaient ces «rôles» n'étaient pas de la même espèce et pas toujours de la même famille (nous parlons ici de la classification linnéenne). Certes, on peut estimer que des milieux identiques susciteront les mêmes adaptations; mais il semblerait que ce soit plutôt une certaine composition par «types» qui s'impose comme résultat de ces adaptations, quelles que soient les espèces disponibles. Nous avons donc là une certaine apparence de communauté.

Nous savons même qu'il s'agit plus que d'une apparence. Nous connaissons les relations complexes qui existent entre le prédateur et sa proie et la dépendance d'une espèce vis-à-vis d'une autre.

Mais il peut y avoir des liens entre le prédateur et sa proie qui impliquent une interdépendance allant au-delà de la simple interaction, et nos modèles ne sont pas toujours assez raffinés pour les éclairer. Dans ces communautés, il est certain que des changements dans la fréquence d'une espèce auront souvent des répercussions sur celle des autres, et ceci de diverses façons (c'est ce que l'on entend quand on dit qu'on risque de rompre «l'équilibre de la nature»). Certains écologistes n'hésitent pas à parler de «guildes» d'insectes exploitant certaines plantes, parce que le terme évoque non seulement une véritable association mais aussi une interdépendance. Les phytosociologues (les botanistes qui étudient la démographie des plantes) parlent volontiers d'«associations», de groupements comprenant les mêmes espèces et au sein desquels on observe une certaine interdépendance.

Le regroupement des espèces et leur agencement par le «rôle» qu'elles jouent dans une communauté (on pense souvent en termes d'*écosystème*, dans lesquels on entend par «communauté» tous les animaux et toutes les plantes occupant une zone donnée: que ce soit dans le célèbre parc national de Serengeti en Afrique ou, plus prosaïquement, dans un bois européen, une pelouse alpine, etc.) implique une organisation fonctionnelle aussi bien que structurale, reliant espèces et individus, leur vie et leur devenir.

Dans le cas d'une perturbation de la végétation «typique» d'un milieu, on connaît les processus de «colonisation» et de «succession» qui tendent à rétablir cette végétation, ainsi que la faune qui lui est associée. Il s'agit non seulement d'un rétablissement espèce par espèce, mais d'une véritable «succession de communautés», chacune ayant sa propre composition d'espèces et sa place dans cette succession. Ainsi, après une coupe en forêt, on voit se développer d'abord une communauté de fleurs et d'herbes, suivie par une autre de buissons et d'arbustes, avant que ne paraisse de nouveau la forêt.

Ces quelques notions d'organisation structurale et fonctionnelle sont simplifiées et, en réalité, les écologistes font d'elles l'objet d'une discussion puis d'une modélisation mathématique si complexe qu'elles deviennent beaucoup plus accessibles à des mathématiciens qu'à bien des écologistes. Ce n'est pas un hasard si l'un des auteurs les plus connus dans ce domaine, Robert McArthur, était effectivement, comme d'autres, un mathématicien de formation. Quant aux biologistes, qui sont déjà perplexes quand ils voient venir le symbole de l'intégration, ils sont alors obligés de se contenter des principes généraux. Mais il est incontestable que ces communautés et ces écosystèmes possèdent des caractères d'ensemble qu'à certains égards même les techniques mathématiques n'arrivent toujours pas à cerner, car il s'agit d'événements qui se déroulent dans l'espace et dans le temps, dans plusieurs dimensions et avec des propriétés stochastiques.

Mais il est un principe qu'il semble prudent de retenir : plus ces communautés et ces écosystèmes sont complexes, plus ils sont stables (cette idée doit sans doute être nuancée, mais elle semble être une généralisation valable). Quand on modifie la composition spécifique des écosystèmes et des communautés, on modifie une organisation structurelle et fonctionnelle d'ensemble, et il se peut que les conséquences soient alors démesurées par rapport à la perturbation initiale.

Quand on dit que la sensibilité biologique frissonne devant les manipulations et les remaniements proposés par les ingénieurs, les technologues, les technocrates et évidemment les politiciens, c'est parce qu'il n'y a en eux aucune compréhension de la nature, de sa véritable complexité structurale et de sa dynamique propre, d'autant que ces professions ne comportent pas (et ne sont pas censées comporter) de formation biologique.

C'est cette complexité certaine, la fragilité possible de la biosphère, l'impact croissant de l'homme — et son innocence primaire des choses biologiques — qui font que, sans vouloir être pour autant alarmistes, les écologistes peuvent envisager une apocalypse écologique, la désintégration de cette complexité et même l'écroulement de la biosphère en tant que système.

Mais nous n'avons pas encore épuisé la véritable complexité des systèmes biologiques, car nous devons y ajouter la dimension comportementale.

I) *La socio-économie animale : autogestion des populations et gestion des ressources*

Les écologistes qui étudiaient la dynamique des populations animales et surtout des vertébrés se sont intéressés aux facteurs influant sur leurs variations numériques. Il y a une vingtaine d'années, ils devaient faire face au fait que cette dynamique était en partie déterminée par le comportement individuel et social. Autrement dit, les facteurs du milieu ne déterminaient pas à eux seuls les effectifs d'une population en influant simplement sur la natalité et la mortalité, mais, dans certains cas, ils modifiaient d'abord ce comportement qui, ensuite, pouvait modifier la démographie.

L'information du milieu était donc intégrée aux rapports sociaux, et on pouvait estimer que la société modifiait sa propre démographie en conséquence.

Ainsi, en 1962, le biologiste écossais Wynne-Edwards [45] formulait la théorie suivante, en faisant une analogie avec l'exploitation commerciale des poissons par l'homme. Cette exploitation s'intensifie d'abord et le nombre d'exploitants augmente. Mais du fait de cette intensification et de son impact sur la ressource, la prise par unité d'exploitation (ici par bateau) commence à diminuer et, là où la ressource est sérieusement diminuée, l'industrie peut s'écrouler (le cas s'est produit, par exemple, pour le saumon du Pacifique, la chasse à la baleine et, dans une large mesure, pour la pêche autour des

---

45. Vero Copner WYNNE-EDWARDS. *Animal Dispersion in Relation to Social Behaviour*, Edinburgh, Oliver & Boyd, 1962.

côtes européennes). Afin de faire face à de telles situations, les hommes ont donc cherché à passer des conventions dans le but d'assurer à tous les intéressés une certaine quantité de prises, évitant ainsi les conséquences néfastes qu'aurait entraînées pour chacun des pêcheurs une surexploitation de cette ressource.

Wynne-Edwards émit l'hypothèse que les animaux s'organisaient de la même façon, en faisant valoir que les populations tendaient à rester «stables» (c.-à-d. fluctuaient autour d'un certain niveau) plutôt qu'à augmenter exponentiellement ou à chuter brusquement (ce qui relève d'une observation empirique générale). Dans ces populations par ailleurs, les individus tendent à être répartis autrement qu'au hasard, ils sont surtout sous-dispersés [46]. Il proposait l'idée que cette répartition spatiale était essentiellement déterminée par les rapports sociaux, et que ces mêmes rapports pourraient influer sur la natalité et la mortalité, la répartition de la population assurant ainsi une exploitation équitable des ressources.

À titre d'exemple, Wynne-Edwards considérait le «territoire» comme un moyen évident d'ajuster la densité d'une population à ses ressources. Une étude, devenue classique, de Jenkins et de ses collaborateurs [47], sur le lagopède rouge d'Écosse (la grouse, genre de ptarmigan), avait mis en évidence une relation entre les dimensions des territoires et la densité de la population en fonction des conditions alimentaires; ainsi, plus les conditions alimentaires étaient pauvres, plus les territoires étaient grands. On conçoit donc facilement que le comportement territorial excluait une proportion plus ou moins grande de la population, en fonction de ces conditions; Jenkins et ses collaborateurs montraient en effet que les individus qui n'arrivaient pas à se fixer sur un territoire ne se reproduisaient pas et couraient un risque de mortalité accrue (parce qu'ils étaient forcés d'occuper des zones de qualité inférieure et devenaient plus vulnérables à la prédation). De la même façon, on pourrait, comme Wynne-Edwards, voir dans la hiérarchie une «guillotine» sociale qui, selon les conditions, écarterait des ressources une proportion plus ou moins grande

46. En d'autres termes et dans la majorité des cas, il semble que les animaux se regroupent, ce qui laisse supposer des phénomènes de «socialité» très répandus.

47. D. JENKINS, A. WATSON and G.R. MILLER. «Population Fluctuations in the Red Grouse Lagopus Scoticus», in *Journal of Animal Ecology*, v. 36, 1967, p. 97–122.

des membres d'un groupe, évitant ainsi que les ressources disponibles ne soient consommées par tous et que personne donc n'arrive à satisfaire ses besoins. On pourrait imaginer d'ailleurs une relation simple entre le statut hiérarchique et l'accès à un territoire, les individus de statut hiérarchique élevé ayant la priorité. L'argument est d'autant plus acceptable que de telles relations de dominance paraissent être la conséquence évidente de la sélection naturelle au niveau du comportement. Mais alors s'engage une argumentation circulaire, car on voit d'abord dans ces relations de dominance les conséquences évidentes et inévitables de cette sélection naturelle ; ensuite, on suppose que ces relations ont des conséquences tout aussi évidentes et inévitables pour la survie et la reproduction. La présomption centrale est évidemment que le « statut social » (le degré de dominance) est en corrélation simple et positive avec le succès dans une situation de concurrence. Encore une fois, il s'agit là d'un raisonnement circulaire, prêtant le flanc à la critique et qu'il faut donc réviser.

Mais il est évident que d'un problème « écologique » concernant la dynamique et la répartition des populations, on en arrive à un problème qui relève du domaine de l'éthologie, c'est-à-dire de l'étude du comportement animal.

J) L'éthologie, psychologie animale et identité de l'individu

On doit reconnaître à Wynne-Edwards d'avoir su en grande partie provoquer la convergence de l'éthologie et de l'écologie, donc d'avoir contribué à cette réorientation majeure de la biologie que nous connaissons. Mais l'éthologie était moins en mesure de combler les insuffisances de l'écologie qu'on ne le croyait.

Contrairement à ce qu'on a trop souvent prétendu, l'éthologie ne s'est pas tellement préoccupée de l'observation des animaux dans leur milieu naturel, du moins pas dans le sens de la place qu'occupent les individus au sein de leurs sociétés, de l'organisation de ces dernières et de leur articulation avec les données de la démographie et de l'habitat, ce qui va bien au-delà des rapports hiérarchiques et territoriaux. Certes, Lorenz a établi les bases de cette discipline en travaillant avec des animaux en semi-liberté. Tinbergen, l'un des fondateurs de l'éthologie avec Lorenz, a toujours eu une prédisposition pour les études sur le terrain. Mais cette éthologie, essentiellement établie dans les années 30, a surtout cherché à décrire le comportement de l'individu. Ayant ensuite établi que les caractères comportementaux d'une espèce étaient souvent très stables, pour ne pas dire stéréotypés, on a surtout cherché à connaître leurs bases physiologiques et nerveuses ou à s'en servir (au même titre que les caractères) comme éléments morphologiques afin d'établir des relations phylogénétiques entre les espèces. Tout en ayant élaboré, depuis, une méthodologie d'observation et d'expérimentation très raffinée, l'éthologie n'a pas eu beaucoup l'occasion d'exprimer le comportement «social» autrement qu'en termes de rencontres entre deux individus, pour la plupart du temps isolés de leurs congénères, et souvent dans le cadre de «conflits» ou de relations reproductrices.

Cette éthologie ne pouvait donc qu'apporter à l'écologie la notion de hiérarchie sociale et partager avec elle celle du territoire.

Pour l'essentiel, l'éthologie limitait son étude du comportement à l'individu : la hiérarchie et le territoire n'apparaissaient qu'en termes d'attributs influant sur la survie et les chances de reproduction des individus. Sa réflexion sur ces phénomènes comportementaux portait d'abord sur la raison d'être du territoire puis sur les relations éventuelles entre le statut hiérarchique (ou le degré de «dominance») et la possession d'un territoire. L'éthologie, tout comme la psychologie, manquait par conséquent d'intérêt envers les phénomènes socio-culturels. Par contre, et à juste titre, l'éthologie mettait l'individu en valeur.

K) *Organisation sociale chez les animaux, l'individu et le groupe*

Tout en se référant alors à des concepts simples, Wynne-Edwards avait néanmoins ouvert la voie à une nouvelle appréciation des phénomènes sociaux chez les animaux, qui reliait les approches éthologique et écologique.

En proposant sa théorie de l'intervention sociale comme moyen d'appréciation de la disponibilité, la gestion de la démographie et des ressources par les animaux eux-mêmes, il faisait valoir l'universalité de l'organisation sociale, qui ne se limitait donc pas aux insectes dits «sociaux», à quelques primates, ou encore à l'homme. Il proposa l'idée qu'une grande variété de manifestations de groupe, jusqu'alors simplement considérées comme «agrégations», parades sexuelles, bizarreries, ou carrément jugées incompréhensibles, servaient en fait à informer les membres d'une population sur leur importance numérique et constituaient une invitation à ajuster leurs effectifs en fonction de la disponibilité des ressources. Il qualifiait ces comportements d'«épidéictiques». Plus on approfondissait cette question, plus il s'avérait qu'il fallait effectivement admettre que chez toutes les espèces il y a une structuration spatiale et temporelle (non aléatoire) supposant des rapports entre les individus, qui permettent de parler d'un phénomène «social», et que l'expression de cette structuration est souvent beaucoup plus discrète que dans le cas des parades, des combats ou autres interactions spectaculaires qui avaient tellement retenu l'attention des biologistes, tout comme les accidents de la route attirent la foule. Parler d'animaux «solitaires» devenait donc, sinon un non-sens, du moins une déformation grave. Rappelons ici que dès qu'il s'agit de décrire la répartition et les déplacements des individus (comme le font les écologistes), on commence nécessairement à décrire leur comportement social et leur organisation sociale, ce qui devient un travail d'éthologiste. Ce n'est pas le lieu ici d'entamer une définition de ce qui est «social» ou non, tâche assez peu utile en tout état de cause, mais il convient de dégager tout au moins certaines définitions restreintes des notions de territoire et de hiérarchie, afin de circonscrire leurs limites.

L'une des données les plus classiques de l'éthologie est une constatation qui frappe tout écologiste qui a l'occasion d'identifier les individus membres de sa population. Il s'agit de l'attachement que manifestent les animaux à des zones particulières dont ils connaissent les limites et auxquelles ils tentent de revenir s'il leur arrive de s'en éloigner. Cet attachement à une zone s'exprime de maintes façons. Certains animaux naissent, vivent et meurent au même endroit. D'autres occupent des zones dont les dimensions et la situation changent progressivement. Dans le cas des migrateurs, il existe deux zones, séparées par d'énormes distances parfois. On trouve aussi des cas où les individus «portent leur espace avec eux», comme ces papillons qui ne restent pas au même endroit, ni dans la même position par rapport à d'autres, mais qui ne se mélangent pas au hasard non plus.

En réalité, le territoire n'est qu'une manifestation particulière de l'attachement à une zone, attachement qui a surtout été défini en termes de combats entre individus. D'ailleurs, cette définition est d'autant plus restreinte et suspecte (comme base de généralisation) qu'elle se limite surtout aux mâles de certaines espèces considérées pendant une période restreinte, soit celle de la reproduction. Du seul fait de cette période, les mâles en question sont vraisemblablement dans un état d'esprit particulier, et leur comportement est probablement particulier lui aussi. Cette définition, reconnaissons-le, laisse entièrement de côté les femelles et les jeunes dans un grand nombre de cas. Elle a d'ailleurs empêché pendant longtemps de reconnaître l'existence d'individus «non territoriaux», vivant pourtant dans l'espace occupé par des animaux territoriaux mais n'étant pas engagés dans des combats apparents et se déplaçant souvent davantage. Pourtant, leur présence a une grande répercussion sur la dynamique des populations.

Mais d'autres considérations encore nous obligent à traiter de la notion de territoire avec la plus grande prudence. L'attachement à une zone et les capacités de déplacement des animaux font déjà qu'une population donnée devient assez hétérogène et que les possibilités de rencontre entre ses membres sont loin de dépendre du simple hasard.

En d'autres termes, la différenciation sociale et l'occupation de l'espace sont inextricablement liées. Ce qu'un individu *fait* dépend du lieu *où il se trouve*, et le lieu où il se trouve dépend de ce qu'il fait. Bien que son implication n'ait pas toujours été parfaitement saisie, c'est une observation de Tinbergen [48], devenue l'exemple classique utilisé dans tout cours d'éthologie de base, qui illustre l'idée : il s'agit du cas de deux épinoches mâles dans un aquarium, chacune occupant son territoire ; la «dominance» de l'une sur l'autre s'exerce selon qu'elle se trouve chez elle ou chez la voisine (comme pour les équipes de football, on gagne sur son terrain et on perd sur celui de l'adversaire). Or, pendant de longues années et en dépit de cette leçon magistrale, on s'est attaché à décrire et à étudier les «hiérarchies sociales» sans se préoccuper de l'occupation de l'espace.

Il est exact que chez de nombreuses espèces on constate que des individus dans un groupe en évitent d'autres de façon

48. Nikolaas TINBERGEN, *The Study of Instinct*, Oxford, Clarendon Press, 1951.

constante, ce qui nous permet de définir une hiérarchie du genre « A est évité par B », « B est évité par C », etc. Mais, dans le milieu naturel, les animaux ne se trouvent pas n'importe où et avec n'importe qui. L'utilisation préférentielle de l'espace et diverses attaches sociales (dont évidemment, et dans bien des cas, des attaches parentales prolongées) font que les individus entre lesquels il existe des rapports hiérarchiques appartiennent à un groupe social dont l'identité dépend de multiples facteurs. À quoi correspondent exactement ces rapports hiérarchiques ?

Même dans des conditions expérimentales, il est loin d'être certain que le statut hiérarchique est en rapport simple avec le succès dans une situation de concurrence [49]. Il n'est pas du tout évident que l'on puisse affirmer que le « statut » hiérarchique et le « degré de dominance » sont en liaison directe, ne serait-ce qu'à cause des difficultés qu'entraîne la définition d'une notion de dominance [50]. Réfléchissons brièvement. Si le niveau de dominance était assimilable à un caractère « contrôlé par un gène », on pourrait peut-être comprendre les avantages d'être dominant. Mais quels sont les avantages de ne pas l'être ? La question, les rares fois qu'elle est posée, ne manque jamais d'évoquer les plus tortueux des raisonnements. En réalité, on oublie encore une fois que la hiérarchie n'est qu'une expression, parmi d'autres, de la différenciation sociale dont d'autres aspects peuvent être plus significatifs, même s'ils sont moins évidents.

On ne peut séparer les notions de territoire et de hiérarchie, pas plus qu'on ne peut séparer ces dernières des notions de « combat ». Or s'il y avait une possibilité de se prononcer sur les conséquences du combat pour la survie et la reproduction, on serait plus avancé pour se prononcer sur la signification de la hiérarchie et du territoire. Il s'avère qu'on est toujours loin de savoir ce qu'impliquent les combats chez les animaux [51], et on ne sait toujours pas si ce sont bien des combats qu'on observe chez eux. On sait par contre que des animaux voisins — ou membres d'un même groupe — peuvent s'engager dans

---

49. G.J. SYME. « Competitive Orders as Measures of Social Dominance », in *Animal Behaviour*, v. 22, n° 4, 1974, p. 931-940.

50. J.M. GEAG. « Aggression and Submission in Monkey Societies », in *Animal Behaviour*, v. 25, n° 2, 1977, p. 465-474.

51. Paul O. HOPKINS. « Les combats entre animaux de même espèce », in *La Recherche*, v. 8, n° 79, juin 1977, p. 588.

des heurts d'apparence aussi violente que ceux auxquels se livrent les ongulés, qui utilisent leurs défenses en collision frontale ; cependant, ces affrontements vont se répéter à maintes reprises pendant des semaines, voire des mois durant, sans pour autant que ces rencontres paraissent avoir des conséquences néfastes évidentes pour l'un ou l'autre des pugilistes, qui vont d'ailleurs continuer à s'associer ou à s'ignorer entre temps. Rappelons que les aléas de la mortalité feront souvent que l'identité des voisins et des membres du groupe changera et permettra à chaque génération de contribuer à son tour à la reproduction. Donc, le fait qu'un vieux bouc « domine » un jeune au « combat » ne veut pas dire pour autant que le premier « empêche » l'autre de se reproduire. Le deuxième aura peut-être à « attendre son tour », mais, ici comme ailleurs, il est possible que cela fasse partie d'une certaine organisation sociale qui règle la reproduction. On sait, par exemple, que de jeunes animaux ont parfois un succès reproducteur inférieur à celui des plus vieux, et il se pourrait qu'il vaille mieux pour eux, en attendant un certain âge, qu'ils ne perdent pas leur temps à des exercices matrimoniaux et parentaux dont la probabilité de réussite est faible. (J'emprunte ici un mode de raisonnement courant en biologie, sans y adhérer totalement cependant.)

En réalité, il est impossible de faire justice ici à la réelle complexité de l'organisation sociale telle que se la représentent maintenant nos éco-éthologistes ; on ne peut que conseiller la lecture des livres de Crook et de Wilson en guise d'introduction, avec la mise en garde suivante toutefois : il n'existe pas d'ouvrage présentement qui fasse suite à cette introduction et qui ne confonde pas la description avec l'interprétation, à la façon de la sociobiologie wilsonienne. En d'autres mots, la description du comportement individuel et social chez l'animal n'échappe pas à de sérieux biais théoriques et conceptuels.

Mais si l'on affirme qu'il existe chez les animaux une organisation sociale d'une complexité tout aussi grande que mystérieuse et qu'elle implique à la fois une véritable régulation démographique et une gestion socio-économique, par quoi doit-on remplacer ces notions simples (et même simplistes) de territoire, de hiérarchie et de combat, généralement considérées comme l'expression d'une loi « naturelle » qui serait celle de la « lutte pour la survie » ou encore de la « survie des plus aptes » ?

L) *Hétérogénéité, organisation sociale, dépendance
et interdépendance, le droit à la différence*

Vue par un éco-éthologiste, une population d'animaux est hétérogène. Dans bien des cas, il s'agit de groupements familiaux faisant partie de groupements plus larges (hordes, troupeaux, etc.), ces groupements représentant souvent un nombre important au sein d'une population donnée [52]. Il peut y avoir des échanges d'individus entre les groupes [53], des groupes peuvent disparaître et de nouveaux se former. Dans le temps, on a donc affaire à un système dynamique dont l'aspect est kaléidoscopique. Les transformations de ce système seront en partie une fonction directe des transformations d'un milieu qui lui aussi change, mais elles seront également le reflet et l'origine de changements dans le comportement individuel et social.

Il y a donc lieu de supposer que nous avons affaire à des systèmes d'ensemble, et s'il y a des rapports de dépendance, il y en a également d'interdépendance, de sorte que, si l'on parle à un moment donné de concurrence, il faut concevoir qu'il puisse y avoir également de la coopération. La seule notion de compétition ne suffit pas pour en rendre compte. Quand Wynne-Edwards formulait sa théorie, il proposait une explication à de nombreux phénomènes sociaux dont l'importance commençait à être reconnue par les biologistes. Mais cette théorie avait un inconvénient majeur. Si l'on admet que des individus faisant partie d'un groupe doivent faire passer les intérêts de ce groupe avant les leurs, que des relations sociales les contraignent à ne pas se reproduire autant qu'ils le pourraient ou encore qu'elles augmentent leurs risques de mortalité, il est difficile de concevoir comment ces situations peuvent survenir si l'on reconnaît par ailleurs le bien-fondé de la théorie néo-darwinienne. En effet, cette théorie exige, comme nous l'avons vu, qu'un individu maximise ses chances de survie et de reproduction par rapport aux autres. La seule alternative consiste à postuler que la socialité animale est essentiellement une fonction des rapports familiaux (c'est l'échappatoire qui a été utilisée par Wilson et les tenants de l'école de la sociobiologie qui souscrivent à cette façon de voir).

---

52. Ce qui revient à dire que ces populations possèdent des structures démographiques et sociales complexes.

53. *Id.* « Des femelles en quête de groupe », in *La Recherche*, v. 8, n⁰ 74, janvier 1977, p. 94-95.

Donc, quand Wynne-Edwards suggéra que survivraient les populations qui ajusteraient leur démographie de façon à éviter l'épuisement de leurs ressources, tandis que s'éteindraient celles qui ne le feraient pas (postulant ainsi l'existence d'une « sélection de groupe »), sa proposition fut contestée pour son incompatibilité avec la théorie néo-darwinienne.

Or en dépit du fait que l'on affirmait à l'époque que cette sélection de groupe était inconcevable, on a réussi néanmoins à la concevoir[54]. Ce qui est intéressant à l'heure actuelle, c'est que l'on conçoit une résolution éventuelle de ces problèmes par une meilleure connaissance de l'hétérogénéité des populations animales et, surtout, par celle de la dynamique de cette hétérogénéité. Tout comme une toupie possède son caractère et son identité propre de toupie en fonction de sa dynamique, de la même façon les caractères des ensembles que sont les sociétés et les populations animales possèdent leur dynamique par laquelle il faut chercher à les reconnaître. Il serait excessif d'affirmer que la théorie néo-darwinienne est dépassée, mais, tout comme on a vu en physique une profonde modification de la théorie classique avec l'avènement de la relativité, il est plausible qu'un changement du même ordre soit imminent en biologie, car il serait surprenant que ce qui est arrivé à Newton ne puisse pas se produire pour Darwin.

En réalité, il ne s'agit pas d'opposer l'individu au groupe, dans la meilleure tradition dichotomique, mais d'essayer plutôt de comprendre comment le groupe dépend de l'individu et, inversement, comment l'individu dépend du groupe. C'est ce problème qui préoccupe et continuera de préoccuper la biologie. Si la gestion veut s'inspirer de la biologie, elle devra en tenir compte.

M) *De l'animal à l'homme et de l'homme à l'animal*

Il est possible que l'inspiration, la créativité et la réussite humaines soient nées dans l'adversité et la douleur. Il est certain que la vie et la fin de l'animal sont souvent brutales. En cela, le darwinisme se conforme à la fois aux faits et à notre philosophie matérialiste. On ne niera pas que l'homme est un animal dont la vie et la société subissent le même roulis et sont soumises au même tangage que les sociétés animales, qui sont,

---

54. D.S. WILSON. « Theory of Group Selection », in *Proceedings of the National Academy of Science* (U.S.A.), v. 72, 1975, p. 143–146.

elles aussi, ballottées au gré de la houle des forces profondes de la vie. Mais notre biologie souffre d'une volonté à la fois d'extrapoler les observations faites sur les animaux, pour les appliquer à l'homme, et de projeter sur l'animal les motivations et la vision de l'homme. Nous avons cherché auparavant à montrer de quelle manière ceci conduisait à une argumentation circulaire, particulièrement exacerbée par les interférences entre le néo-darwinisme, d'une part, et la pensée socio-écono-mique dominante, d'autre part. Nous avons également évoqué la tendance de certains sociologues et anthropologues à rechercher dans le comportement animal et sa socio-économie une base explicative de l'organisation sociale et économique de l'homme.

La démarche est intéressante, mais elle peut avoir des implications discutables. Si, comme le croit Rappaport[55], l'irrationnel chez l'homme relève d'une rationalité naturelle, à savoir d'une socio-économie qui cherche à s'ajuster au milieu naturel et à la disponibilité des ressources, doit-on imaginer qu'un jour la guerre sera finalement reconnue comme l'un des moyens d'atteindre «naturellement» ce but ? L'étude de Rap-paport soulève déjà la question. Le cynique ne peut que constater que les deux guerres, dites mondiales, ont «résolu» certains problèmes imminents de surpopulation et de crise économique, du moins pour ceux qui y ont survécu. Mais la guerre correspond-elle à quoi que ce soit dans le monde animal ? En quoi est-elle assimilable à des phénomènes tels que la défense du territoire, les hiérarchies de dominance ou encore le combat chez les animaux ? La guerre, comme beaucoup d'autres phénomènes tels que la croissance démographique exponen-tielle, semble plutôt être le fait de l'homme et, pour le moment, ce n'est pas chez l'animal que nous en trouverons des explica-tions, pour ne pas parler de justifications. Bien entendu, il reste le concept d'agression pour expliquer et justifier une vision conflictuelle du monde et une politique économique concurrentielle. Le débat qui a suivi la publication du livre de Lorenz à ce sujet nous l'a rappelé. Il nous a rappelé également l'existence de «l'éthologie humaine», qui est venue s'ajouter à la psychologie et à la psychanalyse en tant que science «de la nature humaine». Toutefois, à l'instar de celles-ci, elle ne comprenait pas la dimension sociale, qui a été mieux saisie peut-être par l'anthropologie sociale et admirablement bien

---

55. R.A. RAPPAPORT, *op. cit.*

ressentie par Levi-Strauss, qui garde cependant pour lui le secret de cette vive impression.

Mais « l'agression », biologique ou éthologique, n'est jamais que « l'explication » des phénomènes de hiérarchie, de territoire et de combat ; ces expressions demeurent elles-mêmes de grandes énigmes et autant d'obstacles à la compréhension du comportement animal.

Notre idée du conflit et de la concurrence chez l'animal porte donc en réalité toutes les traces d'un anthropomorphisme et, sans doute, d'un désir profond de retrouver chez l'animal la justification de comportements humains difficiles à justifier. Rien ne permet donc d'affirmer que ce soit la concurrence qui régisse le monde animal.

N) *La biologie, la gestion : cautions et compatibilité*

En réalité, la biologie est actuellement en plein désarroi, et il est impensable d'envisager qu'elle puisse apporter à qui que ce soit la caution du monde animal pour avaliser le fonctionnement de la société humaine. Que l'on passe de l'animal à l'homme, ou de l'homme à l'animal, les risques sont grands et les conséquences graves. Mais ne pas le faire, c'est se réfugier dans une opposition de l'homme et de l'animal qui nous rappelle le mode de pensée dichotomique de la philosophie occidentale (qu'elle partage peut-être avec d'autres d'ailleurs). Comment s'en sortir ? Le « blitzkrieg » wilsonien, qui estime que les systèmes socio-économiques de l'homme ainsi que sa culture peuvent être expliqués dans le cadre de la théorie néo-darwinienne, ne fait en réalité que s'engager dans une naïveté et un scientisme outranciers, affichant un mépris non seulement pour l'homme mais également pour l'animal. Par ailleurs, nous limiter au monde animal, sans bénéficier du fait qu'en tant qu'animaux nous avons, nous aussi, une possibilité de connaître de près certains de leurs problèmes, semble particulièrement pernicieux.

Le monde vivant est un monde à dimensions multiples, à l'intérieur desquelles causes et effets sont associés par plus d'un lien. Il en est de même pour celui de l'homme. L'homme est issu de ce monde animal. Il en fait partie, mais il est de plus en plus en mesure d'en faire ce qu'il veut. Son activité socio-économique actuelle est loin d'être compatible avec les systèmes biologiques et pourtant, on recherche dans ces derniers certaines explications et justifications à cette activité.

Certes, le biologiste et la biologie seront peut-être appelés à plier devant les exigences et les faits économiques, d'autant qu'une grande majorité de la population mondiale a besoin d'abord de survivre et qu'aucune connaissance ni technologie biologique ne vont satisfaire ce besoin pour elle du jour au lendemain. Le biologiste et la biologie seront peut-être condamnés à disparaître avec le milieu naturel. Mais en attendant, ils peuvent chercher à se dégager de la trop grande influence de la pensée et de l'activité économique et essayer plutôt de décrire le fonctionnement du monde biologique en termes biologiques. On ne peut qu'inviter les gestionnaires à ne pas chercher de justifications auprès de la biologie, même si les biologistes paraissent leur en offrir. Et on peut leur montrer que le fonctionnement des systèmes biologiques, en tant que ressources, pourrait mériter une certaine compréhension qui, à son tour, pourrait entraîner des modifications dans la gestion des systèmes socio-économiques.

Ordre et désordre dans les systèmes naturels

Henri ATLAN

Les notions d'ordre et de désordre ainsi que les notions d'organisation et de complexité qui en dérivent, ont toujours joué un rôle central dans le discours biologique, et notre façon de les comprendre a été profondément bouleversée par le développement parallèle, à peu près à la même époque, de la biologie moléculaire et de la cybernétique.

Avant de voir brièvement en quoi ont consisté ces bouleversements, nous devons faire une mise en garde en ce qui concerne la transposition de ce qu'on peut attendre de l'organisation des êtres vivants à l'étude des organisations humaines. Cette transposition a souvent été faite dans le passé et a donné lieu à des théories de la société dites organicistes, généralement déconsidérées aujourd'hui à la fois pour des raisons proprement théoriques et à cause des errements idéologiques et politiques qu'elles ont servi à justifier.

Aujourd'hui et sous une forme tout à fait différente, on fait de telles transpositions dans ce qu'on nomme la sociobiologie et surtout dans les extrapolations abusives auxquelles cette discipline donne lieu. Pourtant, je vous propose de laisser de côté pour le moment la question de la sociobiologie. La mise en garde que je veux faire concerne la distinction, qui me semble capitale, entre systèmes naturels et systèmes artificiels.

Comme nous le verrons, beaucoup de traits caractéristiques de l'organisation des systèmes vivants viennent de ce qu'il s'agit de systèmes fabriqués par la nature et non par des hommes. Les règles d'organisation ne sont pas le résultat de plans et d'épures d'ingénieurs ou d'experts. Ici, les experts — les biologistes — doivent déchiffrer ces règles et la logique à laquelle elles obéissent, à partir de l'étude de systèmes qu'ils ne peuvent qu'observer par différentes techniques disponibles : microscopies optique et électronique, biochimie, physiologie cellulaire et physiologie générale.

Et là aussi, comme en d'autres sciences de la nature, les conditions d'observation influent considérablement sur la représentation que nous nous faisons des phénomènes. En particulier, l'organisation en différents niveaux hiérarchiques (moléculaire, macromoléculaire, des organelles, des cellules, des organes, etc.) est en grande partie conditionnée par les techniques d'expérimentation très différentes qui nous donnent accès à l'observation de ces niveaux. En gros, la représentation que nous nous faisons d'une cellule vivante, par exemple, est une superposition conceptuelle et imaginaire d'images et de schémas partiels qui nous sont fournis par les techniques très différentes de microscopie, de biochimie, et de physiologie.

Cette situation de l'observateur biologique — prolongeant l'observateur physique — et les contraintes qu'elle implique à cause de la nature des techniques d'observation et d'expérimentation, joue un rôle fondamental — bien que souvent oublié — dans la définition même des concepts d'ordre, d'organisation, de complexité. Aussi, la question de leur transposition aux systèmes humains implique-t-elle toujours une question préalable : les systèmes humains — entreprise, groupe social — sont-ils des systèmes artificiels dont l'organisation est le résultat de projets, de planifications, d'exécutions par des hommes ? Ou bien sont-ils des systèmes naturels livrés tels quels à l'observation et au déchiffrage des hommes qui veulent en acquérir la compréhension et éventuellement la maîtrise ?

On sent bien que la réponse à cette question préalable n'est pas facile ; on peut légitimement répondre oui aux deux possibilités. Ce sont des systèmes artificiels dans la mesure où ils sont effectivement l'objet de projets, de désirs de planification, de constructions par des hommes. Mais ce sont aussi des systèmes naturels dans la mesure où leurs structures et leurs comportements échappent à ces planifications volontaires et semblent même parfois obéir à des lois qui échappent, elles aussi, au vouloir des hommes, et qui tirent leur origine de toutes les composantes conscientes et inconscientes, connues et inconnues de l'homme, c'est-à-dire de ce que la nature a fait des hommes.

Bien entendu, ce n'est que dans la mesure où nous aurons des raisons de considérer un système humain comme un système naturel que des éléments de logique des organisations, tels que ceux dont nous allons parler, peuvent être transposables. C'est dire aussi que souvent l'utilité de ces exercices réside plus dans le fait de mettre en évidence des différences entre systèmes humains et systèmes biologiques que dans des analogies ; différences qui se rapportent en général au caractère artificiel, voire volontariste, conscient ou inconscient d'ailleurs, des systèmes humains.

Si nous envisageons donc ces notions d'ordre, d'organisation et de complexité, nous pouvons facilement tracer leur histoire jusqu'à la première moitié de ce siècle de façon à nous rendre compte des bouleversements intervenus depuis.

Les notions d'ordre et de désordre se sont imposées en physique avec l'interprétation statistique qu'a donnée Boltzmann du deuxième principe de la thermodynamique, qui dit que l'entropie d'un système physique isolé ne peut qu'augmenter. L'entropie, grandeur physique liée aux échanges de chaleur et aux transformations d'énergie dans les machines thermiques, a été interprétée comme une mesure du désordre moléculaire, et le principe d'accroissement d'entropie, comme un principe d'accroissement spontané de ce désordre moléculaire. Aussi, l'observation de l'ordre des structures biologiques a longtemps posé un problème aux physiciens et justifié les attitudes vitalistes, selon lesquelles l'émergence et l'accroissement d'ordre biologique semblaient contredire ce principe d'évolution de la matière physique.

En fait, l'identité « entropie = désordre » est très contestable : l'entropie n'est qu'une mesure de l'homogénéité statistique de la distribution des molécules sur les états d'énergie qu'elles peuvent occuper.

Les notions d'ordre et de désordre sont relatives à l'observateur. Tout le monde a pu faire l'expérience de se retrouver devant son bureau encombré de papiers, dans un désordre indescriptible, mais de parvenir tout de même à mettre la main facilement sur ce qu'il cherchait. On dit d'ailleurs de façon très correcte qu'*il s'y retrouve*, autrement dit qu'il se retrouve lui-même dans la disposition des objets. Au contraire, dès qu'une personne bien intentionnée vient y mettre de l'ordre, l'utilisateur ne peut plus rien y retrouver : cet ordre est devenu pour lui un désordre, et le désordre précédent était pour lui un ordre. La notion d'ordre et de désordre dépend d'un critère de classification et d'ordonnancement que l'observateur applique toujours — explicitement ou implicitement — et qui résulte en fait de l'attribution d'un code de signification, au moins implicite, par rapport auquel l'ordre est perçu.

Ce n'est que dans un contexte très particulier que l'homogénéité statistique peut être considérée comme un désordre. Dans d'autres cas, par exemple, s'il était possible d'observer isolément et de façon individuelle chaque molécule, cette homogénéité représenterait la complexité la plus grande, et cette complexité est d'habitude associée à un type d'ordre, d'organisation, plutôt qu'au désordre.

De plus, le principe d'accroissement d'entropie lui-même n'est valable que pour des systèmes fermés, sans échanges, et dès les années quarante, le physicien Schroedinger avait reconnu la possibilité de diminution d'entropie dans des systèmes ouverts, grâce aux échanges avec l'environnement : ainsi, une propriété d'ordonnancement ou de distribution statistique devenait une grandeur susceptible d'être échangée et mesurée dans ces échanges ; ce fut le premier pas dans la voie qui devait conduire par la théorie quantitative de l'information à des théories quantitatives de l'organisation et de la complexité.

Depuis un essai fameux de Maupertuis sur les êtres organisés, l'organisation était considérée comme le propre des êtres vivants, et c'est en cela que ceux-ci différaient des machines. Les propriétés d'autonomie relative et d'autorégulation étaient absentes des machines connues jusqu'alors, dont la montre et la machine à vapeur constituaient les modèles privilégiés. C'est pourquoi ce concept d'organisation, spécifique aux êtres vivants, était à la base des théories vitalistes du dix-neuvième siècle et du début du vingtième, qui refusaient la possibilité de rendre compte des propriétés de la matière vivante par les seules lois de la physique et de la chimie.

Aujourd'hui, la situation a été complètement retournée sous l'effet de deux sortes de découvertes. D'une part, la

biologie nouvelle a permis de montrer et d'isoler des mécanismes moléculaires, substrats physico-chimiques des propriétés les plus spécifiques des êtres vivants, la reproduction et
l'hérédité. D'autre part, avec la construction des ordinateurs
sont apparus des êtres particuliers dont la nature logique était
inconnue il y a 50 ans, des machines organisées, expression
qui aurait été nettement contradictoire à cette époque puisqu'il
s'agit évidemment de machines artificielles et que l'organisation ne pouvait être alors que le propre de systèmes vivants.

Enfin, la notion de complexité a elle aussi servi de paravent
et de béquille à bien des discours obscurs, sans être pour
autant comprise. Ainsi, lorsque le vitalisme classique, qui
posait une différence de nature entre matière vivante et matière
inanimée, n'a plus été défendable, on a dit : c'est la même
matière, mais dans un état de complexité beaucoup plus
grande ; comme si, en disant cela, on disait quelque chose,
alors même que cette notion de complexité restait des plus
obscures... pour ne pas dire des plus complexes. Il n'est pas
inutile de rappeler que von Neumann assignait à la science du
vingtième siècle la tâche de définir ces concepts de complexité,
de complication et d'organisation, de la même façon — par
tâtonnements et approximations successives — que le dix-
neuvième siècle avait défini les concepts d'énergie et d'entropie.

Aujourd'hui, la cybernétique et la biologie moléculaire ont
abouti au schéma dominant du programme génétique. Mais la
question de l'organisation reste posée, et on se la représente de
différentes façons, suivant le degré de précision dans la connaissance du *détail* des structures et des principes de fonctionnement.

Si l'on connaît tout (ou presque tout) des représentations
déterministes et analytiques, des modèles logico-mathéma-
tiques (systèmes d'équations, par exemple), on peut prédire le
comportement de l'ensemble comme résultat du fonctionnement couplé des parties.

Si l'on connaît peu le détail du système, alors des représentations probabilistes et globales, qui ont en général une valeur
prédictive beaucoup plus faible, permettent tout de même de
clarifier des concepts et ont par là une valeur explicative non
négligeable.

Il existe aussi des possibilités de représentations déterministes et globales, dont la théorie des catastrophes est un

des meilleurs exemples. Nous envisagerons enfin, pour terminer, des représentations mixtes, à la fois déterministes et probabilistes, qui nous semblent particulièrement prometteuses.

La métaphore du programme génétique actuellement dominante, assez efficace sur le plan opérationnel, n'est pourtant pas suffisante pour rendre compte de certaines observations d'organisations naturelles telles que nous en fournit la biologie. En particulier, elle est insuffisante pour rendre compte de l'apparition d'une diversité et d'une spécificité toujours plus grande dans le développement et le fonctionnement du système nerveux central, et aussi du système immunitaire, deux exemples de systèmes naturels complexes capables d'apprentissage.

Dans cette mesure, les discussions sur l'alternative inné-acquis, à propos de l'observation de propriétés fonctionnelles évoluant dans le temps, sont aussi entourées d'un halo d'imprécision, conséquence directe des circularités logiques contenues dans la notion de programme génétique. Ces circularités sont bien connues : s'il s'agit d'un vrai programme, il doit venir du dehors du système, et l'idée qu'il vient des parents, donc de l'espèce, sous la forme des ADN des gènes, n'est pas soutenable, car les ADN ne constituent pas un programme. C'est la régulation de l'expression des gènes qui fonctionne comme un programme, mais cette régulation se produit dans le temps du développement lui-même ; c'est le mécanisme de celle-ci qu'il faut comprendre. Cette difficulté bien connue apparaît dans les manuels sous la forme d'expressions qui ne font que la souligner, telles que : programme qui a besoin des produits de sa lecture et de son exécution pour être lu et exécuté, programme d'origine interne, pseudo-programme, développement épigénétique, etc. La découverte de déterminants cytoplasmiques d'origine maternelle dans le cytoplasme de l'œuf est un pas important dans une direction qui permettra peut-être de rompre ces circularités mais qui compliquera et enrichira singulièrement l'image du programme. Quoi qu'il en soit, l'organisation n'est pas le résultat d'un vrai programme.

En conséquence, une propriété organisationnelle ne peut être ni innée (résultat d'un vrai programme fourni par les parents), ni acquise (vrai programme fourni par l'environnement), et la problématique de l'inné et de l'acquis ne bénéficie donc pas de la métaphore du programme. Aussi, sans méconnaître l'utilité pratique (et probablement provisoire) de la notion de programme dans le discours biologique, il faut pour le moment la mettre de côté si l'on veut aller plus loin dans la compréhension de ce qu'on peut appeler une logique des organisations naturelles.

Et là, en parcourant la littérature pour voir comment le concept d'organisation est utilisé spontanément, on s'aperçoit que sa signification intuitive se divise, suivant les auteurs, en deux aspects qui sont en fait opposés l'un à l'autre, mais qui s'imposent pourtant tous deux comme également évidents. L'un est celui d'un ordre répétitif de régularité et, de façon générale, de redondance; la répétition n'en est qu'un cas particulier. Un système apparaît comme organisé quand on y découvre des régularités soit dans l'espace, soit dans le temps, soit même dans un espace plus abstrait défini à partir de ses propriétés. On y découvre ainsi des formes géométriques ou tout au moins des formes qu'on reconnaît. De façon plus subtile et plus générale, la connaissance d'une partie du système nous renseigne déjà, par l'intermédiaire des contraintes organisationnelles, sur une autre partie. Dans un formalisme probabiliste, les probabilités conditionnelles servent à mesurer ce qu'on appelle la redondance.

D'un point de vue déterministe, cet ordre résulte de l'établissement d'une loi logique qui met en relation des observables et qui exprime les contraintes entre ces observables. Cette loi décrit un ordre géométrique, s'il s'agit de contraintes spatiales, ou un ordre dans le temps, s'il s'agit d'une loi d'évolution. De ce point de vue, il est intéressant de rappeler les remarques de Wittgenstein, suivant lesquelles les propositions logiques (et celles du calcul en particulier) sont des tautologies. Le fait d'observer des contraintes logiques entre observables revient ainsi à observer une forme de répétition, de redondance — la répétition tautologique — entre ces observables.

Le deuxième aspect intuitif de l'organisation des systèmes naturels est la diversité, la variété, la spécificité. C'est cela qui est à l'origine de la notion de complexité. En effet, cette perception de la complexité d'une chose est en fait, au moins en partie, la perception de notre ignorance quant à la constitution de cette chose, quant aux éléments qui la constituent et quant aux contraintes ou lois entre ces éléments dont dépendent l'existence et le comportement de l'information, la quantité d'information ou entropie de messages de Shannon (dont le signe est opposé à celui de la redondance) est une bonne mesure de la complexité : elle indique quelle connaissance nous manque pour spécifier un système dans tous ses détails, à partir de la connaissance minimale que nous possédons sous la forme d'une distribution de probabilités des éléments constitutifs du système. Dans un autre formalisme, qui ne serait pas probabiliste, la complexité devrait toujours être définie comme une grandeur négative, un déficit d'information ou de connaissance, qui diminue au fur et à mesure que notre connaissance déterministe augmente. Un système nous apparaît comme complexe parce que c'est un désordre où nous supposons un ordre que nous ne connaissons pas. Si nous ne supposons pas cet ordre, le système nous apparaît non pas complexe mais non organisé. Si nous connaissons l'ordre, il est organisé mais simple, en fait redondant, puisque la connaissance de cet ordre revient à l'observation d'une redondance, comme nous l'avons vu. Il est donc important de bien distinguer cette notion de complexité de celle qu'on pourrait appeler la complication, et qui concerne des systèmes artificiels parfaitement connus parce que nous les avons fabriqués, mais qui contiennent par exemple un grand nombre de composants assemblés par des algorithmes qui demandent eux-mêmes un grand nombre d'instructions de programme.

Autrement dit, la complexité concerne des systèmes dont l'ordre n'est qu'imparfaitement connu et elle mesure l'ignorance qu'il reste à combler pour le connaître parfaitement. La complication ne concerne que le nombre plus ou moins grand de composants et de fonctions élémentaires dans un système totalement connu et maîtrisé, parce que fabriqué par nous.

Ces deux aspects de l'organisation, opposés l'un à l'autre, la répétition et la variété, ou la redondance et la complexité, ou l'ordre et l'apparent désordre organisé, sont responsables de deux propriétés généralement reconnues aux organismes : la fiabilité et l'adaptabilité. Une redondance, soit de structure, soit de fonctions, est une condition nécessaire de fiabilité, c'est-à-dire de capacité à résister à des perturbations susceptibles de détruire la structure ou le fonctionnement d'un système organisé. Par ailleurs, une certaine variété est indispensable pour qu'un système soumis à un environnement changeant ait des capacités d'adaptation au changement imprévu, à la nouveauté.

C'est pourquoi une théorie de l'organisation doit prendre en considération ces deux aspects, alors même qu'ils sont opposés. C'est ce que réalise la théorie de l'auto-organisation et de la complexité par le bruit, bien que ce soit dans un formalisme assez particulier, qui a ses limites, celui de la théorie probabiliste de l'information.

Je me contenterai d'en rappeler ici très brièvement la démarche. Considérons deux structures reliées dans un système organisé, par exemple deux séquences d'éléments dans un ordre déterminé. Celles-ci peuvent être assimilées à deux séquences de signaux. Si les séquences sont identiques, on peut les considérer comme entrée et sortie d'une voie de communication sans «bruit». Sinon, et si leurs différences peuvent être identifiées, on peut aussi les considérer comme entrée et sortie d'une voie où du bruit perturbe la transmission d'informations et produit des erreurs. La question est alors : quel est le rôle de ce bruit, de ces erreurs, dans l'organisation de ce système? Deux cas extrêmes peuvent se présenter. En l'absence de bruit, une séquence est la répétition exacte, sans erreur, de l'autre. Les probabilités conditionnelles de trouver un signal dans une séquence étant donné le signal correspondant dans l'autre sont de 0 pour tous les signaux incorrects et de 1 pour le signal correct. Les contraintes entre les deux séquences — la redondance — sont maximales. Dans l'autre cas, un maximum de bruit a produit un maximum d'erreurs tel qu'il n'existe plus de relation entre les deux séquences : les probabilités conditionnelles ne sont pas différentes des probabilités simples. La connaissance d'une séquence n'apporte rien quant à la connaissance de l'autre. Il est remarquable que, dans ces deux cas extrêmes, on peut difficilement parler d'organisation. C'est ainsi que l'état d'organisation apparaît formellement comme un compromis entre redondance et diversité, entre absence d'ambiguïté produite par du bruit et ambiguïté maximale.

Plus précisément, cette approche permet de définir et de décrire l'évolution d'un système organisé dans le temps comme un changement de diversité ou de complexité, sous l'effet d'une quantité croissante de perturbations aléatoires. Classiquement, on ne considérait que l'effet du bruit, qui consiste à faire décroître l'information transmise dans une voie. Mais ce que nous avons dit nous permet de voir que, dans certains cas, cela peut être différent. En effet, si l'on considère non pas l'information transmise d'une séquence à l'autre mais la variété ou la complexité de l'ensemble du système, on sait que le bruit desserre les contraintes entre les parties, donc qu'il produit une augmentation de variété ou de complexité. Mais ceci n'est vrai que jusqu'à un certain point, parce que cette diminution des contraintes est concomitante de perturbations dans les communications à l'intérieur du système, donc d'erreurs de fonctionnement, par conséquent de ce qu'on considère aussi comme une désorganisation.

Ainsi, des perturbations aléatoires peuvent être responsables de deux effets :

— une ambiguïté créatrice produisant un accroissement de complexité, donc, de ce point de vue, un effet organisateur ;
— une ambiguïté destructrice, produisant un effet désorganisateur par diminution de l'efficacité fonctionnelle de la complexité (ou augmentation de son désordre réel !). La question est alors : à quelles conditions l'effet organisateur, qui est en fait réorganisateur, peut-il surcompenser l'effet de désorganisation, au moins pendant quelque temps ? (Et cette période, c'est ce que nous appellerons la période d'auto-organisation, ou de croissance, ou de maturation, tandis que l'autre sera la période de désorganisation, comme dans le vieillissement.)

Les conditions d'auto-organisation sont de deux sortes (nécessaires mais non suffisantes, car elles supposent notre ignorance des contraintes qui permettent cette utilisation du bruit) : il faut d'abord une redondance initiale suffisamment élevée pour que sa décroissance n'arrête pas le fonctionnement du système ; ensuite une inertie, ou une mémoire, ou un facteur de stabilité dans les réponses aux perturbations, de façon à ce que les changements ne soient pas trop rapides.

Une telle analyse prédisait qu'il doit exister une grande redondance dans l'organisation d'un système vivant complexe au début de son développement et que c'est cette redondance qui doit diminuer au cours du temps tandis que le système devient de plus en plus diversifié et spécifié.

En fait, le caractère général reconnu de la redondance, qui n'est pas seulement mais qui est aussi répétition, constitue aussi une tautologie : la différenciation, c'est-à-dire l'apparition d'une diversité et d'une spécificité plus grandes, ne peut évidemment se produire qu'à partir d'un état indifférencié. Et l'état indifférencié implique une grande redondance puisque, dans un tel état, les différentes parties sont interchangeables.

Mais ce qui est intéressant, c'est qu'on observe effectivement une telle redondance initiale, sous des formes variées, à différents niveaux d'organisation des organismes. Sa fonction, était loin d'être évidente a priori, en l'absence de considérations sur l'auto-organisation du genre de celles dont je parle malgré son caractère tautologique, qui n'apparaît comme souvent qu'après coup. C'est ainsi que dans le génome des eukaryotes, on a observé des séquences d'ADN répétitifs dont on s'est demandé pendant bien longtemps à quoi ils pouvaient bien servir. Dans le développement des connexions nerveuses ou neuro-musculaires, on connaît maintenant des exemples d'innervations multiples au départ, qui se spécifient ensuite par éliminations. Enfin, le développement de la spécificité immunitaire peut être compris lui aussi comme la réduction d'une redondance initiale portée par l'existence de plusieurs types de cellules capables de réagir en parallèle aux stimuli des antigènes.

Quand il y a une telle redondance initiale, sa fonction probable est donc de pouvoir être détruite pour produire une diversité croissante sous l'effet, au moins en partie, de perturbations aléatoires telles que température, stimuli non programmés, etc. Cela ne veut pas dire, bien sûr, qu'il ne doit pas y avoir de déterminations du tout, mais plutôt que celles-ci n'ont pas besoin d'être extrêmement spécifiques, de concerner tous les détails.

Tout cela a été exprimé dans un formalisme relativement pauvre, celui de la théorie probabiliste de l'information qui présente au moins deux graves limitations. C'est une théorie de l'information dans laquelle les problèmes de sens et de signification sont exclus ; et c'est une théorie probabiliste, qui présente donc, par rapport aux théories déterministes, des avantages mais aussi des inconvénients. Pourtant, ce sont ces limitations qui sont intéressantes en ce qu'elles permettent de toucher du doigt des différences de situation en précisant soigneusement les conditions de validité d'un tel formalisme.

Le sens et la signification sont absents de la théorie classique des communications de Shannon, mais le principe de complexité par le bruit peut en montrer les effets, même si c'est de façon détournée et négative, si l'on peut dire. La possibilité pour un système d'utiliser le bruit comme facteur de réorganisation à un niveau de complexité adaptatrice plus grande est la conséquence de son aptitude à créer des significations nouvelles dans les transmissions d'information à l'intérieur de lui-même, entre ses sous-systèmes. Quand on a affaire à un système naturel organisé en différents niveaux hiérarchiques, qu'on observe de l'extérieur sans avoir accès aux significations de l'information qui circule d'un niveau d'organisation à un autre, le rôle de ces significations dans l'organisation du système nous apparaît négativement, à nous observateurs, comme celui d'une augmentation de complexité sous l'effet de perturbations aléatoires.

En effet, des changements imprévus nous apparaissent comme des perturbations aléatoires par rapport à l'état connu de l'ordre du système que nous observons. Normalement donc, ces perturbations détruisent cet ordre, et si, malgré cela et grâce à cela, le système non seulement n'est pas détruit mais qu'il fonctionne de façon plus efficace, autonome, créatrice, cela veut dire que l'ordre que nous connaissions n'était qu'un aspect, un moment de l'organisation de ce système ; et qu'en fait celui-ci a été capable d'intégrer ces changements imprévus dans un réseau de significations nouvelles, générateur d'un nouvel ordre que nous devons alors, de nouveau, déchiffrer. *Par rapport à l'ordre que nous connaissions, ce nouvel ordre, que nous ne connaissons pas mais dont nous sommes forcés d'admettre l'existence, constitue bien un accroissement de complexité.*

Ainsi, dans un système naturel complexe que nous ne connaissons qu'imparfaitement, la question des significations de l'information peut difficilement être séparée de celle des processus de création et de fabrication de significations nouvelles à partir de stimuli qui ne peuvent apparaître a priori qu'aléatoires et sans signification. Dans de tels systèmes naturels, la signification de l'information est évidemment réduite pour nous à son aspect opératoire, puisqu'il s'agit de communication non humaine ; c'est-à-dire qu'elle est réduite à l'efficacité d'une information, d'un message, pour le destinataire, à la sortie de la voie par laquelle est transmis ce message. Par exemple, la signification de l'information génétique est l'efficacité de l'information transmise dans les voies de synthèse des protéines, où les chaînes polynucléotidiques des ADN sont à l'entrée et les chaînes polypeptidiques des protéines, à la sortie. L'information génétique transmise dans ces voies peut certes être analysée de façon probabiliste classique sans qu'il soit tenu compte de sa signification. Mais celle-ci apparaît clairement au destinataire, à savoir le fonctionnement cellulaire. Les protéines synthétisées à la sortie de la voie sont des enzymes responsables de fonctions spécifiques dans la cellule et dans l'organisme, et ce sont donc les conséquences, les effets de la transmission de l'information génétique sur le fonctionnement cellulaire et sur celui de l'organisme qui constituent sa signification. En d'autres termes, la signification de l'information contenue dans le génotype n'apparaît que dans le phénotype.

De ce point de vue, qui est toujours celui d'un observateur extérieur, la signification des messages linguistiques que nous recevons peut aussi être comprise comme un effet de ces messages sur leur destinataire, à savoir notre appareil cognitif. C'est ainsi qu'en appliquant à nos processus d'apprentissage le principe de complexité par le bruit, nous avons été amenés à considérer la logique de l'apprentissage non programmé comme celle d'une création ininterrompue de nouvelles significations par réorganisations successives de formes de référence.

Il est remarquable que par un cheminement tout à fait différent, celui de la linguistique et des tentatives de l'intelligence artificielle pour simuler le langage humain, certains chercheurs comme T. Winograd, A. Cicurel, J.-B. Grize, dans ce recueil et d'autres, soient arrivés à des conclusions très voisines au sujet de la signification ou, comme on dit, de la composante sémantique du langage. En particulier, et en outre, après avoir reconnu qu'on ne peut pas dissocier la signification des messages de leur contexte d'utilisation, il devient maintenant clair qu'on ne peut pas dissocier la compréhension du processus par lequel notre appareil cognitif fabrique du sens et des significations.

Nous avons établi ces propriétés de l'auto-organisation dans un formalisme probabiliste. Celui-ci nous est imposé parce que nous avons affaire à des systèmes naturels dont nous connaissons imparfaitement l'ordre, le langage et les codes, et que nous devons en décrire l'organisation du point de vue d'observateurs extérieurs et en tenant compte de ce point de vue. Mais ce formalisme probabiliste n'est pas toujours imposé, loin de là : car il peut s'agir de systèmes artificiels, fabriqués par nous, et dont nous connaissons donc l'ordre qui le régit, sous la forme de la loi et du plan de fabrication, de ses causalités et de ses finalités ; ou il peut encore s'agir de systèmes naturels dont nous avons pu acquérir une connaissance expérimentale qui nous en donne, au moins partiellement, une certaine maîtrise. Dans ces cas bien sûr, sauf exception, il n'y a aucune raison de recourir à des méthodes probabilistes, et une description déterministe de ces systèmes par les lois qu'on y découvre est évidemment beaucoup plus satisfaisante lorsque c'est possible. Pourtant, même dans ces cas, des problèmes nouveaux se posent quant à la nature de l'ordre et de l'organisation qu'on y découvre. Les problèmes viennent du grand nombre de sous-systèmes couplés ou encore du grand nombre de variables et d'équations couplées qu'il est nécessaire de résoudre pour rendre compte du fonctionnement et de la structure du système considéré. Très souvent, on ne peut qu'aboutir à des solutions numériques par ordinateurs, qui permettent de prédire le comportement du système mais au coup par coup, sans qu'on puisse en comprendre de façon générale (par exemple, pour d'autres valeurs des paramètres ou des conditions initiales) la loi de fonctionnement, sa logique.

Nous nous trouvons alors dans une situation paradoxale où nous pouvons prédire de façon rigoureuse le comportement du système, sans pourtant en comprendre véritablement la logique, parce que celle-ci fait appel à un trop grand nombre de facteurs : nous ne pouvons pas les manipuler en même temps, et leur manipulation séquentielle exigerait un temps démesuré par rapport à la durée de notre vie. C'est cette manipulation séquentielle que l'ordinateur réalise dans un temps beaucoup plus bref. Nous reviendrons tout à l'heure sur ce rôle non trivial de l'échelle de temps du traitement des données dans le fonctionnement de notre appareil cognitif.

Nous voyons donc que les notions d'ordre et d'organisation apparaissent différemment suivant les méthodes de représentation que nous utilisons pour décrire les systèmes naturels tels que nous les observons. Toutes ces méthodes de représentation doivent être acceptées comme telles, sans dogmatisme, et être utilisées suivant les circonstances en fonction de leurs avantages et de leurs inconvénients respectifs. La théorie de l'auto-organisation par complexité à partir du bruit peut nous aider à réfléchir en nous permettant d'intégrer des notions apparemment contradictoires, alors même que jusqu'à présent elle n'a pas servi à analyser des systèmes réels d'un point de vue opérationnel et quantitativement prédictif. Autrement dit, elle n'obéit pas au critère de falsifiabilité de Popper. Mais ce critère n'est pas nécessairement absolu en fait de scientificité : on peut en donner comme exemple les théories néo-darwiniennes de l'évolution qui, elles non plus, ne sont pas falsifiables et qui jouent pourtant un rôle central dans l'organisation du discours des biologistes et aussi de leur recherche. Par contre, s'il s'agit d'analyser le comportement de systèmes précis qu'on connaît suffisamment pour pouvoir les modéliser correctement et soumettre le modèle au verdict d'expériences qui pourraient le falsifier, c'est évidemment cette méthode qu'il faut utiliser et à ce moment les représentations déterministes sont très efficaces, justement à cause de leur pouvoir prédictif. Mais elles ont besoin d'un savoir très détaillé sur le système qu'on étudie, ... ce qui n'est pas toujours le cas.

Aussi, des approches mixtes, à la fois déterministes et probabilistes, peuvent-elles être particulièrement intéressantes pour ces situations intermédiaires où nous en connaissons suffisamment sur le système pour pouvoir y appliquer des méthodes d'analyse déterministe, mais pas assez pour qu'elles y soient totalement satisfaisantes. Par exemple, on peut envisager un réseau d'éléments caractérisés par des lois bien déterminées, mais où l'aléatoire intervient à un niveau ou à un autre, celui des connexions ou celui de la distribution des lois dans le réseau. En collaboration avec G. Weisbush et F. Fogelman, de Marseille, et avec J. Salomon, à Jérusalem, nous avons commencé l'étude de tels réseaux, et les résultats obtenus sont assez surprenants. Dans le même ordre d'idées, la théorie des algorithmes probabilistes de M. Rabin, de Jérusalem, ou celle des automates stochastiques, que M. Milgram, de Compiègne, a commencé à développer, peuvent servir d'exemples prometteurs dans cette direction.

Ainsi, M. Milgram a défini des réseaux d'automates probabilistes, où les éléments sont des automates définis classiquement par leurs états internes et leurs ensembles d'inputs et d'outputs, mais où les matrices de transition et de transfert sont des matrices de probabilités. Un premier résultat montre comment l'association de ces approches, déterministe et probabiliste, permet de tenir compte de ce que nous connaissons et aussi de ce que nous ne connaissons pas (et même, éventuellement, de ce que nous ne pouvons pas connaître) du développement de systèmes complexes naturels comme le système nerveux central. On part d'une cellule capable de se diviser et de créer des connexions avec d'autres cellules issues de ses divisions successives. Au bout d'un grand nombre de divisions, on aboutit à un réseau complexe contenant un très grand nombre de cellules interconnectées de façon relativement spécifique. Si l'on considère la cellule initiale comme une cellule programmée, soit un automate déterministe classique, on peut montrer que le nombre d'instructions de programme (c'est-à-dire le nombre d'états de l'automate) contenues dans cette cellule pour spécifier le réseau final doit être immensément grand. Par contre, si l'on utilise un automate probabiliste, c'est-à-dire qui passera d'un état à l'autre suivant ses inputs non pas de façon déterminée mais comme résultat de probabilités différentes de zéro ou de un, alors on pourra se contenter d'un nombre très limité d'états. On devra aussi admettre, bien sûr, que le réseau final soit spécifié avec un certain à peu près dans ses détails, c'est-à-dire avec un certain pourcentage d'erreurs ou d'indétermination — pas forcément très grand d'ailleurs. Or c'est bien cela qu'on observe dans la nature, semble-t-il, en tous cas dans le système nerveux central des mammifères.

À côté de ces deux situations, celle de systèmes naturels imparfaitement connus et celle de systèmes artificiels parfaitement transparents, il en existe depuis peu une troisième; l'usage des simulations sur ordinateurs a créé, semble-t-il, une situation tout à fait nouvelle par rapport aux deux précédentes. Nous avons déjà vu certains aspects de ce que je crois être une situation cognitive tout à fait nouvelle et originale et que nous fournit l'usage des ordinateurs. En effet, les expériences simulées par ordinateurs font intervenir un autre facteur, le temps de calcul, dont les effets non seulement sont quantitatifs mais en outre produisent un changement dans la nature même de notre perception habituelle des couples connu/inconnu, déterminé/indéterminé. Les exemples les plus spectaculaires sont ceux où l'on a affaire à l'exécution de règles mathématiques et logiques bien déterminées, relativement simples et en nombre limité, mais qui se répètent un très grand nombre de fois, de telle sorte que le calcul à la main est impossible parce qu'il nous prendrait un temps beaucoup plus long que, par exemple, la durée de notre vie. Du point de vue des concepts que nous avons étudiés plus haut, il s'agit donc apparemment de systèmes simples et transparents. Pourtant, pour décrire leur comportement, il ne suffit pas de décrire les lois auxquelles ils obéissent. Il faut encore les faire fonctionner, car les conditions particulières dans lesquelles elles vont fonctionner

— qui peuvent être, elles aussi, parfaitement connues au départ — vont déterminer le comportement ultérieur et l'évolution du système. Et cette détermination, elle, n'obéit pas à une loi générale telle que nous pourrions en prédire les conséquences sans avoir à faire tout le long calcul lui-même. En cela, ce calcul réalisé et réalisable seulement par ordinateur joue le rôle pour nous d'une expérience que nous faisons sans en connaître à l'avance les résultats, tout comme une expérience de physique ou de biologie. Et pourtant, en principe, nous aurions dû être capables de prédire ce résultat, puisqu'il n'est que la conséquence logique de prémisses parfaitement connues, que nous avons nous-mêmes posées. Parfois, ce résultat présente un caractère tout à fait inattendu et surprenant, qu'il s'agit ensuite de comprendre et d'expliquer en remontant aux déterminations initiales ; mais même cela n'est pas toujours facile. Autrement dit, voilà qu'il peut apparaître du nouveau et de l'imprévu, non seulement alors qu'il s'agit d'un système parfaitement déterminé, mais alors même que nous en connaissons parfaitement les détermismes ! La seule propriété du système qui rend cela possible, c'est l'échelle de temps dans laquelle fonctionne le déroulement des calculs : l'analyse des conséquences de ce déterminisme est tellement longue que nous ne pouvons pas la terminer. Et il n'existe pas de raccourci, pas de loi plus générale et plus courte permettant de prédire le résultat sans avoir à faire le long calcul fastidieux : l'algorithme de solution est, comme on dit, irréductible à un autre algorithme plus court. Nous voyons donc que la transparence de la connaissance du déterminisme n'existe vraiment que si nous pouvons négliger le temps nécessaire pour en tirer les conséquences. Pour retrouver cette transparence, il faudrait que nous fonctionnions comme l'ordinateur dans un temps où les unités sont beaucoup plus petites, de plusieurs ordres de grandeur, soit celui des systèmes quantiques. Or cette échelle de temps n'est plus du tout la nôtre : elle nous branche en fait sur une autre réalité physique, celle, justement, des systèmes quantiques. Cette réalité est très différente de la réalité macroscopique à laquelle nos sens sont adaptés et qui a déterminé jusque-là notre perception de l'espace et du temps, du connu et de l'inconnu, du répétitif et du nouveau. Dans les systèmes quantiques, la localisation dans l'espace-temps n'est plus évidente, et c'est peut-être pourquoi l'opposition entre passé et futur n'a plus le même sens, non plus que l'opposition entre connu et inconnu, déterminé et indéterminé.

Avant de terminer, il nous faut bien constater que la question du rôle de l'aléatoire dans l'organisation fait rebondir une vieille question sur la nature du hasard et, par là même, sur le statut des descriptions probabilistes de la réalité. S'agit-il d'un hasard essentiel, qui est de l'ordre de la réalité des choses, ou bien d'un hasard par ignorance, qui n'est dû qu'à notre connaissance imparfaite des déterminismes ?

Contrairement à ce que l'on croit souvent, les implications de cette question ne sont pas innocentes et, suivant la réponse qu'on y donne, on se trouve piégé dans l'une ou l'autre de deux impasses. C'est pourquoi je veux défendre la position qui consiste à faire valoir le droit de ne pas trancher, pour garder les avantages des deux positions sans en avoir les inconvénients. En effet, quels sont les enjeux ? Si l'on pose la réalité d'un hasard essentiel, ontologique, on se trouve dans une situation inconfortable du point de vue de la démarche scientifique, parce qu'on pose a priori des limites à la connaissance des lois et des déterminismes. D'un certain point de vue, cette position est donc stérilisante en ce qu'elle arrête le processus même de la connaissance scientifique, dont le postulat de base est qu'il existe des lois dans la nature, ou encore que celle-ci est déchiffrable en termes de rationalités humaines.

Mais si l'on choisit l'autre position et qu'on suppose un déterminisme absolu comme celui de Laplace, selon lequel le hasard n'est que la description de notre connaissance imparfaite de ces déterminismes, on tombe alors dans un autre piège qui consiste à nier la possibilité d'émergence de nouveau et de création. Et cette négation est encore plus grave dans les théories sociales fondées sur une transposition pure et simple de déterminismes locaux observés dans la nature, ou dans les théories faisant appel à des lois sociologiques ou historiques qui correspondraient à de vrais déterminismes. L'économiste J.P. Dupuy l'a bien montré dans ses analyses sur la négation du temps et sur les conditions de l'autonomie dans les sciences humaines.

À ce propos, je ne peux pas ne pas rapporter une conjecture de Von Forster, que J.P. Dupuy a reprise, au sujet des relations entre des individus et le groupe social qu'ils constituent. Suivant qu'il considère les individus comme des machines triviales ou non, un théoricien pourra ou non analyser et prévoir le comportement du groupe social. En effet, des machines triviales sont des automates déterministes qui répondent à un input donné par un output bien déterminé. Au contraire, des machines non triviales répondent à un input parmi un ensemble d'outputs possibles, non déterminés. Eh bien, d'après Von Forster, ce serait dans le cas où les individus sont des machines triviales et où la prévision du comportement social par un expert est la plus facile, que chaque individu se sentirait le plus aliéné dans le groupe qu'il contribue pourtant à former. C'est là que l'image de lui-même que le groupe lui renverrait serait la plus éloignée de celle qu'il a spontanément, car cette image résulterait de la composition des effets de tous les individus dont les facultés d'adaptation les uns aux autres seraient alors les moins grandes.

Au contraire, quand les individus se comportent comme des machines non triviales, le comportement du groupe devient presque impossible à décrire et à prédire pour un observateur extérieur mais, par contre, c'est là que chaque individu se reconnaîtrait en quelque sorte le plus dans l'image que le groupe lui renverrait de lui-même, puisque les facultés d'adaptation des individus les uns aux autres seraient alors les plus grandes. C'est pourquoi, voulant préserver les chances et d'un processus ininterrompu de connaissance et d'une émergence de nouveau, je crois qu'il faut se garder de prendre parti dans cette vieille question sur la nature du hasard ; et les remarques sur les problèmes nouveaux posés par l'échelle de temps des calculs d'ordinateurs me renforcent dans cette attitude, qui consiste à rejeter cette question sur la nature du hasard comme une question théologique au mauvais sens du terme, c'est-à-dire une question qui concerne une réalité ou une irréalité posée a priori en dehors du champ de ce dont nous pouvons parler.

DEUXIÈME PARTIE

PSYCHANALYSE
ET SOCIÉTÉ

Institutions régressives et maturité individuelle
De la psychanalyse à la gestion

Charles MERTENS DE WILMARS

La question qui se pose à nous aujourd'hui est de savoir ce qui, dans l'œuvre de Freud (intime d'Einstein)[1], peut nous être utile dans la compréhension du gouvernement autrement dénommé management, c'est-à-dire dans la théorisation de ce que je serais tenté d'appeler « la gestion de la gestion ».

I. La psychanalyse d'aujourd'hui

La psychanalyse est une thérapeutique fondée sur une théorie. Depuis la mort de Freud[2], l'une et l'autre ont fait l'objet de vulgarisations hâtives et d'élucubrations farfelues que les mass media et le grand public ont préférées aux études beaucoup plus discrètes mais infiniment plus scientifiques entreprises par les milieux compétents. On s'obstine à croire que la psychanalyse est une vision pansexuelle qui se focalise

---

1. E. JONES. *The Life and Work of Sigmund Freud*, New York, Basic Books, 1953–1957.
2. S. FREUD. *The Standard Edition of the Complete Psychological Works of Sigmund Freud*, London, The Hogarth Press and the Institute of Psycho-Analysis, 1966–1974.

sur l'inconscient, se nourrit d'herméneutique et n'a de cesse que d'Œdipe. Ces clichés laissent un relent d'amateurisme, sinon de perversion, et l'idée qu'il existe autant de psychanalyses que de psychanalystes.

Laissons aux pervers l'idée qu'il n'y a pas plus de perversion que de psychanalyse, pour tenter de faire positivement un état de la question. Si la technique s'est délibérément diversifiée, ces variations se ramènent toutes à une cure type qui leur sert de modèle. Si la théorie continue à faire l'objet d'études critiques, elle s'est considérablement clarifiée, précisée, amplifiée et située dans l'ensemble des sciences humaines. Historiquement parlant, quatre démarches mentales ont contribué à ce développement ; elles ont érigé une théorie cohérente, que de nombreuses publications ont systématisée.

A) *Le Moi*

La psychologie du *Moi* se concentre sur la nature des processus mentaux qui traitent le réel et qui assurent la congruence de l'intégration psychosomatique ; Hartmann [3] en fut le promoteur.

B) *La relation objectale*

La théorie de la *relation objectale* analyse en détail la genèse de la relation du Moi et du Non-moi. Elle met en lumière tout le développement et tout le dynamisme de l'appareil psychique. Klein [4], Fairbairn [5], Thompson [6], Fromm [7], Guntrip [8] et Horney [9] ont amorcé ce mouvement.

3. H. HARTMAN. *Ego Psychology and the Problem of Adaptation*, New York, International Universities Press, 1964, et *Essays on Ego Psychology*, New York, International University Press, 1964.

4. M. KLEIN. *The Psychoanalysis of Children*, London, The Hogarth Press, 1932.

5. R. FAIRBAIRN. *Object Relations Theory of the Personality*, New York, Basic Books, 1952.

6. C. THOMPSON. *Psychoanalysis : Evolution and Development*, New York, Nelson, 1952.

7. E. FROMM. *The Art of Loving*, New York, Harper, 1956.

8. H. GUNTRIP. *Personality Structure and Human Interaction*, New York, International Universities Press, 1961.

9. K. HORNEY & al., *New Perspectives in Psychoanalysis*, New York, Norton, 1965.

C) *Le verbe et le vécu*

La *phénoménologie et l'existentialisme* se sont associés pour comprendre le mode d'organisation d'une expérience de soi dans le monde (*le dasein*) et le rôle que le verbe joue en tant que signifiant dans cette organisation. Lacan [10], Sullivan [11], May [12] et Binswanger [13] ont été les principaux protagonistes de cette approche.

D) *La socioanalyse*

Les rapprochements qui se sont effectués entre la psychanalyse, d'une part, et la sociologie (Mead [14]; Jaques [15]; Argyris [16]) ou la neurophysiologie (de Ajuriaguerra [17]; Laborit [18]; Mertens [19]), d'autre part, ont eux aussi particulièrement contribué à la compréhension du phénomène humain.

II. Psychanalyse et gestion

Ce développement de la théorie freudienne a pour effet de rapprocher la neurobiologie, les théories du conditionnement, la dynamique de groupe et la psychanalyse. Loin de s'opposer, ces diverses approches se complètent actuellement et s'articulent. Nous démontrerons l'énorme concours de ce rapprochement dans l'étude qui nous occupe aujourd'hui. Tâchons, à

10. J.M. LACAN. *Commentaires sur des textes de Freud*, Paris, Psychanalyses, 1953-1955, vol. 1 (17-28).

11. H.S. SULLIVAN. *The Interpersonal Theory of Psychiatry*, New York, Norton, 1955.

12. R. MAY, E. ANGEL, H.F. ELLENBERGER (eds.). *Existence*, New York, Basic Books, 1958.

13. L. BINSWANGER. *Being — in — the — World*, New York, Basic Books, 1963.

14. G.H. MEAD. *Mind, Self and Society*, Chicago, University of Chicago Press, 1934.

15. E. JAQUES. *Social System as A Defense Against Persecutory and Depressive Anxiety*, London, Tavistock Pub., 1955.

16. C. ARGYRIS. *Interpersonal Competence and Organizational Effectiveness*, Homewood, The Dorsey Press, Inc., 1962.

17. J. DE AJURIAGUERRA, R. DIATKINE et J. GARCIA BADARACCO. « Psychanalyse et neurobiologie », in S. NACHT. *Psychanalyse d'aujourd'hui*, Paris, P.U.F., 1956, p. 437-498.

18. H. LABORIT. *Les comportements, biologie, physiologie, pharmacologie*, Paris, Masson, 1973.

19. C. MERTENS et J. MORVAL. *Du groupe à l'organisation*, Bruxelles, De Boeck, 1979.

cet effet, de résumer les points essentiels de la théorie psychanalytique, telle qu'elle se dégage de ces convergences. Si nous nous en tenons aux observations fondamentales, nous notons que quatre ordres de faits se dégagent très nettement de la conception contemporaine de la psychanalyse et frappent ceux que préoccupe la conduite des hommes. Nous les reprendrons un à un ci-après. Ils traitent :

a) du mode de fonctionnement de l'appareil psychique ;
b) de la genèse de la relation objectale ;
c) de la pathologie de la relation objectale ;
d) de la dynamique de groupe.

De ces quatre contributions se dégagera une conception — un modèle — psychanalytique de la gestion.

A) *L'appareil psychique*

À tout moment de l'existence, le système nerveux transforme la *multitude* des stimulations aléatoires qui l'atteignent en *un* ensemble de réponses ordonnées. Le succès de cette transformation est perçu par le système nerveux et constitue le *plaisir*. La transformation s'effectue par l'organisation d'un système d'inhibitions et d'activations synaptiques qui produit un *engramme*. Cet engramme est un système associatif finalisé.

L'engramme implique un but, c'est-à-dire un *objet*, et un acte, c'est-à-dire un *mode de relation*. L'objet et la relation ont des valeurs hédoniques, fonctions de leur degré d'actualisation concrète ; l'objet peut être plus ou moins réel ou narcissique, et la relation peut être idéo-verbale, neuro-végétative ou sensorimotrice. On parle de degré de résolution de la pulsion ou d'intensité de plaisir.

À la naissance, l'engramme est *inné* ; l'expérience le modifie. Trois systèmes associatifs régissent cet apprentissage. De complexité croissante, ces trois systèmes s'organisent successivement au cours du développement psychogénétique et restent ultérieurement hiérarchisés : le plus complexe agissant par le truchement du moins complexe. L'acquisition par exercice (ou *imprinting*) est le plus primitif ; il aboutit à des conduites aveugles, automatiques, impulsives et stéréotypées. Le contingentement (ou *conditionnement*) apparaît ultérieurement, il permet d'interpréter les conditions (conditionnement

réflexe) et les stratégies (conditionnement vicariant) oppor-
tunes. L'évocation-anticipation (ou *motivation*) dégage le système nerveux ou des contingences et lui permet de créer et de
choisir une stimulation ; on parle d'investissement libidinal
d'un fantasme. La motivation ne s'installe qu'au huitième
mois de la vie, après l'instauration du deuxième organisateur
(l'angoisse).

L'engramme est simultanément la conséquence (*imprint*)
d'une stimulation et son modèle (sa *mémoire*) ; il constitue par
conséquent un système autonome et rétroactif. Il devient très
rapidement une fin en soi, une tendance, une attitude, une
manière-d'être-au-monde, un trait de caractère ou une dimension de personnalité : ce qui a été doit être. Il se conditionne et
se ré-automatise aisément ; en un mot, il tend à devenir un
stéréotype et à s'opposer à d'autres associations synaptiques.

L'engramme est *finalisé* par la stimulation, entendons
l'objet et l'acte du besoin ; il est ultérieurement *aménagé* par le
déplaisir. Le déplaisir survient dès qu'il y a incohérence,
incongruences ou incertitude. Il y a *incohérence* lorsque
l'engramme se compose d'associations synaptiques conflic-
tuelles. Il y a *incongruence* lorsqu'il y a pléthore (dispersion de
la vigilance) ou carence (privation sensorielle) d'engramme et
en plus lorsque l'engramme évoqué n'est pas conforme à la
réalité. Il y a *incertitude* dans la mesure où l'engramme laisse
des doutes quant à la maîtrise de l'acte ou de l'objet. Le stress
est le mode de relation objectale qui conduit au déplaisir et
l'angoisse, l'émotion qui l'accompagne. Le déplaisir suscite
ipso facto l'*aménagement* de l'engramme ; c'est tout le problème
des mécanismes d'égo-défense et de coping : tout ce qui dé-
réalise l'engramme pour atténuer le déplaisir.

Cette reformulation de la théorie psychanalytique rapproche l'appareil psychique (longuement décrit par Freud)
des observations neurobiologiques actuelles. Elle conserve les
acquis fondamentaux de la psychanalyse tout en les rappro-
chant de la science médicale. L'inconscient n'y est plus cette
entité mystérieuse où l'on enfouit des pulsions honteuses, mais
une qualité, plus ou moins présente, du fonctionnement synaptique, une qualité que revêt l'immense majorité de nos associations, en un mot un certain mode d'associations rétroactives.
Rares sont, en effet, les associations qui transitent par le néo-
cortex moteur verbal et qui deviennent, du fait de ce transit,
objet de réflexion consciente, réflexive, introspective et corpo-
réifiée.

La libido n'est plus, dans cette conception, une énergie sexuelle qui s'oppose à la pulsion de mort ou anime une agressivité mimétique [20], celle qui fait de l'enfant ce pervers polymorphe, prêt à toutes les turpitudes (dont on aime taxer les psychanalystes); la libido est cette recherche du plaisir (d'essence sexuelle) qui finalise toute association synaptique et qui *est* la maîtrise de l'engramme stimulé.

Voilà une conception moins romantique mais plus proche de la biochimie, de nature à décevoir les journalistes en quête de sensations mais tellement plus scientifique.

B) *La relation objectale normale*

Le deuxième ordre de faits que nous livre la psychanalyse permet de conceptualiser et d'opérationnaliser la gestion en termes cliniques. Le management étant : «... the art of getting things done through a community of people», tout ce qui paramétrise la capacité relationnelle d'un individu transforme cet art en science et cette science en procédures. Or la psychanalyse se fonde sur des observations psychogénétiques ; elle nous montre comment une relation objectale subit une maturation et pourquoi cette maturation échoue. Elle construit donc une psycho-sociologie et une psycho-sociopathologie de la relation sur le même modèle que l'anatomo-physiologie ou l'anatomo-physiopathologie de la médecine somatique. C'est un immense progrès. La psychanalyse dote le théoricien et le praticien du gouvernement de paramètres tangibles ; de nombreux avantages résultent de cette objectivation. La psychanalyse ouvre la voie à l'expérimentation. Elle dégage le commandement des a priori politiques. Elle autorise un jugement normatif mais qui est clinique et non pas métaphysique ; on parle d'organisations fonctionnelles ou dysfonctionnelles. Elle établit des rapports de concomitance d'où se dégagent des possibilités de diagnostic, de pronostic et d'interventions correctives. C'est tout un programme de recherches essentiellement cliniques qui s'offre à ceux que l'empiṙisme de la gestion exaspère.

La psychanalyse nous apprend que l'aptitude relationnelle d'un individu — entendons sa capacité à vivre en communauté

---

20. R. GIRARD. *Des choses cachées depuis la fondation du monde*, Paris, Grasset, 1978.

— se développe très progressivement au cours des cinq premières années de son existence. Pour des raisons didactiques, la psychanalyse distingue deux grandes phases dans ce développement psychogénétique : les phases préobjectale et prégénitale. On sait, depuis Freud, que cette dernière évolue elle-même par stades, dénommés oral, anal, phallique et œdipien. Chaque moment de cette évolution se caractérise par une manière-d'être-au-monde très spécifique. Ces moments ne se succèdent pas, ils se recouvrent comme des pelures d'oignon ; l'expérience existentielle d'un moment façonne déjà la manière dont sera expérimenté le moment suivant. En d'autres mots — et cette remarque est fondamentale pour le propos qui nous occupe — la personnalité n'est pas le terme d'une série de mutations mais l'organisation d'un ensemble de modes d'intégration psychosomatique, où le mode suivant naît du précédent et perfectionne sa capacité relationnelle, c'est-à-dire ses possibilités d'accéder au plaisir tout en tenant compte de la réalité. Dans cette structure les engrammes ultérieurs corrigent les engrammes antérieurs ; l'histoire d'un individu se répète dans chacun de ses actes. Une très brève esquisse de ces divers stades permet de mieux saisir leurs apports aux théories du management.

Le stade préobjectal correspond à la période périnatale. C'est l'âge du narcissisme primaire, celui où il n'y a ni moi, ni objet, ni relation, où le besoin est intolérable et l'être cosmique. Cette période se termine au huitième mois de la vie extra-utérine, lorsque l'enfant est capable de pleurer en l'absence du visage de sa mère. Ce regret angoissé prouve que l'enfant peut évoquer le fantasme de l'objet en l'absence de l'objet et qu'il peut préférer (investir avec plaisir) *un* fantasme (celui de sa mère). Durant la phase préobjectale, l'enfant apprend à construire l'objet de son besoin et la relation (et donc le mode de relation) qui l'y conduit. Deux fantasmes anxiogènes gouvernent cette période : la peur panique de sortir du narcissisme primaire (du nirvana) et celle de fusionner avec l'objet (la sensation de dissolution corporelle) dès qu'on s'aventure à le reconnaître.

Le stade prégénital coïncide avec l'organisation du plaisir. Essentiellement anobjectale (narcissique primaire) au départ, la recherche du plaisir devient d'abord auto-érotique (narcissisme secondaire) avant d'investir pleinement l'objet. Cette évolution se reproduit trois fois en s'orientant successivement vers trois objets différents.

Au stade oral, l'enfant recherche impulsivement la complétude corporelle. Il veut le contact, la chaleur, l'aliment. Il construit par morceaux l'image de sa mère et la sienne propre ; il se situe dans le temps et l'espace ; il apprend à renoncer au narcissisme, mais il veut la plénitude et la toute-puissance que l'autre possède. L'enfant attribue aux objets les intentions qu'il éprouve. Il craint mais désire, tout à la fois, être avalé, mordu ou vomi, tel qu'il voudrait lui-même incorporer ou agresser les objets : c'est l'animisme, si bien illustré dans des légendes de Saint-Nicolas ou du Petit Poucet. Pleinement développée, son activité mentale s'anime de nombreux fantasmes qui contribuent à créer des dilemmes. Pour lui, aimer, c'est incorporer et incorporer, c'est perdre ; il ne peut résoudre cette équivoque qu'en retournant l'agressivité contre lui ou en niant son amour. C'est déjà l'amorce de la frigidité, de la perte d'estime de soi et du suicide.

Au stade anal, apparaissent le plaisir de l'échange, l'utilité de la maîtrise de soi et des autres, la jouissance liée à l'effort ou à la discipline et le goût du pouvoir. L'enfant investit successivement les soins qu'il reçoit, l'autre qui les lui dispense, la société puis la loi. Il s'affirme par la négation, la souffrance, la privation ; il apprend à aimer faire le contraire de ce qu'il désirait : c'est le début du surmoi et l'amorce d'une intégration sociale. La magie anime ses fantasmes : ce qui est sa substance (ses fèces) devient objet et, objet d'échange, il peut donc influencer le cours des événements. Le dilemme à cet âge consiste à choisir entre l'activité et la passivité, toutes deux sources de plaisir mais dangereuses. Ne peut-on pas perdre sa substance et se dévaginer, blesser l'autre en le pénétrant ou être pénétré ? C'est déjà toute la problématique obsessionnelle.

Les phases phallique et œdipienne ont été largement vulgarisées au point que beaucoup limitent la théorie freudienne à ces concepts. Au désir impossible de la complétude corporelle, l'enfant substitue le désir du complément corporel, cet objet de fécondité et de bien-être (le phallus) que les parents s'échangent et que les adultes vénèrent sous formes de totem : «... si tu n'es pas sage tu ne deviendras jamais comme papa» dit la mère. Mais au désir d'être comme le père, de posséder le totem ou d'être le père, s'ajoute la peur de sa vengeance : «... père et mère honorera afin de vivre longuement». C'est le mythe du repas totémique. Là aussi l'enfant apprend la dure réalité des choses : la revendication phallique est un leurre ; il n'y a ni Superman, ni Père Noël. Individualisé par une meilleure différenciation des sexes, l'enfant recherche maintenant sa complémentarité sexuelle, hiérarchise ses plaisirs dont l'orgasme devient le modèle, génitalise sa libido et veut éliminer le parent homosexuel pour monopoliser le parent hétérosexuel. Confronté aux fantasmes de la castration et de l'abandon, l'enfant n'échappe à cette dernière source d'angoisse qu'en s'identifiant au parent de son sexe. C'est l'affermissement du surmoi, le renoncement définitif aux désirs impossibles, l'intégration dans la réalité et l'amorce de la maturité.

D'un être mal organisé, égocentrique, impulsif, pervers, torturé de dilemmes insolubles et en quête de chimères, l'enfant est devenu capable de distinguer le moi de l'objet, de s'identifier à l'autre, d'aimer la loi, de concilier plaisir et réalité, de retarder le plaisir en fonction des possibilités du moment, de se contrôler et d'accéder à un amour objectal, réaliste et univoque. Il accède à la maturité, devient capable d'identification à l'objet et s'engage sans peur ou sans naïveté dans une œuvre communautaire, dont l'efficience dépendra de la capacité d'*interdépendance* (d'intersubjectivité ou d'identification réciproques) des autres membres du sous-groupe. C'est là le pont entre psychanalyse et gestion.

C) *La relation objectale pathogène*

Le troisième ordre de faits hérités des observations psychanalytiques relève de la pathologie. L'étude du développement psychogénétique nous apprend que chaque stade de cette croissance affective s'accompagne de fantasmes anxiogènes qui peuvent poser problème. L'enfant qui est incapable de les assumer, c'est-à-dire de les vivre sans éprouver la peur, risque de s'y fixer ou de régresser vers un mode existentiel antérieur. Dans ce cas, de deux choses l'une : si la régression parvient à atténuer l'angoisse née du fantasme, l'enfant développe une structure de personnalité immature (incongruente) mais exempte de conflits (cohérente) — on parle de *caractère régressif*; par contre, si cette régression n'atténue pas l'angoisse psychogénétique, l'enfant aménage une manière-d'être-au-monde où persistent des ambivalences — on parle de *psychonévrose* (simultanément incohérente et incongruente).

Ces observations cliniques nous montrent le parallélisme qui existe entre les divers stades du développement psychogénétique et les différents types de caractères ou de psychonévroses fonctionnelles.

TABLEAU

Psychanalyse et gestion

Stades du développement	Caractéristiques essentielles	Nature des fantasmes anxiogènes	Concordances psychiatriques	Concordances sociodynamiques
Stade PRÉOBJECTAL	-Narcissisme primaire -Ignorance -Autisme	-Individualisation -Fusion	-Caractère schizoïde -Psychose	Indépendance
Stades PRÉGÉNITAUX 1° ORAL	-Narcissisme secondaire -Parasitisme -Vulnérabilité -Moi-idéal -Complétude	-Peur de la perte d'objet -Peur du rapprochement -Peur de l'agressivité	-Caractère hystéroïde -Pervers -Psychopathe -Manie mélancolie -Suicide	Dépendance
2° ANAL	-Auto érotisme -Magie -Sado-masochisme -Économie, ordre, métho-de, effort, discipline -Idéal du Moi -Complément, échange, pouvoir	-Peur de la perte de substance -Peur paranoïde de la pénétration	-Caractère obsessionnel -Paranoïa	Contre-dépendance
3° PHALLIQUE ET ŒDIPE	-Recherche du pouvoir -Complément corporel -Triangulation -Totem et tabou -Inceste -Surmoi -Libidinalisation	-Peur de l'incomplétude -Loi du Taillon -Peur de l'abandon -Peur de la castration	-Caractère phallique -Caractère hystéroïde, séducteur -Phobie	Revendication
MATURITÉ	-Identification -Génitalité et Hiérarchie des plaisirs -Ajournement -Réalisme (congruence) -Convergence (cohérence)	-Fantasmes anxiogènes sont assumés	Caractère conscient et absence de conflits intra- ou interpsychiques	Interdépendance et participation

D) *Dynamique de groupe*

Le dernier ordre de faits dont nous aimerions parler ici s'est dégagé de la littérature psychanalytique beaucoup plus tardivement que les trois précédents. Si Freud avait mis en évidence au passage la genèse du surmoi, le rôle de l'identification dans l'apprentissage relationnel, l'importance des projections dans les phénomènes socio-religieux ou l'illusion d'un moi collectif, il n'a jamais traité de la dynamique sociale comme telle. Il a fallu attendre les années cinquante pour voir se développer une dynamique de groupe — que certains ont voulu dénommer : la socioanalyse. Ce rapprochement entre la sociologie et la psychologie dynamique devait assez rapidement montrer que les groupes connaissent, eux aussi, une maturation. Dès que d'aucuns se mirent à décrire les stades de cette sociogénèse, on put constater qu'ils correspondaient aux stades du développement psychogénétique, eux-mêmes en concomitance avec les grands syndromes de la psychiatrie. La découverte était d'importance. Elle montrait que les organisations traversent au cours de leur existence des phases d'indépendance, de dépendance, de contre-dépendance ou de revendication avant d'accéder à l'interdépendance ; et qu'elles pouvaient se fixer ou régresser à l'un de ces stades. Elle constatait, en outre, que ces diverses manières-d'être-en-commun se caractérisaient par les mêmes particularités que les phases du développement psychogénétique. Au modèle indépendant correspondent les traits, les problématiques, les fantasmes, les angoisses ou les symptômes du caractère schizoïde ou de la psychose. Avec le style de relation dépendant coïncident toutes les caractéristiques orales psychopathiques, hystéroïdes ou dépressives. Au système socio-culturel contre-dépendant se rattachent très typiquement tous les modes de comportement du caractère obsessionnel ou de la paranoïa. Quant à l'interdépendance, elle est synonyme de maturité relationnelle.

L'interdépendance est, en effet, la capacité à être simultanément l'autre et soi, c'est-à-dire à éprouver l'autre sans perdre son individualité propre ; elle est le fondement même de cette communauté d'action que nous avons prise pour objectif primordial du management : «... the art of getting things done through a community of people». L'interdépendance de deux êtres dépend de leur capacité, respective et réciproque, à s'identifier l'un à l'autre. Or l'identification est, nous l'avons vu, l'expérience ultime du développement psychogénétique ; celle qui, à partir de l'indifférenciation (schizoïde) du moi et du non-moi, conduit à l'orgasme — entendons le plaisir pur — dans, par, et pour le plaisir de l'autre. Tout avatar dans la séquence des expériences psychogénétiques infirme irrévocablement la capacité identificatoire, l'interdépendance et donc la capacité à œuvrer en commun.

Il en est de la théorie des organisations comme de la psychiatrie ; née avant la psychanalyse, elles doivent à la psychanalyse un lot d'observations et de concepts qui leur ont permis de s'ériger en sciences autonomes. La socioanalyse nous montre qu'il ne suffit pas de sélectionner des individus matures pour ériger une organisation fonctionnelle ; il faut encore disposer de groupes matures pour permettre aux individus qu'on intègre dans une organisation de devenir ou de rester matures. C'est tout un programme ! Il sortirait du cadre de cet exposé d'en esquisser les principes, notamment ceux qui définissent l'intervention corrective ou sociothérapeutique [21]. Il aura suffi d'avoir montré que les systèmes socio-culturels prônent ou imposent *dans chacun de leurs processus* de groupe des modèles relationnels qui ne permettent pas l'accès à l'interdépendance et *risquent*, de ce fait, de rester moins fonctionnels. On ne peut jamais oublier, en effet, qu'il n'y a entre l'efficience (ou la productivité) d'un groupe, sa capacité fonctionnelle et sa maturité que des rapports de probabilités. De nombreux exemples illustrent clairement l'existence de groupes qui prônent des modèles immatures et restent parfaitement fonctionnels ou productifs. La Grande Chartreuse et bien d'autres cloîtres relèvent incontestablement d'une structure schizoïde. L'ordre des Franciscains, bon nombre d'organisations féminines et les hôpitaux s'érigent souvent en systèmes schizoïdes, où la dépendance, l'illusion de l'amour intégral et la soumission sont de règle. La Compagnie de Jésus — cette « Première Légion » — bien des institutions militaires et de très nombreux laboratoires de recherche préconisent l'ordre, l'économie, la méthode, la discipline, l'effort, la souffrance et l'autorité, qui sont autant de traits obsessionnels et d'attitudes contre-dépendantes. Rares ! Très rares sont les groupes qui favorisent les relations interdépendantes et l'identification réciproque. On peut même se demander si le noyau familial est encore le lieu où se forge l'audace de l'interdépendance. La socioanalyse n'est donc pas une vue de l'esprit. Des

---

21. C. MERTENS et J. MORVAL, *op. cit.*

organisations régressives existent ; elles se caractérisent par des systèmes d'interaction, des réseaux de communication, un mode de distribution des fonctions et un code de symboles ou de gratifications-sanctions qui actualisent des conduites immatures. Ce jugement de valeur — nous l'avons dit au début de cet exposé — est d'ordre clinique. Il se réfère à des faits et non à des principes métaphysiques ; il constitue en cela un immense progrès dans la gestion. Ce jugement — nous le disons en terminant cet exposé — n'implique pas nécessairement un pronostic fonctionnel, ni un pronostic économique. Il constitue par conséquent un choix délibéré, que le responsable de la gestion doit pouvoir prendre en toute liberté et en étant conscient des effets de son choix. Il est primordial de se rendre compte que le chef ne pourra jamais faire de ce choix un thème de consensus groupal, puisque ceux à qui il s'adresse pour former un groupe n'ont vraisemblablement pas la maturité (individuelle ou groupale) suffisante pour délibérer en connaissance de cause et d'effets du choix de leur modèle.

Soulever ce point, c'est poser tout le problème éthique de la gestion. Nous n'y apporterons ici qu'une seule contribution ; elle mettra en exergue la valeur morale d'une conception socioanalytique des groupes. Il n'y a de vertu que la liberté et il n'y a de liberté que le choix. C'est en comprenant les lois qui régissent le groupe et en devenant capable de les opérationnaliser que le responsable d'une organisation pourra favoriser la maturité de ses groupes et de leurs membres, maturité qui les rendra capables à leur tour d'une autodétermination responsable. C'est faire de la gestion la seule chose qui la justifie moralement, une voie d'accès à la maturité et dès lors un moyen d'accès à la vraie liberté : celle de s'identifier à l'autre pour faire avec lui un couple capable de plaisir responsable.

Nous sommes personnellement convaincus que le passage de la civilisation industrielle à la civilisation post-industrielle est marqué par une prise de conscience de ces réalités et une volonté lucide d'abandonner le système obsessionnel dans lequel nous vivons pour une société plus lucide, plus autodéterminée et plus solidaire.

Structures d'organisation et créativité individuelle

Elliott Jaques

Le thème « Psychanalyse et société » sera abordé sous trois angles différents mais reliés :

I. Je parlerai d'abord de la manière dont nous avons adapté certains éléments de la méthode psychanalytique à l'étude en profondeur des organisations sociales ; je désigne notre méthode du nom de socio-analyse.

II. J'expliquerai ensuite que les organisations comportent certaines structures occultes et que les individus adhèrent à certaines normes universelles que la socio-analyse nous a permis de découvrir ; nous verrons qu'il s'agit d'une série de structures profondes, ayant des effets qui sont ressentis de façon inconsciente et auxquelles nos organisations sociales les plus en vue ne rendent pas justice, entraînant ainsi toutes sortes de perturbations individuelles et collectives.

III. Au troisième point je traiterai de ce qui me paraît être l'une des conditions déterminantes de l'existence d'organisations satisfaisantes et du fonctionnement d'interactions sociales gratifiantes, soit la réduction de l'une des angoisses inconscientes les plus perturbatrices, celle de la persécution. On pourrait arriver à cette réduction en s'attachant à élaborer des structures organisationnelles qui susciteraient et renforceraient les sentiments de confiance et d'assurance plutôt que de susciter la méfiance, la haine et les problèmes psychologiques qui s'ensuivent, comme le font trop souvent les organisations actuelles.

I. La socio-analyse

Il y a maintenant plus de trente ans que je joue un rôle particulier au sein de nombreuses organisations différentes, parmi lesquelles je pourrais mentionner une firme d'ingénierie et d'autres entreprises industrielles, des ministères, des agences de services sociaux, le National Health Service britannique et l'Église d'Angleterre [1]. J'ai dû pour cela adapter quelque peu le rôle du psychanalyste traditionnel dans le sens suivant :

1º Un socio-analyste intervient uniquement pour faire suite à la requête d'individus ou de leurs représentants faisant partie d'une organisation.

2º Il ne travaille qu'avec ceux qui le convoquent et seulement sur les problèmes qu'ils soulèvent, évitant donc d'y ajouter ceux qui pourraient l'intéresser en tant que chercheur.

3º Toutes les conversations sont confidentielles. Le socio-analyste ne diffuse que les seuls matériaux qui ont été élaborés avec les individus concernés, si ces derniers en ont au préalable permis l'utilisation dans un contexte plus large.

4º Le socio-analyste ne fait pas de recommandations : il se limite à résoudre des problèmes sociaux en aidant ceux avec qui il travaille à analyser la nature de leurs difficultés et à élaborer les concepts et les formules qui pourraient régir l'implantation de nouveaux genres d'organisation et modes d'interaction. Nous verrons tout à l'heure des exemples de cette façon de procéder.

5º À mesure que les analyses progressent, le matériel dont la diffusion a été autorisée est regroupé sous la forme

---

1. Elliott JAQUES. *A General Theory of Bureaucracy*, N.Y. Halsted and London, Heineman Educational Books, 1977.
Elliott JAQUES, GIBSON and ISAAC. *Levels of Abstraction in Logic and Human Action*, Exeter, New Hampshire, and London, Heineman Educational Books 1978.
Elliott JAQUES (ed.). *Health Services*, Exeter, New Hampshire, and London, Heineman Educational Books, 1978.

de rapports à caractère de plus en plus général et soumis à des groupes plus grand au sein de l'organisation — ou, le cas échéant, à des représentants de tous les participants — afin que ceux-ci puissent décider des actions à prendre et des modifications capables d'atténuer les problèmes identifiés.

6° Une fois les décisions mises en œuvre, s'engage un processus de discussion pour en évaluer les effets. Et c'est ainsi que par une itération continue d'analyse, de prise de décision, de mise en application, d'essai et de reprise de l'analyse, les personnes touchées vont procéder elles-mêmes aux changements qui les concernent.

On aura remarqué que tout au long du processus de socio-analyse, l'analyste s'est cantonné dans un rôle indépendant. Loin de chercher à imposer ses conclusions, il se contente d'aider ses clients à mieux comprendre leur propre situation en les aidant à l'analyser, à la décrire en termes de concepts et à formuler les changements qui leur paraissent souhaitables. Tous ces faits — détachement de l'intervenant, analyse, abstraction, explication, flexibilité du processus — notre méthode les a empruntés à la psychanalyse.

II. Structures profondes et normes inconscientes

Tout au long de ce travail et grâce à celui de plusieurs de mes collègues [2], j'ai pu acquérir une connaissance en profondeur de la vie au sein des organisations sociales et tout particulièrement dans les systèmes de gestion. J'ai maintenu un lien de travail continu avec différentes organisations pendant des périodes allant de cinq à trente ans. Ces rapports soutenus ont permis de dégager de nombreux résultats qui offrent un intérêt considérable. Je n'en mentionnerai cependant que quelques-uns et uniquement pour montrer de quelle façon ce que les membres de l'organisation perçoivent inconsciemment comme étant nécessaire pour améliorer leur organisation peut servir de fondement à l'analyse et à la formulation de structures organisationnelles adéquates.

2. Wilfred BROWN. *Organization*, Exeter, New Hampshire, and London, Heineman Educational Books, 1971.
   John EVANS. *The Management of Human Capacity*, Bradford, MCB. Publications, 1979.
   Ralph ROWBOTTOM. *Social Analysis*, Exeter, New Hampshire, and London, Heineman Educational Books, 1977.

Une de mes premières découvertes fut celle de l'existence d'une structure sous-jacente, inséparable des hiérarchies de gestion et commune à chacune d'entre elles, qu'il s'agisse d'entreprises industrielles ou commerciales, d'hôpitaux ou de services de santé, de services sociaux, d'administrations publiques ou de gouvernements locaux. Ce caractère de nécessité ne paraît toutefois pas s'appliquer aux structures universitaires ou à celles des Églises, qui constituent des systèmes d'un genre différent.

Nous avons mis au jour cette structure après avoir précisé que le rôle du cadre devait se définir en termes de responsabilité, le cadre ayant des comptes à rendre sur l'accomplissement non seulement de sa propre tâche mais aussi de celle de ses subordonnés. C'est de cette responsabilité stricte du cadre que découle le minimum d'autorité qui lui est nécessaire, soit celle d'avoir un groupe de subordonnés qui lui soient au moins acceptables. Nous avons pu rendre explicite le contenu de cette autorité, mais je n'irai pas plus loin dans cette direction pour le moment.

Nous avons établi par la suite que le niveau ou l'ampleur des responsabilités, ou encore la charge d'un subordonné, pouvaient être mesurés objectivement. Il ne s'agit pas ici de la classique évaluation des tâches, mais bien d'une mesure objective établie à partir du nombre maximal d'unités de temps accordées au subordonné pour mener à bien une tâche, un projet ou une série de tâches. Or ce que j'ai appelé «l'horizon temporel autonome» («time span of discretion») va être très réduit au niveau des ateliers et des bureaux (quelques jours ou quelques semaines); par contre, au niveau de l'encadrement moyen, il pourra s'échelonner sur des périodes pouvant dépasser douze mois, tandis qu'aux niveaux supérieurs et à celui de la direction générale, il faudra compter des périodes de deux, cinq, dix ans (et même plus), à mesure qu'on progresse dans la hiérarchie.

Sans que la chose me soit parue évidente a priori, je me suis alors rendu compte qu'on ne pouvait parler réellement d'un rôle de manager (dans le sens où je viens de le définir) si l'horizon temporel était inférieur à trois mois. Il fallait ensuite passer à un an pour trouver un autre véritable palier hiérarchique. Les autres horizons temporels se situaient respectivement à deux ans, cinq ans, dix ans et le dernier enfin, à vingt ans; ces derniers, cependant, ne peuvent exister qu'aux niveaux les plus élevés des plus grandes organisations. Cette structure hiérarchique fondamentale a une existence tout aussi réelle que n'importe laquelle des structures biologiques de base.

Mais dans les faits nous trouvions deux ou trois fois plus de paliers que les quatre, cinq ou six niveaux que notre analyse avait permis d'isoler dans la plupart des organisations. La conclusion se dégage donc d'elle-même : dans l'ensemble, nos hiérarchies comportent beaucoup trop de niveaux d'organisation. Cette conclusion ne surprend d'ailleurs pas, puisque la plupart des gens ressentent instinctivement ce fait et que la plupart des grandes organisations essaient perpétuellement de diminuer le nombre d'échelons hiérarchiques qu'elles comportent.

Cependant, je voudrais faire remarquer que là où l'on a apporté des changements conformes à cette analyse, les relations de travail entre cadres et subordonnés sont devenues bien plus harmonieuses. Au lieu d'éprouver ce sentiment d'être oppressés, comprimés dans l'organisation, d'être agacés par cette sensation « que le patron est continuellement sur votre dos », les employés ressentaient uniformément qu'une « distance organisationnelle » adéquate avait été mise en place. Bien sûr, le nouvel agencement hiérarchique ne résolvait pas tous les problèmes, mais il faisait disparaître le sentiment de claustrophobie verticale. J'ai pu faire personnellement le suivi de la mise en place de tels changements sur des périodes de dix ans et plus et ce, dans quatre pays différents.

Il semble donc que les employés de tous les niveaux, hommes et femmes, jeunes et âgés, dans toutes sortes d'entreprises ou d'organisations et dans plusieurs pays différents, aient en commun des idées bien arrêtées sur ce qui devrait constituer la responsabilité et l'autorité des cadres. De même, l'opinion sur ce que devrait être le nombre correct de niveaux hiérarchiques semble aussi précise qu'universelle. Ces convictions étaient inconscientes, en ce sens qu'elles étaient restées intuitives et qu'on ne pouvait les exprimer avant que l'analyse n'en permette la formulation explicite et n'en rende possible la formalisation conceptuelle. Depuis Freud, on ne devrait plus s'étonner de ce qu'une vision des choses puisse être très largement partagée, en l'occurrence dans tout le monde du travail, et en rester pourtant inconsciente.

Mais je vous ferai part de deux caractéristiques supplémentaires. Nous avons d'abord remarqué une corrélation exceptionnelle et généralisée, oscillant de 0,85 à 0,92, entre, d'une part, le délai accordé à un employé pour s'acquitter d'une tâche donnée et, d'autre part, l'opinion de cet employé sur ce qui constitue une rémunération juste et équitable pour ce travail : le salaire adéquat. Les employés qui disposent d'un même « horizon temporel » définissent de façon similaire la juste rémunération, et cela indépendamment du salaire effectivement touché, des inconvénients ou des dangers inhérents à la tâche, de leurs attentes quant à la rémunération, de la durée de leur formation, des aptitudes ou des connaissances requises pour le poste qu'ils occupent ou de quelque autre considération que ce soit. Nous disposons à cet égard de témoignages provenant de plus de vingt pays différents, et nous avons trouvé le même phénomène partout.

Une fois de plus, il semble qu'on se trouve en présence de normes inconscientes mais cohérentes et universelles, orientant en l'occurrence la définition d'une juste rémunération. Autrement dit et en faisant abstraction de tout le processus des négociations, des grèves, de la violence et du désespoir si souvent rattachés aux discussions sur les revenus et les politiques de revenus, il y aurait dans nos nations industrialisées des normes très répandues de justice qu'il suffirait de dégager et de matérialiser de façon appropriée dans nos institutions.

La seconde caractéristique concerne la régularité du modèle des niveaux hiérarchiques déjà présenté. La démarcation entre ces niveaux était fonction de la portée de « l'horizon temporel » : trois mois, un an, deux ans, et ainsi de suite. Mais à quoi correspondent ces paliers ? Si je considère à la fois ces résultats et ce que ressentent les gens au sujet de leur rémunération, je suis amené à conclure que les individus possèdent un sens inné et profond de leur propre *niveau de capacité* — et de la compensation économique différentielle qui rendrait justice à cette capacité. En outre, les employés utilisent ce sens inné de leur niveau de capacité pour déterminer celui auquel ils s'attendent de leur supérieur ou de leurs subordonnés, s'il s'agit de cadres. Autrement dit et pour conclure, il semble que les employés aient une idée de l'écart qui devrait exister entre leur niveau de capacité et celui de leur supérieur, et qu'ils réagissent lorsque ces écarts sont trop grands ou trop réduits. Et comme je le disais tout à l'heure, mes recherches ont démontré que ces perceptions sont les mêmes pour tout le monde, peu importe la nationalité. C'est en ce sens que je disais dans mon introduction qu'il semble y avoir des structures de base sous-jacentes aux organisations apparentes, et que ces structures profondes sont inconsciemment perçues et comprises.

Les écarts existant entre les intuitions sur ce que devraient être des structures équitables (structure de l'organisation hiérarchique et structure des rémunérations), d'une part, et l'état des pratiques, d'autre part, créent des perturbations extrêmement sérieuses chez les individus. Des facteurs tels que la multiplication des niveaux d'organisation ou l'inéquité de la rémunération différentielle engendrent le stress et la tension, le malaise industriel, l'absence de motivation, le sentiment d'aller nulle part et, ce qui est plus grave encore, elles donnent lieu au désespoir, à la méfiance, à l'amertume et au sentiment d'être persécuté par le système et ceux qui l'incarnent. À l'inverse, l'adéquation entre ce que j'appelle le nécessaire et les pratiques réelles suscite un climat d'équité et de justice : les choses ne sont certes pas parfaites, mais elles autorisent au moins la confiance et l'espoir. Ce sont ces questions fondamentales de confiance et de méfiance, de confiance en soi et de sentiment de persécution que je voudrais maintenant aborder.

III. Angoisse de persécution et structure organisationnelle adéquate

En développant les concepts et les acquis de la psychanalyse freudienne, Mélanie Klein a été amenée à construire un modèle de la nature primitive de l'angoisse qui est important pour comprendre ce qui se passe au sein des organisations. Selon sa théorie du développement du nourrisson, le bébé serait en proie, pendant les six premiers mois de sa vie, à ce que Mme Klein appelle une angoisse paranoïde ou angoisse de persécution. Cette angoisse résulte de la réaction du nourrisson face à des pulsions sadiques et destructrices qu'il ne peut contrôler ; cette réaction consiste à diviser son univers, et avant tout le sein nourricier, en bons et mauvais objets, ce qui lui permet de consacrer son amour exclusivement à la protection du bon objet et de diriger son instinct destructeur à l'encontre des mauvais objets.

Ce clivage fait donc apparaître, d'une part, un monde idéalisé fait de bons objets et, d'autre part, un monde d'angoisse peuplé de mauvais objets, sources de persécution.

Au cours des six mois suivants, le bébé traverse une phase au cours de laquelle sa maturation croissante le rend davantage capable d'assumer les conflits résultant des pulsions d'amour et de sadisme, en intégrant les sentiments d'amour et de haine dans le même objet. L'enfant peut maintenant vivre avec cette ambivalence affective, puisqu'il a appris à atténuer sa haine par de l'amour. Il s'ensuit que l'angoisse dominante devient alors ce que Mme Klein appelle l'angoisse dépressive; parce qu'il peut dès lors ressentir cette ambivalence, le petit enfant est hanté par la crainte de blesser les bons objets.

Selon cette théorie, les deux genres d'angoisse que sont la dépression et le sentiment de persécution vont être à la base de toutes les anxiétés pendant l'âge adulte. Lorsqu'il est tendu ou désorienté, l'individu est en proie à une angoisse dépressive qu'il doit absolument surmonter. Mais si la tension résulte d'un climat de méfiance, de sentiments d'inéquité ou d'injustice, de l'absence de toute possibilité de développement personnel, ou encore si la situation sociale provoque l'expression de sentiments de cupidité, d'envie, de «chacun pour soi», alors les angoisses de persécution tapies au fond de l'inconscient sont agitées et viennent s'ajouter aux sentiments plus immédiats de tension et de démoralisation. La réactivation de cette angoisse profonde assombrit considérablement le tableau, et il devient bien plus difficile de faire émerger des solutions rationnelles. S'il n'est pas nécessaire d'aimer, ni même de sympathiser avec une personne pour entretenir avec elle des relations de travail qui soient utiles, il est cependant tout à fait essentiel de pouvoir lui faire confiance et de pouvoir compter sur la qualité de cette relation.

Permettez-moi maintenant d'appliquer cette description de l'angoisse primitive à la situation qui prévaut dans les organisations hiérarchiques.

J'ai déjà laissé entendre que la plupart des institutions hiérarchiques sont organisées à l'excès et qu'elles comportent trop de niveaux d'encadrement. Supérieurs et subordonnés ont des niveaux de capacité trop voisins et rivalisent pour le statut et l'avancement. Une telle situation n'est assurément pas faite pour entretenir un climat de confiance. Le soupçon et la gêne caractérisent au contraire une très grande partie des relations entre les supérieurs et les subordonnés; les conséquences en sont graves, puisque ces relations se résument en tout état de cause à un délicat équilibre entre autorité et responsabilité; cet équilibre peut donc facilement basculer et donner lieu ainsi aux reproches mutuels, à la fuite de ses responsabilités et à l'adoption de comportements arbitraires.

Dans une structure déficiente, il est du reste fort peu probable que l'on sache évaluer correctement le rendement, que l'on puisse apprécier les capacités individuelles et que l'on arrive à appliquer une échelle de rémunération équitable. On y remarque tout au contraire ce que j'appelle le déséquilibre « C-T-R », c'est-à-dire un déséquilibre entre le niveau de capacité (C) d'un individu, le niveau du travail (T) qui lui est confié et sa position dans l'échelle des rémunérations (R). Le déséquilibre « C-T-R » qui règne dans nos organisations hiérarchiques est l'une des causes les plus courantes des problèmes individuels des employés ; au niveau plus profond de l'inconscient, ce déséquilibre contribue à exacerber l'angoisse de la persécution.

Certaines circonstances tout spécialement pernicieuses et favorables à l'émergence du sentiment de persécution ne font qu'alimenter des phénomènes de ce type dans les relations d'emploi ; à ce propos, il n'est pas inutile de rappeler que, dans nos sociétés industrielles, 80 % à 90 % de la main-d'œuvre est salariée. Je ne mentionnerai que deux de ces circonstances, tout en précisant néanmoins que plusieurs autres problèmes viennent s'y greffer.

La première de ces circonstances aggravantes est le chômage. Rien dans nos sociétés ne garantit que chacun aura un emploi qui corresponde pour l'essentiel à son niveau de capacité actuelle et future. Et cependant, le plein emploi — je préférerais parler de l'abondance d'emplois — est affaire de volonté politique et nullement une fatalité économique. Le second facteur aggravant vient du fait que jusqu'ici, aucune nation industrielle n'a réussi à mettre au point un mécanisme politique capable d'assurer la mise en place d'une échelle de rémunération et d'une répartition des revenus qui soient équitables. L'employé doit donc recourir au pouvoir qu'il tire de son appartenance à un groupe afin d'assurer sa position dans l'échelle des revenus ; dans ce cas, l'envie et le « chacun pour soi » constituent les attitudes usuelles, voire même nécessaires, pour qui veut progresser ou même simplement assurer sa position.

En somme, il existe des preuves convaincantes (nous en avons recueilli largement tout au long de notre pratique socio-analytique) que les gens perçoivent intuitivement qu'une organisation adéquate est possible, que le chômage n'est pas inévitable, qu'il existe des normes justes quant aux échelles de rémunération ; de même que l'on pourrait espérer un comportement marqué au coin de la raison et de la confiance d'une telle majorité de personnes, de sorte que nos structures actuelles d'emploi pourraient se transformer en institutions satisfaisantes, permettant l'expression d'un travail individuel créateur et gratifiant.

Mais les formules qui régissent actuellement nos institutions sont dans leur quasi-totalité telles qu'un ferment d'hostilité et de méfiance les agite continuellement. L'angoisse de persécution généralisée qui en résulte engendre le désespoir et renforce l'impression qu'il est inutile de réagir, puisqu'après tout chacun est égoïste, se bat pour lui seul et qu'on ne peut jamais vraiment confiance aux autres.

Je crois que pour arriver à rompre ce qui est devenu un cercle vicieux, fait d'idées négatives qui se justifient elles-mêmes, il faudra concevoir, expliquer et mettre à l'essai les institutions requises. Pour y arriver, il faudra s'en tenir à une grande rigueur intellectuelle dans la formulation de ces projets organisationnels, même si, jusqu'à maintenant, la rigueur n'a pas tellement caractérisé ni les sciences sociales, ni celles de l'organisation. Mais on ne saurait négliger une telle rigueur du moment qu'on a l'ambition de passer de l'inconnu, inconscient compris, au connu. Et cette rigueur intellectuelle est justement une des grandes leçons que nous ait laissées la psychanalyse.

TROISIÈME PARTIE

COMMUNICATIONS ET REPRÉSENTATION

Activités de langage et représentations

Jean-Blaise GRIZE

I. Introduction

Il n'est pas inutile de se demander dans quelle mesure une réflexion sur les activités de langage a sa place dans un ouvrage consacré aux sciences de la vie et à la gestion. Les premières, en effet, ne comprennent généralement pas la linguistique, et la seconde paraît redouter tout ce qui est bavardage. Toutefois, il y a, semble-t-il, une raison assez sérieuse de s'intéresser ici au discours. Et c'est qu'une entreprise, qu'on entende par là la simple mise à exécution d'un projet ou la production de biens et de services, réclame presque toujours la participation d'autres que soi. Dans l'entreprise au sens large du terme, il est souvent souhaitable de réduire la part de l'homme. Mais l'existence et le développement même de l'automation fournissent une raison supplémentaire de ne pas traiter l'homme en substitut de la machine, là où il a sa place. Or, avant toute chose, l'homme est utilisateur de signes et créateur de sens.

Certes, il serait faux d'imaginer que l'homme est seul capable de communiquer. Nous sommes aujourd'hui suffisamment informés sur le code génétique, sur le langage des abeilles et sur les performances des chimpanzés et des gorilles pour être prudent. D'un autre côté, il est aussi certain que la langue ne constitue que l'un des systèmes de signes dont nous nous servons. Il n'en demeure pas moins qu'elle reste le principal instrument de signification et que celui-ci est le seul à pouvoir se prendre lui-même comme métalangage. Je veux dire par là qu'il est possible, par exemple, d'écrire une grammaire française en français, alors qu'il est impossible de parler entièrement des mathématiques dans le langage de la mathématique, et qu'on ne voit pas comment un geste ou un dessin pourraient se commenter eux-mêmes. Quant aux langages animaux, ils semblent bien présenter des différences considérables avec le langage humain. Les abeilles utilisent des signaux et non pas des signes. Cela signifie qu'elles ne peuvent ni s'interroger les unes les autres, ni inventer des messages. Si en conséquence elles ne peuvent pas mentir, elles ne peuvent non plus créer de mondes imaginaires. En ce qui concerne les singes enfin, la question se pose de plus en plus nettement à savoir si leurs productions sont de véritables énoncés, ou s'ils ne se contentent pas, comme l'écrit joliment L. Maury [1], de « singer » l'expérimentateur.

Il est ainsi raisonnable de penser que les activités de langage présentent certains aspects spécifiques et proprement humains. Le trait le plus important est qu'elles ne servent pas seulement à communiquer de l'information, mais encore à exprimer celui qui parle. Il y a comme un besoin d'expression qui devrait faire l'objet d'études plus poussées, mais qui est une réalité indéniable. Certains chefs d'entreprise en ont d'ailleurs déjà tenu compte. C'est ainsi, pour ne donner qu'un exemple, que depuis environ quatre ans une importante expérience se déroule en France, chez Roussel-Uclaf. Elle vise à permettre aux salariés de s'exprimer individuellement. Tout se passe, en effet, comme si la présence de porte-parole ne suffisait pas, bien qu'ils soient explicitement habilités à transmettre à la direction les informations issues de la base. « C'est pourquoi, écrit H. Monod, son directeur général, à côté des canaux d'expression traditionnels, qui conservent toute leur utilité pour véhiculer les demandes, les avis ou les revendications de portée générale, il devient urgent de créer les conditions d'une expression plus directe, plus personnelle, plus affinée des salariés sur leur lieu de travail. » [2]

1. L. MAURY. « Les singes qui "parlent" font-ils des phrases ? », *La Recherche*, mars 1980, vol. II, nᵒ 109, p. 348-349.

2. H. MONOD. « L'expression des salariés, façon neuve de vivre le travail quotidien », *Le Monde*, 15 mars 1980, p. 43.

Trois questions se posent alors, qu'il est possible d'examiner succinctement d'un point de vue sémiologique, mais sans recourir à quelque appareil formel que ce soit.

I. Si parler est l'activité d'un locuteur, cette activité doit fournir un produit. Quelle est sa nature ? Il s'agit du problème des représentations.

II. Comment celui auquel le produit est destiné y a-t-il accès ? C'est le problème de la communication.

III. Pourquoi, c'est-à-dire à quelles fins, le locuteur fabrique-t-il un tel produit ? Et c'est le problème de l'intervention.

II. Les représentations

À un premier niveau d'analyse, il est possible de dire que l'activité langagière d'un locuteur *A* produit des énoncés. Si je laisse de côté les questions et les injonctions, qui s'adressent directement à l'auditeur, les énoncés se présentent sous la forme d'assertions relatives aux objets dont il est question. L'impression est alors que le locuteur connaît certains faits et qu'il se contente de les rapporter comme ils sont. Ainsi en va-t-il apparemment dans le communiqué suivant :

> Roland Barthes, écrivain et professeur au Collège de France, est mort le 26 mars 1980 à l'hôpital de la Pitié-Salpêtrière, des suites d'un accident de la circulation subi le 25 février. Il était âgé de soixante-quatre ans [3].

L'objet est ici Roland Barthes, dont il est successivement précisé qu'il était écrivain, professeur au Collège de France, qu'il est mort à tel moment et en tel lieu et qu'il avait tel âge. Rien dans tout cela qui semble faire problème.

À la réflexion toutefois, quelques questions surgissent. Pourquoi le journaliste rappelle-t-il que Barthes est professeur au Collège de France et pourquoi ne dit-il pas aussi qu'il est directeur d'études à l'École des hautes études en sciences sociales ? Pourquoi précise-t-il le nom de l'hôpital, mais sans indiquer la ville où il se trouve ? On peut être victime d'un accident de la circulation sanguine aussi bien que de la circulation routière. Pourquoi n'est-ce pas précisé ? On répondra naturellement qu'aucun locuteur ne peut tout dire et que, en conséquence, il a choisi ce qui lui paraissait le plus important.

---

3. *Le Monde*, 28 mars 1980, p. 1.

C'est certainement exact, mais en même temps l'idée de choix vient considérablement enrichir la notion d'activité de langage. Le journaliste n'écrit pas pour lui mais pour ses lecteurs, et c'est en fonction d'eux qu'il effectue ses choix, plus précisément en fonction de ce qu'ils sont censés savoir, et des questions qu'ils peuvent se poser.

C'est ainsi qu'il peut paraître surprenant qu'un quotidien comme *Le Monde* annonce la mort de quelqu'un en première page. Mais ce quelqu'un n'est pas n'importe qui : c'est un professeur au Collège de France. Il n'est pas nécessaire de dire le prestige de cette institution : c'est en tous cas ce que le journaliste a estimé. De même il a estimé que ses lecteurs, la plupart parisiens, savaient parfaitement que la Piété-Salpêtrière est à Paris. Sans s'étendre davantage sur ce point, il est possible de poser un premier principe :

1° Faire un discours sur un thème donné, c'est procéder à des choix qui prennent appui sur ce que l'on peut appeler le *préconstruit culturel*, que l'on suppose partagé par ceux auxquels on s'adresse.

Quant à la question de la circulation, elle peut recevoir deux réponses différentes. L'une est à chercher dans le discours lui-même, et c'est qu'on ne dit pas « subir » un accident cardiaque. L'autre est à chercher en dehors du discours : en effet, des informations antérieures avaient fait état de ce que Barthes avait été renversé par une voiture. Ce qui conduit à poser un deuxième principe :

2° Un discours donné comporte à la fois des éléments *intradiscursifs* et des éléments *interdiscursifs*.

Ces deux principes devraient être développés assez longuement pour qu'on en voie la portée exacte. Mais il faudrait alors tout un ensemble de considérations techniques qui n'ont pas leur place ici. Je préfère donc mettre en évidence deux autres principes. Je le ferai encore à l'aide d'un exemple. Il s'agit du début d'une lettre, dont je supprime pour le moment l'adresse et que je présente par fragments :

> Un père, ayant résolu d'envoyer ses fils dans le vaste monde, estima qu'il devait les confier à la protection et à la direction d'un homme, très célèbre alors, qui, par une heureuse fortune, était, de plus, son meilleur ami.

Le texte est bien différent de celui qui annonçait la mort de Barthes. Il commence comme un conte. Nous n'avons aucune raison de penser que le père, ses fils et son meilleur ami soient autre chose que des personnages de fiction. Si tel est bien le cas, il faut en conclure que le locuteur ne rapporte pas tout simplement des faits. Ceci me servira à poser un troisième principe :

3° L'activité de langage a un aspect créateur qui lui permet d'engendrer une sorte de micro-univers que j'appelle une *schématisation*.

Mais continuons de transcrire la lettre :

C'est ainsi, homme célèbre et ami très cher, que je te présente mes six fils.

Croyant à un conte ou à une nouvelle, nous apprenons que le père est l'auteur bien réel de la lettre, et que l'homme très célèbre et l'ami cher en est le destinataire. Nous constatons ainsi qu'il peut y avoir schématisation aussi bien de données de fait que de données de fiction.

Et la lettre continue :

Ils sont, il est vrai, le fruit d'un long et laborieux effort, mais l'espérance que plusieurs amis m'ont donné de le voir, au moins en partie, récompensé, m'encourage, me persuadant que ces enfantements me seront un jour, de quelque consolation.

Il est inutile de poursuivre : le long et laborieux effort, les enfantements du père, à quoi j'ajouterai qu'il s'agit d'un extrait d'une lettre de Mozart à Haydn [4], s'ils ne suffisent pas à faire savoir que les fils sont six quatuors à corde [5], garantissent tout au moins qu'ils ne sont pas des enfants de chair.

Ceci permet d'énoncer un quatrième principe :

4° En travaillant sur du sens, l'activité de langage crée du sens et produit une *représentation*, celle que le locuteur se fait de la situation.

En plus de la complexité que synthétisent les quatre principes ci-dessus, il reste à comprendre pourquoi l'idée d'un donné, que A n'aurait qu'à coder, est non seulement très courante mais souvent utile. Il faut pour cela examiner rapidement le statut des objets d'une schématisation. Je prendrai le cas le plus simple, qui est celui des mots.

---

4. *Lettres de W.A. Mozart*, trad. nouvelle et complète par Henri Curzon, 2 vol. Paris, Plon, 1928. Lettre 290, de Vienne, 1er sept. 1785, tome 2, p. 221.

5. Pour ceux qui voudraient faire la connaissance des fils de Mozart : il s'agit des quatuors K387, 421, 428, 458, 464, 465.

Un mot d'une langue naturelle renvoie toujours à un objet de pensée, plus ou moins déterminé mais riche de toutes sortes d'aspects. Ainsi, le mot « circulation » renvoie pour nous à « automobile » ; il nous rappelle que la circulation peut être dense ou fluide, qu'elle présente des dangers, etc. Tout ceci s'inscrit dans le préconstruit, lequel est bien culturel comme suffit à le montrer le fait qu'on conduit à droite ou à gauche selon les sociétés. Un objet de pensée est ainsi comme à l'intersection d'un *faisceau* de propriétés et de relations. Pour déterminer progressivement l'objet, l'activité de langage choisit certains éléments du faisceau et en élimine d'autres. Mais deux objets distincts n'ont généralement pas des faisceaux entièrement distincts. C'est ce qui autorise tous les procédés analogiques [6], en particulier la façon dont Mozart parlait à Haydn. Par ailleurs, comme l'a montré A. Morf, auquel est emprunté ce qui suit [7], les objets ne sont pas tous, ni toujours, élaborés au même degré. Cela veut dire que selon le domaine concerné, il est possible ou pas de détacher par la pensée certains éléments du faisceau de l'objet et de le considérer pour lui-même.

Un exemple fera comprendre de quoi il est question. Les objets matériels ont tous un poids, et la physique nous a appris à traiter le poids comme une grandeur indépendante des objets pesants, à le distinguer de la masse, etc. Cela n'empêche pas cependant que les jeunes enfants — et nous-mêmes dans un premier mouvement — pensent qu'un kilo de plomb c'est plus lourd, ou en tous cas autre chose, qu'un kilo de plumes. Le poids du physicien est détaché des objets, celui de l'enfant ne l'est pas.

Avec A. Morf, appelons alors *paramètres* les propriétés totalement détachées. Il devient possible de les utiliser pour construire de nouveaux objets qui se réduiront à eux. Ainsi, en mécanique élémentaire, une force est-elle entièrement déterminée par son point d'application, sa direction, son sens et son intensité, qui sont des « paramètres ». Ces objets particuliers sont ceux de la science et, dans le cas idéal, ils sont complètement déterminés par les axiomes du système auquel ils appartiennent. Alors, et alors seulement, l'activité de langage

6. « *Discours, savoir, histoire. Matériau pour une recherche* », publié sous la direction de J.-B. Grize, *Revue Européenne des sciences sociales*, 1979, t. XVII, n⁰ 45.

7. A. MORF et al. « Pour une pédagogie scientifique », *Dialectica*, 1969, vol. 23, n⁰ 1, p. 24–31.

se réduit à un simple codage. On peut même se demander s'il convient encore de parler d'activité de langage. Ces objets ne s'inscrivent plus, en effet, dans un préconstruit culturel au sens indiqué ci-dessus, avec tout ce qu'un tel préconstruit a de flou et de variable, de sorte qu'il s'agit plus d'un calcul que d'un discours.

III. La communication

Concevoir l'activité langagière comme produisant, dans des situations données, une schématisation destinée à un interlocuteur B rend insuffisants les modèles de communication, dans lesquels on imagine qu'une information «passe» de A à B. Je ne puis que souscrire sans réserve à ce qu'affirme J. Cloutier, lorsqu'il écrit:

> La communication est alors définie, non plus comme une transmission d'informations entre deux ou plusieurs personnes, mais comme un «système ouvert d'interactions d'hommes entre eux, avec leur média et avec leur environnement».[8]

Il me paraît préférable en conséquence d'imaginer un modèle qui emprunte ses images au phénomène physique de la résonance.

Soit donc un locuteur A et un interlocuteur B, individuel ou collectif. A et B doivent être conçus dans une situation commune. A construit devant B une schématisation qui est l'expression de ses représentations. Celles-ci portent certes sur ce dont il est question. Mais elles portent tout autant sur ce que A s'imagine de B et des relations qu'il soutient avec lui, et même sur l'image de lui-même qu'il estime opportune de fournir à B. Quant à B, placé pourrait-on dire en présence du spectacle qui se déroule devant lui, il reconstruit les représentations de A.

Une schématisation n'est pas présentée toute faite comme une photographie. Elle est progressivement élaborée, et une étude attentive fait voir que sa construction comporte des dispositifs dont les uns servent à assurer la cohésion de ses parties et dont les autres indiquent à B comment procéder à la reconstruction. Rien ne garantit évidemment que la représentation induite soit en tous points isomorphe à celle qui est

---

8. J. CLOUTIER. Emerec, «homo communicans», *Télécommunications*, n⁰ 33 (oct. 1969), p. 35–40.

présentée. L'expérience de tous les jours montre d'ailleurs bien que, s'il y a le plus souvent un accord suffisant, il existe aussi des différences. Se faire comprendre de quelqu'un constitue finalement un pari.

La conséquence la plus importante de la conception qui précède est que l'on s'adresse toujours à un autre locuteur, c'est-à-dire que chaque fois que A produit un discours, B peut produire un contre-discours. Un tel contre-discours reste le plus souvent virtuel ou, tout au moins, intériorisé. On sait, en effet, que la prise de parole effective est un acte qui dépend de multiples contraintes sociales. N'importe qui ne peut s'adresser à n'importe qui et, encore bien moins, l'interrompre. Cela n'empêche pas que, en écoutant ou en lisant, B puisse s'interroger, refuser ce qui lui est présenté, reconstruire tout autre chose que ce que A souhaite. Il peut même, comme le Cancre dont parle Prévert, suivre les oiseaux à travers la fenêtre.

Il va de soi que la part d'autonomie de B dépend largement du genre de discours auquel il a affaire. Elle n'est cependant jamais nulle et, de fait, toute schématisation contient comme des réponses anticipées aux critiques ou aux questions que B pourrait se poser. Je vais en illustrer de trois sortes à l'aide d'un exemple. Il s'agit de considérations de physique, tirées d'une des lettres d'Euler à la princesse d'Anhalt-Dessau, nièce du roi de Prusse.

> Madame,
> Votre Altesse jugera, sans-doute, qu'il est tems de quitter l'électricité ; aussi n'ai-je plus rien à dire sur ce sujet ; mais je ne suis pas sans embarras pour trouver une matiére digne de votre attention.
>
> Je crois que pour ce choix, je dois avoir égard aux matiéres qui intéressent le plus nos connoissances, & dont les écrivains parlent souvent ; matiéres, sur lesquelles on peut prétendre, que les personnes de qualité soient suffisamment instruites.
>
> V.A., ayant sans-doute souvent entendu parler du fameux problème des longitudes, sur la solution duquel les Anglois ont promis de grands prix, je crois que mes instructions seront bien placées, quand elles tendront à la mettre au fait de cette question importante, liée si étroitement avec la connoissance de notre globe qu'il n'est pas permis de l'ignorer ; etc.[9]

9. L. EULER. *Lettre à une princesse d'Allemagne sur divers sujets de physique et de philosophie*, Berne, Chez la Société Typographique, 1975, t. III, p. 1-2.

1º Nous constatons tout d'abord avec quel soin Euler motive, si l'on peut dire, sa correspondante princière. La matière est « digne de votre attention », il s'agit d'un sujet sur lequel il importe « que les personnes de qualité soient suffisamment instruites ». D'ailleurs le problème est tellement important que « les Anglois ont promis de grands prix », etc.

Il y a là tout un ensemble de procédés d'*éclairage* qui tendent à répondre à ce genre de questions, ni désespérantes pour les enseignants : « À quoi ça sert ? C'est sans aucun intérêt ! » Je noterai encore, en passant, l'importance de la situation d'interlocution et, en particulier, le rôle déterminant des places qu'occupent les partenaires. Euler s'adresse à une princesse royale, avant la Révolution, et les maîtres de sciences n'ont pas coutume de prendre autant de précautions. Il est vrai qu'ils ont pour eux l'appareil scolaire...

2º Devant une assertion quelconque, *B* peut toujours estimer qu'elle est fausse ou, tout au moins, posée sans raison. De là deux grands types de procédés : les *prises en charge* et les *inférences*.

« Je crois que » dit à deux reprises Euler. Et s'il est parfaitement possible d'affirmer que ce qu'il croit est faux, personne ne peut lui dire qu'il se trompe en affirmant qu'il croit. Quantité d'autres prises en charges sont possibles : l'expérience montre que, il est écrit que, etc. Nous n'avons pas pour but d'en dresser une liste, mais de signaler l'existence du phénomène.

Quant à ce que j'ai appelé globalement « inférence », le début de la lettre en fournit un bel exemple. Euler affirme qu'il ne parlera plus d'électricité. Dans sa situation, la chose découle immédiatement de ce que son Altesse doit trouver qu'elle en a suffisamment entendu sur le sujet.

3º Enfin, *B* peut toujours se demander pourquoi telle affirmation qui ne découle pas d'une autre est tout à fait posée. Ceci conduit *A* à intercaler dans sa schématisation un certain nombre de *micro-explications*. Voici deux exemples :

a) — Des matières « dont les écrivains parlent souvent » ;
— Pourquoi ?
— Parce qu'elles « intéressent le plus nos connoissances ».
b) — « Je crois que mes instructions seront bien placées » ;
— Pourquoi ?

— Parce qu'«elles tendront à la mettre [son Altesse] au fait de cette question importante».

En conclusion, les activités de langue apparaissent toujours comme celles d'un *dialogue*, et c'est la raison pour laquelle j'ai abandonné la distinction locuteur/locuté, destinateur/destinataire et même orateur/auditeur, au profit de la notion d'interlocuteurs.

IV. L'intervention

Il est très rare que quelqu'un parle sans raisons, peut-être la chose ne se produit-elle même jamais. Il peut certes arriver que l'on parle pour ne rien dire, mais c'est encore là une finalité. Il s'ensuit que toute activité de langage, au moins lorsqu'elle est consciente, répond à une certaine intervention de *A*. Reste à se demander de quelle nature elle est.

Disons, en première approximation, que lorsque *A* s'adresse à *B*, il se propose d'intervenir sur lui. Seulement, cette façon de parler est ambiguë. On n'intervient jamais sur la totalité d'un individu [10]. Même en faisant abstraction de toutes les interventions physiques, qu'elles soient directes comme de lui serrer la main ou de le bousculer, ou indirectes comme de lui sourire ou de se découvrir devant lui, il reste que lui adresser la parole n'intervient que sur certains de ses aspects, sur certaines de ses facultés, comme on disait autrefois. Je voudrais donc commencer par distinguer deux sortes d'interventions qui correspondent assez bien à un sentiment que l'on a des choses, et montrer ensuite certaines difficultés.

1° D'une part, il y a des interventions qui visent essentiellement à modifier les connaissances de *B*. Si, comme le conçoit A. Morf, la connaissance est définie comme «un potentiel d'action», de telles interventions cherchent à transformer ce potentiel soit en l'augmentant directement, soit en y éliminant certains éléments perturbateurs. C'est ce que, au sens le plus large du terme, il est possible d'appeler des discours didactiques, qui correspondent assez bien à ce que Aristote nommait «discours théorétiques» et qui tentent de déterminer ce qu'est le vrai.

---

10. A. MORF. «Les stratégies d'intervention cognitive. Éléments d'une théorie générale», *Revue Européenne des Sciences sociales*, 1974, t. XII, n° 32, p. 137–150.

2º D'autre part, il existe des interventions qui visent avant tout à modifier ou à créer chez *B* des attitudes et des comportements. Je dirai qu'il s'agit alors de discours argumentatifs ou pratiques, c'est-à-dire qui concernent non la recherche de la vérité mais l'efficacité de l'action.

Il n'est pas trop difficile — toujours dans un premier mouvement — de classer dans la catégorie des discours théorétiques les communications à l'Académie des sciences et dans celle des discours pratiques les manifestes des partis à la veille des élections. Malheureusement, à y regarder d'un peu plus près, cette dichotomie se heurte à une objection majeure. Et c'est que l'on ne voit pas comment il est possible de séparer ce que l'on nomme habituellement les aspects « cognitif » et « affectif » des choses. Par ailleurs, il est évidemment impossible d'agir sur une attitude, de créer ou de modifier un comportement, sans faire appel à quelque connaissance. Cette situation n'est pas exceptionnelle en ce qui touche à la langue. Il existe des distinctions utiles, en ce sens qu'elles correspondent au sentiment que l'on a des choses. Mais, en même temps, elles n'ont aucun caractère opératoire, ce qui fait que, aussitôt qu'on cherche à les appliquer à des données concrètes, elles ne permettent pas de prendre une décision. Plutôt donc que de vouloir à tout prix distinguer deux types de discours, il me paraît préférable d'examiner leur fonctionnement. Je vais, à la suite de O. Ducrot[11], considérer deux façons d'utiliser le langage : pour dire et pour parler.

Considérons l'énoncé : « il fait beau ce matin ». Il se peut fort bien que le locuteur réponde par là à une question sur l'état du temps. Il exprime ainsi un jugement qui importe par sa valeur de vérité : le vrai ou le faux. Nous sommes en présence d'un *dire*. Il m'arrive toutefois, et même assez souvent, d'adresser les mêmes paroles à mon marchand de tabac lorsque je vais acheter mes cigarettes. Celui-ci connaît aussi bien que moi l'état du ciel, d'autant que je ne suis sans doute pas le seul client à lui avoir fait une telle déclaration. Il ne s'agit donc plus ici de communiquer une information sur le temps mais bien de prendre contact avec quelqu'un. Nous sommes en présence d'un *acte de parole*. La chose est d'ailleurs bien évidente dès que l'on imagine la gêne que créerait le commerçant s'il répondait : « Qu'est-ce que vous voulez que ça me fasse ? »

---

11. O. DUCROT. *La preuve et le dire*, Paris, Mame, 1973. En particulier le chap. XII.

Dans le contexte qui est le nôtre, la distinction entre
« dire » et « parler » importe, car le langage de la science, celui
qui s'occupe d'objets mathématisés, ne parle jamais. Comme
j'ai tenté de le montrer, il calcule, de sorte que ses propositions
disent ce qui est. Elles disent vrai ou faux et elles sont
avancées sans que personne les prenne véritablement en
charge. Au fond, il n'y a plus d'acte de communication au sens
de ce qui précède. Ceci est particulièrement clair quand il s'agit
de la démonstration.

Si je fais abstraction des activités didactiques, qui elles
devraient consister à parler à quelqu'un, une démonstration
ne s'adresse à personne. Rien en elle ne dépend de l'auditoire.
Elle est ce qu'elle est : une suite de propositions dont la nature
est exclusivement réglée par les lois de la logique.

Les choses sont toutes différentes s'il s'agit d'argumenter
ou d'expliquer. Ni une argumentation ni une explication ne
peuvent être décrites comme une suite de propositions dotées
de telles ou telles propriétés [12]. Et cela tient à ce que l'on
argumente toujours pour quelqu'un, que l'on explique toujours
à quelqu'un. Ici il y a des paroles et non seulement des dits.

La distinction entre dire et parler a d'autres conséquences
encore. La coprésence des interlocuteurs dans la parole permet
de dire une chose pour une autre. Ainsi, c'est parce que Mozart
parle à Haydn qu'il peut écrire qu'il a décidé d'envoyer ses fils
dans le monde pour faire comprendre qu'il lui dédie ses
quatuors. Les mécanismes en jeu sont d'ailleurs assez subtils.
Je l'expliquerai à l'aide d'un exemple. Considérons l'énoncé
suivant :

Le Roi a donné hier audience à ses ministres.

1º L'énoncé est tiré d'une chronique du Bénin. Dans ce
cas, ou bien le lecteur sait que le Bénin est un royaume et il
apprend un événement qui concerne son roi. Ou bien il ne
connaît pas le système de gouvernement du pays et il apprend
de surcroît qu'il s'agit d'un royaume.

2º L'énoncé est tiré de la chronique de La Cour dans le
Canard enchaîné du temps de de Gaulle. Tous les lecteurs
savent (les autres ne lisent pas le *Canard*) que la France est
une république. Ils apprennent donc que le Président a réuni le

---

12. *Quelques réflexions sur l'explication*, travaux du Centre de Recherches
sémiologiques, Université de Neuchâtel, fév. 1980, nº 36.

cabinet ministériel et, en même temps, que les journalistes estiment que le chef d'État se comporte en bien mauvais républicain.

V. Résumé

En résumé, plus qu'en conclusion, dans ce travail nous avons cherché à mettre en évidence les points suivants :

1º Les activités de langage élaborent des schématisations qui proposent à un interlocuteur les représentations que le locuteur se fait des choses dont il parle.

2º Toute activité de langage est, par nature, dialogique. Elle est donc fonction de celui auquel on s'adresse et elle requiert sa participation active.

3º On ne peut concevoir la communication comme une transmission linéaire d'informations mais sur le mode d'un phénomène de résonance. Ce qui est reconstruit dépend de l'état des connaissances de l'interlocuteur.

4º Il est possible de distinguer dire et parler. Dire correspond à ce que l'on appelle généralement une transmission d'informations, et parler sert à établir des relations entre sujets.

Et je terminerai en soulignant l'importance qu'il y a à parler, ce qui constitue l'une des façons de traiter l'autre comme un homme.

Systèmes ouverts et communication médiatée

Jean CLOUTIER

> « *Je suis de plus en plus convaincu que nos principes de connaissance occultent ce qui est désormais vital de connaître.* »
>
> Edgar MORIN [1]

Pour aborder l'étude de la gestion par l'intermédiaire des sciences de la vie, pour se pencher sur le rôle de la communication dans la gestion, il faut des « principes de connaissances » nouveaux. Peut-être que l'approche systémique constitue un moyen d'appréhension des phénomènes complexes que doivent, aujourd'hui, traiter les gestionnaires. En effet, comme le dit Yves Barel : « *L'idée de système est une problématique, au sens fort ou exact du terme, c'est-à-dire une certaine façon de découvrir des problèmes qui pourraient ne pas être aperçus autrement* » [2]. Peut-être également que « La théorie générale des systèmes », dont Ludwig Von Bertalanffy est en quelque sorte le père, peut servir de base à une réflexion nouvelle. Mais ses définitions d'un système, « *un complexe d'éléments en*

---

1. Edgar MORIN. *La méthode*, tome 1. *La nature de la nature*, Paris, Seuil, 1977, p. 9.

2. Y. BAREL. « L'idée de système dans les sciences sociales », *Esprit*, n⁰ 1 — 1977, p. 76.

interaction», ou encore «*un ensemble d'éléments en inter-relation entre eux et avec leur environnement*»[3], sont-elles véritablement opérationnelles? Pour les rendre opérantes, faut-il plutôt passer d'une théorie générale des systèmes à une théorie particulière du système général, comme le propose Jean-Louis Le Moigne en la ramenant à une théorie de la modélisation [4]?

De toute façon, l'objectif n'est pas de discuter des systèmes ouverts, mais de réfléchir sur la communication et plus particulièrement sur la communication médiatée. Pour cela, «l'idée de système» suffit, car elle «*correspond bien, semble-t-il, à la période que nous vivons de dissolution d'une certaine logique de l'ordre social alors que les linéaments d'une nouvelle logique n'apparaissent guère et qu'une vacuité gagne le corps social. Elle s'oriente vers l'insolite, elle insiste sur les ambivalences, elle cherche la topologie des carrefours...*»[5]. Cette idée de système peut nous permettre «*à partir d'un principe de complexité de lier ce qui était disjoint*»[6]. Car c'est à partir d'un paradigme de complexité que, selon Edgar Morin, une nouvelle méthode pourrait naître et remplacer celle de Descartes, qui «*avait formulé le grand paradigme qui allait dominer l'Occident, la disjonction du sujet et de l'objet, de l'esprit et de la matière, l'opposition de l'homme et de la nature*»[6].

L'idée de système oblige donc à rejeter Descartes, dont les quatre préceptes du Discours de la Méthode [7] vont à l'encontre d'une démarche globale qui «*permet de considérer l'objet à connaître par notre intelligence comme une partie immergée et active d'un plus grand tout*»[8]. L'idée de système appliquée à l'étude de la communication nous oblige aussi à rejeter Lasswell, dont les fameuses questions — QUI — DIT QUOI — À QUI — PAR QUEL MOYEN — AVEC QUEL EFFET — ont

---

3. L. Von BERTALANFFY. *Théorie générale des systèmes*, Paris, Dunod, 1973 (version originale 1968).

4. J.L. LE MOIGNE. *La théorie du système général — Théorie de la modélisation*, Paris, PUF, 1977.

5. Y. BAREL, *op. cit.*, p. 76.

6. E. MORIN, *op. cit.*, p. 23.

7. Voir en annexe les quatre préceptes du «Discours de la Méthode» de Descartes et, en parallèle, les quatre préceptes du nouveau discours de la méthode proposés par J.L. Le Moigne.

8. J.L. LE MOIGNE, *op. cit.*, p. 23, voir annexe 1.

marqué, de façon néfaste, les recherches contemporaines sur la communication [9].

I. Nécessité d'une nouvelle conception de la communication

Il importe donc d'aller au-delà de la définition classique de Georges Friedmann : « *toute transmission de messages entre un émetteur d'une part et un récepteur de l'autre est une communication... que l'émetteur soit un homme ou qu'il soit un quelconque dispositif mécanique* » [10]. En aucun cas, la communication ne devrait être considérée comme une simple transmission d'information entre deux ou plusieurs interlocuteurs. Il est d'ailleurs significatif de constater que cette vision qui valorise l'information a donné lieu, aux États-Unis, à des études quantitatives et qu'elle a même abouti à une « Théorie mathématique de l'information » (Shannon et Weaver — 1948), et, en France, à d'innombrables discours juridiques, sociologiques et bien sûr idéologiques.

C'est cette primauté du message que McLuhan a attaquée si efficacement avec son aphorisme « Le médium est le message ». C'est cette primauté de l'information qu'il faut combattre en proposant une nouvelle définition de la communication basée sur l'idée de système. « *La communication est un système ouvert d'interrelation des hommes entre eux, avec leurs média et avec leur environnement et dont l'information constitue le principe organisateur.* » [11] L'accent n'est plus mis sur l'information mais sur l'interrelation. Les hommes sont eux-mêmes considérés comme des sous-systèmes ouverts de communication et les média, quant à eux, comme des sous-systèmes fermés. L'environnement, à la fois spatial et temporel, constitue en quelque sorte l'écosystème et contient les autres systèmes, physiques, biologiques, technologiques, politiques, économiques, sociaux et culturels, qui ensemble forment notre monde. Enfin l'information n'est pas considérée comme le

9. H.D. LASSWELL. « The structure and function of communication in society », in *Mass communications* — W. Schramm, Editor, Urbana, University of Illinois Press, 2e édition, 1960, p. 117.

10. G. FRIEDMANN, cité par F. Terroux in *L'information*, Paris, PUF, coll. « Que sais-je ? » no 1000, 4e édition, 1974, p. 8.

11. Voir l'article de Jean CLOUTIER, « Vers une théorie de la communication considérée comme système ouvert », in *Après-Demain* — numéro consacré à l'innovation, Paris, février 1980.

produit de la communication mais comme une énergie, « *mais une forme particulière d'énergie puisqu'elle permet de libérer et de contrôler la puissance* »[12].

II. Primauté de l'interrelation sur l'information

Les conséquences pratiques de cette conception de la communication basée sur l'idée de système peuvent être très importantes lorsqu'elle est appliquée à la gestion ou, comme le dit maintenant l'Académie française avec un accent français, au *management*. Déjà, au départ, elle implique de la part du gestionnaire un changement d'attitudes, de mentalité même. Nous allons nous en rendre compte ensemble, en jouant avec certains mots ; les mots ne sont-ils pas le reflet d'une façon de penser !

Ainsi, si l'on accepte la définition classique du management qu'utilise Mertens de Wilmars, « *the art of getting things done through a community of people* », la notion d'interrelation devient primordiale, elle prend la place de l'information. Pour produire un objet quelconque ou pour offrir des services divers, cette « *community of people* » doit agir ensemble, en « *interrelation entre eux et avec leur environnement* ».

Les interrelations qui s'établissent entre eux conditionnent cette action, elles sont garantes de l'efficacité commune. Premier jeu de mots, notons que dans le monde actuel de l'entreprise on utilise le mot relation, relations de travail, relations patronales-syndicales, relations internes, relations extérieures, etc., alors que dans la théorie générale des systèmes, on utilise plutôt le mot interrelation. N'y a-t-il pas entre les notions de relation et d'interrelation une différence d'attitudes ?

La gestion, « *the art of getting things done* », est orientée vers l'action et les interrelations établies entre les membres de cette « *community of people* » chargée de cette action ne doivent être ni gratuites, ni aléatoires. L'information qui circule au sein d'une « *communauté de gens* » constitue le moyen d'organiser, de structurer cette action, elle en est le principe organisateur. Et elle ne devrait pas constituer, comme c'est trop

---

12. Dans la communication « De la psychanalyse à la gestion » présentée aux journées d'études des HEC sur « Les sciences de la vie et la gestion » (4 au 6 juin 1980) et reprise dans cet ouvrage.

souvent le cas, une fin en soi, un symbole d'autorité, un bien que l'on stocke à grand frais et que l'on fait circuler lentement par de longs réseaux hiérarchiques. Concevoir l'information dans l'entreprise comme une énergie plutôt que comme une marchandise entraîne une gestion de l'information très différente de celle que l'on trouve dans les structures basées sur une transmission linéaire d'information. Dans ces organismes, l'information ne circule pas véritablement, elle est diffusée, transmise soit à sens unique, soit au mieux en exécutant une boucle de retour permettant le *feed-back*.

Il est significatif, et c'est là mon deuxième jeu de mots, de constater qu'en français on traduit cette notion cybernétique de feed-back par le mot rétroaction. Les connotations du préfixe « rétro » sont merveilleusement éloquentes. Le schéma cybernétique, qui tend à remplacer le schéma linéaire pour l'étude de la communication, ne serait-il pas lui aussi discutable ? Dans la théorie du système général, on se réfère à la notion d'interaction plutôt qu'à celle de rétroaction. N'est-ce pas là une conception plus dynamique ? Cette notion d'inter-action complète parfaitement la notion d'interrelation, et les deux ensembles indiquent le rôle que la communication peut jouer au sein d'une entreprise « *to get things done* ».

Si la communication ne consistait que dans la diffusion de l'information, le problème de la dimension des systèmes ne se poserait pas. Un mécanisme de collecte et de transmission centralisée d'information qui serait au point suffirait à faire fonctionner efficacement n'importe quel organisme. Or tous les observateurs, que ce soit dans le domaine politique, économique ou social, se rendent compte que toute structure a des dimensions-limites. La définition que donna Yona Friedman du « *groupe critique* », qui est « *le plus grand ensemble d'éléments (hommes, objets et liens) avec lequel le bon fonctionnement d'une organisation, ayant une structure définie, peut encore être assuré* »[13], s'applique à toute entreprise. Robert Escarpit pour sa part établit même une loi générale : « *la grande dimension domine la petite dimension, mais l'hyper-dimension rétablit le pouvoir de la petite dimension* »[14]. Cette loi devrait faire réfléchir plusieurs gestionnaires et de nombreux hommes politiques. L'admettre permettrait sans doute

---

13. Y. FRIEDMAN. *Utopies réalisables*, Paris UGE, 1975, coll. « 10/18 », p. 77.
14. R. ESCARPIT. *Théorie générale de l'information et de la communication*, Paris, Hachette, 1976, p. 186.

de comprendre bien des problèmes de la société actuelle. Ces constatations découlent du fait que la communication est essentiellement « un système ouvert d'interrelations », et que passé une « dimension critique » et qu'au-delà d'un « groupe critique », il n'y a plus de communication possible, quelle que soit l'abondance de l'information.

III. Importance du concept d'EMEREC

Concevoir la communication comme un système, c'est admettre la nécessité d'une organisation des interrelations. Cette organisation est fonction des éléments constitutifs du système. Or dans la communication, les éléments centraux sont les hommes, ceux mêmes qui constituent, dans une entreprise, cette « *community of people* ». Ces personnes sont elles-mêmes des systèmes ouverts de communication, plus exactement des sous-systèmes de communication. Dans les approches linéaires de la communication, on les considère plutôt comme les pôles entre lesquels circule l'information, et on les distingue selon qu'ils sont émetteurs ou récepteurs de messages. À mon sens, ceci ne correspond pas à la réalité et conduit aux modèles opérationnels actuels, qui sont remis en question.

En effet, la communication est pour chaque personne une activité vitale, aussi essentielle que la respiration. Et comme elle, c'est une activité à trois temps, un temps de réception (inspiration), un temps d'émission (expiration) et, entre les deux, un temps de création de signification (d'absorption). Il y a déjà assez longtemps, j'ai baptisé « *l'homme communicans* » EMEREC [15], afin de souligner le fait que chaque homme est à la fois ÉMetteur et RÉcepteur et que ses fonctions vitales d'émission et de réception sont conditionnées par son Être propre, c'est-à-dire, comme l'écrirait Piaget, par sa « personnalité active ». Méditons cet axiome d'un auteur britannique, Anthony Wilden : « *A system is distinguished from its parts by its organization. We may consequently say that the "behavior" of the whole is more complex than the "sum" of the "behavior" of its parts. However, since the organization of the whole imposes CONSTRAINTS on the "behavior" of the parts, we*

---

15. Voir Jean CLOUTIER, *L'ère d'Emerec ou la communication audio-scripto-visuelle à l'heure des self-média*, Presses de l'Université de Montréal, 2e édition, 1975.

must also recognize that the semiotic freedom of each sub-system in itself is greater than its semiotic freedom as a part of the whole, and may in effect be greater than that of the whole. »[16]. Cet axiome permet de réfléchir sur le rôle de chaque EMEREC dans la communication considérée comme un système ouvert et non comme un processus linéaire ou même cybernétique. Plus loin, nous verrons son application dans l'entreprise envisagée à son tour comme un système conçu pour produire ou pour offrir des services (to get things done).

IV. Utilité de la notion de télémédiatique

Dans le monde technologique dans lequel nous vivons, une grande partie des interrelations — pour certaines personnes, la plus grande partie — se nouent soit avec des médias (par l'écoute de la télévision, par exemple), soit à travers des médias (par l'utilisation du téléphone, par exemple). Aussi peut-on définir la communication médiatée comme étant « *un système ouvert d'interrelations soit entre un ou des hommes et un ou des médias, soit entre un ou plusieurs hommes par le truchement d'un médium quelconque, soit encore, directement, entre deux ou plusieurs médias* ».

Dans toutes les entreprises, et à plus forte raison dans les grands organismes décentralisés, une grande partie de la communication — quand ce n'est pas la plus grande partie — est médiatée, par lettre, par notes de services, par télex, par téléphone, par téléconférence, etc. De plus, il y a dans les entreprises de plus en plus de gens qui interagissent avec ces « machines à signes » que sont les terminaux d'ordinateurs, écrans cathodiques, claviers, etc., notamment dans les banques et les agences de voyages. La relation interpersonnelle directe, homme-homme, n'est plus la seule possible ; il y a maintenant de multiples interrelations qui se chevauchent, homme-médium-homme, homme-médium, médium-homme et même, médium-médium. Ce sont en quelque sorte des interrelations hommes-machines, les « machines à signes » remplaçant les machines-outils. Ainsi dans la société nord-américaine, environ

---

16. A. WILDEN. *System and Structure, Essays in Communication and Exchange,* Tavistock Publications, London, Paperback edition, 1977, p. 202.

un travailleur sur deux manipule des symboles plutôt que de fabriquer des objets ou de rendre des services matériels [17].

Cependant, il ne faut pas confondre encore une fois information et communication. C'est ce que l'on fait lorsque l'on compare les médias à des canaux plutôt qu'à des « machines à communiquer », comme les appelle Pierre Schaeffer (1970). C'est ce que l'on fait lorsque l'on se contente de quantifier l'information, de la mesurer en « bits », et quand on la considère comme un « produit » nouveau de l'activité humaine. C'est aussi ce que l'on fait lorsque l'on ne sait pas intégrer l'informatique dans un système cohérent de communication mais qu'on en fait un système autonome et parallèle. Bien sûr, tout récemment, on a marié informatique et télécommunication, mais cela ne suffit pas pour constituer un système cohérent de communication. D'ailleurs, une fois de plus, les mots reflètent bien la façon de penser. Ainsi, le terme américain de « communication » ramène la communication à une transmission de données informatiques, et le terme français à la mode de « télématique » [18] se vide même de la notion de communication.

Personnellement, je propose un terme qui permette de qualifier l'ensemble des moyens qui rendent possible la communication médiatée. Ce terme — télémédiatique — [19] symbolise non plus le mariage à deux des télécommunications et de l'informatique exprimé par les mots « télématiques » et « communication », mais bien le mariage à trois des télécommunications, des médias et de l'informatique. Par les télécommunications, l'« homo communicans » peut entrer en interrelation, c'est-à-dire interagir, en « temps réel », à travers n'importe quel espace ; par les médias, il peut émettre ou recevoir des messages

---

17. Un ingénieur français des télécommunications, Jean VOSGE, traite de ces questions en se référant notamment aux travaux de F. MACHLUP et de M. PORAT qui ont étudié, aux États-Unis, la main-d'œuvre engagée dans le domaine « de l'information » au sens le plus large du terme de tout ce qui n'est pas « matériel ». Voir la traduction anglaise du texte de Jean VOSGE, « L'information et l'informatique dans la croissance et dans la crise économique », in *Intermédia*, I.I.C. London, décembre 1977 — vol. 15, n° 6, p. 15 à 19.

18. Le rapport de deux grands technocrates français MM. S. NORA et A. MINC sur « L'informatisation de la société », publié par *La documentation française* en 1978, a lancé ce terme de télématique qui est devenu le cheval de bataille du président Giscard d'Estaing.

19. J'ai utilisé ce terme dans de nombreux colloques et articles, notamment dans la *Revue française des télécommunications*, n° 33, octobre 1979.

qui façonnent l'événement (tout ce qui survient) ou qui constituent des documents (tout ce qui est construit) ; par l'informatique enfin, il peut traiter des « données », cette information-énergie qu'il utilise pour guider son action. Il y aurait long à dire sur cette notion intégratrice de télémédiatique indispensable à une approche globale de la communication. Nous pourrions l'expliquer par les développements technologiques très récents, telles la numéralisation des signaux, qui rend possible le transport et le stockage de l'information, qu'elle soit incarnée dans l'un ou l'autre des langages audio-scriptovisuels, ou encore la miniaturisation, depuis les transistors jusqu'aux microprocesseurs, qui ont créé les self-médias et les ont rendus non seulement opérationnels mais aussi conviviaux [20]. Mais cela nous entraînerait trop loin.

V. Application de l'idée de système à la gestion

En conclusion, il faudrait peut-être tenter de faire le lien entre la communication et la gestion. Ici aussi « l'idée de système » peut nous aider. Si l'on conçoit l'entreprise comme un système orienté vers une action précise, on s'aperçoit que le management n'est rien d'autre que le moyen interne de faire fonctionner ce système, de le « réguler ». Cependant, ce terme de régulation peut s'appliquer à des démarches relativement différentes selon que l'entreprise est gérée à partir du modèle cybernétique de la rétroaction ou qu'elle est gérée d'après le modèle systémique de l'interaction. Dans le premier cas, la communication est considérée avant tout comme un moyen de transmettre l'information au sein de cette entreprise, alors que dans le deuxième cas elle est envisagée comme un système d'interrelations entre les gens qui la constituent. Dans le premier cas, l'entreprise est considérée comme un système fermé à objectifs pré-définis qu'il faut atteindre à tout prix, dans le second cas elle est envisagée comme un système ouvert dont tous les éléments, même les objectifs, peuvent être sans cesse remis en question.

Les notions de communication et de gestion sont intimement liées ; tous les gestionnaires n'en sont pas conscients, mais tous l'admettent facilement lorsqu'ils y réfléchissent. Ces

20. Les notions d'audio-scripto-visuel et de self-média ont été développées dans l'*Ère d'EMEREC* en 1973, *op. cit.*

notions sont tellement liées que les modèles de communication et les modèles de gestion utilisés dans un organisme quelconque tendent à être les mêmes, sans que l'on puisse savoir nécessairement lequel détermine l'autre. Ainsi, la communication dans une entreprise ou une administration devrait-elle être considérée globalement, au même titre que la gestion. « *À la limite, il faudrait que l'on puisse être capable de dresser dans chaque service un "communicogramme" susceptible de compléter l'organigramme traditionnel.* »[21] Ce communicogramme permettrait de se rendre compte des interrelations établies, de l'information nécessaire pour susciter l'action, et des moyens technologiques, ceux de la télémédiatique, requis pour se jouer aussi bien du temps que de l'espace.

De même, admettre que les personnes qui constituent la « *community of people* » sont nécessairement des EMEREC, et non seulement des récepteurs ou des émetteurs, remet en question le rôle de chacun dans l'entreprise. La motivation devient non pas une simple technique behavioriste de manipulation mais une nécessité pour le bon fonctionnement du système. Les structures sont maintenues dans des dimensions acceptables pour l'espèce humaine, comme dirait Jaques. Les réseaux hiérarchiques sont, chaque fois que la chose est possible, remplacés par des réseaux hétéro-archiques qui permettent aux ensembles de taille opérationnelle d'assurer, chacun à sa manière, la totalité des responsabilités qui lui sont imparties.

Reconnaître la communication comme le système nerveux de toute entreprise implique qu'on lie davantage les recherches poursuivies parallèlement dans ces deux domaines actuellement très séparés. Cela exige aussi qu'on fournisse à tous les gestionnaires un minimum de formation sur la communication conçue en tant que l'un des systèmes essentiels de l'entreprise ou de l'administration. Enfin, cela entraîne la nécessité de former des spécialistes qui auraient pour tâche, au sein de ces entreprises ou de ces administrations, de veiller soit à la mise en place, soit à l'adaptation constante du système de communication, y compris la gestion de l'information conçue comme énergie et celle des moyens technologiques constituant ce que l'on commence à appeler la « bureautique ».

---

21. Jean CLOUTIER. « La communication, système nerveux de l'entreprise », *Commercible*, n° 9, décembre 1979-janvier 1980, p. 33.

ANNEXE 1

Les quatre préceptes du « discours de la méthode »

« Ainsi, au lieu de ce grand nombre de préceptes dont la logique est composée, je crus que j'aurais assez des quatre suivants, pourvu que je prisse une ferme et constante résolution de ne manquer pas une seule fois à les observer.

1. « Le premier était de ne recevoir jamais aucune chose pour vraie que je ne la connusse évidemment être telle, c'est-à-dire d'éviter soigneusement la précipitation et la prévention, et de ne comprendre rien de plus en mes jugements que ce qui se présenterait si clairement et si distinctement à mon esprit que je n'eusse aucune occasion de la mettre en doute.

2. « Le second, de diviser chacune des difficultés que j'examinerais en autant de parcelles qu'il se pourrait et qu'il serait requis pour les mieux résoudre.

3. « Le troisième, de conduire par ordre mes pensées en commençant par les objets les plus simples et les plus aisés à connaître, pour monter peu à peu comme par degrés jusqu'à la connaissance des plus composés, et supposant même de l'ordre entre ceux qui ne se précèdent point naturellement les uns les autres.

4. « Et le dernier, de faire partout des dénombrements si entiers et des revues si générales que je fusse assuré de ne rien omettre.

« Ces longues chaînes de raisons toutes simples et faciles, dont les géomètres ont coutume de se servir pour parvenir à leurs plus difficiles démonstrations, m'avaient donné occasion de m'imaginer que toutes les choses qui peuvent tomber sous la connaissance des hommes s'entre-suivent en même façon, et que, pourvu seulement qu'on s'abstienne d'en recevoir aucune pour vraie qui ne le soit, et qu'on garde toujours l'ordre qu'il faut pour les déduire les unes des autres, il n'y en peut avoir de si éloignées auxquelles enfin on ne parvienne, ni de si cachées qu'on ne découvre. »

— Extrait de J.L. Le Moigne. *La Théorie du système général, théorie de la modélisation*, p. 10.

ANNEXE 2

Les quatre préceptes
du nouveau discours de la méthode

« *Le précepte de pertinence :* Convenir que tout objet que nous considérerons se définit par rapport aux intentions implicites ou explicites du modélisateur. Ne jamais s'interdire de mettre en doute cette définition si, nos intentions se modifiant, la perception que nous avions de cet objet se modifie.

« *Le précepte du globalisme :* Considérer toujours l'objet à connaître par notre intelligence comme une partie immergée et active au sein d'un plus grand tout. Le percevoir d'abord globalement, dans sa relation fonctionnelle avec son environnement sans se soucier outre mesure d'établir une image fidèle de sa structure interne, dont l'existence et l'unicité ne seront jamais tenues pour acquises.

« *Le précepte téléologique :* Interpréter l'objet, non pas en lui-même, mais par son comportement, sans chercher à expliquer *a priori* ce comportement par quelque loi impliquée dans une éventuelle structure. Comprendre en revanche ce comportement et les ressources qu'il mobilise par rapport aux projets que, librement, le modélisateur attribue à l'objet. Tenir l'identification de ces hypothétiques projets pour un acte rationnel de l'intelligence et convenir que leur démonstration sera bien rarement possible.

« *Le précepte de l'agrégativité :* Convenir que toute représentation est simplificatrice, non pas par oubli du modélisateur, mais délibérément. Chercher en conséquence quelques recettes susceptibles de guider la sélection d'agrégats tenus pour pertinents et exclure l'illusoire objectivité d'un recensement exhaustif des éléments à considérer. »

— Extrait de J.L. Le Moigne. *La Théorie du système général, théorie de la modélisation*, p. 23.

QUATRIÈME PARTIE

ETHNOLOGIE
ET IDÉOLOGIE

Représentations collectives et sociétés

L. VALLÉE

Malgré les nombreuses recherches menées par divers spécialistes des sciences humaines sur un aspect ou l'autre du
processus de la représentation symbolique collective, nous
sommes toujours loin d'une théorie d'ensemble qui prenne en
considération tous les aspects de ce processus et qui les
rattache à l'ensemble des comportements sociaux. Nous en
sommes encore aux théories intermédiaires, comme celles de
Turner pour le rituel, de Lévi-Strauss pour la mythologie, de
Middleton pour la sorcellerie, etc. Par ailleurs, comme le dit si
bien Godelier, la théorie marxiste de la religion reste encore à
faire. De telle sorte que les ancêtres de chacun, Frazer, Tylor,
Durkheim, etc., sont encore au cœur des grandes explications.

Pourtant, Marx nous a laissé des indications méthodologiques fort importantes, qui n'ont jamais été testées, ni par
lui ni par d'autres, concernant la représentation collective. Ces
indications méthodologiques ont été conçues en vue d'expliquer
le processus de la production des biens matériels. Or, dans ce
texte, nous nous proposons d'appliquer cette analyse à ce que
nous appellerons « la production de biens immatériels ». Une
telle approche, me semble-t-il, a l'avantage de permettre un
rapprochement entre ces deux sphères d'activités humaines,
en utilisant des concepts déjà éprouvés dans l'une des deux,
soit la production matérielle. Une telle approche cependant

modifie sensiblement la théorie marxiste traditionnelle — certains diront qu'elle s'en rapproche davantage — en conférant à la symbolique un caractère de réalité à part entière. Ainsi conçue, la cosmovision, tout comme l'analyse expérimentale de la réalité, nous renvoie inévitablement à l'organisation sociale des humains.

La «conduite humaine» englobe la totalité du comportement des acteurs sociaux. La complexité de son analyse saute aux yeux. Non seulement nous faut-il en identifier les éléments constituants, mais il faut encore essayer de dégager de leurs interactions des lois générales s'appliquant à l'ensemble des sociétés, sans pour autant édulcorer les particularités historiques de chacune. L'élaboration d'un ou de plusieurs MODÈLES est l'instrument privilégié d'une telle entreprise.

Un modèle d'analyse de la société, c'est :

> «une représentation simplifiée, idéale, des mécanismes de fonctionnement des sociétés, construite pour rendre intelligibles leurs évolutions possibles. Une telle représentation constitue un MODÈLE, c'est-à-dire, un ensemble lié d'hypothèses sur la nature des éléments qui composent une société, sur leurs rapports et leurs modes d'évolution. De tels MODÈLES sont des instruments essentiels des sciences... Mais un MODÈLE ne correspond qu'en partie à la réalité.»[1]

Il en est ainsi parce qu'il est fait pour s'accommoder de la réalité la plus large qui soit ; c'est-à-dire qu'il doit pouvoir s'appliquer à toutes les sociétés.

I. Les activités matérielles

Le premier «rapport» observable, et le plus fondamental, est celui que les êtres humains entretiennent avec la nature. Or comme cette nature est spécifique à chaque société, nous parlerons désormais de «milieu ambiant». Ce rapport est dynamique et non pas statique. Il est en réalité dialectique.

Humains ◄————————————► Milieu

Et c'est autour de ce rapport que se cristallisent tous les autres. C'est un rapport de transfert, de maîtrise de l'énergie

---

1. Maurice GODELIER. «La notion de "mode de production asiatique" et les schémas marxistes d'évolution des sociétés», dans *Sur le mode de production asiatique*, Paris, Éd. Sociales, CERM., 1969, p. 57.

solaire. Dans une certaine mesure, on peut dire qu'il s'agit d'un rapport de forces : des « puissances » se confrontent. Ce rapport se traduira d'abord par des activités de subsistance. Pour survivre, les êtres humains doivent produire un ensemble de « biens matériels », à partir des ressources contenues dans le milieu qu'ils fréquentent. Ils le feront en dépensant de l'énergie, en travaillant. En conséquence, un des éléments constituants de la « conduite humaine » réside dans le PROCESSUS DE PRODUCTION de BIENS MATÉRIELS. Il s'agit d'un rapport changeant avec le milieu (processus), de transformation (production) physique (matérielle) de la nature, en vue de se donner à soi, individu ou société, (donc des biens, soumis à des variations culturelles) des moyens naturels de survie et de reproduction. Marx nous a enseigné que ce processus était le fruit des rapports dialectiques entre un « objet de travail » (la nature), une « force de travail » (les humains) et des « instruments de travail » (les outils). C'est ce qu'il a appelé les « forces productives ». On peut exprimer ce jeu de rapports de la façon suivante :

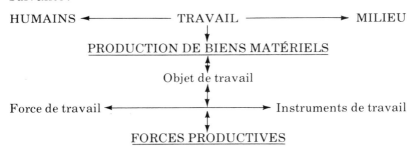

HUMAINS ◄——————— TRAVAIL ———————► MILIEU

PRODUCTION DE BIENS MATÉRIELS

Objet de travail

Force de travail ◄——————— ——————► Instruments de travail

FORCES PRODUCTIVES

Ainsi, le processus de production des biens matériels est essentiellement « expérimental ». Dans l'histoire de l'humanité, cette production est devenue héritage culturel sur la base d'un processus que les Américains appellent « trial and error » (ou d'essais et d'erreurs). L'héritage, c'est la connaissance. Et le bagage de connaissances accumulées est ordinairement désigné par le terme de SCIENCE. Chaque espèce organise à sa manière l'information qu'elle possède (organisation du temps et de l'espace). Ce qui distingue les êtres humains des autres animaux, c'est leur capacité d'accumulation (tradition), de « storage » de l'information (connaissances), mais surtout leur habileté à confronter les diverses composantes de cette information (observation et expérimentation). De cette confrontation naît une organisation nouvelle, la science. Ainsi, le

198

processus de connaissance, c'est l'élimination progressive du hasard au profit de la détermination de spécificités, de régularités, de lois. Or la science, dans le sens où nous l'entendons, ne consiste pas seulement en la connaissance du milieu physique d'une collectivité; celle-ci est elle-même objet direct de connaissance. La science est aussi un processus, elle est donc toujours en changement.

Dans le but de faciliter leur compréhension, nous pouvons résumer dans le schéma suivant les éléments constituants du processus de production des biens matériels, leur dynamisme, c'est-à-dire leurs rapports dialectiques, de même que les synthèses auxquelles ils donnent lieu:

Illustration n⁰ 1:
Le processus de production des biens matériels

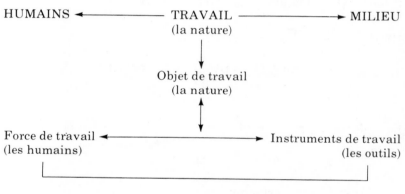

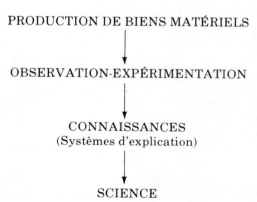

II. Les activités symboliques

Je voudrais proposer que l'on scrute les activités symboliques dans la perspective que nous venons d'ébaucher. Comme une telle approche est inhabituelle, je m'y arrêterai plus longuement.

Il nous faut d'abord constater que les humains ne sont pas que matérialité. Leur action, leurs activités n'ont pas toutes pour but la production. Leur intelligence n'est pas seulement technique. Lévi-Strauss nous dit: « Que l'anthropologie se proclame "sociale" ou "culturelle", elle aspire toujours à connaître l'homme total, envisagé, dans un cas, à partir de ses productions, dans l'autre, à partir de ses représentations. »[2] Voilà donc deux pôles de l'anthropologie bien marqués: le processus de la production et celui de la représentation. Nous en distinguerons un troisième plus loin: le processus social proprement dit, charnière de l'organisation de l'ensemble des rapports collectifs. Dans la réalité concrète des sociétés en devenir historique, ces trois dimensions sont étroitement liées; et elles ne peuvent être comprises que dans leurs rapports dialectiques et historiques, et donc elles ne sauraient être que des angles sous lesquels la réalité sociale est envisagée. Dans cette seule mesure, pouvons-nous aspirer « à connaître l'homme total ».

La relation que les collectivités humaines entretiennent avec leur milieu se situe à un double niveau: celui de leurs « connaissances », organigramme de leurs productions matérielles, mais aussi celui de leurs « méconnaissances », réalités inconnues ou mal connues, réelles ou imaginées, mais qui n'en sont pas moins « objet » de leurs recherches et charte de leur univers. Ainsi, on peut dire que ce « milieu » est composé à la fois d'éléments matériels (naturels) et d'éléments immatériels (sur-naturels). Or les réponses ou solutions que les humains apportent aux problèmes posés par l'univers non matériel se traduisent par une série d'activités à caractère symbolique, elles-mêmes expressions concrètes d'explications non naturelles, non scientifiques. Ce qui se passe ici concerne la façon dont les humains interprètent certains phénomènes qui les entourent et les touchent: phénomènes naturels parfois (tels certains cataclysmes, ou même connaissances que la science

---

2. Claude LÉVI-STRAUSS. *Anthropologie structurale*, Paris, Plon, 1958, p. 391.

n'a pas encore abordées), phénomènes sociaux aussi (tels l'origine du groupe, le désordre social, etc.), phénomènes individuels enfin (tels la vie, la mort, le rêve, les pensées, etc.). Bref un ensemble de croyances, de représentations, destinées à rendre compte, d'une part, du fonctionnement de l'univers naturel et humain (cosmologie), et, d'autre part, de l'origine et du développement de cet univers physique et social (cosmogonie)[3].

Le monde des représentations est complexe. Il est fait à la fois d'idées, de sentiments de l'existence de « puissances » supérieures aux humains, de croyances en des « êtres » non matériels et dans le pouvoir de certaines choses. Dans l'esprit des humains, ce monde fait l'objet de vénération ou de crainte ; dans leur vie quotidienne, il se traduit par des actions, des pratiques (tels les cultes, les rites et rituels) de divinations, de gestes, de prières et de suppliques, de conduites et de procédures, de manifestations physiques, de formes et de rythmes tels la danse, l'art (peinture, sculpture, littérature), etc. Il ne laisse jamais indifférent. Il nous faut donc constater l'existence inéluctable de ce monde de représentations. Non seulement existe-t-il, mais on le retrouve partout : aucune société n'en a jamais été privée. Depuis ses premières manifestations — et non pas ses origines — en Europe au cours du magdalénien (17000–13000 av. J.-C. au paléolithique supérieur) jusqu'à nos jours, on le rencontre dans toutes les sociétés. Cependant, si la diversité de ces représentations, systèmes d'idées, sentiments, croyances, pratiques et agents, est considérable dans leurs manifestations, elle est réduite quand il s'agit de leurs éléments constitutifs fondamentaux. C'est-à-dire que, dépouillé de ses vêtements extérieurs, le système de représentation révèle quelques traits universels. On ne peut donc pas douter de la réalité de cette expérience humaine. Ses manifestations peuvent varier : elles peuvent être plus ou moins riches, élaborées, subtiles, etc., mais partout elles existent.

Une caractéristique fondamentale de ce système est le fait qu'il ne s'agit en aucun cas d'une affaire individuelle (c'est-à-dire qui serait liée à l'essence de la nature humaine) mais toujours de sociétés humaines, de collectivités d'hommes, de femmes et d'enfants.

---

3. Comme on s'en rendra compte, nous utilisons les termes cosmologie et cosmogonie dans un sens très large.

Toutes les sociétés ont produit et manipulé des représentations; il s'agit donc là d'un phénomène appartenant à, et compréhensible à travers, une «formation historico-sociale» déterminée: par conséquent, elles n'existent pas seulement dans la tête et l'esprit des individus; de telle sorte qu'elles doivent être considérées au même titre que les autres phénomènes de même nature. Ainsi, pour l'anthropologie, les systèmes de représentation — ce que les anthropologues appellent trop souvent, en restreignant le champ de leur discipline: la religion, la magie, la mythologie, les légendes, etc. — sont la création d'êtres humains. C'est donc eux qui ont fait les «puissances» supérieures (les dieux) à leur image et à leur ressemblance, et non l'inverse, comme le signalait si justement Leroi-Gourhan il y a déjà vingt ans.

A) *La production de biens immatériels*

Autour du rapport Humains-Nature, se tissent non seulement des rapports en vue de la reproduction matérielle mais également des activités symboliques. On ne connaît pas de sociétés sans monde immatériel.

Le monde du «sur-naturel» (au-delà de la nature) n'a de sens que par rapport à l'existence de l'autre réalité, le «naturel». On doit les aborder ensemble et non isolément, dans une perspective de rapports dialectiques. La littérature anthropologique, et en particulier celle qui est influencée par le structuralisme, nous a habitués à concevoir en termes d'opposition les concepts de sacré et de profane, de naturel et de surnaturel, de matériel et d'immatériel, c'est-à-dire une opposition à l'intérieur même des «idées». La réalité veut cependant que ces sphères d'activités soient en parfaite harmonie — ce qui ne veut pas dire équilibre ou égalité. Mais pour les besoins de notre démonstration, nous pouvons dire que les rapports humains à leur environnement donnent lieu à une double activité, l'une de production de biens matériels, l'autre de production de biens immatériels[4]. Il s'agit donc, dans ce dernier cas, de rapports changeant avec le milieu (processus), de transformation (production) symbolique (immatérielle), en vue de se donner à soi, individu ou société (biens: variations culturelles), des moyens sur-naturels de survie et de reproduction. Et cette

---

4. Bourdieu parle du «marché des biens symboliques», dans *L'année sociologique*, (Paris) t-XXII, 1971, p. 49–126.

production se fait par le biais de la représentation. Si, pour comprendre le fonctionnement de ce processus, nous utilisons le même instrument d'analyse que celui dont nous nous sommes servis pour la production des biens matériels, nous pourrons distinguer l'objet, des forces et des instruments de la représentation.

B) L'objet de la représentation symbolique : les puissances supérieures de la nature et de la culture

La représentation, comme l'activité physique, est arrangement d'énergie. Forces et « puissances » peuplent l'univers et imprègnent la vie sociale des individus et des groupes. L'objet de la représentation est donc double : d'une part la nature ou l'environnement immédiat et, d'autre part, la société elle-même, toutes deux sources de « forces » ou « puissances » particulières.

En premier lieu, il y a la nature. On sait déjà que les rapports des humains à la nature occupent le centre des préoccupations de la plupart, sinon de la totalité, des sociétés. La production de biens matériels utiles — essentiellement la nourriture et les instruments nécessaires à son obtention — dans des sociétés où la division sociale du travail se trouve réduite à sa plus simple expression (âge et sexe), implique une relation directe de chaque membre du groupe avec les ressources du milieu. Mais « mutatis mutandis », ces rapports sont tout aussi importants dans les sociétés industrielles. Spontanément, les humains cherchent à connaître, à comprendre ce milieu, à vivre en harmonie avec lui, avec ses lois — en particulier avec celles qui les touchent directement (comme les cycles écologiques) — afin d'en tirer les meilleurs avantages et de minimiser autant que possible les effets qui pourraient lui être contraires. Dans cette entreprise ils réussissent d'une part et échouent de l'autre. Cependant, ils acceptent difficilement d'être vaincus et finissent toujours par se donner une explication ; ils le font en employant ce qui leur est familier, connu, pour s'expliquer et comprendre ce qui leur est étranger, ce qui leur est inconnu. Sinon ils deviennent des victimes terrifiées des phénomènes naturels sur lesquels ils n'ont pas d'emprise, devant lesquels ils se sentent impuissants, et qu'ils ne peuvent interpréter empiriquement, scientifiquement. Cette « impuissance » durera aussi longtemps qu'ils n'auront pas épuisé leurs connaissances.

L'univers des humains, nous l'avons dit, est divisé en deux parties continues, qui comprennent tout ce qui existe, mais qui se complètent l'une l'autre : le connu et l'inconnu. Leur inter-relation dialectique est évidente : plus l'un est vaste (par exemple l'inconnu) moins l'autre (par exemple le connu) a de possibilités de se fortifier, de prendre de l'ampleur. Plus la « connaissance » (celle de la science, par exemple) est grande, plus l'autre est atrophiée. À l'ignorance empirique, scientifique, des premiers humains, a dû correspondre un réseau et un système élaboré — pas forcément complexe — de représentations. Chaque époque de l'histoire de l'humanité a fait reculer sans cesse un peu plus le niveau de cette ignorance. Si, aujourd'hui, on admire à juste titre les connaissances qu'avaient accumulées les grandes civilisations grecque, romaine ou inca, on s'étonne qu'elles aient cependant entretenu des idées qui, aujourd'hui, nous paraissent ressortir à l'enfance de la science : que ce soit Aristote et sa vision de la terre immobile et constituant le centre de l'univers sidéral, ou encore la conception plus générale des quatre éléments (terre, eau, air et feu) et de leur caractère inaltérable, ou encore l'incapacité d'utiliser la roue chez les Incas. La science, au cours des temps, s'est chargée de replacer tout cela dans l'ordre véritable de la nature. Que penseront les civilisations des siècles à venir de notre connaissance et de notre relation à notre milieu ambiant ? Ainsi, le système de représentations qui a accompagné l'aventure concrète d'Homo sapiens depuis qu'il a fait ses premiers pas, il y a de cela plus de 100 000 ans, continue de le faire à notre époque et disparaîtra avec lui. À chaque moment historique cependant, ce cheminement a emprunté des sentiers très divers, que seule leur insertion dans le processus de développement des rapports sociaux peut expliquer adéquatement.

Cette conception du rapport dialectique nécessaire entre le connu et l'inconnu, la connaissance et la représentation, ne présume en rien du fait que des humains, à un moment historique déterminé et dans un contexte social particulier, aient choisi d'exclure formellement de leur vie toutes formes de représentations « religieuses » — encore conviendrait-il d'y regarder de plus près ; peut-être ne s'agit-il en effet que du rejet de la forme institutionnalisée ; la représentation étant de l'ordre des « idées », il est bien difficile d'en faire apparaître l'existence cachée. Nous avons saisi, grâce aux pages qui précèdent, que cette façon de traiter la représentation nous écarte quelque peu de la conception marxiste classique, qui considère la religion comme reflet illusoire, inversé et inutile de la société concrète. En outre, nous nous éloignons non pas tant de la position de base de Godelier que de la conclusion à laquelle il aboutit, soit le caractère transitoire de la représentation religieuse et mythique.

Mais il n'y a pas que les forces insoupçonnées de la nature qui soient objet de représentation. Il y a la société elle-même. Elle aussi recèle des «forces». Les êtres humains cherchent à vivre en harmonie non seulement avec leur milieu ambiant mais également avec eux-mêmes. Essentiellement constitués en collectivités, ils cherchent à en maximiser les avantages et à en minimiser les effets contraires. Ils cherchent à comprendre et à s'expliquer les lois qui président au fonctionnement de leur société, de même que ses contradictions présentes ou latentes. Tôt dans leur histoire, les humains ont vécu l'importance du «leadership» (à l'occasion de l'organisation de la chasse, par exemple), de la détermination de règles de partage de la nourriture pour faire face à son manque occasionnel, de la nécessité de l'association ou de la concentration des forces pour la défense du groupe, etc. Ils ont aussi ressenti les contradictions inhérentes à leurs rapports sociaux (par exemple le désir du partage sexuel universel impossible, ou le goût de l'exploitation exclusive des groupes inégaux, etc.). Car les rapports avec ses semblables, pas plus que les rapports avec la nature, ne peuvent être laissés au hasard. Il faut que la collectivité vive et se reproduise, et pour cela elle doit résoudre ses contradictions. Certaines analyses de la représentation séparent arbitrairement les humains de l'objet de leurs représentations. Or l'humain est partie intégrante de cet objet; et qui plus est, il l'est à titre collectif.

C) *Les forces de la représentation symbolique: les médiateurs*

Il n'y a donc pas rupture entre les deux parties de l'univers des êtres humains (le naturel et le sur-naturel) mais seulement confrontation; il existe des rapports dialectiques nécessaires entre les deux; il y a donc continuité. Ce que cherche l'être humain, ce qu'il a cherché de tout temps, ce n'est pas tellement le maintien d'un certain équilibre entre les deux pôles — il faut se défaire des théories homéostatiques, précisément parce qu'elles engendrent des explications « statiques »[5] — mais bien plutôt un système d'articulation, de jonction des deux. Mais comment cette articulation peut-elle se faire ? Essentiellement en ceci qu'à un réseau « d'impuissances » l'esprit humain oppose un réseau de « puissances ».

Pendant près de 95 % de l'histoire de l'humanité — c'est la portion que représente l'archistoire[6] — les humains sont d'abord en concurrence directe avec le reste du monde animal, dont ils se sont à peine détachés, puis en état de dépendance vis-à-vis de la nature qui les nourrit et assure leur reproduction. À ce stade, les forces productives sont réduites à leur plus simple expression. Cet humain ne changera guère, d'ailleurs, le visage de la nature. Ce n'est que beaucoup plus tard, lorsque ses forces productives et en particulier ses instruments de production (c'est-à-dire sa technologie : l'arc et la flèche n'ont été inventés, semble-t-il, que vers 16 000 ans avant notre ère) se seront complexifiés, lorsque ses rapports sociaux, comme ses techniques de chasse en commun, auront également pris de l'ampleur, qu'il arrivera non seulement à décimer mais à sur-exploiter certaines espèces (tels les buffles du sud-ouest américain) jusqu'à leur extinction. En même temps, les moyens sociaux qu'il s'est donnés pour mieux maîtriser la nature finissent par le dominer et finalement l'aliéner. Division de plus en plus complexe du travail, dichotomie ville-campagne, séparation du travail physique et du travail intellectuel, nucléarisation des métiers, parcellisation du travail, qui se fait maintenant à la chaîne, division de la population en groupes inégaux, accumulation inégale de ressources et de pouvoirs, etc., tout l'amène graduellement à perdre le contrôle sur ses rapports sociaux, maintenant complètement morcelés. Il n'y a que servitudes et aliénation sociale pour une grande partie de la population, qui n'arrive plus à comprendre le processus social. Dans son *Anti-Duhring*, Engels parle ainsi de la croissance de l'impuissance des humains et dans la même mesure de la croissance des puissances qui leur sont supérieures :

---

5. Pour une explication homéostatique de la religion maya, par exemple, on pourra consulter I. NICHOLSON, « Mexican and Central American Mythology », dans *Mythology of the Americas*, London, Hamlyn, 1970, p. 138-265.

6. Nous employons le terme « archistoire » pour tenir lieu du terme habituellement utilisé, soit celui de « pré-histoire ». Nous considérons ce terme à la fois inexact et offensant. Comme s'il y avait des peuples qui n'ont jamais eu d'histoire.

« Mais bientôt, à côté des puissances naturelles, entrent en action aussi des puissances sociales, puissances qui se dressent en face des hommes, tout aussi étrangères et au début, tout aussi inexplicables, et les dominent avec la même apparence de nécessité naturelle que les forces de la nature elle-même. » [7].

Donc à ses « impuissances » face à la nature et face à des rapports sociaux toujours de plus en plus complexes, la société répond par la création d'un monde de « puissances », en fait de toutes-puissances. La crainte des éléments imprévisibles et inexplicables de la nature et le désir universel de se la concilier, de même que la crainte de n'avoir pas agi en accord avec des règles de comportement social (rapports sociaux) et d'encourir une sanction, surtout après la mort, tout cela a tenu et tient encore une place prépondérante dans le sentiment religieux des individus : c'est donc dans leur conscience qu'ils se repré- sentent ces réalités comme mystérieuses et supérieures non seulement à eux-mêmes mais également à la société. Nature et culture donnent donc lieu à la création de « puissances », qui élimineront les contradictions de l'une et de l'autre, autant que de l'une par rapport à l'autre. Elles ont nom, ces puissances : dieux, diables, esprits, saints, force cosmique, etc. Ces forces de représentation étant imaginées analogiquement [8] au monde humain, elles en assument alors tous les attributs, c'est-à-dire qu'elles se comportent comme « des êtres doués de conscience, de volonté, communiquant entre eux et avec l'homme... » [9], et qu'elles personnifient ou maîtrisent les puissances de la nature et de la société, et les dépassent en perfection. Les êtres supérieurs résument et assument toutes les impuissances qui affligent l'être humain. Dieu est tout-puissant, universel, mys- térieux (en lui s'opère à chaque époque le compte exact des secrets que l'homme n'a pas su encore arracher à la nature, à la société ou à lui-même), transcendant (« le croyant humanise et personnifie les forces inhumaines qui sont à l'origine de l'expérience religieuse ») [10]. Il ne faudrait pas croire que ce

7. F. ENGELS. *Anti-Duhring*, Paris, Éd. Sociales, 1973, p. 353.

8. Voir la prochaine section de ce texte pour une explication du processus analogique.

9. Maurice GODELIER. *Horizons, trajets marxistes en anthropologie*, Paris, Maspéro, 1973, p. 330 (Bibliothèque d'anthropologie).

10. Michel VERRET. *Les marxistes et la religion ; essai sur l'athéisme moderne*, 3e éd., Paris, Éditions Sociales, 1966, p. 17-19 (La nouvelle critique. Les Essais).

processus de pensée soit le fait des seules sociétés non industrielles ; un rapide examen des grandes religions nous fera
découvrir un processus similaire pour ne pas dire identique (on
peut prendre comme exemple le Dieu fait homme et Tout-
Puissant du christianisme). En un mot, les forces de la représentation sont en rapports certains, mais plus ou moins
étroits, avec les humains. D'où la pertinence de l'existence
d'un système plus ou moins élaboré de communication avec
ces forces de l'au-delà, de l'inconnu, dont il sera question plus
loin (« instruments de la représentation »).

Concrètement — si l'on peut dire ! — la force de la représentation de l'homme est faite de dieux, d'esprits, de diables,
de rayons cosmiques, etc., mais aussi de choses parfois difficilement définissables et que l'on résume sous les termes de
« puissances » ou « énergie ». Ceux-là sont d'ailleurs souvent
des représentations symboliques de celles-ci. Pour les besoins
de la compréhension, il est peut-être utile de regrouper ces
« forces » autour de deux catégories particulières : les forces
personnifiées et les forces impersonnelles, l'une et l'autre
peuvent emprunter une essence soit matérielle, soit immatérielle. Cette « énergie » ou « puissance » peut donc emprunter
parfois certaines caractéristiques de la nature humaine. Le
principe de l'analogie anthropocentrique joue ici à plein. Cette
« énergie » peut alors être investie soit dans des « êtres » sur-
naturels immatériels (dieux, démons, diables, esprits, anges,
voix de l'espace, muse, etc.), soit dans des « êtres » personnalisés
(comme les prêtres, les chamans, les sorciers, les prophètes, les
médiums, les tricksters, les « medecine-man », les artistes, etc.).
Créés par la société, les « êtres » sur-naturels se comportent
largement comme les humains. Face à ces derniers, ces « êtres »
sont ordinairement libres de se comporter comme bon leur
semble, comme ils le jugent à propos, en fonction de chaque
situation. Ainsi, ils seront bienfaisants (ils influenceront le
cours des choses dans le sens de la fertilité, par exemple : pluie,
récoltes, gibier, etc.), ou malfaisants (et alors ils exerceront
leur influence dans le sens du malheur : famine, sécheresse,
maladies, revers, mort, etc.), ou encore les deux à la fois. Cette
« force » personnifiée est en contact avec les humains et
échange avec eux (par exemple, dans le christianisme, à
travers les sacrements : communion, confession, etc.). Mais
comme ils ont des pouvoirs qui dépassent ceux du commun des
mortels, on les approche la plupart du temps selon des modes

réservés ordinairement aux puissants de ce monde : révérence, adoration, etc.

D'autre part, cette « puissance » ou « énergie » peut se présenter sous une forme tout à fait impersonnelle (non personnalisée). Elle peut se présenter sous des apparences matérielles, comme la « waka » andine [11], ou l'eau bénite du christianisme, ou encore comme totalement immatérielle, tel le « mana » polynésien. Elle est alors perçue à l'état brut. Dans ce cas, elle n'est pas anthropomorphisée dans sa structure, mais elle l'est dans son comportement, dans ses manifestations. Il s'agit donc d'une « force », d'une « énergie », d'un « fluide », d'une action, d'une qualité, d'un état, d'une efficacité invisible, impersonnelle mais présente, qui imprègne tout l'univers, ou qui est au contraire concentrée dans certains objets ou endroits (et pouvant donc se matérialiser parfois). Cette énergie peut être « possédée » par les « forces personnalisées » (dieux, diables, muses, purs esprits, etc.), voire même par les individus eux-mêmes (en particulier les chamans, prêtres, « medecine-man » ou autres mediums), par les animaux, enfin par certaines substances ou objets naturels. Cette énergie peut également être « manipulée », soit pour aider soit pour nuire. Elle peut être achetée, vendue, donnée, échangée, transmise héréditairement, recherchée mystiquement (c'est le cas de la « vision quest » des sociétés habitant les grandes plaines américaines d'avant la conquête : Paiute, Winnebago, etc.), ou acquise à l'occasion de circonstances particulières de la vie (ex. : naissance irrégulière, rêve, accident). Pour se protéger contre les effets maléfiques de ces « forces », certains actes doivent souvent être posés ; Godelier nous dit que :

> « Le pouvoir sacré, magique, se paye de restrictions, alimentaires, sexuelles ou autres, de contraintes sur soi. L'envers d'un pouvoir est toujours un devoir. Toute action religieuse, imaginaire sur les forces secrètes qui dirigent le monde, implique une action réelle et symbolique de l'homme sur lui-même pour communiquer avec ces forces, les atteindre, s'en faire écouter et obéir. Les tabous, les interdits, les contraintes que s'imposent les futurs initiés ne sont pas des restrictions, mais des modes d'accumulation de pouvoirs, de puissance sociale. » [12]

---

11. Une « Waka » est un lieu physique (ordinairement une particularité de la nature, mais aussi un lieu construit de main d'homme) à caractère sacré, résidence des « achachilas », c'est-à-dire des principes géniteurs ou d'origine d'un groupe humain.

12. Maurice GODELIER. « Mythes, infrastructures et histoire chez Lévi-Strauss » (manuscrit sans date).

Cette force impersonnelle, l'anthropologie s'est accoutumée à l'appeler « Mana », bien que la signification précise de ce terme polynésien soit un peu différente. La notion d'existence de telles forces se retrouvait dans la plupart des sociétés : ainsi elles portaient le nom de « orenda » chez les Iroquois, de « wakan » chez les Sioux, de « manitou » chez les Algonquins, etc.

D) *Les instruments de la représentation : les actes symboliques*

Les rapports des êtres humains à la nature et au groupe auquel ils appartiennent, objets de la représentation, sont perçus comme véhiculant de la « puissance » supérieure à la société et à la nature. Ces perceptions, parce qu'elles sont collectives, ne prennent donc jamais l'allure de pensées ou d'actions dispersées ; bien au contraire, elles sont transposées, par la collectivité — de façon explicite (comme pour la religion), ou implicite (comme dans le cas de la mythologie) — dans de grands ensembles cohérents. La représentation prend alors une allure « systémique » : elle est organisée, structurée ; ses éléments constituants sont saisissables et leur articulation aussi. Il importe donc de déterminer les points de jonction avec la vie réelle, la réalité de tous les jours, c'est-à-dire de dénombrer les instruments de ce processus de représentation. Car pour les humains, la nature, y inclus ses « puissances » inconnues et incontrôlées, de même que la société sont des réalités bien concrètes et c'est sur elles qu'ils font porter leurs pratiques symboliques.

Godelier pose le problème de la relation nécessaire entre la représentation (aspect théorique) et les actes d'accompagnement (aspect pratique) dans les termes suivants :

« Les conséquences fondamentales de cette représentation ana-logique et illusoire de la nature (*et nous, nous ajoutons « et des rapports sociaux »*) sont doubles : d'une part la religion, comme plus tard la science, se présente comme un moyen et une volonté de connaître la réalité, de l'expliquer... : d'autre part, la religion — parce qu'elle représente des causes sous une forme humaine, c'est-à-dire comme des êtres doués d'une conscience et d'une puissance supérieure à celle de l'homme, mais analogues à elles — se présente immédiatement comme un moyen d'action sur ces personnages idéaux, analogues à l'homme, donc capables d'écouter, d'entendre ses appels et d'y répondre favorablement.

Pour cette raison, toute représentation religieuse du monde est inséparable d'une pratique (imaginaire) sur le monde, celle de la prière, du sacrifice, de la magie, du rituel. »[13]

On peut donc dire que les instruments de la représentation se manifestent sous deux formes fondamentales : sous une forme théorique d'abord, c'est-à-dire à travers un vaste corpus d'idées organisées et cohérentes, et sous une forme pratique, c'est-à-dire par un ensemble d'actes, d'actions, de gestes, de formules, de rythmes et de formes, etc., à caractère symbolique.

a) Les systèmes de pensée symbolique : l'aspect théorique

Le premier aspect sous lequel se présentent les instruments que les « forces de représentation » utilisent est théorique. Il s'agit d'abord d'un ensemble d'idées, liées entre elles, et que la société entretient au sujet de son objet de représentation. Ces idées sont parfois explicitement codifiées, comme c'est le cas pour la religion, la mythologie ou la magie, voire même la divination et la sorcellerie ; elles sont parfois plus « libres »[14] d'évoluer dans un sens ou dans un autre, comme c'est le cas pour la mythologie, les légendes, les expressions symboliques populaires, les superstitions, etc.

1° La mythologie se présente comme un moyen de connaître et d'expliquer la réalité. Un mythe est un énoncé sur la société et sur la place des êtres humains dans celle-ci, de même que son insertion dans un univers déterminé, cet énoncé adoptant la plupart du temps une forme symbolique. Ainsi, un mythe transpose dans son langage non seulement les rapports des hommes à la nature mais également leurs rapports mutuels.

L'idée que la mythologie est une vaste illusion de peuples « primitifs », c'est-à-dire n'ayant pas encore accédé à un stade plus avancé de civilisation, non seulement est très répandue mais elle a en outre une origine très lointaine. En parlant des mythes, Épicure (342–270 av. J.-C.) emploie les expressions

---

13. Maurice GODELIER, *op. cit.*, p. 332. Il est à remarquer que Godelier, comme la plupart des autres auteurs, fait porter la représentation sur la seule religion, même si parfois ses propos semblent s'adresser à une aire d'inclusion plus large.

14. Il faut lire dans le mot « libre » : absence « relative » de structure imposée explicitement du dehors, comme dans le cas du mystère religieux, ou des lois explicites de la magie, etc.

«conjonctures trompeuses», «opinions et craintes irration-
nelles», etc.[15]. Il ouvre la voie qui, à travers Descartes et bien
d'autres, mènera jusqu'aux marxistes contemporains. Marx
disait que la mythologie disparaîtra quand l'homme aura
dominé les forces de la nature, passant ainsi de l'imaginaire à
la réalité, d'un reflet déformant (et n'existant que dans le
cerveau des hommes) des forces qui dominent son existence à
un univers physique, concret, empirique. Plus près de nous,
Maurice Godelier considère l'ensemble de l'explication mythologique comme «une représentation illusoire de l'homme et du
monde, une explication inexacte de l'ordre des choses»[16].
Godelier, nous l'avons vu, s'objecte à une analyse de la
représentation qui en ferait «le reflet fantasmatique passif et
dérisoire d'une réalité qui se mourrait ailleurs...». S'il se refuse
au «reflet», il semble accepter cependant l'idée de la représentation comme une théorie et une activité «illusoires».

Les premiers analystes de la pensée mythologique, les
Tylor et Frazer, sont arrivés à la conclusion que le mythe
symbolisait, dans l'esprit des «primitifs», l'histoire ou l'archistoire oubliée de l'humanité: l'origine des êtres humains, les
bouleversements physiques de l'univers, tels les cataclysmes,
etc. Cette notion, voulant que le contenu cosmologique des
mythes soit en étroite relation avec les rapports que les
humains entretiennent entre eux et avec leur environnement,
a certes traversé les intempéries scientifiques du temps.

Un autre courant d'analyse a pris naissance avec Mauss
et Durkheim et devait trouver son expression la plus achevée
chez Lévi-Strauss, ainsi que chez son principal interprète
britannique, Leach. Ce n'est pas le lieu, ici, de faire une
analyse de l'œuvre importante, considérable et compliquée de
Lévi-Strauss, universellement connue sous le nom de «structuralisme». Il suffira d'en dire quelques mots pour aider à
comprendre son approche particulière[17].

Pour le principal interprète du structuralisme, l'homme a
modelé ses opérations mentales, sa pensée, sur la base de son

15. Olivier BLOCH. «Matérialisme et critique de la religion», dans *Philosophie
    et religion*, Cycle de conférences XX avec la participation de O. Bloch et
    autres, Paris, Éditions Sociales 1974, p. 20. XX organisées par le Centre
    d'études et de recherches marxistes.

16. Maurice GODELIER, *op. cit.*, p. 37.

17. Il faut se référer en particulier à ses *Mythologies*, publiées chez Plon, de
    même qu'à *La pensée sauvage*, Paris, Plon, 1962. Voir aussi *Le totémisme
    aujourd'hui*, Paris, P.U.F., 1962.

appréhension des principes de classification du monde animal et végétal. Il constate que l'un des principes fondamentaux de cette classification met en cause «l'union des contraires», source de la logique la plus élémentaire, commun dénominateur de toute pensée, expression vive de la structure de l'esprit de l'homme. L'union des contraires implique des ensembles d'oppositions à deux éléments, ou oppositions binaires (mâle-femelle; positif-négatif, etc.), lesquels constituent les ingrédients fondamentaux de la pensée humaine. Cette pensée concrète ordonne les relations humaines à travers le modèle symbolique de l'ordre des espèces animales et végétales. C'est donc sur la base de ces principes que les humains structurent leur univers de différenciations sociales. Lévi-Strauss pose alors la nécessité de la conceptualisation des rapports sociaux pour la survie du groupe. Non seulement découvre-t-il que les mythes procèdent constamment par l'élaboration de catégories opposées, mais encore que leur contenu se rapporte la plupart du temps à des problèmes humains et sociaux pour lesquels aucune solution apparente n'existe. Ainsi, le propos d'un mythe — même si en général ce propos n'est pas explicité, connu et formulé — est de fournir un modèle logique et structuré, capable de résoudre une contradiction: «la pensée mythique opère toujours à partir de la reconnaissance de l'existence d'oppositions vers l'établissement progressif de la médiation»[18]. La mythologie est donc un langage, et comme tel elle ne peut avoir de sens qu'en autant que tous ses éléments constituants sont analysés dans leurs rapports réciproques.

Pour notre part, nous aimerions ajouter ce qui suit. La mythologie concerne la représentation que les êtres humains se font de leurs rapports à la réalité ambiante de même qu'à leur réalité sociale. Cette représentation est chargée de sens. Elle est donc, comme le dit Lévi-Strauss, un langage et, comme tout langage, elle est un instrument. La mythologie joue alors le rôle d'instrument puissant et important de la représentation. Son procédé est analogique et son sens symbolique. L'incontrôlable doit s'accorder à l'univers connu et contrôlable de la société. La mythologie passe par ces dédales. Elle n'est pas

---

18. Claude LÉVI-STRAUSS. «The Structural Study of Myth», in Thomas-Albert SEBEOK, *Myth: a symposium*, Philadelphia, American Folklore Society, 1955, p. 440 (Bibliographical and special series of the American Folklore Society, v. 5).

une représentation illusoire [19], puisqu'elle nous révèle ce qu'une société considère comme étant important pour sa survie : ses problèmes, ses paradoxes, ses ambiguïtés, ses contradictions irrésolues et leurs solutions. Elle ne fonctionne pas non plus comme une image ou un miroir du problème traité. Elle procède souvent par transformation. Et pourtant, la mythologie — à l'encontre des interprétations fonctionnalistes — s'inscrit dans la cohérence de l'ensemble du système représentationnel et, de façon plus large, dans la cohérence du système social total. Ce qui est important, c'est de chercher à expliquer les conditions d'apparition et le fonctionnement interne de cette forme de représentation.

2° Le second élément à prédominance spéculative dans les instruments de la représentation — et le plus largement institutionnalisé — c'est la religion [20]. Déjà au siècle dernier, les bases d'une analyse matérialiste élaborée de la religion font leur apparition. Max Müller soutient que « pour tenir la place qui lui revient comme élément légitime de notre connaissance, la religion doit, comme toutes nos autres connaissances, commencer par une expérience sensible »[21]. Il ne peut donc rien y avoir dans nos croyances qui n'ait d'abord été expérimenté par nos sens. Concrètement, cette théorie soutient que ce sont les éléments incontrôlés de la nature (feu, foudre, volcans, etc.) qui furent les premiers objets auxquels se soit attaché le sentiment religieux. Au tournant du siècle, avec Tylor [22], la théorie de l'origine du sentiment religieux fait un bond en avant. Car il s'agit bien de l'origine. Tylor est de son temps. Son étude est publiée en 1871, soit à peine 12 ans après

---

19. L'analogie crée des « lignes » parallèles, non des lignes superposées, des similarités, non des identités. L'illusion, au contraire, si elle est fille de l'analogie, est fille illégitime, car elle prétend créer des lignes superposées, de fausses identités.

20. Nous sommes parfaitement conscients de la marge d'arbitraire qui entre dans la distinction entre mythologie et religion ainsi qu'avec les autres composantes des instruments de la représentation dont il sera question plus loin. Mais comme pour d'autres distinctions faites antérieurement, nous y attachons une valeur méthodologique, en espérant que le reste de la discussion fera disparaître les pièges d'un mécanisme plat et apparaître les véritables méandres des interrelations.

21. Friedrich Max MULLER. *Natural Religion ; the Gifford lectures delivred before the University of Glasgow in 1888,* London & New York, Longman, Green and Co., 1889, p. 114.

22. Edward Burnett TYLOR. *Primitive Culture,* New York, Harper, 1948, 2 vol. (The Library of religion and culture ; Harper Toschbook, TB33-34).

l'*Origine des espèces* de Darwin. C'était l'époque où les biologistes soutenaient qu'une certaine unité caractérisait l'apparente diversité de la vie organique, que les géologues établissaient des strates de succession des phénomènes naturels, et que les premiers vestiges de l'histoire de l'humanité commençaient à faire leur apparition dans les musées et les universités. Les autres hommes de science n'ont pas échappé à la règle et ont tenté de marier leurs découvertes (ou théories) au courant évolutionniste. Tylor établit d'abord la dichotomie entre le naturel (ou matériel) et le sur-naturel (ou immatériel), pour ensuite soutenir que la religion se résume à la croyance en des êtres sur-naturels. Mais cette dichotomie implique la présence de deux types d'êtres : l'un qui est «de la nature» et l'autre qui la dépasse. Pourtant, le second n'est que le double du premier — on peut observer cela dans un rêve lorsqu'une personne se déplace et entre en interaction avec d'autres personnes et qu'en même temps elle se repose dans sa maison. Cette première conceptualisation, les humains l'auraient étendue, avec le temps, aux objets inanimés (fétichisme), jusqu'à ce qu'une hiérarchie s'établisse au sein des êtres spirituels — un peu à la manière des hiérarchies qui s'établissent dans toutes les sociétés — ce qui devait donner naissance au monothéisme.

Quelques années plus tard, Durkheim réfutera cette théorie animiste et proposera à la place une conception «collectiviste», qui constituera un troisième apport d'importance à notre connaissance du phénomène religieux. Pour Durkheim, la religion était une sorte de spéculation sur tout ce qui échappe à la science. Il observait que :

> «Toutes les croyances religieuses connues, qu'elles soient simples ou complexes, présentent un même caractère : elles supposent une classification des choses, réelles ou idéales, que se représentent les hommes, en deux classes, en deux genres opposés, désignés généralement par deux termes distincts que traduisent assez bien les mots de profane et de sacré.»

D'autre part, «les croyances religieuses sont toujours communes à une collectivité déterminée»[23].

---

23. Émile DURKHEIM. *Les formes élémentaires de la vie religieuse ; le système totémique en Australie*, 4ᵉ éd., Paris, Presses universitaires de France, 1960 (Bibliothèque de philosophie contemporaine).

Ces ingrédients de base, le social et le religieux, de même que leurs rapports d'interdépendance, sont le plus clairement présents, selon lui, dans le totémisme[24] : clan ou sib, dont les membres sont considérés comme ayant des liens très étroits de parenté (d'où la règle d'exogamie), et sacralisation de l'ancêtre commun, espèce animale ou végétale, symbole ou totem du groupe (d'où les prescriptions de tabou). Le symbole ou totem, c'est la « force », « l'énergie » première du groupe : la divinité, c'est donc la collectivité — représentée par le clan — symbolisée dans une espèce sensible, végétale ou animale. « Le dieu n'est que l'expression figurée de la société. »

Nous ajouterons les quelques remarques qui suivent. À l'encontre de la mythologie, la religion suppose la suspension de la critique, du doute, au profit d'un acte de foi. Elle est la réalisation parfaite et spirituelle (c.-à-d. dans et par l'esprit, donc théorique) de l'être humain. Verret soutient que « le "Paradis" est l'image renversée des exigences humaines déçues par l'histoire »[25]. Il ajoute :

> « cela ne signifie pas que la religion ait été un accident de l'histoire, bien au contraire. Elle en procède par une nécessité profonde. L'impuissance et l'ignorance des hommes devant la nature puis devant la société, le développement contradictoire de la culture et de la connaissance scientifique... ont constitué autant de bases objectives de la religion. »[26]

C'est d'ailleurs ainsi que l'on peut expliquer la consolidation de la représentation religieuse sous une forme théocratique, au moment où la communauté fondée sur la chasse et la cueillette passe à l'agriculture, ou au moment où la communauté regroupée en village devient une cité ou un État, comme ce fut le cas, par exemple, pour la civilisation Chavin au Pérou. La technologie agraire avait entraîné la formation de spécialistes dédiés à l'étude des mouvements du soleil, des étoiles, de la lune, etc. Ces spécialistes ont été les premiers habitants des cités, et leur prestige et leur pouvoir ont augmenté dans la mesure de l'accroissement de leurs connaissances. Ils devinrent, aux yeux des paysans, des possesseurs de dons sur-naturels, des hommes investis de « puissance », capables de contrôler les impuissances touchant les autres, comme les pluies, les vents,

---

24. Le mot « totem » est issu d'un mot ojibway, tribu algonquine du centre du Canada, et signifie étymologiquement : « je suis de la parenté de... ».

25. Michel VERRET, *op. cit.*, p. 58.

26. Michel VERRET, *op. cit.*, p. 64.

les eaux, etc. Ils étaient donc en étroite liaison avec les « forces », les « puissances », les « dieux »[27]. La religion comme la mythologie, la sorcellerie, la magie et la divination — et aujourd'hui la science — se présentent comme des moyens (c.-à-d. des instruments) d'appréhender la réalité, intérieure et extérieure, de l'expliquer, de la contrôler. Au début, elles n'apparaissent pas comme quelque chose qui forme un système et elles n'ont alors aucun penchant prosélythique[28]. Ce n'est que plus tard que certaines d'entre elles aspireront à l'universalité ; elles perdront alors la matière traditionnelle dont elles étaient constituées. Au début, elles sont totalement intégrées à l'univers matériel dont elles procèdent ; en accédant à une certaine universalité, elles effectuent une coupure nette entre un au-delà et un ici-bas. Le monde n'existe pas que dans les idées des humains, mais il faut bien reconnaître qu'il existe là aussi. « Il faut reconnaître qu'il y a, en effet, des choses qui n'existent que dans notre pensée » disait Gramsci. Un matérialisme plat est aussi loin de la réalité qu'un idéalisme exclusif.

3° Le troisième élément théorique, instrument de la représentation, c'est la sorcellerie. Augé, dans un récent travail, définit la sorcellerie comme :

> « Un ensemble de croyances structurées et partagées par une population donnée touchant à l'origine du malheur, de la maladie ou de la mort, et l'ensemble des pratiques de détection, de thérapie et de sanctions qui correspondent à ces croyances. »[29]

Comme on peut le constater, il y fait bien ressortir les deux aspects fondamentaux à tout instrument de la représentation, l'aspect proprement théorique (c.-à-d. les croyances) et l'aspect pratique (c.-à-d. les actes d'accompagnement). Comme les autres instruments de la représentation, la sorcellerie forme un système et établit analogiquement des correspondances

27. Luis Guillermo LUMBRERAS. *De los orígenes del estado en el Peru : nueva cronica sobre el viejo Peru*, Lima, Milla Batres, 1972, p. 54 (Collecion El Ande y la vida).

28. C'est d'ailleurs ce qui rend les systèmes religieux locaux si vulnérables à l'action évangélisatrice des grandes religions. « Les anciennes religions de tribus et de nations qui s'étaient constituées de façon naturelle, n'avaient aucune tendance au prosélytisme et perdaient toute capacité de résistance dès qu'était brisée l'indépendance des tribus et des nations », Karl MARX. *Karl Marx et Friedrich Engels sur la religion*, Paris, Éditions Sociales, 1972, p. 235.

29. Marc AUGÉ. « Les croyances à la sorcellerie », dans *La construction du monde : religion, représentations, idéologie*, Paris, Maspéro, 1974, p. 52 (Dossiers africains).

avec le système social à l'intérieur duquel elle opère. Correspondance ne veut cependant pas dire identité.

La sorcellerie cherche à expliquer un univers concret, réel, mais non illusoire. La littérature sur la sorcellerie est suffisamment vaste pour qu'on ne s'y attarde pas ici. Pour une vue d'ensemble de la diversité de ses manifestations, on pourra consulter Marwick [30].

4° Enfin, le quatrième élément spéculatif des instruments de la représentation, c'est la magie. Des quatre, c'est celui qui est le plus difficilement classifiable comme « théorique ». Godelier, entre autres, s'oppose à une telle présentation, puisqu'il y voit les deux pôles d'une même réalité propre à la « pensée sauvage » :

> « contre une certaine anthropologie qui pose arbitrairement une différence d'essence entre magie et religion, il faut réaffirmer que la religion existe spontanément sous une forme théorique (représentation — explication du monde) et sous une forme pratique (action magique et rituelle sur le réel), donc comme moyen d'expliquer (bien entendu de façon illusoire) et de transformer (de façon certes imaginaire) le monde, d'agir sur l'ordre de l'univers » [31].

Nous ne pouvons que répéter ici ce que nous avons dit plus d'une fois dans les pages qui précèdent, soit qu'il nous apparaît souhaitable, pour des raisons méthodologiques, de les distinguer. Si les deux pôles dont parle Godelier sont interdépendants au niveau de la « pensée sauvage » [32], ils ne le sont pas au niveau de la représentation des sociétés nationales. De plus, plusieurs auteurs soutiennent que la magie n'est pas seulement une pratique — ce qu'elle est sans aucun doute — mais qu'elle est également une croyance en des forces sur-naturelles autres que les « êtres » sur-naturels, de même qu'en des procédures permettant de manipuler ces forces. Comme pratique, elle est un ensemble d'activités réglées, invariables, un ensemble de techniques pour arriver à manipuler les « puissances » inconnues.

Ce que Tylor a été pour la religion, Frazer l'a été pour la magie [33]. Pour lui, la magie est, à la base, pragmatique : elle

---

30. M. MARWICK. *Witchcraft and Sorcery*, Midlesec, Penguin Book, 1982.
31. Maurice GODELIER, *op. cit.*, p. 333.
32. Maurice GODELIER, *op. cit.*, p. 374.
33. James George FRAZER. *The New Golden Bough ; a New Abridgment of the Classic Work*, New York, Criterion Books, 1959, première édition publiée en 1890.

consiste en un contrôle direct des « forces » de la nature, par l'homme, sur la base de croyances fondées sur un raisonnement faux. Elle est essentiellement un art humain : ce sont les êtres humains qui la pratiquent et ce sont eux qui en bénéficient. Mais c'est une pratique qui reconnaît l'existence du surnaturel : c'est-à-dire la croyance dans la « force » ou le « pouvoir » qu'elle possède d'altérer le cours normal des choses, de plier les forces de la nature à la volonté des individus. Il en conclura que la magie est essentiellement fondée sur deux principes majeurs : l'homéopathie — c'est-à-dire le principe qui veut que l'effet ressemble toujours à la cause (on peut produire un effet désiré en imitant cet effet à l'avance) — et la contagion —c'est-à-dire que les personnes ou les choses qui ont déjà été en contact peuvent avoir une influence éternellement les unes sur les autres (on peut atteindre une personne en agissant sur un objet avec lequel elle a déjà été en contact physique).

Plus près de nous, Malinowski est, sans contredit, celui dont l'approche à la théorie de la magie a été la plus influente. Malinowski prétendait que les gens recouraient à la magie dans les circonstances de leur vie où les éléments de chance et d'incertitude étaient prédominants, c'est-à-dire dans les circonstances où l'homme pensait n'avoir pas un contrôle suffisant sur l'action à entreprendre. L'exemple classique d'une telle situation lui était fourni par les activités de pêche des Trobriandais. La pêche est une activité à caractère incertain, d'une part, et potentiellement dangereuse, d'autre part, lorsqu'elle est pratiquée loin des côtes. Aussi les Trobriandais ont une magie appropriée à la pêche en haute mer, tandis qu'ils n'en ont pas pour celle qu'ils pratiquent près des côtes. La magie, selon Malinowski, sert donc à réduire ou éliminer la peur et l'anxiété générées par les conditions d'activités dangereuses [34]. D'autres études plus récentes, telles celles de Velson et Gmelch [35], suggèrent une interprétation de la magie qui en ferait une activité plus positive : l'individu pose des actes en vue de produire des résultats qui lui sont favorables, elle serait donc fondée sur le principe que les « puissances » inconnues jouent un rôle dans le déroulement des activités humaines, et que ces « puissances » peuvent être manipulées par les humains.

34. Bronislaw MALINOWSKI. *Magic, Science and Religion and Other Essays*, Garden City, N.Y. Doubleday, 1954 (Doubleday anchor books, A23).
35. R.B. FELSON & G. GMELCH. « Uncertainty and the Use of Magic », dans *Current Anthropology*, vol. 20, n⁰ 3, 1979, p. 587-588.

La magie n'est alors qu'un instrument parmi d'autres. Il s'agit là d'une approche « psychologique ».

D'autres, depuis Mauss et Durkheim jusqu'à Lévi-Strauss et Radcliffe-Brown, ont opté pour une approche que l'on pourrait qualifier davantage de « sociologique ». Elle insiste sur le fait que les actes magiques n'ont rien d'individuel, qu'ils sont davantage des actes émanant de la société, transmis par elle à chaque génération et qui fondent leurs pouvoirs sur un ensemble de valeurs que la société dans son ensemble porte en elle. Ce sont donc ces valeurs qui importent, au-delà des actes rituels que sont les actes magiques. C'est d'ailleurs dans ce contexte que nous lui reconnaissons une valeur « théorique ».

b) *Les actes d'accompagnement : l'aspect pratique*

Le second aspect sous lequel se présentent les instruments de la représentation est pratique. Les idées, pensées, croyances sont assorties d'actes d'accompagnement, de pratiques symboliques. La religion, la magie, la sorcellerie, la mythologie, pour être accessibles à chacun, c'est-à-dire pour offrir des explications sur les êtres doués de puissances supérieures mais analogues aux siennes, et en même temps démontrer leur action sur eux et pour eux, ont besoin d'une porte d'entrée chez eux et de moyens d'action sur eux. Une articulation même élémentaire est donc essentielle et celle-ci est possible parce qu'elle procède par analogie. Et ainsi, à travers elles, la continuité au lieu du gouffre a été créée. De telle sorte qu'on peut dire que toute représentation est inconcevable sans une pratique correspondante. Godelier a bien souligné que la pratique symbolique n'est pas seulement une action sur les « puissances » qui transcendent la vie humaine, mais qu'elle est aussi une action sur l'individu et sur le groupe.

> « La religion n'est pas seulement action sur le monde, mais "action sur soi". Par exemple, tout rituel, toute pratique magique s'accompagne de quelque restriction ou interdit supporté par l'officiant et/ou par le public. Toute action religieuse sur le monde, sur les forces secrètes qui dirigent le monde, implique et met en œuvre une action de l'homme sur lui-même pour communiquer avec ces forces, les atteindre, se faire écouter et obéir d'elles. Le pouvoir magique se paye de restrictions (alimentaires, sexuelles ou autres), de contraintes sur l'homme... Le tabou, l'interdit, la contrainte ne sont pas restriction du pouvoir mais accumulation de puissance. »[36]

36. Maurice GODELIER, *op. cit.*, p. 333.

Cette pratique symbolique comprend rites et rituels, cérémonies, spectacles, gestuelle, rêves, formes et rythmes, conduites et procédures, et l'instrument symbolique par excellence : la parole.

Turner définit le rituel de la façon suivante :

> « Le rituel est un comportement formel prévu pour des occasions qui ne sont pas celles qui appartiennent à la routine technologique, et intimement lié à des croyances en des êtres ou des pouvoirs mystiques. »[37]

Pris dans son ensemble, le rituel est donc un acte que pose une collectivité. Cette expérience ou événement est re-créé, re-vécu symboliquement par les participants. Le rituel est donc un agrégat ordonné de symboles. Le rituel est dépositaire de la codification qu'un groupe déterminé fait de ses rapports avec l'inconnu et, à ce titre, il revêt le caractère d'une convention sociale ; donc il est susceptible d'être modifié, et cela en dépit du fait qu'il a partout tendance à porter le poids du passé, à trouver sa force — peut-être même son mystère — dans la perception qu'ont les individus de son origine « dans la nuit des temps » et de sa projection dans l'avenir. À cet égard, il est difficile de comprendre la remarque de Turner à l'effet que ce qu'il y a de particulièrement important dans le rituel, c'est sa capacité créatrice : « ... il crée ou recrée, les catégories à travers lesquelles les hommes perçoivent la réalité... »[38]. Cette remarque s'accommode mal de la définition qu'il donne du rituel et que nous avons citée plus haut. Le rituel reproduit, traduit les valeurs importantes d'une société. Les rituels sont des moyens, des instruments dans les mains d'une société — sous contrôle de ministres cependant — pour agir sur sa réalité. Ces instruments sont efficaces dans la mesure où ils sont au service du système de représentation dans sa globalité (religion, magie, etc.). Ils ont pour but non seulement de transmettre, d'exprimer un savoir séculaire, mais aussi de proposer et d'affirmer les normes sociales qui prévalent dans la société. Ainsi, le rituel apparaît comme un lien entre les individus — pris séparément et ensemble — leur réalité matérielle et les institutions à vocation représentationnelle ou sociale. Étymologiquement, rituel vient du latin « ritus » et signifie une série ordonnée d'actes humains, de caractère traditionnel, et réputés sensés et

---

37. Victor Witter TURNER. *Symbols in Ndembu Ritual*, 1966, p. 19.
38. Victor Witter TURNER. *The Forest of Symbols ; Aspects of Ndembu Ritual*, Ithaca, N.Y., Cornell Univ. Press, 1967, p. 7.

efficaces. Le rituel s'adresse donc aux deux pôles de la réalité humaine: le matériel et l'immatériel, le technologique et le symbolique.

Dans la mesure où rites et rituels forment un agglomérat d'actes symboliques, il est légitime de se demander à quelles réalités de la vie des individus ils s'adressent. Au début du siècle, un anthropologue travaillant à la Sorbonne, Arnold van Gennep, publiait un travail qui allait faire date dans les études sur les activités symboliques des sociétés humaines: *Les rites de passage* [39]. Dans cette étude, il constate que dans un nombre considérable de rites et rituels entre un élément de « passage » d'un état quelconque à un autre. Il distingue trois phases par lesquelles le rite fait passer l'initié: une phase dite « préliminaire », au cours de laquelle l'initié est en quelque sorte déraciné de ses anciennes conditions sociales (de ses rapports sociaux pré-existants); la seconde phase, appelée « liminaire », au cours de laquelle l'initié ou sujet est ré-intégré soit à ses rapports sociaux antérieurs, soit à de nouvelles conditions de vie sociale, dans toutes les sociétés, et plus spécifiquement à des besoins de mouvement ou de mobilité dans l'espace, dans le temps et dans les diverses situations sociales [40]. L'analyse de van Gennep, il convient de le noter, est toute imprégnée de la dichotomie de l'époque entre le sacré et le profane. D'autre part, l'auteur applique son analyse non seulement au secteur des rapports sociaux, mais également aux relations de l'individu à son univers physique, et les rites qui accompagnent les changements d'années, de saisons, etc. [41], sont également conçus comme des « rites de passage » et par conséquent soumis aux mêmes lois fondamentales. L'analyse de van Gennep n'a pas subi l'érosion totale du temps. Les études ethnographiques qui l'ont suivie ont démontré en partie la justesse de son découpage des rites, ainsi que la variabilité

---

39. Arnold Van GENNEP. *Les rites de passage*, Paris, E. Naurry, 1909.

40. Ces rites de passage sont ordinairement associés à des moments importants de la vie de l'individu ou des groupes, tels la naissance (baptême, purification...), le mariage (enterrement de vie de garçon...), la mort (enterrement, crémation, embaumement...), l'initiation (dans un groupe d'âge, dans une profession, dans une société fraternelle telle les Chevaliers de Colomb, les Rose-Croix, etc.).

41. Les rites de cette catégorie concernent ordinairement des réalités qui ont à voir soit avec la fertilité (humaine, des espèces, animales ou agraire), soit au rythme des saisons (solstices et équinoxes), soit encore avec les mouvements des astres et des planètes (en particulier du soleil), etc.

de leur intensité respective [42]. En reconnaissant les liens étroits qui existent entre les rites — et d'une façon plus générale dans tout le processus de la représentation — et les activités productives des sociétés humaines, entre la théorie et la pratique symbolique, entre la nature et la sur-nature, van Gennep a certes agi en pionnier. Cependant, au-delà du « comment » il y a le « pourquoi », et sur ce plan, l'anthropologie a franchi de longues distances depuis *Les rites de passage* [43].

Ainsi, les rites et rituels sont des actes instrumentaux qui concrétisent symboliquement — c'est-à-dire selon des manières habituelles — certaines situations régulières mais potentiellement périlleuses [44]. Dans ce sens, les rites et rituels jouent vis-à-vis du groupe un rôle peu commun de renforcement des rapports sociaux menacés. Cérémonies et spectacles remplissent sensiblement les mêmes fonctions. Ensemble, ils commandent à la fois des conduites (des règles et attitudes vis-à-vis des initiés, des officiants, des interdits [45], des tabous, etc.), des procédures (codes d'élaboration des rites, rituels, cérémonies, spectacles, etc.), des techniques, connues de tous ou réservées à quelques initiés ou « choisis », et susceptibles de faciliter, voire même de rendre possible l'accès à cet univers (techniques de manipulation, de divination, incantations, actes magiques...).

Enfin, les instruments de la symbolisation sont ainsi conçus qu'ils ont un représentant dans la société elle-même. Celui-ci peut donc agir comme agent, médiateur, intermédiaire entre les « théories et les pratiques », entre le corpus de

---

42. Van Gennep souligne l'importance accordée à la phase de séparation dans les rites entourant la mort ; l'importance que revêt l'idée d'intégration ou d'incorporation à l'occasion des rites associés au mariage ; ou encore la phase transitoire que l'on retrouve dans certains rites initiatoires ; enfin, l'idée de « passage » d'un groupe d'âge à un autre.

43. Turner, par exemple, classe les rites en deux grandes catégories : les rites de passage et les rites d'affliction (chasse, fertilité et maladies).

44. Nous entendons « périlleuses » dans son sens le plus large. Non seulement une situation donnée peut être périlleuse physiquement ou moralement, mais elle peut l'être également dans ce sens que si elle n'est pas accompagnée de ces actes, son effet de renforcement ne sera pas le même, et, partant, la situation sera périlleuse pour le groupe (c'est le cas, me semble-t-il, des initiations dans les sociétés fraternelles).

45. Par exemple, l'interdiction d'entrer en contact avec l'homme qui s'engage dans une expédition de chasse ou de pêche ; l'interdiction à un homme de pénétrer dans les locaux réservés aux moniales ; l'interdiction des rapports sexuels à l'occasion de pratiques magiques, etc.

croyances institutionnalisées et les actes d'accompagnement. Chamans, prêtres, sorciers, ministres, « medecine-men » ou guérisseurs, artistes, etc., manipulent les instruments susceptibles d'influencer le cosmos. Ce sont ordinairement des hommes ou des femmes qui, pour quelque raison physique, sociale ou psychologique, sont sortis de l'ordinaire, possèdent des « puissances » leur permettant de mieux entrer en contact et d'agir sur le cours des événements. En tant qu'intermédiaires, ils bouclent la boucle de l'analogie. En tant que médiateurs, ils ont un rôle double et d'une extrême importance ; d'une part, ils participent au monde concret de la société, à titre d'instrument de la symbolisation ; et d'autre part, ils affichent des qualités et attributs qui dépassent ceux du commun des mortels — ils participent et, jusqu'à un certain point, partagent les pouvoirs des « puissances » — et ainsi assument, parfois même « dangereusement » (comme dans le cas des thaumaturges), des comportements qui autrement devraient être réservés aux « forces » ou « puissances » symboliques, dont il a été question plus haut.

E) *Le processus de développement de la pensée analogique* [46] : *le transfert d'énergie*

La production de biens matériels se fait sur une base expérimentale. Essayons de comprendre le processus de développement de la pensée qui est en cause dans le processus de production des biens immatériels.

À l'origine la réalité se présente à la conscience de l'individu sous deux visages : celui du monde extérieur et celui du monde intérieur. Un monde de matière et un monde immatériel ; un monde d'objets physiques, d'événements, et un monde de signification, de sens. Cet univers est donc divisé en deux parties qui comprennent tout ce qui existe, deux parties qui sont confrontées l'une à l'autre (le matériel et le non matériel) bien que complémentaires. Il n'y a donc pas de rupture entre ces deux parties : il y a confrontation et continuité. Il y a donc nécessité de faire la jonction entre les deux, de les articuler. Or l'expérience a eu tôt fait de démontrer aux humains qu'ils ne

---

46. Si dans cette section nous empruntons beaucoup à Maurice Godelier, un des rares anthropologues à s'être attardé avec François Houtart à l'œuvre difficile de l'élaboration d'une théorie générale de la religion, nous assumons par contre l'entière responsabilité des propos qui y sont tenus.

peuvent intervenir efficacement sur cet univers que de façon fort limitée : ils ne peuvent changer le cours du temps, modifier les saisons, amarrer le soleil ou transmettre leurs ordres par la pensée. Ce qui fait que la réalité globale se présente à l'expérience humaine sous l'angle du contrôle qu'on est en mesure d'exercer sur elle. Il y a donc un secteur de la réalité totale que les humains contrôlent — certains éléments de son monde extérieur et certains éléments de son monde intérieur, comme son organisation sociale, certains rapports sociaux, certaines pensées et sentiments, etc. Cette réalité qu'ils dominent fait donc partie intégrante de leur vie, de leur univers. Mais il y a aussi tout un secteur de la réalité totale qui échappe à leur contrôle. Et ici encore ses éléments sont issus à la fois de leur monde intérieur et de leur monde extérieur. Cependant ce secteur prend alors l'allure de réalités qui échappent à l'appréhension « naturelle » ; celles-ci assument donc un caractère « sur-naturel ».

Il importe que l'explication (c'est-à-dire l'aspect théorique) et le contrôle (c'est-à-dire l'aspect pratique) des réalités « sur-naturelles » complètent l'explication et le contrôle des réalités « naturelles »[47]. Or, dans ses rapports avec la « nature », l'individu résout ses problèmes de contrôle et d'approbation des ressources dont il a besoin sur la base d'un procédé d'échange, de transfert d'énergie, c'est-à-dire de « forces », de pouvoirs, de maîtrise, de puissances que chaque partie offre ou oppose à l'autre. Ces « puissances » sont donc agissantes — et non pas statiques ; selon qu'il s'agit de l'homme ou de la nature, du monde extérieur ou du monde intérieur, ces « puissances » sont douées soit de conscience, soit de volonté, de vie, en tout cas de potentialités, de capacités. Elles sont capables d'actes, d'actions, de communications avec d'autres réalités qu'elles-mêmes, y inclus les humains ; comment pourrait-il en être autrement pour celles qu'ils ne contrôlent pas ? Il est donc normal qu'elles aussi assument l'essence de « puissances », leur caractère distinctif étant qu'elles sont supérieures aux précédentes, puisque les humains sont incapables de les contrôler, qu'elles sont plus mystérieuses que les autres, puisqu'elles ne révèlent pas toute leur vérité (ou véritable essence).

---

47. « Naturel » est entendu dans son sens le plus large, puisque, ici, il inclut non seulement la nature, mais également certains aspects de la pensée des humains. Ces réalités sont dites naturelles parce qu'elles sont saisissables, qu'elles font partie de la « nature » humaine.

Mais elles aussi sont capables d'actes, d'actions, de communications avec d'autres réalités qu'elles-mêmes, y inclus les
humains. Or l'individu ne saurait se représenter, c'est-à-dire
chercher à s'expliquer et à contrôler, ces « puissances » de la
réalité qu'il comprend et maîtrise, que par *analogie* avec elles.
Ainsi, ce processus de la pensée est le seul que l'on puisse
raisonnablement imaginer. Godelier nous dit que « l'analogie
est le principe général qui organise la représentation du
monde dans et par la pensée primitive »[48].

Ces réalités non contrôlées, et toutes les « puissances »
qu'elles révèlent, sont donc distinctes des premières, bien
qu'en parfaite continuité avec elles. Elles sont nées, et donc
font partie de l'univers total de l'humanité. Ainsi, elles ne sont
ni imaginaires, ni illusoires ; elles ne sont pas un leurre ni pour
ceux qui échangent avec elles, ni pour les autres. Elles ne se
veulent aucunement le « double », ni le « reflet » des réalités
contrôlées ; elles en sont le partenaire indubitable et entretiennent avec celles-ci des rapports dialectiques qui ne sont
pas sans conséquences pratiques.

Elles se présentent sous une forme cohérente mais en
étroite corrélation avec les autres dimensions de la réalité
globale de la société : la dimension matérielle et la dimension
sociale. À cet égard, nous nous écartons quelque peu de la
position de Godelier quand il dit :

> « Quels sont le contenu et la forme de ces analogies ? Elles
> représentent les forces et réalités invisibles de la nature comme
> des "sujets", c'est-à-dire comme des êtres doués de conscience, de
> volonté, communiquant entre eux et avec l'homme. La nature,
> au-delà de ses apparences visibles, se double donc, pour la
> conscience, d'arrières-mondes imaginaires habités par des sujets
> idéaux qui personnifient les forces invisibles, les puissances
> supérieures et mystérieuses de la nature. Les idéalités créées par
> la pensée se présentent donc comme un monde organisé de
> représentations illusoires, monde qui domine la pratique et la
> conscience humaine. »[49]

Les êtres humains cherchent donc à s'expliquer à eux-
mêmes l'inexpliqué, c'est-à-dire à se le représenter, car ils
veulent de cette façon se le concilier, contrôler l'inconnu, se
permettre ainsi un mieux-être parce que son action est alors
plus prévisible. Il ne suffit donc pas pour eux d'assurer leur

---

48. Maurice GODELIER, *op. cit.*, p. 337.
49. Maurice GODELIER, *op. cit.*, p. 330.

subsistance, démarche passablement statique ; il s'agit aussi de conquérir sans cesse un mieux-être, et le mieux-être passe par le collectif. L'individualité est source d'angoisse ; voilà pourquoi la « socialité » existe chez tous les animaux. Nous commençons à peine à connaître le comportement social de ceux-ci, bien que l'on ait fait beaucoup de chemin depuis le temps où la « société » n'était permise qu'aux abeilles et aux primates. Il y a donc nécessité de socialité et, partant, de reproduction collective. Cependant, celle-ci est sans cesse menacée, ou pour le moins elle n'est pas entièrement sous le contrôle de la société ; elle est menacée par les inégalités, les luttes sociales, la répression, etc. Il y a aussi certaines réalités physiques telles que la pluie et les inondations, les tremblements de terre, la maladie et la mort, etc. Et ces forces qui sont indubitablement réelles, il faut bien que « quelqu'un » en soit maître, les contrôle d'une façon générale ; on est donc forcé de conclure que ce contrôle est exercé par des puissances « mystérieuses » (qui se situent en dehors de l'expérience immédiate de chacun), donc « sur »-naturelles (qui se situent au-delà de la nature, c'est-à-dire de l'expérience sensible). Mais comme elles influencent quotidiennement la vie des individus, il est impérieux de s'adresser à ces « puissances », d'entrer en communication avec elles afin d'engager un dialogue, car toute rupture ou absence de communication serait néfaste, ouvrant la porte à un arbitraire impossible à supporter. Mieux vaut savoir quand il va pleuvoir et à qui s'adresser pour faire cesser ou obtenir de la pluie que de subir passivement les effets imprévisibles de celle-ci. Il est préférable de savoir où va l'individu après sa mort que de l'abandonner à la terre destructrice (c.-à-d. à la putréfaction), etc. Résumons-nous. Nous avons d'abord une conception, puis une action qui découle de cette conception : la conception ici (c.-à-d. l'existence de puissances surnaturelles), c'est l'élément théorique de la représentation ; et cette représentation doit déboucher sur une action pratique. En d'autres mots, il faut pouvoir poser des actes pour en arriver, au minimum à se concilier et, au mieux, à contrôler ces puissances. Cependant, comme il s'agit de puissances « mystérieuses », l'action exercée sur elles ne saurait être que « symbolique », c'est-à-dire ne pouvant être atteinte que par l'intermédiaire de signes ou symboles se rapportant à sa réalité. Les symboles sont des moyens de mettre en ordre la réalité « mystérieuse » de façon à la rendre intelligible. La symbolisation est donc communication. Dans le concret de la vie cependant, cette pratique symbolique se traduit dans des formes sensibles, tels la prière, les rituels, les gestes, etc. Cette action, disons-le tout de suite, vise non seulement à être propitiatoire mais également à modifier ou, à tout le moins, à s'assurer du maintien des conditions matérielles et sociales d'existence du groupe, bref de sa reproduction [50]. C'est pourquoi il s'agit de représentations collectives. Au terme du processus de la représentation, qui vise essentiellement à consolider les assises de la reproduction des individus et du groupe, il y a, bien sûr, la perception qu'on a de l'efficacité de l'intervention de ces « puissances » à l'endroit des humains et de la société, et cette perception est spécifique à chacun. Elle peut parfois jouer le rôle de moteur de changements.

Il y a donc processus de représentation collective. Mais on peut se demander comment se fait ce processus de transformation de la réalité naturelle ou sociale en représentations [51]. Comment les humains se représentent-ils ces « puissances », réelles mais invisibles, mystérieuses et supérieures à eux ? Commençons par reconnaître que dans le processus de représentation, il y a transmutation, c'est-à-dire qu'il y a passage d'une réalité présente, donc objective, de l'expérience humaine, à une re-présentation, donc à une réalité subjective [52]. Quels sont les mécanismes de cette re-présentation ? La pensée se représente les puissances mystérieuses et invisibles, les forces de la nature et de la société, comme des êtres analogues à ceux du monde des hommes (c'est-à-dire au monde extérieur), qui empruntent par conséquent les attributs de ce monde physique et humain (sentiments d'amour, de haine, de vengeance, de contrôle, etc., capacité d'actions impersonnelles, dangereuses, imprévisibles, etc.), ... mais qui en diffèrent en ceci qu'ils savent ce que l'homme ne sait pas, font ce que l'homme ne peut faire, contrôlent ce qu'il ne contrôle pas, « donc diffèrent de l'homme en ceci qu'ils lui sont supérieurs » [53].

---

50. Dire reproduction — c'est-à-dire aspirer à l'élaboration d'un processus de production parfait — c'est en même temps aspirer à la reproduction du groupe (donc reproduction sociale), car l'existence physique des êtres n'a aucun sens en soi et pour soi. L'être humain ne se conçoit que dans des rapports avec d'autres êtres humains.

51. Voir Maurice Godelier, en particulier son « Fétichisme, religion et théorie générale de l'idéologie chez Marx », reproduit dans *Horizons, trajets marxistes en anthropologie*, Paris, Maspéro, 1973.

52. Maurice GODELIER. « Mythe et histoire : réflexions sur les fondements de la pensée sauvage », repris dans *Horizons, trajets marxistes en anthropologie*, Paris, Maspéro, 1973, p. 372.

53. *Ibid.*, p. 373.

Le monde des puissances supérieures est donc perçu dans son ensemble comme participant à une société analogue à la société humaine, ou à tout le moins comme fonctionnant sur les mêmes principes d'interrelations que ceux qu'on observe chez les humains. La représentation est donc collective; elle est fondée sur les principes de fonctionnement de la collectivité et procède par analogie. Mais pour Godelier, l'analogie engendre une représentation fausse de l'inconnu, ce qu'il appelle, après Marx et Engels, « une représentation illusoire de ce qui échappe au contrôle immédiat, empirique de l'homme». L'illusion, dit-il, est la fille de l'analogie. En procédant par transposition analogique, c'est-à-dire en se représentant le monde des choses (nature) comme un monde de personnes (culture), l'homme crée une double illusion: d'abord sur lui-même, puisqu'il prête aux puissances et aux forces qui lui échappent une existence extérieure à l'homme et indépendante de lui, donc qu'il s'aliène dans ses propres représentations; ensuite une illusion sur le monde, qu'il peuple d'êtres nés de sa pensée et façonnés à son image et à sa ressemblance, donc capables de dialoguer avec lui, auxquels on peut adresser des suppliques et qui acceptent d'y répondre, de façon bienveillante ou hostile[54]. Illusion donc née d'une explication fausse et d'une action imaginaire. Ce processus de représentation analogique donne alors lieu à une opération de dédoublement de la réalité, au cours de laquelle la réalité objective devient spontanément une réalité subjective et où celle-ci est finalement traitée comme une réalité objective. Il y a donc un monde de représentation et un monde réel. Il serait peut-être utile cependant de ne pas confondre aliénation et illusion. Bien des hommes sont aliénés dans beaucoup de sociétés sans pour autant se nourrir d'illusions. La représentation n'est pas une illusion; elle n'est pas un dédoublement, car l'explication que se donne l'individu de son monde intérieur, comme nous l'avons rappelé, est réelle et cohérente, puisqu'elle est collective. Autrement les meilleurs des rapports sociaux se convertiraient en une vaste illusion.

Pour l'anthropologue, l'entreprise d'analyse du processus de représentation collective est de taille. Marx l'avait depuis longtemps compris. Il disait : « Il est en effet bien plus facile de trouver par l'analyse, le contenu, le noyau terrestre des conceptions nuageuses des religions que de faire voir par une voie

---

54. *Ibid.*, p. 374.

inverse comment les conditions réelles de la vie revêtent peu à peu une forme éthérée. C'est là, la seule méthode matérialiste, par conséquent scientifique. »[55]

En résumé, on peut dire que le phénomène de la représentation se présente sous un angle double : théorique et pratique, c'est-à-dire fait de conceptions, de croyances, d'idées de l'existence de puissances sur-naturelles, et à la fois d'actes ou d'actions posés par les humains en harmonie avec cette conceptualisation. Ces actions revêtent un caractère symbolique, il va sans dire, puisqu'elles s'adressent à des puissances mystérieuses, mais elles empruntent des formes sensibles. Elles visent à assurer le maintien des conditions matérielles et sociales d'existence, c'est-à-dire la reproduction collective, mais parfois aussi à modifier ces conditions. Comment les humains se représentent-ils ces puissances, réelles mais invisibles, mystérieuses et supérieures à eux ? Par le passage ou la transposition d'une expérience concrète (réalité objective) à une expérience symbolique ou représentation (réalité subjective). La pensée se représente les «contrôleurs» de ses «impuissances» de la seule façon qui lui soit accessible : par analogie avec la réalité matérielle. Si dans celle-ci c'est l'humain qui contrôle les «forces» qu'elle recèle, dans la réalité non matérielle ce qui (ou ceux qui) contrôle les forces incontrôlées ne saurait être que des «êtres» analogues à l'être humain. D'où, d'ailleurs, l'attribution à ces «êtres» de caractéristiques analogues à celles que possèdent les humains sauf, bien entendu, le fait que ceux-ci soient plus puissants que lui, voire même tout-puissants. Ainsi, le monde est conçu en deux parties : la matérielle et l'immatérielle, toutes les deux réelles. La forme et le contenu que prendra ce système de représentation dépendront de facteurs historiques propres à chaque société.

On aura sans doute remarqué que nous avons évité depuis le début de ce travail d'employer le terme «religion» pour désigner l'ensemble de la représentation. Nous l'avons fait à dessein, pour que l'on puisse se rendre compte que le monde des représentations collectives englobe beaucoup plus que la pratique religieuse. Tout ce qui constitue un ensemble d'idées particulières, ainsi que les pratiques qui leur sont associées, s'adressant à un aspect particulier de la relation des êtres humains avec leur environnement et avec d'autres hommes, fait partie du domaine de la représentation.

55. Karl MARX. « Le Capital », dans *Œuvres*, Paris, Gallimard, 1965, t. 1, p. 915 (Bibliothèque de la Pléiade).

F) *Langage, rythmes et formes*

Avant d'être des instruments au service de la représentation, la mandibule, la langue et la main ont d'abord été, chacune à sa manière, au service de la production, de la fabrication, de la technicité. Cependant, très tôt, l'individu a fabriqué ses instruments, techniques et symboliques. À ce niveau, le langage apparaît comme une nécessité au même titre que les outils, et c'est ce qui fait dire à Leroi-Gourhan que : « il y a possibilité de langage à partir du moment où la préhistoire livre des outils, puisque outil et langage sont liés neurologiquement et puisque l'un et l'autre sont indissociables dans la structure sociale de l'humanité »[56]. La préoccupation essentielle du présent paragraphe porte sur le système dont les humains sont dotés et qui leur permet de reproduire et ainsi de conserver les produits de la pensée et de l'action individuelle et collective[57]. Ce processus a débuté très tôt dans l'histoire de l'humanité, puisque c'est bien à des préoccupations de caractère symbolique, représentationnel qu'il faut relier les premières manifestations de l'art, à la fin du paléolithique moyen (vers 40 000 av. J.-C.). Cette première représentation n'est pas, comme on serait tenté de le penser, essentiellement photographique ou figurative ; elle est au contraire abstraite (Arcy-sur-Cure). Elle a d'abord été faite de rythmes avant de s'attacher aux formes, lesquelles ne feront leur apparition qu'à partir de 35 000 av. J.-C. Elle a d'abord été idéographie avant d'être pictographie. Leroi-Gourhan croit qu'à ce stade de développement, ce que conventionnellement on appelle l'art figuratif est directement lié au langage et est beaucoup plus apparenté à l'écriture, ou à une forme très générale de communication, qu'à l'œuvre d'art. Cet « art » parahistorique tourne presque toujours autour de thèmes magico-religieux ou mythologiques. Il est en vérité le premier instrument connu de représentation symbolique de l'humanité. Après lui, cohabiteront, chevaucheront les formes et les rythmes : les manifestations les plus connues en Europe, par ordre d'ancienneté, étant Ferrassie, Haute-Laugerie, Vestonice, Lascaux, Niaux, Altamira, Les Trois-Frères, etc.[58]. Graduellement, l'art et le

---

56. Il n'est pas de notre propos de développer ce point ici. On peut se référer à André Leroi-Gourhan dont le travail (*Le geste et la parole*, Paris, Albin Michel, 1964, t. I) porte précisément sur les liens entre motricité technique et langage. La citation est de la page 163.

57. André Leroi-Gourhan, *op. cit.*, p. 261.

58. André Leroi-Gourhan. *Préhistoire de l'art occidental*, Paris, Mazenod, 1965 (L'art et les grandes civilisations).

langage — en particulier écrit — se séparent en tant que forme et fonction de la communication. Ils acquièrent, l'un par rapport à l'autre, une relative indépendance. Mais l'art restera longtemps lié à l'univers magique, mythique, religieux. L'art, sous toutes ses formes, est pluri-dimensionnel, et à ce titre il accomplit ce que le langage ne peut accomplir, une représentation dans le temps et dans l'espace, avec une économie de moyens, de certains éléments fondamentaux de la nature et de la culture.

Chez les premiers humains, la représentation s'est probablement exprimée concrètement à travers un système de mimes et de sons. Au cours de l'histoire, les modes de communications, instruments privilégiés de la représentation symbolique sont passés par des avenues visuelles, parallèlement à la forme auditive. D'abord les rythmes, ensuite les formes, et maintenant la systématisation en symboles arbitraires : l'écriture. La main n'est plus uniquement productrice, elle est facteur de transmission de symboles. Le langage est faculté de symbolisation. En fait, il représente la principale activité symbolique de l'individu. Se représenter la collectivité ou la nature, c'est l'évoquer et l'invoquer par des signes, c'est-à-dire dans un langage. Un langage suppose à son tour un besoin ou une faculté de communiquer, donc une société : c'est-à-dire des rapports sociaux particuliers. C'est un phénomène connu et très répandu que celui qui veut que le nom donné à un être ou à une chose se confonde avec la réalité désignée. Durkheim, dans *Les formes élémentaires de la vie religieuse*[59], soutenait que pour les « primitifs », le nom était beaucoup plus qu'un mot, c'était la chose désignée elle-même. L'un et l'autre, nom et réalité, étaient inséparables. Leroi-Gourhan rétablit cependant les faits :

> « Cette attitude, dira-t-il, prêtée aux "sociétés primitives" dans leur comportement "magique" est aussi réelle dans le comportement le plus scientifique puisqu'on n'a de prise sur les phénomènes que dans la mesure où la pensée peut, à travers les mots, agir sur eux en construisant une image symbolique à réaliser matériellement. »[60]

---

59. Émile DURKHEIM, *op. cit.*
60. André LEROI-GOURHAN, *op. cit.*, tome II, p. 163-164. « Donner aux êtres leur nom, c'est les transformer en image symboliquement réglée, assimilable, contrôlable par l'homme », p. 156.

On comprendra alors pleinement le rôle instrumental joué par les oraisons, les prières, les formules incantatoires, les chants, etc., dans la relation de la personne aux « forces » inconnues et pragmatiquement incontrôlables. En l'identifiant, en la cernant à l'aide de moyens et dans des proportions humaines, le langage assure une meilleure emprise sur la réalité « surnaturelle ».

G) *Les forces représentationnelles :*
les rapports dialectiques

Il va de soi que les forces ou puissances symboliques (médiateurs de toutes sortes) sont en étroite relation avec les instruments de la symbolisation (systèmes et pratiques); il s'établit entre eux des rapports dialectiques nécessaires. Tout comme dans le cas du processus de la production, les moyens de représentation (Forces symboliques — Instruments de la symbolisation) agissent ensemble sur l'Objet de la représentation, et ce rapport donne lieu aux « forces représentationnelles ». On peut exprimer schématiquement cette relation de la manière suivante :

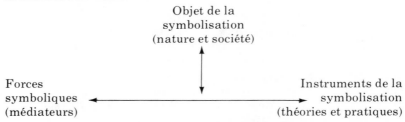

Objet de la
symbolisation
(nature et société)

Forces symboliques (médiateurs) ← → Instruments de la symbolisation (théories et pratiques)

L'objet symbolisé traduit un double niveau d'impuissance de l'être humain : impuissance face à la nature, au milieu physique dans lequel il vit et seul capable d'assurer sa reproduction : fertilité, vie, mort, maladie, cycle et rythme des saisons, astres, etc. ; et impuissance vis-à-vis du groupe et des sous-groupes dans lesquels il s'insère : groupe d'âge, classes sociales, structure de pouvoir et d'autorité, rapports sociaux en général. À ces « impuissances » il oppose des « puissances ». Il crée, pour chacune de celles-là, des puissances « représentatives », capables de leur faire face, de les maîtriser, de les apaiser, de se les concilier, etc., en d'autres termes d'obtenir d'elles ce qu'il en souhaite, ou encore d'obtenir qu'elles s'abstiennent de poser tel ou tel acte considéré comme préjudiciable à la personne ou à la collectivité. Les moyens employés (moyens de représentation) pour confronter les puissances ne peuvent pas être que théoriques. Aussi, les forces ainsi rassemblées sont-elles accompagnées d'actes à la fois concrets (analogiques ou connus des hommes) et abstraits, c'est-à-dire des actes à caractère symbolique. À défaut de leur utilité, la société prévoit des pratiques de substitution, compensant ainsi pour les impuissances. Bien sûr ces pratiques n'ont pas d'emprise matérielle sur l'objet, mais elles compensent « analogiquement » et « symboliquement » pour les défaillances de l'action de l'individu et de la technique. Et c'est ensemble, donc sur la base d'une relation réciproque, que les « moyens de représentation » confrontent l'inconnu de la nature et celui de la société et qu'ils se constituent en un système de représentation (voir Ill. n° 2). Ce système de représentation, on l'aura compris, n'est pas indépendant des rapports sociaux propres à chaque société. Enfin, les forces représentationnelles ainsi constituées doivent être mises en présence des rapports sociaux pour que le processus de représentation prenne toute sa signification.

Illustration n° 2 : Les forces représentationnelles

HUMAIN ◄——————— Représentation ——————► MILIEU
(nature, société)

↓

Ordre de représentation

Impuissances ——————————————— Impuissances
face à la nature   relatives au groupe
(cycles, cataclysmes,   (autorité, inégalités
cosmos, vie, mort,   sociales, reproduction
rêve, etc.)   sociale, etc.)

Forces de représentation   ↓   Instruments de représentation
Puissances ◄———————————————► Conceptions et actes
(dieux, esprits, diables,   (religion, magie, mythologie,
mana, chamans, sorciers, etc.)   rites, rituels, etc.)

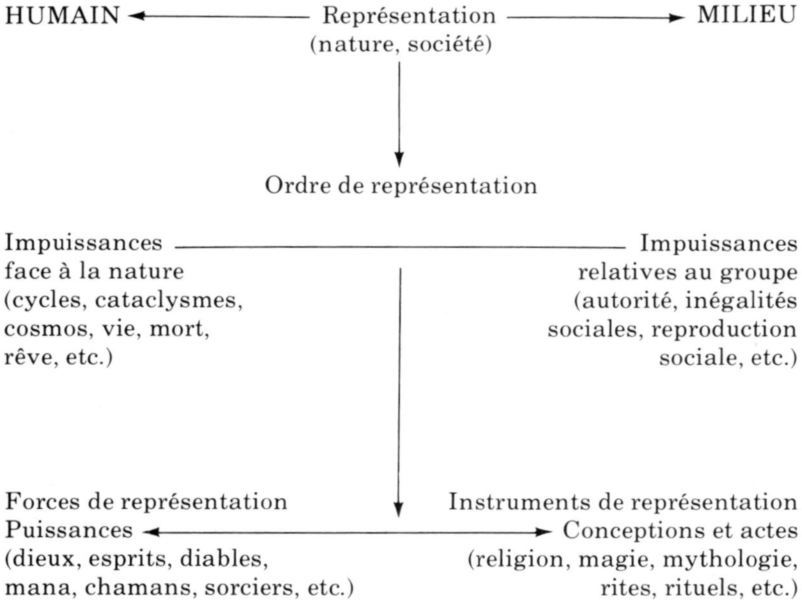

H) *La cosmogonie et la cosmologie : la méta-science*

La représentation est à la fois saisie et organisation du monde — Marc Augé dirait «la construction du monde»[61] — c'est-à-dire la prise en charge de ses origines, générales et particulières, de même que de son fonctionnement : cosmogonie et cosmologie. Suzanne Lallemand définit ces deux termes de la façon suivante :

> «... l'anthropologue peut définir la cosmologie comme un ensemble de croyances et de connaissances, un savoir composite, rendant compte de l'univers naturel et humain ; ... (elle) se présente comme une exigence de synthèse, comme la recherche d'une vision totalisante du monde : réductrice, puisqu'elle dégage et privilégie certains éléments perçus comme constitutifs de l'univers, elle est aussi explicative, car elle ordonne et met en rapport le milieu naturel et les traits culturels du groupe qui l'a produite.»[62]

Quant à la cosmogonie, elle est «centrée sur la création du monde (et) expose, sous forme de mythes, les origines du cosmos et le processus de constitution de la société»[63]. L'auteur ajoute qu'entre les deux notions existent des rapports réciproques importants ; la cosmologie, système de l'univers, de l'ordonnance, de l'environnement, trouve sa cohérence, voire même sa justification, dans son développement historique, d'où l'importance des récits expliquant la formation de cet univers (mythes d'origine, genèse, etc.) ; et à l'inverse, toute explication des origines de cet univers fait appel à certains éléments de l'ordre de ce même univers.

Nous avons souvent fait allusion, dans les pages qui précèdent, au fait que le processus de la représentation consiste en une tentative de «représenter» symboliquement une absence de connaissances matérielles. Cependant, une analyse attentive nous démontre que les représentations symboliques entretiennent des liens étroits avec la réalité matérielle. En fait, les rapports que les deux ordres de connaissance entretiennent sont souvent complémentaires, parfois contradictoires, mais toujours en rapports dialectiques. On ne peut cependant pas légitimement séparer l'une et l'autre connaissance — car les

61. Marc AUGÉ, *op. cit.*, 142p.
62. Suzanne LALLEMAND. «Cosmologie, cosmogonie», dans Marc AUGÉ, *op. cit.*, p. 20.
63. Suzanne LALLEMAND, *op. cit.*, p. 20.

deux le sont à des titres différents. C'est Rey qui a dit que le mythe est bien souvent «le balbutiement rationnel de la science»[64]. Les deux sont savoir, mais ils procèdent de démarches différentes. Si, dans un cas, il s'agit de ce que l'on a appelé la «science», dans l'autre cas, on peut parler de «méta-science»[65]; c'est la charte de la cosmogonie et de la cosmologie d'un peuple: une charte des rapports des êtres humains à leur univers matériel, social, métaphysique et intérieur. Elle est caractérisée par l'explication abstraite analogique, plutôt que par l'expérimentation, car la «science» consacre l'avènement d'un mode de pensée et d'explication sans analogie: elle ne cherche pas à «représenter» mais plutôt à «présenter». Science et méta-science ne sont pas des stades différents dans le développement de l'esprit humain mais plutôt deux niveaux différents et complémentaires, auxquels les réalités matérielles et immatérielles se prêtent à l'appréhension.

Illustration n° 3:
Le processus de production des biens immatériels

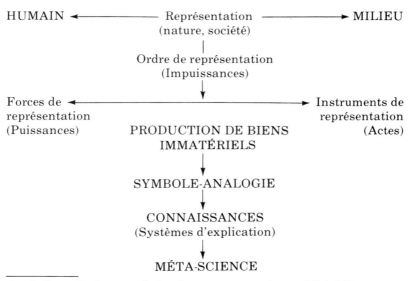

64. A. REY. «La jeunesse de la science grecque», cité par Michel VERRET, *op. cit.*, p. 74.

65. Leroi-Gourhan parle, dans ce cas, de «pré-science»; nous préférons «méta-science» — de meta: ce qui dépasse, ce qui est à côté — pour éviter de donner prise à des erreurs d'interprétation de notre pensée. Car il ne s'agit nullement, dans notre pensée, de considérer cette sorte de connaissance comme étant de quelque manière «inférieure» à l'autre.

III. Les activités sociales

C'est un truisme de dire que les humains sont des êtres sociaux. Ils existent comme une unité en mouvement et, en même temps, ils vivent une coupure fondée sur la différenciation qu'effectue la mémoire collective d'un groupe d'individus par rapport à d'autres (sur la base d'un ancêtre commun, d'une parenté réelle ou fictive que l'on se reconnaît, etc.). Les êtres humains ne sont donc pas qu'une espèce, qu'un phylum, que des quantités discrètes ; ils sont membres, depuis des millions d'années, d'un corps collectif particulier. Les rapports sociaux sont donc fondamentaux : ils sont, en dernière analyse, la charnière de tout l'édifice social. Et ces rapports ne sont pas laissés au hasard ; ils ne sont pas arbitraires ; ils sont organisés et dynamiques. Chaque société construit ses rapports sociaux à sa manière. On peut même dire qu'on est en présence ici aussi d'un PROCESSUS DE PRODUCTION DE BIENS SOCIAUX. Les rapports (sociaux) se modifient (processus) au hasard du jeu de divers facteurs, dont les facteurs économiques ne sont pas les moindres, modelés par chaque société (production) et lui appartenant en propre (biens). Ainsi, les rapports des humains à leur milieu ne s'exercent qu'en tant que ceux-ci sont membres d'un groupe social déterminé, et jamais de façon « objective ». Le rapport devrait donc être compris de la manière suivante :

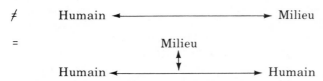

Concrètement, ces rapports sociaux tournent autour des divers systèmes d'organisation (économique, religieuse, politique, juridique) et des formes de division du travail à l'intérieur de ces formes organisationnelles (sur la base du sexe, de l'âge, de caractéristiques biologiques, de différenciation sociale, etc.).

La façon dont les humains s'organisent pour la production de leurs biens matériels trouve son pendant dans la production de leurs biens immatériels, car à partir du moment où on maintient que c'est l'homme qui a créé Dieu à son image et à sa ressemblance, on se voit obligé de chercher à cerner les composantes sociales de la représentation et non pas de s'abandonner à la seule description des éléments symboliques qui la composent. D'autre part, l'organisation sociale est un processus. Une société, on le sait, représente quelque chose de plus et de différent de la somme de ses composantes. L'individu, membre d'une société,

> « ... n'entre pas en rapports avec les autres hommes par simple juxtaposition, mais de manière organique dans la mesure où il fait partie d'organismes qui vont des plus simples aux plus complexes... Bien plus : ces rapports ne sont pas mécaniques. Ils sont actifs et conscients, c'est-à-dire qu'ils correspondent au degré plus ou moins grand d'intelligence qu'en a l'individu. »[66]

Les rapports sociaux de la représentation sont donc liés aux contenus sociaux de ces représentations. Marx disait que les rapports des individus entre eux ou avec la nature se reflétaient idéalement dans leurs représentations. En dehors du fait que dans cette remarque il reprend la théorie du « reflet », il ne s'en dégage pas moins que les représentations ne peuvent pas être conçues à l'extérieur du champ des rapports sociaux. Le système de représentations collectives se nourrit de l'attitude des groupes sociaux (classes et autres groupes) ainsi que de leurs rapports aux conditions d'existence qui leur sont propres.

Les rapports dont il est question ici ne sont pas imaginaires ni fictifs ; ils sont au contraire spécifiques, établis sur des droits, des devoirs et des pouvoirs. Ils engendrent des compétitions sociales et favorisent une participation différentielle (par ex. entre les hommes et les femmes, les cadets et les aînés, les initiés et les non-initiés, les autochtones et les étrangers...). Les rapports sociaux qui nous intéressent ici, ce sont donc ceux qui sont destinés à organiser les relations des humains avec les « puissances » extérieures et donc, aussi, leurs propres relations[67]. Ainsi, il y a division du travail tant entre ceux qui sont gardiens des orthodoxies qu'entre les acteurs des rites. De même, les divers groupes de parenté, classes d'âge, fraternités, etc., participent et assument les représentations de façon inégale. Ces activités différenciées correspondent au niveau de connaissance de la nature que l'être humain a atteint et au niveau de conscience qu'il a de ses propres rapports sociaux ; les mouvements politico-religieux (millénarismes, prophétismes, nativismes, messianismes, etc.) sont, à cet égard, à la fois le baromètre et la réponse historique à ce bilan social.

---

66. Antonio GRAMSCI. *Cahiers de prison*, Paris, Gallimard, 1978, p. 143.
67. Maurice GODELIER. « Mythes, infrastructures et histoire chez Lévi-Strauss » (manuscrit sans date).

Chaque individu est conscient d'agir en tant qu'être social. Partagée, cette connaissance est sociale; il s'agit bien d'une « con-science ». C'est celle-ci qui développe la durée des comportements. « La conscience collective émerge de la communication simultanée des cerveaux des hommes » dit Rosnay [68]. C'est la réalisation de l'existence de mes rapports avec les êtres et les choses. La conscience n'est pas une réalité séparée de la réalité sociale (conditions de vie); elle n'est pas non plus un reflet de cette réalité mais bien une partie de celle-ci, elle participe des conditions de vie. La conscience collective repose sur la mémoire sociale et assure la reproduction des comportements sociaux.

Parallèlement à ce qu'on voit dans la sphère économique, on peut imaginer que les relations dialectiques qui s'établissent inévitablement entre les « forces représentationnelles » et les « rapports sociaux de représentation » donnent lieu à un « mode de représentation », c'est-à-dire à l'ensemble du processus de la représentation d'une société historiquement localisée. Le « mode de représentation » constitue donc la forme concrète, réelle et totale, à partir de laquelle chaque société résout le problème de la satisfaction de ses besoins de compréhension et de rapports avec les « puissances » incontrôlées. On devrait donc pouvoir établir, comme dans le cas de la production, des « modèles » rendant compte des divers « modes de représentation » des sociétés historiquement constituées. Il serait trop long d'élaborer ici ce thème, de même que les rapports que les deux modes ainsi conçus entretiennent entre eux et avec les autres éléments de la structure sociale. Il serait en outre important d'analyser le rôle joué par le langage, instrument par excellence de la représentation, point de jonction entre l'utilisation de l'outil et l'apparition des comportements à contenu symbolique, mémoire des éléments de la conception du monde d'un peuple. Nous y reviendrons dans une prochaine publication.

68. Joël DE ROSNAY. *Le macroscope: vers une vision globale*, Paris, Éditions du Seuil, 1975, p. 128.

Illustration n° 4 : La formation historico-sociale

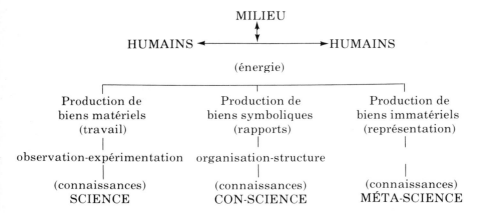

IV. En guise de conclusion

Pour résumer, nous pouvons donc dire que la nécessité de la survie physique et sociale rend nécessaire l'établissement de rapports significatifs avec la réalité immédiatement «appréhensible» — ce qui se fait spontanément — mais également avec la réalité inconnue, ou immédiatement incontrôlable — ce qui se fait plus difficilement. La seule conception de l'existentiel qui soit intelligible à l'homme, c'est la sienne ; rien d'étonnant alors que pour donner une signification, voire une explication, à cet univers (naturel et social) de l'inconnu et du complexe, il procédera par analogie avec sa propre réalité concrète. Ainsi, il soumettra l'objet de ses représentations, les «forces» incontrôlées (ou à expliquer) de la nature et de la société, à l'action de moyens symboliques (de représentation), qu'il aura, au préalable, construits «à son image et à sa ressemblance» : «forces» ou êtres supérieurs, médiums (prêtres, chamans, sorciers, etc.), rites et rituels. La relation dialectique entre l'objet de la représentation et les moyens employés pour parvenir à agir sur lui constituent ensemble ce qu'on pourrait appeler les «forces représentationnelles». C'est sans doute l'apparente continuité, ou absence de rupture entre la nature et la «sur-nature» — éthérée par le processus de représentation — qui a fait dire au romancier, philosophe, poète et critique, Edgar Poe, que le monde matériel est en harmonie rigoureuse avec le monde immatériel. Entre cosmologie et cosmogonie il y a donc continuité.

Si la science officielle (c.-à-d. occidentale) atteste l'importance de l'esprit humain, sa capacité de faire reculer les frontières de la connaissance matérielle, du « mystère », elle démontre par le fait même l'importance de ses représentations. Or celles-ci ont cette particularité d'être collectives, car elles naissent des conditions historiques et sociales propres à chaque société et qui, en cours de route, les modifient. Dans cette évolution, ce sont les perceptions qui sont déterminantes ; il ne faut toutefois pas oublier qu'elles s'inscrivent dans un espace et dans un temps qui ne sont pas universels sous tous leurs aspects. Au hasard des circonstances de la vie, la société se construit — consciemment ou inconsciemment — un ou des modèles d'appréhension de la réalité. Ces modèles sont, selon l'expression de Rosnay [69], analogiques, simples et incomplets. Analogiques parce que les humains ne peuvent procéder à l'analyse des situations qu'à l'aide de moyens ou d'instruments qui sont à leur disposition, bref par analogie avec leur réalité matérielle. Simples parce que non fondés sur le « mystère », donc susceptibles d'être utilisés et compris. Enfin, incomplets parce que l'utilisation même des modèles aspire à rapprocher les êtres humains de la compréhension de la complexité de leur situation. Ils accèdent alors à la connaissance de leur réalité totale, tant matérielle qu'immatérielle : à la science et à la « méta-science ».

La notion de « force », « puissance » ou « pouvoir », on l'aura remarqué, prend une importance insoupçonnée dans l'analyse du comportement social. Sur le plan économique, les êtres humains exercent leur pouvoir en vue de contrôler les ressources matérielles pour leur mieux-être. Sur le plan symbolique, ce « pouvoir » tend à neutraliser les « impuissances » inhérentes à l'essence même de l'humanité, à contrôler les ressources immatérielles. Enfin sur le plan politique, et c'est la forme de pouvoir la mieux connue, ils cherchent à exercer un contrôle sur ces ressources humaines collectives. Raffestin [70] a montré que le premier pouvoir, celui qui avant les autres permet aux êtres humains d'agir sur leurs conditions matérielles d'existence, c'est le travail.

D'autre part, l'univers social est composé d'un ensemble d'individus en position hiérarchique, qui entretiennent des relations de pouvoir entre eux. Ce pouvoir existe en quantité

69. Joël DE ROSNAY, *op. cit.*
70. Claude RAFFESTIN. *Pour une géographie du pouvoir*, Paris, LITEC. 1980.

limitée bien que théoriquement disponible à tous. Il est cependant concentré différemment selon les sociétés. Le pouvoir est à la source de l'action, il puise dans l'énergie première qu'il met au service de sa production de biens matériels, immatériels et sociaux. Le pouvoir forme un système qui comprend à la fois le naturel, le sur-naturel et le social, et qui joue un rôle d'intégration.

En d'autres termes, le « pouvoir » est une réalité suffisamment importante pour englober l'ensemble des activités humaines, ce qui nous permet de faire des comparaisons utiles entre diverses sociétés ou institutions. Chercher à comprendre quelles sont les idées qu'entretient chaque société au sujet du lieu du pouvoir, du contrôle qu'on exerce sur lui, de la façon dont il est manipulé, perçu et agi, voilà qui nous amène au cœur de l'organisation sociale.

L'analyse de la représentation symbolique que nous avons esquissée dans les pages précédentes était à la fois vaste et réductionniste. Vaste parce qu'elle s'adresse potentiellement à toutes les sociétés connues dans le temps et dans l'espace. Il faudrait cependant pouvoir appliquer le modèle à des unités plus petites, car les règles d'organisation sont les mêmes, qu'il s'agisse de petites sociétés (de chasseurs, d'agriculteurs ou de sociétés industrielles), ou encore de sous-groupes à l'intérieur d'une même société (groupes d'âge, fraternités ou entreprises commerciales). Notre analyse a pu apparaître également réductionniste. Ainsi, il est certain que la réalité étudiée ne se résume pas à des schémas simples. Le dynamisme qui préside à l'élaboration des relations dialectiques entre tous les aspects du modèle n'est pas toujours évident lorsqu'on le dissèque. Il faut donc ne jamais perdre de vue la complexité des rapports entre les divers éléments constituants. Dans cette perspective il est indispensable de restituer à la représentation symbolique toute l'importance qu'elle a dans le fonctionnement de l'univers social, sans exclure les sphères économique et politique.

Les sociétés occidentales ont évacué les représentations de leur champ d'action. Pour paraphraser Edgar Morin[71], on pourrait dire que ces sociétés manipulent moins bien leurs représentations que leurs représentations ne les manipulent. Ce qu'il faut bien comprendre, c'est que les sociétés (ou les

---

71. Edgar MORIN. *La méthode. t. 1 : La Nature de la nature*, Paris, Seuil, 1977, p. 341.

sous-groupes à l'intérieur de celles-ci) s'organisent et fonctionnent à l'image de leur perception de l'environnement
physique et social. Or il faudrait éviter de penser que cette
vision ou que ces perceptions sont passives. Elles se cons-
truisent à partir de stimuli transmis par l'environnement,
c'est-à-dire par le groupe culturel auquel on appartient, le
milieu de travail dans lequel on évolue, le cercle d'amis que
l'on fréquente, le groupe restreint de la famille immédiate.
D'autre part, ces perceptions ne sont pas « irréelles » comme on
serait porté à le croire. Elles habitent les individus et les
sociétés. Ce sont les idées que l'on entretient sur soi et sur le
monde immédiat qui nous entoure, tout autant que sur les
puissances ou les dieux lointains. Or les représentations alimentent les actions ; elles se cristallisent en actions. Elles font
partie du tissu social et sont organisées de façon cohérente. Et
il n'y a rien à gagner à les ignorer.

Il est au contraire essentiel d'articuler les relations sociales
des individus et des groupes à ces représentations, car celles-ci
justifient, à leurs yeux, tous leurs comportements. Ainsi les
représentations des travailleurs d'une usine ne peuvent ni ne
pourraient être analysées à partir de critères propres au
système rationnel de la direction de l'entreprise. Il faut au
contraire tenir compte du système de codes symboliques propre
à chaque groupe. La représentation n'est pas un fait pitto-
resque. Elle est un fait social, dans le sens où Mauss le disait.
Elle sous-tend une conception du monde et de la vie, conception
souvent largement implicite, propre à chaque couche ou groupe
social, déterminée dans le temps et dans l'espace. Les représentations doivent donc être réintégrées dans le tissu des
relations humaines de l'entreprise comme de la société. Il n'y a
pas de perceptions « officielles » du monde.

La méthode de l'observation participante [1]

Omar AKTOUF

I. Le travail et la question de la méthode

> « Le groupe n'a jamais ni ne peut avoir le type d'existence
> métaphysique qu'on cherche à lui donner ; nous répétons avec le
> marxisme : il n'y a que des hommes et des relations réelles entre
> les hommes ; de ce point de vue, le groupe n'est en un sens qu'une
> multiplicité de relations entre ces relations. Et cette certitude
> nous vient précisément de ce que nous considérons le rapport du
> sociologue à son objet comme un rapport de réciprocité ; l'enquê-
> teur ne peut jamais être "hors" d'un groupe que dans la mesure
> où il est "dans" un autre. » [2]

Dans son approche du problème de l'homme au travail,
J.-P. Sartre, en posant la question de la méthode, nous aide à
affirmer d'entrée de jeu que la seule réalité en question, pour ce
qui est des groupements humains, reste l'homme « individu » et
la réalité concrète de ses relations. Nous ne nions absolument
pas par là que ces relations peuvent être, et sont en fait,

---

1. Ce texte reprend le troisième chapitre et certaines pages du septième
chapitre d'une thèse de doctorat. Omar AKTOUF. *Une approche observation
participante des problèmes représentationnels, théoriques, épistémolo-
giques liés aux aspects relationnels et organisationnels dans deux usines
de brassage de l'industrie de la bière*, Montréal, H.E.C., 1983.

2. Jean-Paul SARTRE. *Questions de méthode*, Paris, Gallimard, 1976.

médiatisées par l'intermédiaire de «choses» et d'«objets», dont les postes de travail, les «structures», les instruments de production, etc. Mais nous prétendons avec force que les hommes et leurs relations sont les seuls vrais éléments constitutifs de la réalité signifiante que cherche et que doit chercher à comprendre l'enquêteur s'intéressant aux mécanismes de vie des groupes humains — y compris bien entendu ce lieu particulier de regroupement et de mise en relations qu'est le travail.

Ceci nous permet de poser que toute question de méthode d'étude du travail humain sera d'abord et surtout une question de méthode d'étude de l'homme, dans l'une de ses multiples modalités d'être. Cette modalité est celle de l'«être-en-acte», ni plus ni moins. Nous ne ferons que signaler à ce propos toute l'équivoque que contient l'expression «étude du travail». Comme le démontrent l'existentialisme, la phénoménologie et l'anti-psychiatrie, ceci procède de la vaste opération de réification entreprise par notre science et notre rationalité analytique positiviste. Cette entreprise a abouti à dichotomiser un élément double, certes, mais qui ne peut être compris et étudié que comme un tout : l'homme au travail. On y a procédé un peu de la même façon que pour le langage et la pensée, l'esprit et le corps... L'homme a été séparé de son acte et l'acte de son essence humaine. C'est le «rapport d'étrangeté» entre l'homme et son travail dont parle la tradition du travailleur aliéné. L'homme et le travail y sont devenus étrangers l'un à l'autre. Comme le montre très bien André Gorz, la coupure est pleinement consommée de nos jours, et nous aboutissons à ce constat, que nous ne pouvons pas ne pas partager avec lui :

> «Le travail est tombé en dehors du travailleur; le travail s'est réifié, est devenu processus inorganique. L'ouvrier assiste et se prête au travail qui se fait : il ne le fait plus.»[3]

Ne serait-ce pas alors la moindre des choses que de tenter de concevoir une méthode, non seulement qui n'endosserait ni ne cautionnerait cette dichotomie, mais encore qui viserait une réhabilitation du sujet, ou de ce qu'il en reste, face à une situation qui ne devrait avoir d'autre sens que par lui ? Toute autre démarche n'est qu'une perpétuation de l'aliénation et une reconnaissance, en même temps qu'un renforcement supplémentaire, du rapport d'étrangeté dont nous parlions plus haut.

---

3. André GORZ. *Adieux au prolétariat*, Paris, Galilée, 1980, p. 12.

C'est (qui songerait à le contester ?) faire de l'O.S.T. et du taylorisme, le modèle fini de tout rapport homme-travail. N'est-ce pas ce que nous faisons lorsque nous créons des « sciences » qui s'occupent de l'homme, comme la psychologie industrielle ou l'« organisational behavior » (O.B.), et d'autres qui s'occupent du travail, comme l'organisation, la production, les « méthodes »...? Dans cette approche — désormais classique — le travail est toujours une problématique d'ajustements entre matières et outils; l'homme, d'abord tiers exclus, est par la suite intégré, non pas comme pôle dominant, essentiel ou encore « délicat » du triangle, mais comme complément nécessaire; sinon l'idéal de la logique de l'ordre industriel serait de s'en passer, comme « input adaptable », les autres inputs étant donnés a priori et étant définis selon les seuls attributs de la rentabilité.

Nous ne concevons donc d'autre méthode, pour être en accord avec nous-mêmes, que celle qui se rapproche le plus de notre « objet » d'étude; objet que nous avons reconnu comme nécessitant une révision totale des points de vue qui le concernent, en particulier dans le sens d'une non-réification. Cette méthode devra rompre avec à peu près tout physicalisme et tout substantivisme... quantitatif de surcroît!

L'obsession de la mesure entourant la méthodologie en sciences humaines, dont parle A. Kaplan[4], n'est pas une simple vue de l'esprit; elle aboutit à faire de l'ordre du mécanique et de la causalité linéaire le seul ordre connaissable, et des fonctions de la machine l'attribut majeur du vivant. Le but ultime en devient quasiment de la « prouver », d'intégrer au mieux l'objet (en l'occurrence l'homme et son travail) à cet ordre, dans lequel on s'efforce de l'emprisonner en voulant en faire à tout prix une somme d'éléments décomposables et transformables en « hard data ». Ce même « hard data » que F. Herzberg[5] accuse d'avoir causé des dommages irréparables aux théories du management, et qu'il condamne comme pratique relevant du rite et comme déviation grave des objectifs en sciences du comportement organisationnel.

Pour nous, ceci relève d'une mythologie statistique injustifiable et d'une mode tenace de la sophistication. La mythologie

---

4. Abraham KAPLAN. *The Conduct of Inquiry : Methodology for Behavioral Science*, San Francisco, Chandler Publ., 1964.

5. Frederick HERZBERG. « Humanities, Practical Management Education », in *Industry Week*, 15 sept. 1980, p. 44–58, 29 sept. 1980, p. 68–88 et 13 octobre 1980, p. 60–68.

vient, évidemment, de la course effrénée pour le « rattrapage » des « Hard Sciences » et de l'adoration de nouveaux dieux directement reliés à notre Zeus moderne : l'ordinateur. Ces dieux ont pour noms : analyse factorielle de niveau « n », régression multiple, analyse des contingences, analyse typologique, analyse discriminante, corrélations multiples, multicolinéarité, etc. À la limite, la plupart de ces méthodes [6] et leurs sophistications ne se justifient que parce que l'ordinateur permet de les utiliser... La signification du coefficient ou de l'indice recherché atteint un degré d'abstraction et de formalisme tel qu'on se demande de quoi on parle si ce n'est d'une expression mathématique qui, comme en économétrie particulièrement, ne renvoie pour toute réalité qu'à un certain nombre d'hypothèses et de relations formelles établies par un « modèle ». Ce modèle, à son tour, n'est souvent qu'une « hyperabstraction » destinée, ô paradoxe, à « simplifier », c'est-à-dire, comme le montrent — et nous n'insisterons pas là-dessus — G. Devereux et I. Mitroff [7], à « déformer » la réalité, en « forçant » non pas le modèle, comme il se devrait, mais bel et bien l'objet à se « conformer ». C'est proprement de la connaissance à rebours ! La forme, partout, l'emporte sur le sens, la méthode est un rite qui se justifie par sa seule observance.

Depuis les travaux de Durkheim et leur influence en matière de règles, nous sommes habitués à traiter les « faits sociaux » (et les humains) comme des « choses ». Une « chose » peut-elle étudier et comprendre une autre « chose »... dans des relations entre « choses » ? Ne sommes-nous pas dans un domaine où, justement, comme nous le rappelle avec profondeur J.-P. Sartre, « le questionneur se trouve être précisément le questionné » ?

Le travail (au sens global du terme), s'il est un « fait social », n'est pas une « chose ». Il est contingent, relationnel,

---

6. Parmi les spécialistes eux-mêmes, nous pouvons citer des cas de remise en question très sérieux et d'accusations assez graves quant aux prétendues capacités des outils quantitatifs modernes à rendre compte des « réalités » ou même de « causalités ». Voir à ce sujet :
F. BLACK. « The trouble with Econometric Models », in *Financial Analysts Journal*, mars-avril 1982, p. 29–37.
A.S. CHRISTOPHER. « Money Income and Causality », in *American Economic Review*, sept. 1978, p. 540–552.
C.W.J. GRANGER. « Investigating Causal Relations and Cross Spectral Method », in *Econometrica*, vol. 37, no 3, juillet 1969, p. 424–438.
7. Ian, I. MITROFF. *Methodological Approaches to Social Science*, San Francisco, Josey Boss, 1978.

qualitatif, sans frontières, dialectique, dans et hors de l'homme... Il procède du « tout-humain », et le « tout-humain » est un ensemble complexe de rapports entre hommes, lieux, choses et symboles, et aussi de rapports entre tous ces éléments à la fois et l'observateur. Notre méthode devra tenir compte de tout cela ; elle sera donc sans a priori et sans hypothèses, sinon qu'il faut d'abord chercher à comprendre (dans le sens premier, voire « subjectif », du terme), avant de songer à toute « explication causale » ou, encore moins, à toute prédiction. Étant donné que toute enquête par « questionnaire »[8], selon l'heureuse expression de P. Bourdieu [9], a tendance à trouver une preuve du réalisme des questions qu'elle pose dans la seule réalité des réponses reçues, sommes-nous fondés à perpétuer indéfiniment ce « traitement par grattage » superficiel, même si c'est du travail qu'il s'agit ?

Quelle est donc la méthode qui, tout en tenant compte de l'observateur, réhabilitera l'homme comme sujet, acteur historique, et son travail comme fait social intégrant l'être et le milieu dans une unité de perspective, certes complexe mais appréhendant cette réalité pour ce qu'elle est : synthétique et dialectique ? L'ethnologie moderne nous semble pouvoir répondre à cette exigence. L'organisation économique est un lieu de socialisation inséré dans une socialisation plus vaste. Ce lieu n'est que l'expression du système de production à côté et au-dessus duquel se greffent les systèmes de relations et de représentations. Nous désignons par là les relations « concrètes » qui s'établissent entre les hommes, et les éléments symboliques qui « situent » ces mêmes hommes par rapport à ces relations et à leur univers de production. Il ne s'agit pas d'instaurer une autre forme de « folklore » qui viserait à faire de l'entreprise une « tribu », car on ne ferait que reproduire la même faute du « vacuum sociologique » que commettait déjà E. Mayo. Il s'agit simplement de considérer que l'homme-en-production n'est pas « détaché » de celui des rapports sociaux ni des symboles. C'est en quelque sorte faire à l'entreprise une véritable monographie ethnologique, comme l'ont fait E. Mayo, M. Crozier et H. Mintzberg, mais en allant plus loin dans l'approche « clinique ».

---

8. Nous prenons ici le terme questionnaire dans son sens très général d'outil de cueillette de données (ou de « test », d'« inventaire »...), depuis le sondage jusqu'à l'échelle d'attitudes la plus raffinée.

9. Pierre BOURDIEU. *Le métier de sociologue*, Paris, Mouton, Bordas, 1973.

À notre sens une étude du travail, de l'homme au travail, qui se veut « complète » et sans préjugés passe par une telle démarche : synthétique, qualitative, sans a priori, et dans laquelle l'observateur, tout comme l'ethnologue, devra rester conscient de sa « praxis » et du « processus » dans lequel il s'engage et en même temps rendre compte « de l'intérieur » des phénomènes observés. Seul le « séjour anthropologique »[10] peut remplir une telle mission. S'il suffisait d'un questionnaire pour comprendre le travail et ce qui se passe dans l'être du travailleur, il suffirait aussi d'un « interprète » et d'un « sondage » pour connaître le milieu et les systèmes de relations des Trobriandais, des Birmans ou des Arapesh ; qu'en penseraient Malinowski, Leach ou Margaret Mead ?

Et nous, devons-nous nous en contenter ? Éternellement ? Voilà, selon nous, les termes dans lesquels nous devons poser la question essentielle de la méthode face au travail humain, en attendant de voir comment l'ethnologie et son approche participante peuvent mieux nous guider.

II. De l'anthropologie à l'observation participante

Lors d'un colloque tenu il y a deux ans, au Massachusetts Institute of Technology, sur l'état actuel et l'avenir de la science, le professeur Mendhelson (chaire d'histoire des sciences) rappelait avec justesse que la grande vérité dont les sciences de l'homme devraient constamment se préoccuper est que l'homme est avant tout un producteur de symboles, et l'oublier, c'est forcément passer à côté de sa réalité. Le texte de Lionel Vallée est là pour en témoigner. Les « sciences objectives » passent « à côté » en effet, car ce qui est porteur de signification dans une situation humaine est d'abord et surtout d'ordre symbolique et représentationnel. Nous avons donc besoin, dans les sciences de l'homme, d'une discipline et d'une méthode qui non seulement recueillent des données mais contribuent, en même temps, à saisir le sens contextuel, si possible total, de ces données. Nous savons comment B. Manilowski a conduit l'ethnologie à répondre à ce genre d'exigence pour une compréhension plus authentique des faits observés. Seules la phénoménologie sociale et ce que nous dénommons

---

10. Elton MAYO en reste tout de même un exemple très proche et on sait l'importance de ses travaux.

la «science des personnes» peuvent prétendre nous aider à entrer véritablement dans l'«expérience» et le «sens contextuel». Puisque l'anthropologie semble avoir, et depuis fort longtemps, suivi cette voie, pourquoi ne pas profiter de ses acquis et de son exemple?

Encore une fois, J.-P. Sartre nous aide à poser clairement cette nécessité:

> «En se réservant d'étudier, dans le secteur ontologique, cet existant privilégié (privilégié pour nous) qu'est l'homme, il va de soi que l'existentialisme pose lui-même la question de ses relations fondamentales avec l'ensemble des disciplines, qu'on réunit sous le nom d'anthropologie. Et — bien que son champ soit théoriquement plus large — il est l'anthropologie elle-même, en tant qu'elle cherche à se donner un fondement.»[11]

Quand on sait ce que représente l'existentialisme pour les fondements de la phénoménologie sociale et de la «science des personnes», on peut alors très aisément en concevoir l'«englobement» par une anthropologie «repensée» dans le sens que lui donnent non seulement J.-P. Sartre mais aussi D. Cooper, lorsqu'il étudie (et oppose) rationalité analytique et rationalité dialectique:

> «La rationalité dialectique est concrète en ce sens qu'elle n'est rien d'autre que son fonctionnement réel dans le monde des entités réelles. C'est une méthode de connaissance au sens où, par connaissance, nous entendons la saisie des structures intelligibles dans leur intelligibilité même... Mais la dialectique n'est pas seulement un principe épistémologique, c'est aussi un principe ontologique, un principe de connaissance de l'être. Il y a un certain secteur de la réalité, un groupe entier de réalités, que nous connaissons, qui sont animées par un mouvement dialectique... Ce secteur de la réalité est la réalité humaine et son étude scientifique est l'anthropologie, entendue comme la science des personnes. L'anthropologie ainsi conçue constitue la métathéorie d'un certain nombre de disciplines — psychologie, microsociologie, sociologie, anthropologie sociale —»[12]

C'est donc d'abord en tant que métathéorie, capable d'octroyer aux sciences de l'homme cette vision d'ensemble et cette finalité qui leur manquent, mais aussi en tant que point de

---

11. Jean-Paul SARTRE, *op. cit.*, p. 233.
12. David COOPER. *Psychiatrie et anti-psychiatrie*, Paris, Seuil, 1970, p. 24-25.

départ et en tant que « cadre d'interrogation », que l'anthropologie peut être posée comme base d'un discours plus unitaire sur l'homme. C'est en ce sens que nous la situe G. Gusdorf :

> « Trop souvent, en effet, le savant pris au piège de sa méthodologie, perd de vue les tenants et les aboutissants de sa recherche ; et d'ordinaire l'homme d'affaires, l'homme d'action, qui mettent tout en œuvre pour obtenir un résultat particulier, se désintéressent de la situation d'ensemble. L'anthropologie doit être présentée comme une théorie des ensembles humains, comme une pédagogie de l'unité et de l'universalité opposée à la pédagogie de la spécialisation, la seule à laquelle on songe d'ordinaire. »[13]

On pourrait considérer que tout cela est quelque peu ambitieux, et qu'en tant que discipline autonome, l'anthropologie se voit dotée d'un statut et d'une responsabilité qu'elle ne songe peut-être même pas à revendiquer. Sur ce plan, nous pouvons tout de suite remettre les choses en place, en précisant, toujours avec Gusdorf, qu'il n'est pas question que l'anthropologue aille penser, pour le compte du spécialiste, sa propre spécialité (« Le travail de penser la physique doit être fait par des physiciens »), mais qu'elle puisse constituer pour les différents spécialistes, dans le schéma moderne des sciences, ce que constituait la théologie dans le schéma ancien. L'accusation d'impérialisme ou de dogmatisme sous prétexte d'une « anthropologie fondamentale » ne peut donc être retenue. Il ne s'agit en aucune manière d'une quelconque forme d'endoctrinement mais de la condition de la construction d'un savoir, même très spécialisé.

Cependant, à travers cette question de la condition de la connaissance (avec et par l'intégration, au départ, de l'homme) se pose la question de la démarche — et c'est celle qui nous intéresse le plus ici — de la méthode particulière qui sera la plus proche de l'objectif ainsi visé. C'est bien sûr tout naturellement que nous nous tournons vers l'observation participante, méthodologie par excellence de l'anthropologie. Il nous reste à définir le rôle de l'observation participante par rapport aux « techniques » plus « traditionnelles » de notre domaine. P. Bourdieu nous permet à la fois de poser la question centrale de ce problème et d'y apporter la principale voie de solution :

> « N'est-ce pas, par exemple, parce qu'il se présente comme la réalisation paradigmatique de la neutralité dans l'observation

---

13. Georges GUSDORF. *Les sciences de l'homme sont des sciences humaines*, Paris, Belles Lettres, 1967, p. 91.

que, entre toutes techniques de collecte des données, l'entretien non directif est si fréquemment exalté, au détriment par exemple de l'observation ethnographique qui, lorsqu'elle s'arme des règles contraignantes de sa tradition, réalise plus complètement l'idéal de l'inventaire systématique opéré dans une situation réelle ?... Pour oublier de mettre en question la neutralité des techniques les plus neutres formellement, il faut omettre d'apercevoir, entre autres choses, que les techniques d'enquête sont autant de techniques de sociabilité socialement qualifiées. » [14]

Cette observation ethnographique que Bourdieu appelle de ses vœux est représentée par ce que nous conviendrons de retenir sous les termes d'«observation participante». Nous nous devons (avant de voir comment nous avons eu recours, dans notre propre cas, à cette méthode sur le terrain) d'en étudier rapidement les fondements, usages et limites. Sir J.G. Frazer nous décrit la démarche telle que l'appliqua son fondateur :

> «Malinowski a vécu là comme un indigène parmi les indigènes pendant plusieurs mois d'affilée ; jour après jour, il les a regardé travailler et jouer, conversant avec eux dans leur propre langue et tirant ses informations des sources les plus sûres qu'il soit — l'observation personnelle et les déclarations faites directement à lui par les aborigènes, dans leur dialecte, sans qu'intervienne un interprète. » [15]

Malinowski dit lui-même plus loin :

> «Je commençais à participer à ma façon à la vie du village, à attendre avec plaisir les réunions et festivités importantes, à prendre un intérêt personnel aux palabres et aux petits incidents journaliers ; lorsque je me levais chaque matin, la journée s'annonçait pour moi plus ou moins semblable à ce qu'elle allait être pour un indigène. » [16]

«Être un indigène parmi les indigènes» et «prendre un intérêt personnel» à ce qui se passe, tout en amassant un énorme matériel de haute valeur scientifique, voilà les points d'ancrage fondamentaux de cette approche. Parmi les travaux les plus récents et plus systématiquement consacrés à l'obser-vation participante comme méthode de recherche, et parmi les

---

14. Pierre BOURDIEU. *La reproduction*, Paris, Éd. de Minuit, 1970, p. 61.
15. Branislaw MALINOWSKI. *Les Argonautes du Pacifique Sud*, London, G. Routledge, 1922, p. 45.
16. B. MALINOWSKI, *op. cit.*, p. 63.

méthodes de terrain en général, nous pouvons dégager un certain nombre d'enseignements et de définitions supplémentaires.

Pour S.T. Bruyn [17], l'étude sociologique et l'étude des groupements humains d'une manière générale doit, pour être fidèle à son objet, se hisser au niveau des symboles :

« ... If I was to get to the basis of social action in the community, then, I had to interpret the terms in these dialogues at the symbolic levels at which they were expressed... I had to "get personal" with the people who expressed these terms. "Getting personal" with people in a scientific study was not in the textbooks on methodology. »

Après avoir ainsi posé le niveau de « connaissance » auquel se situe l'observation participante, Bruyn continue en constatant qu'il n'existe pas de définition complète et satisfaisante de cette méthode, bien qu'elle ait, selon lui, acquis depuis plus d'un demi-siècle, par son usage de plus en plus répandu, un droit de cité incontestable parmi les techniques de cueillette de données en sciences sociales. La raison en est toute simple pour cet auteur qui, reprenant F. Znaniecki, nous précise :

« The data of the cultural student are always somebody's, never nobody's data. The essential of this data is the humanistic coefficient. » [18]

Plutôt que d'en donner une définition « analytique » qui ne serait, selon lui, que laborieuse et peu opérationnelle, Bruyn nous donne, sous forme de trois « axiomes », l'essentiel de ce qui constitue la méthode :

— l'observateur participant partage la vie, les activités et les sentiments des personnes, dans une relation de face à face ;
— l'observateur participant est un élément « normal » (non forcé, non simulé, non étranger à) dans la culture et dans la vie des personnes observées ;
— le rôle de l'observateur participant est un « reflet », au sein du groupe observé, du processus social de la vie du groupe en question.

---

17. S.T. BRUYN. *The Human Perspective in Sociology, the Methodology of Participant Observation*, Englewood Cliffs (N.J.), Prentice Hall, 1966, p. 10.

18. S.T. BRUYN, *op. cit.*, p. 4.

Sans qu'il le précise de façon explicite, il est évident que S.T. Bruyn se place dans la perspective de l'observateur « insider » ; celui qui s'inclut, qui observe « du dedans » les situations et les personnes. Pour nous, lorsque nous parlons d'observation participante, c'est, bien sûr, de celle-là qu'il s'agit ; l'observation dite de l'« outsider » (observateur qui ne s'implique pas dans la situation) relève d'objectifs et de présupposés méthodologiques différents et n'entre donc pas dans nos préoccupations actuelles.

Jacobs [19], après avoir situé l'observation participante dans ses dimensions fondamentales (« soumission » aux phénomènes et implication « ontologique » de l'observateur), passe en revue un certain nombre de recherches sur différents aspects de la société effectuées sur le mode de l'« insider-participant-observer ». Tout comme Bruyn, il en conclut que c'est là, pour les sciences sociales, le seul vrai moyen de pénétrer le sens des phénomènes observés, de faire vraiment « parler » les données et d'être capable de mettre, beaucoup plus qu'avec toute autre méthode, de la « signification » dans les informations dont on fait état.

Par ailleurs, J. Friedrichs et H. Lüdtke [20] voient essentiellement quatre avantages majeurs à l'observation participante, en tant que méthode de recueil de données en sciences sociales ; elle permet d'abord d'éviter le problème de la différence entre comportement réel et comportement « verbal » ; ensuite de mettre au jour des éléments souvent non conscients chez l'observé lui-même, ou très difficiles à faire ressortir seulement par l'intermédiaire de questions ; elle permet en outre d'identifier des processus qui, si recherchés autrement, ne pourraient se dessiner qu'après une laborieuse et pénible chaîne d'interviews répétés, et enfin d'éviter le problème de la capacité de verbalisation de l'observé. Bien évidemment, ils y voient aussi quelques inconvénients, mais nous en parlerons seulement un peu plus loin, lorsque nous traiterons du problème de la validité de la méthode.

J.-P. Spradley [21] nous propose dans son ouvrage une démarche qui vise à montrer au néophyte comment effectuer

19. G. JACOBS. *The Participant Observer*, New York, G. Braziller, 1970, p. 9.
20. J. FRIEDRICHS et H. LÜDTKE. *Participant-Observer, Theory and Practice*, Farnborough, Hants, Mass. Lexington Books, 1975.
21. J.-P. SPRADLEY. *Participant Observer*, New York, Holt, Rinehard & Winston, 1980, p. 53 et suivantes.

de la recherche de terrain à l'aide de l'observation participante, quelle que soit sa discipline de base. Il y privilégie, bien sûr, l'observation ethnographique, mais il commence par prévenir le lecteur qu'il n'y a qu'une différence de degré entre la forme « naïve » et spontanée d'observation participante, qui intervient dans toute situation nouvelle, et une autre qui relèverait d'une volonté de recherche systématique et organisée. Il distingue six caractéristiques spécifiques de la seconde forme :

— *Le double objectif :* s'engager dans les activités propres à la situation et en même temps observer ces mêmes activités, les personnes et les éléments physiques liés à la situation.

— *L'éveil explicite de l'attention :* être constamment d'une grande vigilance par rapport à tout ce qui se fait, se dit, se passe... pour éviter le biais de l'« inattention sélective » que chacun de nous développe au cours de sa vie.

— *L'approche par « angle ouvert » :* textuellement, Spradley parle de « lentille à angle large » pour signifier que l'observateur participant ne doit en aucun cas « focaliser » son attention sur un nombre réduit d'éléments de la situation. Il doit « capter » le spectre d'information le plus large possible, à tout moment.

— *La combinaison insider-outsider :* l'observateur participant du type « spontané » est totalement un « insider », celui qui s'adonne à la recherche est à la fois, constamment, « insider » et « outsider ». Il est « dans » l'événement qui se fait en tant que participant et « hors » de cet événement en tant que celui qui se prend lui-même, et la situation, comme « objets ».

— *L'introspection :* c'est apprendre à se servir de soi-même en tant qu'instrument de recherche ; une fois chaque situation observée et vécue, le chercheur doit faire un effort systématique d'analyse de son propre rôle, sentiments, jugements, impressions... c'est, nous dit Spradley, l'une des conditions premières (même si fort peu « objective ») d'enrichissement du sens des données recueillies.

— *Enfin, l'enregistrement systématique :* l'observateur-participant tient en permanence un « cahier de notes » où il consigne dans le détail, aussi bien les observations « objectives » que les sentiments et les sensations personnels. Cet enregistrement peut se faire soit simultanément et au fur et à mesure, soit par à-coups, à des moments réservés dans la journée. Cependant, il ne doit jamais s'écouler trop de temps entre le « fait » et sa consignation.

Spradley nous explique ensuite le mode de recueil et de préparation des données ethnographiques (ce dont nous parlerons vers la fin de la présente partie), sans consacrer d'efforts supplémentaires à l'étude du problème des conditions de validité de la technique, surtout lorsqu'elle est transposée dans d'autres disciplines que l'ethnologie. Avant de nous consacrer nous-mêmes quelque peu à cette question, nous voudrions d'abord — et cela ne pourra qu'éclairer une discussion sur la validité — examiner les conditions essentielles et les « pièges » de l'observation participante tels qu'ils sont établis tant au niveau théorique qu'au niveau de l'application. Le problème de l'observateur est très certainement le point d'achoppement le plus délicat. Promu (ou ravalé ?) au rang d'« instrument » de cueillette des données, il mérite que nous fassions un examen très approfondi du rôle réel qu'il tient dans ce processus de participation et d'observation, rôle qui, nous nous en doutons, est forcément loin d'être simple ou univoque.

Avec J.-P. Sartre, W. LaBarre et G. Devereux, nous constatons surtout qu'il n'est pas question de voir dans l'étude de l'homme autre chose qu'un processus laborieux et complexe où chacun des protagonistes — observateur et observé — est inclus dans un mouvement d'interactions « sujet à sujet » ; dans ce mouvement la relation (et donc la connaissance) est faussée dès l'instant où l'on sait que l'action-observatrice de celui qui cherche à « connaître » va, par le fait même de cette action, « transformer » (donc déformer) ce qui est observé.

Voici ce qu'en dit J.-P. Sartre :

> « Dans cet univers vivant, l'homme occupe pour nous une place privilégiée. D'abord parce qu'il peut être historique, c'est-à-dire se définir sans cesse par sa propre praxis, ensuite parce qu'il se caractérise comme l'existant que nous sommes. En ce cas, le questionneur se trouve être précisément le questionné. Il va de soi que cet « être en question » doit se prendre comme une détermination de la praxis..., la connaissance même est forcément pratique : elle change le connu. Non pas au sens du rationalisme classique. Mais comme l'expérience, en microphysique, transforme nécessairement son objet. »[22]

Ici Sartre nous invite à compter avec deux dimensions fondamentales dans l'action d'observer : l'observateur se trouve

---

22. Jean-Paul SARTRE, *op. cit.*, p. 231.

lui-même questionné (ce qui renvoie à la question de l'introspection que nous avons examinée plus haut, entre autres) et il
occupe, dans la relation avec l'observé, une position qui influe
nécessairement sur ce dernier et sur la situation. En d'autres
termes, l'observateur, son statut, sa « position » sont loin d'être
« neutres ». W. LaBarre, dans sa préface à l'ouvrage de G. Devereux, nous permet d'expliciter davantage ce problème :

> « Ce fut en psychologie clinique (...) qu'eut lieu la révolution
> freudienne : l'homme n'est pas le maître incontesté dans son
> esprit rationalisateur, ainsi celui qui veut devenir analyste doit
> d'abord s'appliquer à surmonter les difficultés de sa propre
> analyse, si dans son observation d'autrui, il veut rectifier cer-
> taines déformations qui se produisent à l'intérieur de lui en tant
> qu'observateur. »[23]

Nous reviendrons plus loin sur la question particulière de
la façon dont l'enquêteur peut « prendre en charge » les distor-
sions dues à son « équation personnelle » et à cet « espace
psychologique relativiste » ; pour l'instant, retenons que, tout
comme en sciences physiques, l'objet observé est soumis (dans
ses paramètres de détermination et par rapport à l'observateur)
à des « perturbations » qui relèvent purement et simplement de
la position relative de ce dernier, et vice versa. Ce problème, la
psychanalyse le connaît — et s'est attachée à le cerner —
depuis Freud déjà : c'est tout le phénomène du transfert et du
contre-transfert. G. Devereux y consacre plusieurs développements et un chapitre entier dans son ouvrage [24], et le suivre
dans tous les détails dépasserait de beaucoup notre présent
propos ; cependant, nous en retiendrons les enseignements
fondamentaux suivants :

> « Puisque l'existence de l'observateur, son activité d'observation
> et ses angoisses (même dans l'auto-observation) produisent des
> déformations qui sont, non seulement techniquement mais aussi
> logiquement, impossibles à éliminer, toute méthodologie efficace
> en science du comportement doit traiter ces perturbations comme
> étant les données les plus significatives et les plus caractéris-
> tiques de la recherche dans cette science. Elle doit exploiter la
> subjectivité inhérente à toute observation en la considérant
> comme la voie royale vers une objectivité authentique plutôt que
> fictive.

---

23. Georges DEVEREUX. *De l'angoisse à la méthode*, Paris, Flammarion, 1980,
    p. 7.
24. Georges DEVEREUX, *op. cit.*, p. 74–82.

Cette objectivité doit être définie en fonction de ce qui est réellement possible, plutôt qu'en fonction de ce qui devrait être. Négligées ou parées de manière défensive par les résistances de contre-transfert, maquillées en méthodologie, ces «perturbations» deviennent la source d'erreurs incontrôlées et incontrôlables.»[25]

Les «compulsions méthodologiques» ont donc beaucoup de racines dans ce problème d'angoisse et de résistance au contre-transfert face à l'«objet». Le moyen d'«éliminer» les perturbations dues à l'observateur? C'est tout simplement de les intégrer! Devereux nous donne quelques indications à propos de cette «intégration», mais elle reste tout de même à élucider. Tout d'abord, J.-P. Sartre[26] nous a montré comment un observateur ne peut être «hors» d'un groupe ou d'une relation; il ne peut l'être que s'il est «dans» un autre groupe ou une autre relation; comment alors passer outre au problème de son intégration? Comme nous le rappelle très judicieusement C. Bosseur:

«R. Laing (ainsi que tout le courant antipsychiatrique)[27] est catégorique: il n'y a pas de place pour l'objectivité dans une science des personnes. En face d'une autre personne, nous sommes toujours personnellement impliqués. Entre deux êtres, l'extériorité absolue n'existe pas; et elle existe encore moins lorsqu'on s'avise d'interpréter ou de comprendre un comportement. Lorsque nous interprétons le comportement d'une personne, nous le faisons en fonction de ce que nous sommes et en fonction de la relation qui nous lie à cette personne à ce moment-là... nous ne pouvons faire abstraction de cette relation...»[28]

Quant à lui, D. Cooper va un peu plus loin dans ce sens et contribue, en outre, à renforcer et à éclairer davantage le point de vue de G. Devereux à propos de la base nécessairement «subjective» de toute constitution de savoir (authentique) en science du comportement:

«Dans une science de l'interaction personnelle, il est non seulement inévitable que l'observateur et l'observé s'affectent mutuellement dans tous les cas, *mais c'est ce rapport mutuel qui donne naissance aux premiers faits sur lesquels la théorie se fonde...* Les faits qui constituent les données d'observation des sciences

---

25. *Ibidem*, p. 16-17.

26. Jean-Paul SARTRE, *op. cit.*, p. 107–111.

27. Cet ajout est de nous.

28. Chantal BOSSEUR. *Clefs pour l'antipsychiatrie*, Paris, Seghers, 1976, p. 31.

anthropologiques... diffèrent des faits qui font l'objet des sciences naturelles *de par leur statut ontologique.* (souligné par Cooper) Autrement dit, la relation observant-observé, dans une science des personnes, est ontologiquement continue (sujet/objet vis-à-vis sujet/objet), alors que dans les sciences naturelles, elle est discontinue (sujet vis-à-vis objet) et permet une description purement extérieure du champ observé. » [29]

Cependant, et de toute évidence, il apparaît tout aussi difficile de s'« intégrer » comme partie prenante — et signifiante — dans la relation d'observation que de s'en « extraire », au nom d'une méthodologie de l'objectivité. Encore une fois, D. Cooper nous indique comment, dans le cadre de la phéno-ménologie sociale, on peut envisager une telle intégration :

« L'observateur, avec la collaboration de l'autre, doit se situer lui-même comme faisant partie du champ d'étude, pendant qu'il étudie ce champ que l'autre et lui-même constituent. » [30]

Il apparaît donc que l'observateur n'a pas d'autres choix, si l'objectif visé est une appréhension authentique de ce qui est étudié chez les personnes, que d'être « insider » mais un « insider » conscient de ce en quoi il « est touché », de ce en quoi il « touche » les observés et les « faits naturels », et aussi et surtout de ses propres réactions, en tant qu'éléments de distorsion pouvant passer très facilement inaperçus parce qu'ils sont ignorés. Nous retrouvons ici certaines exigences de l'observation participante que nous avons vues plus haut (quoique nettement moins en profondeur) et qui sont, d'une part, le constant chevauchement « insider-outsider » et, d'autre part, l'éveil ininterrompu de l'attention ou de la conscience. Cependant, il ne s'agit pas ici de pratiquer une sorte d'alternance de « chapeaux » insider/outsider, ni de maintenir, en guise de conscience, une quelconque « vigilance » par rapport aux seuls événements observables qui pourraient « échapper » à notre attention. Il s'agit bien plus, pensons-nous, de ce dont faisait état J.-P. Sartre dans *Critique de la Raison Dialectique* [31] à propos de l'intelligibilité des situations à travers les concepts de « praxis » et de « processus ». Reprenant ces concepts, dans leur contexte sartrien, mais en les appliquant à l'étude des schizophrènes et de leur famille, R. Laing nous aide à expliquer

29. David COOPER, *op. cit.*, p. 19.

30. *Ibidem*, p. 215.

31. Jean-Paul SARTRE. *Critique de la raison dialectique*, Paris, Gallimard, 1960.

considérablement et la méthode et la « prise en main » du rôle
« partie prenante » de l'observateur :

> « Comment une famille (ou un groupe)[32] évolue dans l'espace et
> le temps, quel temps et quelles choses sont personnels ou partagés
> et par qui. La relation entre les personnes, les rapports entre
> elles, le groupe qu'elles forment ensemble, tout cela continue à
> présenter des difficultés conceptuelles et méthodologiques.
>
> Cela est dû en partie à la discontinuité apparente entre les
> processus du système et les actions des individus (ou agents) qui
> constituent le système... Les événements, les circonstances, les
> incidents peuvent résulter de l'action d'un ou de plusieurs indi-
> vidus, mais ils peuvent aussi résulter d'une série d'opérations
> nécessaires dont aucun agent n'est l'auteur en particulier.
>
> Dans le premier cas, nous dirons que les événements sont le
> résultat d'une praxis ; dans le second cas, ils sont le résultat d'un
> processus... ce qui se passe dans un groupe peut ne résulter
> d'aucune intention individuelle. Il se peut que personne ne se
> rende compte de ce qui arrive. Toutefois, ce qui arrive peut
> devenir intelligible si l'on retrace le chemin parcouru à partir de
> ce qui se passe (processus) pour retrouver l'agent qui a causé ce
> qui se passe (praxis). »[33]

Ainsi, en ayant soin de conserver leur historicité [34] foncière
aux événements humains, nous pouvons non seulement en
reconstituer le sens « synthétique » (parce que « synthèse d'un
phénomène foncièrement dialectique »), mais aussi reconstituer
la « genèse » (élément clé dans toute construction de significations) de chacune des situations partielles successives dans
lesquelles s'inscrivent les séries d'actions-intentions de chacun : les différentes praxis [35].

---

32. L'ajout est de nous.
33. Ronald LAING et A. ESTERSON. *L'équilibre mental, la folie et la famille*,
    Montréal, Éd. de l'Étincelle, 1973, p. 17-18.
34. Nous faisons ici allusion au fait que (sans reprendre toute la complexité et
    la controverse qui entourent ce concept dans ses différentes acceptions
    phénoménologiques, marxiennes ou sartriennes) la signification des évé-
    nements se construit nécessairement — pour tout « observateur » — dans
    un « déroulement » de temps — parfois lointain — et dans un « enchaî-
    nement » dialectique de situations et d'actes distincts mais s'imbriquant
    les uns dans les autres, au sein du processus étudié.
35. Une « série d'actes » (même en prenant le terme dans son sens le plus
    large) ou une praxis ne sont pas pour nous nécessairement synonymes.
    Mais nous précisons que les deux renvoient à l'idée fondamentale d'« unités
    d'action et d'intention dans le temps » de la part de la personne (ou du
    groupe de personnes) dont il est question « derrière » la praxis.

La leçon à retenir ici est très certainement que l'observateur lui-même a une praxis dans le processus ; donc l'intelligibilité de la situation d'observation participante passe par une conscience « permanente » de sa propre praxis, d'une part, et de l'inter-relation entre cette même praxis et celle des « observés » en-train-d'interagir (en même temps que soi) avec les « faits naturels » et l'environnement entrant dans l'élaboration du processus engagé, d'autre part. Sans aller jusqu'à la propre psychanalyse de l'observateur, ce qui serait idéal et comme le préconisait déjà, en 1951, S.F. Nadel [36], il apparaîtrait donc qu'un mécanisme « contrôlé » — et systématiquement conduit — d'introspection amènerait sinon une complète prise en main, du moins un certain niveau de conscience, et donc d'intégration de cet « espace psychologique relativiste » occupé par celui qui observe. Circonscrire, le plus près possible, sa « praxis » et le processus dans lequel s'inscrit cette praxis (et celle des autres), s'inscrire dès le départ comme partie prenante dans l'intelligibilité des faits observés, voilà, nous semble-t-il, les conditions premières — quoique loin d'être suffisantes — d'une relative solution du problème de l'observateur.

III. La cueillette des données : problèmes de validité et plan d'enquête

Nous devons préciser tout de suite que nous n'avions, au départ, aucune idée plus ou moins exacte quant au genre de données que nous allions recueillir. Nous effectuions avant tout une démarche exploratoire, qui devait nous conduire à rassembler à peu près tout ce que « le terrain » pouvait nous fournir sur l'homme au travail et ses rapports-représentations tels qu'il les vit dans sa situation de travail.

Il y a ici, nous en sommes conscients, un parti pris « réductionniste » : nous ne nous intéressons à ces hommes que dans la situation particulière de travail. Ce n'est donc pas de l'ethnologie au sens plein que nous faisons, mais nous avons recours à certaines techniques de la démarche ethnologique pour étudier une réalité particulière de l'homme moderne : le travail industriel. Nous ne pourrions par conséquent prétendre que nous envisageons de rendre compte de tout ce qui peut

---

36. S.F. NADEL. *The Foundations of Social Anthropology*, London, Cohen and West, 1951.

constituer le vécu et le représentationnel du travailleur industriel sous toutes les dimensions. Dès lors, il est aussi évident
qu'une part très importante de cette «réalité» restera pour
nous dans l'ombre, c'est-à-dire toute cette partie reliée à la vie
hors du travail. Cependant, comme nous aurons l'occasion de
le voir, plusieurs des éléments de cette vie hors du travail
seront, à l'occasion, intégrés et utilisés à titre de complément
d'explication ou de compréhension. Par ailleurs, quoique nous
pensions posséder certaines dispositions et aptitudes favorables à un travail de terrain acceptable (nous en verrons les
raisons plus loin), nous ne sommes ni ethnologue ni ethnographe et, de ce fait, il eût certainement été souhaitable de
nous faire accompagner par un spécialiste du domaine, ne
serait-ce que pour un entraînement préalable. C'eût été encore
une fois l'idéal, car il est facile d'imaginer toutes les difficultés
qu'il faudrait surmonter pour participer soi-même à un séjour
ethnographique, avec des ethnographes, ou encore pour faire
accepter, en plus de soi-même, un anthropologue en entreprise.
Nous avons tout de même pris quelques sérieuses précautions
et garanties (que nous évoquerons lorsque nous aborderons,
un peu plus loin, la question de la validité du recueil des
données) avant de nous aventurer à «jouer les ethnographes»
en usine.

Notre méthode de cueillette de données est donc une
méthode dite «de terrain», sous la forme particulière de
l'observation participante. À l'instar de S. Bouchard[37], nous
dirons que nos données sont «le résultat d'un processus
d'enquête qu'on pourrait qualifier d'empirique-subjectif-
informel», parce que «démarche concrète», portant sur des
«vécus concrets», d'une part, et tournant le dos, d'autre part,
aux approches dites «objectives-formelles», telles que celles
qui passent par les questionnaires normalisés et pondérés.
Nous nous sommes déjà assez largement expliqué en ce qui
concerne les tenants et les aboutissants du choix d'une telle
méthode de cueillette des données, mais nous voudrions souligner avec Bouchard que «l'enquête s'avère un processus
nettement personnel où l'ethnographe s'utilise lui-même en
tant qu'outil principal d'enregistrement»[38].

---

37. Serge BOUCHARD. *Nous autres les gars de truck: essai sur la culture et
    l'idéologie des camionneurs de longue distance du Nord-Ouest Québécois*,
    (Ph.D., Dissertation), Montréal, McGill University, 1980, p. 61.
38. Serge BOUCHARD, *op. cit.*, p. 66-69.

Nous nous sommes donc utilisé nous-mêmes comme instrument d'enregistrement au sein de deux compagnies de brassage de bière, l'une à Montréal, au Canada, l'autre dans la région d'Alger, en Algérie. Dès l'abord se pose évidemment le problème de la validité d'une telle « technique » de cueillette de données.

L'une des toutes premières conditions de validité reste, depuis Malinowski, la participation effective aux activités et à la vie du groupe observé et le partage de tout ce qui en remplit, quotidiennement, l'existence. Ceci afin de mieux pénétrer « de l'intérieur » les visions et les points de vue « autochtones ».

La deuxième condition, soulignée par J.W. Bennett [39], est de choisir, clarifier et établir un rôle « assurable » pour l'observateur, durant toute l'étendue du séjour. Ce rôle doit « coller » avec la vraisemblance, sinon la réalité, du statut de celui qui l'endosse, il doit être assez aisément supportable et assumable, mais il doit aussi permettre une participation « maximale » par le « pouvoir de pénétration » qu'il confère au chercheur. Bennett précise également que ce rôle dépend de la personnalité de l'observateur et de l'interaction qu'il saura réaliser avec les « observés ». M.I. Hilger [40], lui, nous donne, entre autres, quatre conditions supplémentaires, que nous retenons ici :

— Vérifier par des questions ou des interviews les éléments observés personnellement.
— Vérifier, en se mettant en situation d'observateur non participant, ce qu'on a noté en ayant été observateur-participant.
— Procéder à des recoupements entre les versions de plusieurs « informateurs » différents pour vérifier un élément.
— S'assurer que ce qui est noté est bien « indigène » (s'il y a un terme « indigène » pour désigner le fait observé, par exemple) et non un fait de projection ou d'abus d'interprétation de la part de l'enquêteur.

Friedrichs et Lüdtke [41], quant à eux, voient essentiellement deux pièges méthodologiques dans l'observation participante :

39. J.W. BENNETT. « A Survey of Technics and Methodology in Field Work », in American Sociological Review, n° XIII, 1948, p. 672.
40. M.I. HILGER. « An Ethnographic Field Method », in R.F. SPENCER. Method and Perspective in Anthropology, Minneapolis, Minnesota University Press, 1954.
41. J. FRIEDRICHS et H. LÜDTKE. Participant observer. Theory and Practice, Farnborough (Hants), Lexington Books, 1975, p. 25.

la perception sélective et l'interinfluence de l'observateur et de l'observé. Pour ce qui est de la perception sélective, ces auteurs attirent notre attention sur le fait que l'observation — ou l'acte d'observer — étant une « expérience du monde», alors toute « observation » en tant qu'expérience subjective est structurée par l'individu observant. Partant de ce vieux constat de la psychologie générale, Jurgen et Lüdtke vont jusqu'à proposer une formule mathématique permettant de minimiser le coefficient subjectif dans la perception d'une situation et de maximiser la zone d'intersection entre perceptions différentes... Compte tenu de ce que nous avons vu plus haut, nous pensons qu'il serait bien plus indiqué d'intégrer cette subjectivité tout en en faisant l'un des facteurs clé de l'investigation, notamment à travers le mécanisme praxis-processus-intelligibilité établi à partir de Laing et Sartre. Il n'est pas question, en tout état de cause, de nous aventurer dans les méandres sophistiqués et abstraits de considérations mathématiques prétendant minimiser la « fonction de subjectivité» des personnes. En ce qui concerne le rôle de l'observateur et le problème de l'interinfluence, nos auteurs s'inquiètent surtout de ce que, inévitablement, le chercheur « modifie» le champ observé, et qu'à la limite il peut changer les choses au point de travailler sur une situation à peu près totalement artificielle. En effet, précisentils, il ne sert à rien pour l'enquêteur de noter des choses qui se passent parce qu'il est là et qui ne se passent plus dès qu'il sort du champ étudié. Donc, un effort particulier doit être fait pour arriver à observer ce qui se passe habituellement; pour cela, Friedrichs et Lüdtke préconisent de:

— Définir le rôle de l'observateur en ayant soin de faire en sorte que ce rôle, dans le champ observé, soit « congruent» avec les attitudes et attentes des observés et avec les attributs et qualités de l'observateur.

— Se faire accepter par des « personnes clé» du groupe observé; ceci facilite l'intégration, la confiance, et encourage les personnes à agir comme elles l'ont toujours fait.

— Contrôler l'intensité de la participation (passif-actif, inner-outer...) de sorte que l'influence de l'observateur ne diminue pas trop sa capacité d'observation par trop de participation et vice versa.

— Contrôler le degré d'identification avec les observés (going native) de peur de n'être plus capable d'effectuer réellement une observation par l'adoption inconditionnelle du point de vue, des valeurs et des normes indigènes. L'impartialité du chercheur s'en trouverait grandement réduite.

— Enfin, « gérer » de façon adéquate le conflit de rôle ainsi créé chez l'observateur.

Nous verrons un peu plus loin comment nous avons pris le plus de précautions possibles pour, sinon éviter, du moins réduire l'impact de ce genre de pièges méthodologiques. Si nous allons plus avant dans ces problèmes de validité des données recueillies, nous nous trouvons sur un registre bien différent avec certains autres auteurs qui, eux, insistent plutôt sur la qualité de la relation établie avec les observés que sur de froides considérations de « contrôle » quasi extérieur à cette relation. Déjà Malinowski insistait sur la nécessité de se faire accepter par les indigènes, de gagner leur confiance, de gagner sa place comme membre digne d'intérêt, pour que la qualité du matériau recueilli soit vraiment le résultat d'une interaction authentique, non biaisée et partant d'un point de vue « intérieur » au monde indigène. W.F. Whyte, pour sa part, nous montre comment il a appris à mener une observation participante « efficace » à travers les erreurs qu'il a commises sur le terrain même, lors de son travail pour *Street Corner Society* :

> « Of course, I am not claiming that there is one best way to do field research... the parts of the study that interest me most depended upon an intimate familiarity with people and situations... This familiarity gave rise to the basic ideas in this book. I did not develop these ideas by any strictly logical process. They dawned on me out of what I was seeing, hearing, doing and feeling. » [42]

Ailleurs, Whyte précise :

> « I soon found that people were developping their own explanation about me... I found that my acceptance in the district depended on the personal relationships I developped far more than upon any explanations I might give... If I was all right, then my project was all right ; if I was no good then no amount of explanation could convince them. » [43]

Certes, à peu près tous les auteurs que nous avons passés en revue sont d'accord sur l'importance de l'acceptation de

---

42. William F. WHYTE. *Street Corner Society*, Chicago (Mich.), University of Chicago Press, 1955, p. 356.

43. W.F. WHYTE, *op. cit.*, p. 300.

l'observateur, mais ici nous découvrons que la base en est essentiellement reliée à une question d'intimité, de familiarité et de rapports personnels. C'est en tant que personne, dans ses actes, ses dires, ses réactions, et dans les impressions subjectives qu'il dégage, que le chercheur se fera ou non accepter. L'opinion que se fait le groupe sur lui, en tant que « lui », est déterminante pour l'authenticité, donc la qualité « scientifique » du matériel recueilli. La question reste de savoir comment arriver à un tel degré d'acceptation ; Whyte nous donne pour cela quelques éléments précieux :

> « I learned early the crucial importance of having the support of the key individuals in any groups or organizations I was studying... As we spent time together I ceased to treat Doc (le « chef » de la « bande » observée par Whyte) as a passive informant. I discussed with him quite frankly... so that Doc became, in a very real sense, a collaborator in the research.

> Sometimes I wondered whether just hanging on the street corner was an active enough process to be dignified by the term « research ». Perhaps I should be asking some questions... However, one has to learn when to question and when not to question as well as what questions to ask. »[44]

Whyte nous donne ici au moins trois réponses fondamentales à la question que nous venons de poser : l'adhésion des personnes centrales ou influentes dans le groupe, qui agissent alors comme « leaders d'opinion » ; le fait d'« associer » les personnes à son travail et de s'ouvrir à elles avec sincérité, plutôt que de les traiter comme de simples « sources d'information » ; et, enfin, le fait de s'efforcer d'apprendre quand il faut se taire, quand c'est le moment de parler et quand on peut poser des questions et sur quoi. Nos deux « terrains » nous ont imposé les mêmes exigences, auxquelles nous nous sommes conformés sans en être vraiment avertis, sinon de façon toute « intellectuelle ». Cependant, point trop n'en faut, et cette acceptation doit rester dans les limites du « naturel » et éviter de devenir de l'usurpation ; Whyte nous en prévient très clairement, à la suite d'un incident où il s'est fait « reprendre » pour avoir trop voulu « singer » les observés dans leur vocabulaire :

> « I had to face the question of how far I was to immerse myself in the life of the district... I learned that people did not expect me to be just like them ; in fact, they were interested and pleased to find

---

44. *Ibid.*, p. 305.

me different, just so long as I took a friendly interest in them. Therefore I abandoned my efforts at complete immersion. My behavior was nevertheless affected by street corner life. »[45]

Nous apprendrons nous aussi qu'il s'effectue inévitablement une immersion, une acculturation du chercheur, mais celle-ci ne doit jamais être forcée ou artificiellement affichée ; cela « sonne faux » et cela se sent. Il y a au contraire tout un crédit à gagner à rester soi-même et à laisser se développer « naturellement » et graduellement sa propre « contamination » — toujours très relative d'ailleurs — par le milieu observé et ses habitudes. Après W.F. Whyte, nous aurons recours à S. Bouchard pour trouver quelques appuis supplémentaires à la validation de notre cueillette de données. Disons d'emblée que, intrinsèquement, nous jugeons la méthode d'autant plus valide qu'à l'instar de S. Bouchard beaucoup d'ethnologues de formation ont appliqué l'observation participante comme technique de terrain en entreprise ou en milieu industriel. Tout comme nous, tout comme Bouchard et tout comme Blake [46], ils se sont sûrement demandé jusqu'où peut bien aller « la possibilité propre à ce milieu d'avoir autre chose à offrir que sa monotone superficialité tellement évidente par ailleurs... » Cependant, tout comme nous, une fois sur le terrain ils ont dû constater qu'ils pouvaient reprendre à leur propre compte cette réflexion de Whyte : « When I had established my position on the street corner, the data simply came to me without very active efforts on my part. » En effet, craignant au départ de ne rien apprendre de plus que ce qui est banalement connu sur les milieux industriels et les travailleurs, le chercheur en arrive, après quelque temps — le délai dépend de sa capacité à se faire accepter — à être proprement submergé de « données » ; elles viennent alors à lui par vagues, sans arrêt, il lui suffit de savoir les recueillir.

Pour cela, si nous suivons notre propre itinéraire sur le terrain et celui de Bouchard, nous constatons plusieurs convergences quant aux facteurs de « validation »[47] des données :

— L'obstination et la régularité du chercheur dans son désir de comprendre et d'apprendre.

---

45. *Ibid.*, p. 304.
46. Serge BOUCHARD, *op. cit.*, p. 37.
47. Pris ici dans le sens de l'obtention de données « authentiques » issues d'un désir sincère de la part des observés d'intégrer, d'informer — et de « former » — l'observateur.

— La complicité et la sympathie qu'il met dans ses relations avec chacun et qui donnent envie qu'on lui « dise des choses ».

— Les progrès — visibles et évalués par les observés — dans l'acquisition et l'apprentissage de la sous-culture locale.

— L'apprentissage des « bonnes questions » à poser et le développement de la capacité à saisir les situations « sans qu'on lui fasse un dessin », à comprendre l'implicite...

— Le fait de se conduire vraiment en apprenti, de développer une réelle relation maître-élève avec l'observé et, aussi, de montrer qu'il fait des progrès comme élève...

— La quasi-nécessité d'entretenir des relations teintées de chaleur et d'intensité — encore une fois sans en faire un acte volontariste et superficiel, car si cela ne « vient pas » naturellement, l'observateur perd son temps.

Ces éléments. S. Bouchard les énonce comme facteurs cruciaux dans la détermination de la validité du matériel de terrain ; nous verrons un peu plus loin que, sans être prévenu, nous avons fait les mêmes constats, à très peu de choses près, dès notre premier séjour dans la brasserie montréalaise. Pour ce qui est de l'autre volet de la validité du recueil de données (l'observateur lui-même et ses aptitudes), nous devons admettre que nous n'avions aucune préparation spéciale, au commencement du séjour « prétest » à Montréal, pour effectuer une observation participante de l'envergure de celle que nous allions entreprendre. Cependant, nous devons dire à notre décharge que nous n'étions tout de même pas totalement démuni face à cette entreprise :

— Nous venions de suivre un séminaire d'anthropologie des plus instructifs, dispensé spécialement à un groupe de l'École des H.E.C. par le professeur Lionel Vallée de l'Université de Montréal durant le semestre d'hiver 1981.

— Nous avons acquis, avec une licence et une maîtrise de psychologie (clinique et industrielle), la pratique de l'observation et de l'interview.

— Nous avons pratiqué l'interview, de façon intensive, deux années durant dans le domaine de la sélection et de l'orientation professionnelle.

— Nous avons effectué plusieurs campagnes d'études de postes en industrie, à base d'observations sur le terrain.

— Enfin, nous avons déjà effectué, dans le cadre de notre recherche en vue du diplôme de maîtrise en psychologie, un séjour d'enquête « sur le terrain » (avec questionnaire, observation et interviews), dans les chantiers pétroliers du Sahara algérien. Cette recherche a nécessité que nous vivions dans les chantiers l'équivalent d'environ 30 jours.

Nous voyons donc que — ceci explique sans doute la relative « efficacité » de nos séjours — ce n'est pas tout à fait en néophyte que nous abordions ce travail de terrain. En ce qui concerne le plan d'enquête proprement dit, nous devons donner quelques explications quant au « choix » des entreprises, aux modalités pratiques de notre propre insertion, à celles de l'enregistrement des données et, enfin, à celles du « prétest », avant d'expliquer nos premières conclusions méthodologiques et l'usage réel que nous avons décidé de faire des résultats de ce prétest. Il n'y a pas eu, à proprement parler, un « choix » de l'industrie, de la compagnie ou de l'usine devant servir de terrain d'observation. Nous avons simplement décidé que ce serait la même industrie, au Canada et en Algérie, quelle qu'elle soit.

À la fin du printemps de 1981, nous avions établi des contacts avec des dirigeants de compagnies dans les industries de l'aluminium, du bois, du tabac et de la bière. Après des discussions et des tractations, il s'est avéré que pour des raisons diverses, telles que fermetures annuelles, dispositions de la haute direction, faisabilité matérielle, la brasserie de la région montréalaise était le « terrain » le mieux disposé et le plus facile d'accès (cette industrie embauche régulièrement de la main-d'œuvre estivale, il nous était donc assez aisé de nous faire recruter comme ouvrier saisonnier).

En Algérie donc, la question du choix ne se posait plus ; il suffisait de se faire admettre dans une brasserie « similaire », ce que nous fîmes dans la région d'Alger. L'approche de ces milieux industriels fut tout à fait « classique » ; elle avait comme toile de fond essentielle de se faire embaucher si possible pour un temps limité et de travailler comme tout le monde ; sinon, de se faire admettre et, au sein de l'usine, de « mettre la main à la pâte » ; il fallait exposer clairement à la direction, au syndicat et aux ouvriers (au fur et à mesure) notre statut réel, nos objectifs et accepter, si la demande en était faite, de remettre un rapport synthèse abrégé.

Notre insertion se fit, à Montréal, sur la base d'une embauche comme employé saisonnier pour trois semaines (nous verrons les détails plus loin), mais disons tout de suite que nous eûmes toute liberté pour choisir nos postes de travail, nos équipes au sein du 3/8 pratiqué...

À Alger, la solution de l'embauche s'est révélée impossible, et là, nous avons quasiment séjourné comme « ouvrier bénévole » mais en travaillant de façon assez sporadique en fait. Nous y fûmes admis pour plus de quatre mois, en tant que chercheur universitaire, à raison de deux à trois jours par semaine en moyenne.

Pour ce qui est de l'enregistrement des données, notre choix délibéré de tourner le dos à toute technique plus formelle et aussi la façon dont nous avons procédé méritent quelques développements et justifications. J.-P. Spradley [48] recommande les principes suivants pour un « bon » enregistrement ethnographique :

— *Principe d'identification de langage* : ce principe permet de faire un enregistrement qui reflète le plus fidèlement possible les types de langages (et les différences de langages) utilisés, concrètement, sur le terrain de l'observation.

— *Principe d'enregistrement littéral* : ici, il s'agit de veiller à ce que les notes consignées soient « littéralement » conformes à ce qui a été dit. Les notes sont prises mot pour mot, autant que possible.

— *Principe du concret* : toute description de la situation observée doit être faite dans des termes concrets et renvoyant à des actions ou portions d'actions précises.

— *Principe du rapport condensé* : comme il est humainement impossible de tout noter, l'ethnographe doit se contenter de notes condensées rappelant les faits centraux de chaque période d'observation. C'est un compte rendu abrégé, quasiment « sténographié ».

— *Principe du rapport élargi* : ce principe voudrait que, aussitôt que possible, l'ethnographe prenne soin d'étoffer son rapport condensé en y ajoutant des détails, des commentaires, des éléments de contexte particuliers... Spradley conseille de s'adonner à cette tâche le plus régulièrement possible et le plus tôt possible après les événements décrits.

48. J.-P. SPRADLEY, *op. cit.*, p. 63.

— *Enfin, le principe du journal quotidien :* comme son nom l'indique, il s'agit pour le chercheur d'écrire, en plus des rapports cités plus haut, un journal quotidien détaillé contenant ses « expériences », ses impressions, ses idées, ses réflexions, ses craintes, ses « gaffes », l'évolution de ses rapports avec les observés et leur milieu...

Dans notre travail de terrain, nous avons suivi presque scrupuleusement chacun de ces principes. Cependant, il y a, bien sûr, quelques difficultés à prétendre que cette méthode d'enregistrement est conforme aux normes d'exactitude et de validité absolues que requiert l'« enregistrement scientifique » — surtout quand il est basé sur des techniques formelles. Là encore, nous ferons appel à l'expérience de S. Bouchard en la matière et, parfois aussi, à la nôtre. Tout d'abord, nous reconnaîtrons qu'il n'est pas possible de garantir que le discours reconstitué est littéralement celui des observés. Même avec un outil tel que le magnétophone, cela n'est pas rigoureusement possible. Donc, comme le souligne Bouchard, la validité de ce discours dépend avant tout de la compréhension : compréhension basée, évidemment, sur des notes qui doivent être les plus proches possibles des propres termes de l'observé mais aussi, et pour beaucoup, sur l'expérience, l'apprentissage et la sensibilité propres de l'enquêteur. Ensuite, il faut bien admettre que :

> « Il n'y a pas d'autres choix que de s'en remettre à la parole de l'ethnographe lorsque celui-ci affirme que ce qu'il rapporte au niveau du discours est effectivement ce que les gens disent, à quelques interjections près. Il faut donc le croire (ou pas) jusqu'à ce qu'un autre ethnographe vérifie son matériel ethnographique. »[49]

Cette position est loin d'être confortable, on s'en doute bien. Notre expérience sur ce point rejoint très nettement celle de Bouchard, dans le sens où il est effectivement très éprouvant de se servir de soi comme instrument de recueil de données : être engagé affectivement, être forcément subjectif tout en s'efforçant de ne pas l'être, passer par des expériences à la fois stimulantes et pénibles, s'interroger très souvent sur son rôle, se remettre en question... Il y a effectivement un « prix à payer » et l'« ethnographe doit, concrètement, apprendre à vivre avec ces contradictions ». Et il faut dire aussi que la « restitution » et la restructuration des données, quotidiennes

---

49. Serge BOUCHARD, *op. cit.*, p. 57.

ou non, est une véritable maïeutique personnelle... douleurs comprises. Enfin, avant de passer à notre prétest et à ses résultats, nous voudrions faire quelques réflexions au sujet du renoncement, en connaissance de cause, à toute méthode plus quantitative ou plus formelle.

Tout d'abord, comme Bouchard, nous avons déjà utilisé dans des travaux antérieurs[50] des techniques dites «objectives», «exactes» et «rigoureuses», allant du questionnaire «standardisé» aux tests d'hypothèses dûment «prouvés», en passant par l'analyse de contenu chiffré et les comparaisons de moyennes, variances et fréquences tout aussi dûment «probabilisées». Comme lui, nous pouvons nous demander quelle part, dans nos résultats, relève de la méthode utilisée, où tout est rigoureusement «prévu» et «contrôlé». La constatation évidente à laquelle nous arrivons est que la cueillette «formelle» des données est effectivement «ennuyeuse comme tout», en plus d'être froide, impersonnelle et désincarnée... alors que nous sommes supposés nous intéresser au vécu des personnes. Rien ne vaut, dans un pareil dessein, le contact de personne à personne, et même l'interview doit être, comme le dit si bien le sociologue anglais Sweig, qui a beaucoup travaillé dans les milieux ouvriers, quelque chose de très personnel, de très «naturel» :

> «The act of interviewing does not need to sink to the level of mechanicalness. It can be a graceful and joyful act, enjoyed by the two sides and suffered by neither. The art of interviewing is personal in its character, as the basic tool of the interviewer is in fact his own personality; he has to discover his own personal truth in interviewing, how to be friendly with people without embarassing them, how to learn from them without being too inquisitive, how to be interesting without talking too much, how to take great interest in their troubles without patronizing them, how to inspire confidence without perplexing them.»[51]

On le voit bien, nous sommes assez loin ici des préoccupations de validité «mécanique» ou au mieux «technique» dans la façon de recueillir l'information. Il s'agit très précisément du mode relationnel établi entre le chercheur et son interlocuteur comme premier garant, avant toute autre question de méthode, de la qualité — et de la valeur... scientifique —

---

50. Omar AKTOUF. *Étude des problèmes d'adaptation dans les chantiers pétroliers du Sahara Algérien.* (Thèse de maîtrise de psychologie), (D.E.A.), Alger, Université d'Alger, 1972.

51. Cité par S. BOUCHARD, *op. cit.*, p. 62.

de ce qui est recueilli. Par ailleurs, il est tout aussi vrai, comme le remarque Bouchard, que pour se permettre d'« assommer les gens avec une méthode d'enquête formelle», il faut souvent procéder par «l'argument d'autorité, diffuse ou directe», ce qui revient à «forcer» les personnes à répondre. Ainsi, faire distribuer un questionnaire par les services du personnel d'une compagnie est, à notre avis, aussi hasardeux et aussi «biaisé» que le plus subjectif des parti pris. En plus, il y a une attitude très bien établie au sein des populations à l'égard des instruments d'enquête; on l'ignore ou on fait semblant de l'ignorer, mais S. Bouchard avec les camionneurs, et nous-même avec les ouvriers des brasseries — de Montréal et d'Alger — nous avons noté, avec une netteté flagrante, une position bien arrêtée et quasi unanime — nous sommes tenté de dire instinctive — vis-à-vis de l'outil «scientifique» d'enquête: on le considère comme un intermédiaire fâcheux, une distanciation suspecte et, en tout cas, comme un artifice inutile et ennuyeux. À la limite, on l'assimile volontiers à une sorte de gadget mystérieux, toujours porteur d'«idées derrière la tête», de buts inavoués... Bref, la méfiance est la règle quasi absolue. Compte tenu de notre propre expérience, nous adhérons totalement à cette constatation de S. Bouchard:

> «Il est bien entendu que lorsque l'enquêteur déploie sa machinerie et son armement méthodologique et technique, les informateurs continuent comme ils le font toujours (de façon fort efficace) à se demander ce que vous pouvez bien chercher. Lorsqu'ils le trouvent, ils n'ont pas, eux, la naïveté de l'enquêteur vis-à-vis ses outils. Et c'est finalement la relation avec l'enquêteur qui déterminera en dernière instance si, oui ou non, les observés accepteront de se faire agacer par ces démarches. On collabore pour aider un type sympathique en sachant très bien que c'est justement parce qu'il est sympathique qu'on réussira à lui montrer ce qui est important, ce qu'il devrait vraiment savoir, tout ce qu'il ne captera jamais avec ses instruments débiles.»[52]

Pour les plus sceptiques, nous pouvons rapporter ces réflexions qui nous ont été faites par certains ouvriers quand nous leur avons demandé s'ils rempliraient un questionnaire éventuel portant sur la même enquête[53]:

---

52. *Ibidem*, p. 63.
53. Des remarques tout à fait similaires, quoique moins tranchées, nous ont été faites à Alger, alors que c'est un public très peu habitué aux enquêtes-sondages, etc.

« Moi, si tu m'avais envoyé un questionnaire, je me serais dit, celui-là, là, il ne donne pas lui-même assez d'importance à ce qu'il fait en m'envoyant un questionnaire, alors pourquoi moi je vais répondre ? »

« Remplir un questionnaire ? Pour quelqu'un que je connais pas, que j'ai jamais vu, qui reste derrière son bureau ? Je sais pas ce qu'il veut faire moi, pourquoi je vais lui dire des choses ? »

« Avec un questionnaire, tu apprendrais rien ! Si je te mets : "voilà, je passe huit heures sur le miroir", qu'est-ce que tu comprendrais ? Rien du tout ! »

« Un questionnaire ? À la poubelle ! Encore du papier, ostie ! C'est une perte de temps pour moi et pour celui qui me l'envoie ! »

« Si je t'écris : "j'aime ma job ou j'aime pas ma job", qu'est-ce que ça te dit si tu me connais pas et si tu connais rien icitte ? C'est pas vrai, tu apprends rien. »

« Ils ont déjà essayé icitte avec un questionnaire : la job, la compagnie et tout ça... Les gars, ils ont pas voulu le remplir. Ça donne rien ça ! »

« Un questionnaire ? Je l'aurais garoché, ostie ! Comme tu fais là, c'est bien... Au moins on te voit, on te connaît, tu es là avec nous... Ça, c'est bien ça, tu comprends ? Tu es dans le « vrai » et on va pas te conter n'importe quoi... Pour moi, il faudrait que tu restes au moins six mois pour vraiment comprendre ça, icitte. »

Ces quelques considérations sur la validité de nos données resteraient incomplètes si nous ne parlions du « prétest » que nous avons voulu effectuer quant aux possibilités de la méthode. Le séjour de trois semaines à la brasserie de Montréal ne devait être en effet qu'un essai et un « rodage » de la méthode. Nous nous y sommes engagé plein d'angoisse et de scepticisme : qu'allions-nous trouver ou prouver de plus que la désormais très banale critique sociale du monde industriel, mille fois décrit, et ausculté de mille façons ? Par ailleurs, nullement averti des multiples facettes de la pratique de l'observation participante, nous n'avions que notre bonne volonté, notre curiosité et notre refus des techniques formelles comme « armes » de départ. Sans entrer ici dans le détail (nous le ferons plus loin), signalons simplement que si les premières journées étaient marquées par l'errance et le désarroi, très vite, nous fûmes « adopté » et littéralement « assailli » de données, de sollicitudes, de franche camaraderie, d'aide, de complicité...
À tel point que cette expérience est passée au rang de cueillette de données centrales, à côté de celles qui ont été rassemblées à la

brasserie d'Alger. La rapidité avec laquelle nous avons « pénétré » la situation et réuni autant de « matériel » tient, selon nous, à l'expérience déjà cumulée dans des domaines très connexes, comme nous l'avons établi plus haut ; elle tient aussi à notre expérience du monde industriel (nous avons travaillé plus de huit années dans des industries diverses) et, sans aucun doute, à la relative « simplicité » culturelle et symbolique du monde des usines [54]. S'il s'agit d'un microcosme dans un monde connu et familier pour le chercheur, le temps d'adaptation et de « captage » des systèmes de « décodage » en est très nettement réduit par rapport à celui qu'il faudrait pour une communauté « exotique » ou pour un groupe ayant un système de représentations très riche, comme celui des camionneurs de longue distance étudié par Bouchard. Nous passerons en revue, très rapidement, les « leçons méthodologiques » essentielles retirées de cette période et qui nous ont largement servi dans notre pratique de l'observation participante :

> L'observation et l'écoute s'apprennent : on n'arrive à mettre du sens dans ce qu'on voit ou entend qu'après un certain apprentissage ; une certaine capacité de « décodage » doit être acquise. Elle vient avec la prise de notes systématique et une attention constante à tout ce qui se passe et, surtout, avec un effort régulier de « passage en revue » de l'ensemble des événements de chaque jour ; c'est ainsi que viennent les associations et les mises en relations porteuses de significations.

> Il faut faire un exercice constant de la mémoire, non seulement en se répétant sans cesse ce qu'il sera important de noter, mais aussi en réfléchissant à la « chair » qu'il faudra plus tard mettre autour des notes, qui sont toujours squelettiques.

> Noter aussi vite que possible (on oublie beaucoup et assez rapidement) ce que l'on a résolu de noter (dans un coin, debout, dans le bus, à la pause...). Éviter de le faire en discutant, cela bloque l'autre et « hache » la conversation.

> La meilleure façon est de procéder par « discussions relancées » et de prendre des notes à la fin de chaque « bloc » de discussion.

> La remise en ordre des notes devrait être faite tous les jours, mais c'est une discipline difficile, surtout quand on « travaille » huit heures. Prendre des notes particulièrement claires et complètes est donc nécessaire ; c'est ce que nous avons résolu de faire après les trois premiers jours.

---

54. Ceci, bien sûr, est très relatif et s'entend par comparaison au monde des Trobriandais, ou des Birmans pour l'enquêteur « occidental ».

Avoir toujours un carnet et un crayon sur soi: beaucoup d'éléments importants et d'associations viennent à l'esprit au courant de la journée, à tout moment.

Informer au maximum l'interlocuteur sur les tenants et les aboutissants de ce qu'on fait. Souvent cette attitude suscite intérêt et curiosité et elle est très bénéfique à la discussion.

Ne jamais « forcer » l'entrevue ni le contact, aborder très progressivement et le plus « naturellement » possible le fil de la conversation.

Pour faciliter la prise de notes, toujours préparer, à l'avance, un « canevas » par rubriques, en ménageant des espaces pour les réflexions personnelles et les « imprévus ».

La méthode suscite, au bout de quelques jours, un grand désir de parler de la part des employés (chacun veut être interviewé); il faut donc savoir saisir les demandes symboliques et ne pas les frustrer autant que possible.

Laisser parler, c'est très important. Ne pas essayer de formuler à leur place (on est souvent tenté de le faire). On apprend beaucoup ainsi, et des choses surprenantes.

Écouter attentivement, donner constamment du feed-back, montrer qu'on a compris, qu'on progresse... Reformuler...

Laisser venir à soi les « méfiants » (il y en a toujours et parmi les mieux informés). Être le plus « naturel » possible, tout dire de tout ce qu'on fait, être « transparent ».

La sincérité, l'enthousiasme et la qualité des relations sont absolument essentiels pour la véracité et la richesse de ce qu'on apprend. Ne pas hésiter à « perdre » les premiers jours à établir un climat relationnel détendu et, si possible, agréable, pour les deux interlocuteurs.

Il est très important de se faire accepter par les « leaders d'opinion », qui ouvrent vraiment les portes ou les ferment.

Participer activement aux « plaisanteries locales » et se laisser « chahuter », accepter les « initiations », les farces... en rire avec eux, mais sans « pousser ».

Ne pas agacer avec des questions ni des demandes d'explications incessantes. Si nécessaire, demander à une tierce personne le sens d'une idiosyncrasie, d'un mot...

Savoir être discret, ne participer aux conversations que si on est « sollicité », laisser se faire toute seule l'intégration, qui est très inégale et très progressive selon les groupes, les individus...

La méthode est très exigeante et très éprouvante: physiquement, nerveusement et surtout affectivement. Il faut assumer que l'on n'est ni neutre, ni étanche... ni objectif.

Il est très important aussi de « flairer » le discours et le ton capables de rapprocher davantage de l'interlocuteur : plaisanterie, sérieux, « intellectuel«, « frondeur », conventionnel... L'observation et l'écoute nous apprennent à déceler les bonnes « tonalités ».

Être près des gens, mais sans excès de familiarité ni de « décontraction » déplacée, qui nuiraient beaucoup à la crédibilité et au « sérieux » de l'enquêteur.

Ne rien cacher de toutes ses activités ; la moindre dissimulation décelée par les observateurs remettrait tout en question.

Se comporter vraiment en « apprenti » et montrer que l'on progresse... Rien de ce dont parle « l'observé » ne peut et ne doit être considéré comme dénué d'intérêt. Ce n'est qu'au prix de cette « inversion » de statut, où le « pouvoir » passe chez le « non-instruit », l'ouvrier, qui devient le « maître » (et qui doit sentir qu'il est reconnu comme tel), que le jeu qui vous permet d'apprendre en vaut la peine.

Enfin, ne pas insister à vouloir interviewer les « réfractaires » ; en fait, ne pas même essayer. Un groupe, pour une raison mystérieuse, est resté persuadé qu'il n'y avait lieu ni de nous parler, ni de perdre du temps avec nous (ils nous le laissaient savoir par des remarques à haute voix à la cafétéria et par le maintien ostensible de la distance). Nous décidâmes de continuer le plus naturellement, sans nous occuper d'eux... Vers la fin du séjour, il nous sembla sentir quelques « ouvertures », tout de même. Un mystère que nous aurions peut-être pu élucider avec le temps [55].

Enfin, avec l'expérience du séjour d'Alger, nous donnerons quelques éléments globaux fondamentaux que nous avons vécus dans notre évolution et nos « progrès ». Tout d'abord, nous dirons que l'observation participante est une technique de terrain qui facilite — on s'en sera rendu compte — la mise en évidence d'éléments non directement perceptibles et même non directement exprimables par les observés eux-mêmes. En fait, à peu près toutes nos contributions majeures ou originales et toutes nos « hypothèses » auraient été impossibles à imaginer sans l'observation participante : la plupart des « faits » qui en sont la base ne se révèlent qu'avec le temps et les associations successives et « cumulatives ».

---

55. Il s'agissait d'un groupe d'ouvriers du bout opposé de la chaîne d'emballage qui ne s'asseyait jamais à notre table et ne manifestait aucun intérêt à notre présence... Les remarques sonores étaient du genre : « moi, je veux faire ma job sans être achalé... », ou « j'ai rien à dire à personne, moi !... ».

En second lieu, nous ferons remarquer que l'observation sur le terrain passe par plusieurs phases, suivant une « courbe » générale en dents de scie :

— Une phase de départ d'anxiété et de scepticisme, car on va « à l'aventure », on n'a aucun « instrument » auquel se raccrocher. On ne sait ni quoi « récolter » ni si ce qu'on va réunir vaudra quelque chose...

— Une deuxième phase, de « plongeon dans le vide » ; on passe les tout premiers jours dans une espèce de « vie flottante » dans le milieu... On ne situe rien, on manque de points de repère, le « langage local » nous échappe, les progrès sont très lents, on ne sait sur quoi fixer son attention. C'est encore très angoissant, on est tenté d'abandonner...

— Une troisième phase — après de deux à quatre jours environ — pourrait être appelée la phase de « la constitution des repères et des systèmes de décodages » : on commence à « mettre du sens » dans ce qui est dit, à pénétrer quelques idiosyncrasies, à situer (en gros) les personnes, les groupes, les relations... et à se situer aussi. C'est là une phase de « décompression » relative, on reprend confiance.

— La quatrième phase précise les systèmes de statuts, de rôles, de perceptions, de groupes, d'attitudes partagées ou non, de « personnages »... On s'aperçoit qu'on peut commencer à « anticiper », à comprendre plus vite, à deviner, à « sentir »... On est en pleine étape d'acceptation, on commence à être un « habitué », on nous a fait une « place ». C'est sans doute à cette phase que tout se décide : on est accepté ou non. C'est le début de l'enthousiasme.

— La cinquième phase est une phase presque d'euphorie, on recueille fébrilement les données, on est submergé de choses à noter, à commenter, à expliciter, à approfondir... On se fait beaucoup de relations, de camarades et d'« informateurs ».

— La sixième phase est un retour d'angoisse et de remise en question. Ce sont les « épreuves » affectives, les grandes « questions de fond » sur son rôle, ses droits, ses devoirs, les limites de ce qu'on fait ; on se demande comment rendre compte « scientifiquement » de « tout cela »...

— Enfin, la dernière phase est une phase de « rationalisation » : on jugule cette angoisse par la perspective du « recul » analytique, par celle du retour au travail plus classiquement « intellectuel ». C'est aussi une phase où l'on apprend à tenir compte de soi, à la fois comme « instrument de recherche » et comme être humain avec ses sentiments, ses partis pris et ses faiblesses.

Ce sont là les principales grandes étapes de la « pénétration » du terrain. En ce qui concerne les « enseignements » complémentaires du séjour d'Alger, nous dirons tout d'abord que tout ce qui a été noté pour Montréal s'y est vérifié point par point, depuis les modalités d'approche, d'écoute, de prise de notes, d'intérêt, de « preuves » d'apprentissage... jusqu'à l'engagement affectif, en passant par les phases euphoriques ou dépressives... Nous ajouterons ici les quelques points suivants :

— Le fait que le séjour y a été bien plus long ne nous semble pas constituer vraiment un facteur d'apprentissage supplémentaire fondamental... La situation du travail industriel à la base est trop monotone, les jours se ressemblent beaucoup trop... La seule impression tenace qu'on en garde, c'est, après avoir « connu » l'essentiel de la façon dont le tout « fonctionne », celle d'une infinie répétition. Tout se reproduit de façon identique, à la minute près, tous les jours... Nous avons eu tout le loisir d'essayer d'imaginer ce que cela pouvait faire d'avoir, sa vie durant, ce genre d'horizon...

— L'expérience de Montréal nous aura permis de gagner du temps en termes de « décodages », d'interprétations des « signes » et « symboles », et, surtout, pour saisir les sens plus profonds des propos et des situations.

— Le fait d'avoir « entrecoupé » le séjour à Alger de présences alternées (un jour sur deux) a été un facteur assez négatif, dans la mesure où il y avait toujours quelques difficultés à « reprendre le fil »... Le séjour continu, comme à Montréal, est de loin préférable et il est beaucoup plus propice à l'instauration de relations plus soutenues et plus profitables.

— Là aussi nous avons pu mesurer l'importance fondamentale de saisir, selon l'expression de Jean-Blaise Grize, les différents préconstruits culturels et leur usage. Il nous a donc fallu le temps de les assimiler (depuis le vocabulaire utilisé jusqu'aux sobriquets, tournures, désignations des lieux, des fonctions...)

— Ayant affaire à une population d'un niveau académique moyen très inférieur et à une «tradition» industrielle très réduite, il nous a fallu plus de temps qu'à Montréal pour nous faire «comprendre» en tant que chercheur... et trouver le rythme et la démarche les plus adéquats dans les «entretiens participants»...

— Nous avons eu une surprise de taille en constatant que la parole venait beaucoup plus facilement en groupes «spontanément constitués»... encore une idiosyncrasie que nous avons essayé de «mettre à profit». La première fois, l'envie nous a presque pris de renvoyer les «intrus» ou de nous mettre à «l'écart» avec le tenant du poste où nous étions... Mais dès le départ, il nous a paru évident que cela non seulement ne gênait absolument pas l'«interviewé», mais au contraire le rendait encore plus loquace, le «libérait» pour ainsi dire... Encore une fois, l'attitude du «laisser-faire» et du «laisser-venir» est de première importance dans cette méthode.

— Nous eûmes droit (à Montréal ce ne fut à peu près le cas que pour un vieil ouvrier) à d'innombrables histoires personnelles, le plus souvent très annexes sinon très éloignées de ce qui touche à l'entreprise, au travail, comme si l'on devenait le confident ou l'analyste de celui qui parlait. Nous nous sommes attaché à tout écouter jusqu'au bout, à donner des avis lorsqu'ils étaient sollicités... et, en tous cas, à faire comme si ce qui était dit avait le plus grand intérêt.

— Nous avons même eu un «cas» visiblement en pleine construction paranoïde, qui nous a raconté, plusieurs jours de suite, toutes les persécutions et complots ourdis contre lui (dans et hors de l'entreprise), souvent en pleurant presque à chaudes larmes! Nous n'avons eu d'autre choix que de l'écouter jusqu'au bout... Cet employé nous l'a bien «rendu»: il semble qu'il ait dit autour de lui que nous étions quelqu'un de «disponible», «attentif»... Cela a certainement contribué à forger notre «image» auprès des ouvriers. Encore une fois, il est des aspects inattendus, éprouvants et très dérangeants de cette méthode qu'il faut apprendre à assumer. En l'espèce, le «plongeon d'essai» de Montréal nous a beaucoup servi.

— Le «terrain d'Alger» nous a confirmé ce que nous n'avions qu'entrevu à Montréal : qu'un aspect très important de l'acceptation du chercheur tient au sentiment «collectif» qu'on s'en fait. Il ne faut donc en aucun cas croire que nous avons affaire à des individus isolés... Même si nous les voyons un à un, les employés prennent, et dès les premiers jours, le temps de parler, d'échanger leurs «expériences» et de se faire une opinion qui, nous en avons l'intime conviction, est déterminante pour la qualité (et la quantité) des informations que nous recueillerons.

— Un autre aspect de la méthode découvert ici est qu'il est souvent nécessaire de parler soi-même d'abord... Tout se passe comme si l'autre, à défaut d'une compréhension intellectuelle plus immédiate, avait besoin de mieux savoir à qui il a affaire : occupations, intérêts, projets... Évidemment, avec le temps, cela va beaucoup plus vite, à mesure que l'«opinion collective» se forme. Là, il faut surtout se garder de perdre sa «neutralité d'instrument». Se «livrer» mais dans le sens d'une «habituation», d'une «mise en confiance», non d'une influence d'opinions ou de discours. Une certaine vigilance s'impose ici.

Enfin, nous noterons trois éléments qui ont été très surprenants pour nous, car ils n'avaient nullement été expérimentés à Montréal, et qui se sont avérés indiscutablement utiles et instructifs :

— D'abord le fait que, systématiquement, et ostensiblement, les ouvriers les plus proches se soient mis à écouter nos discussions. Notre réaction a été d'essayer de «profiter» de cet intérêt mais de façon très maladroite au départ : même s'il écoute de façon ostensible, l'employé ne répond nullement à une invitation trop rapide de se joindre à la discussion. Chaque fois, au début, c'était le refus et même le désintérêt (on n'écoutait même plus). Le meilleur procédé (ceci concerne ceux qui «tendent l'oreille», pas ceux qui forment directement les groupes dont nous parlions plus haut) consiste, d'après notre expérience, à laisser «grandir» l'intérêt de l'écouteur et à lui faire progressivement comprendre que, s'il le désire, il peut participer. De toutes manières, nous avons considéré cela comme un de leurs droits : nous étions sur leur terrain, chez eux, au milieu d'eux, ils avaient le droit absolu de chercher à savoir, par les moyens qui leur convenaient, ce que nous faisions là. Dès lors, nous avons laissé faire les choses, simplement.

— Le deuxième élément est représenté par cette réaction que nous avons eue face à la «demande d'aide» d'un groupe d'ouvriers et que nous n'avons pas eue en pareilles circonstances (faute de temps?) à Montréal: nous avons effectué une sorte de «thérapie» de groupe (nous-même en faisant partie), ou plutôt nous avons pris une habitude quotidienne de causeries autour de leurs problèmes, de quelque ordre qu'ils aient été... Cela nous a valu, croyons-nous, une franche camaraderie et beaucoup plus de «données fiables»...

— Le dernier élément, enfin, concerne cet effort d'auto-analyse auquel pousse le type de réflexion suscité par la méthode: la confrontation à l'autre oblige à se situer constamment par rapport à lui, ne serait-ce que par souci de la représentation qu'il peut bien se faire de soi et du fait qu'il faille encourager, corriger... cette représentation. En particulier, cette méthode pousse à une singulière obligation d'authenticité. Que d'interrogations, que de remises en cause à travers ce que nous renvoie l'autre! La profondeur, la réalité et la sincérité de l'intérêt porté au sort des travailleurs transparaissent beaucoup plus que nous ne le pensons et comptent énormément dans ce qu'on nous dira ou non... et tout dépend du personnage que l'on nous fait jouer selon ce que nous laissons transparaître... d'où, avons-nous découvert, la cruciale importance de la «conscience de sa propre praxis» dans le processus d'interactions auquel nous prenons part... c'est-à-dire, au fond, une constante auto-analyse!...

IV. À propos du recours aux sciences humaines

Rappelons qu'il s'agit ici, pour nous, de voir en quoi, rapidement et dans les grandes lignes, le «terrain» lui-même, en plus de la «théorie», appelle à un retour plus fidèle et plus authentique aux sciences de l'homme. Tout d'abord, nous dirons que l'approche par les «Relations Humaines» est finalement à peu près inexistante sur le terrain. Elle est à l'état de «projet» à Montréal et tout simplement ignorée à Alger! Les ouvriers, de toute façon, ne sont pas dupes: ils pensent peu de bien des quelques pratiques de «rapprochements» (cadeaux, lettres de la direction...) et ils éprouvent beaucoup de défiance a priori vis-à-vis des mesures venant des dirigeants. Nous pensons que ceci est un bien plutôt qu'une tare. Car pour peu que nos constatations soient généralisables, le «terrain» est encore «vierge» de ce point de vue : tant qu'à réintroduire le «facteur humain» dans l'usine, autant faire directement l'économie du psychosociologisme industriel classique et sauter en quelque sorte du taylorisme à la science des personnes.

En second lieu, nous ferions appel à une application systématique de la science linguistique tellement, nous l'avons vu, l'oralité, l'échange direct, les langages sont une réalité multiforme et omniprésente. À peu près tout ce qui constitue la «vie» dans l'usine transite par l'acte de parole sous toutes ses dimensions, même dans des sphères aussi inattendues que celles du rapport au poste ou de l'appréciation de la hiérarchie.

En troisième lieu, nous ferons ressortir ce constat surprenant de profonds et parfois paroxystiques investissements affectifs. L'étude des mécanismes de transfert et de contre-transfert ne serait sûrement pas un luxe pour l'entreprise. Les cas de plusieurs ouvriers sont très instructifs à cet égard. Il faut certainement autre chose que la psychologie industrielle pour rendre compte de la violence et du caractère exacerbé des sentiments de certains ouvriers animés de véritables pulsions de mort ! Dans la même veine, nous nous devons de songer à cette position cruciale de la dimension narcissique dans le climat relationnel à l'usine ; est-ce aussi «simple» que ce bon vieux problème de «self-esteem» des sciences du comportement organisationnel ? Par ailleurs, que peut bien signifier ce rapport masochiste au travail noté chez ceux qui occupent volontairement des postes dégradants ou qui refusent les accessoires de sécurité, sinon que l'usine engendre des comportements d'autodestruction ? Il faut bien, alors, en rendre compte... Tout ceci soulève, bien entendu, le problème de la place que nous faisons à la psychanalyse dans nos savantes investigations sur la vie des hommes dans l'entreprise industrielle.

En quatrième lieu, nous devons soulever, une bonne fois, la question du «statut» du travailleur. Est-il ou non une personne ? Nous l'avons vu, la réponse à cette question est loin d'être triviale ou évidente : l'acuité avec laquelle les travailleurs témoignent de leur souffrance d'être «rien» nous invite à reconsidérer toutes nos positions passées. De ce point de vue, l'usine est un lieu d'exercice de violence : nous l'avons vue, entendue et sentie. Or R. Laing présente l'insécurité ontologique comme l'un des facteurs primordiaux des grands dommages à l'intégrité personnelle de l'individu. Ceci peut conduire à la schizophrénie. Peut-on parler de « sérénité ontologique » chez les ouvriers de nos deux brasseries ?... Hélas, absolument pas !

En cinquième lieu, nous évoquerons le fait que le non-usage de ses facultés supérieures est ressenti comme un manque et une dégradation par l'ouvrier. Plusieurs déclarent — et le déplorent — « ne pas avoir à utiliser le cerveau », fonctionner « comme des bêtes »... Une biologie plus directe et moins « ergonomique » nous aiderait sans doute à mieux circonscrire ce genre de dommages et leurs pendants plus visibles tels que les sénilités précoces, les hyper-nervosités, et toutes sortes d'atteintes à l'intégrité mentale et comportementale des personnes que nous avons très clairement et indiscutablement observées.

Enfin, comment ne pas songer à l'anthropologie — et à une sociologie qui soit plutôt de l'endo-ethnologie — quand on remarque cette puissance des systèmes de production de symboles, de rites et... de langages ! Et quand on constate ces fossés entre différentes représentations, ces relations sociales en parfait rapport d'incongruité avec la façon dont se les représentent ceux qui ont le pouvoir de les « influencer », cette organisation sociale totalement coupée de la moindre parcelle des systèmes symboliques et cette sphère de production matérielle isolée de tout ce qui l'entoure, greffée, importée !... Peut-on comprendre quoi que ce soit, et de façon intelligible, à ces phénomènes, si nous continuons d'ignorer les disciplines qui sont les mieux préparées à en rendre compte ?

Nous voudrions aussi, très simplement, montrer que sur le terrain il se pose des questions très concrètes qui concernent le problème de l'aliénation, mais dans son acception la plus fondamentale : celle de l'être. Autrement dit, nous voudrions nous servir de ce que vivent, concrètement, les hommes au travail, pour essayer de donner des dimensions moins axiomatiques à l'aliénation et, surtout, voir si elle recouvre une partie seulement ou tous les « facteurs d'insatisfaction » assez matérialistes (au sens de matérialisme vulgaire) qu'une certaine sociologie du travail a mis en vogue ces dernières décennies. Un sérieux indice de la dimension essentiellement ontologique de l'aliénation au travail viendrait du fait que, matériellement parlant, les travailleurs de la brasserie de Montréal sont nettement au-dessus des normes (pour les salaires et les avantages); pourtant ils n'hésitent pas, pas plus que ceux d'Alger, à déplorer à peu près les mêmes types de «manques» ou de souffrances. Loin de nous l'idée de faire des aspects matériels (et de l'exploitation économique) des quantités négligeables ou secondaires; ce sont simplement des aspects parmi d'autres et, semble-t-il, ceux dont on souffrirait le moins. Dans un cadre marxien du travail aliéné, nous croyons avoir mis en évidence plusieurs autres indices concrets :

— Les innombrables allusions — et déclarations directes — concernant le fait de se contenter d'«exister», de ne pas «vivre», d'être rien du tout, une machine à produire, un numéro, de n'exister pour personne, de se déssécher... montrent que la dépersonnalisation est une réalité profondément «vécue» et dramatiquement ressentie par les travailleurs. L'usine fait de l'ouvrier une non-personne, même avec les meilleurs salaires.

— La liberté, la vie, le sens de tout et de soi-même qui seraient partout sauf au travail; toutes les propositions y faisant allusion touchent à des activités hors des entreprises, aux congés, à la retraite: «depuis le lundi 7 heures, je n'attends qu'une chose, le vendredi 15 heures», nous disait Pierre...

— Le travail qui, lui, est unanimement perçu comme un mal nécessaire, une pure et simple source d'argent, quel que soit le poste occupé. C'est une souffrance, une peine à endurer, presque une condamnation: «c'est un bagne payant», «une prison», «nous sommes des bagnards», «nous sommes des bœufs de labour»...

— La coupure, corollaire de ce qui précède, d'«avec l'acte», qui est, on peut le dire, totale. Aucune sorte d'adhésion aux actes engagés dans leur travail n'existe chez les travailleurs de ces deux brasseries. Cet «acte» non seulement est impersonnel mais en plus il est inhumain, selon la façon dont ils en parlent et le vivent.

— L'ouvrier se vit (et est réellement) comme un pion interchangeable avec n'importe quel autre pion de la chaîne. Aucune forme d'appropriation de l'acte n'est possible dans ces conditions; surtout si l'on songe que, de surcroît, le travail est aussi un instrument de punition, d'humiliation aux mains de certains membres de la hiérarchie. Après le produit et le « boss », le travail lui aussi se fait « ennemi ».

— Le produit lui n'inspire, au mieux, qu'indifférence. Nous l'avons vu, il peut même revêtir des aspects hostiles, par réaction de la part des ouvriers qui n'y voient, somme toute, que l'objet de toute la sollicitude des chefs. Par là même, c'est un objet doté de priorité absolue et investi, pour sa plus grande « qualité », non pas de l'amour de ceux qui le produisent mais du ressentiment qu'il leur inspire, à cause des harcèlements de toutes sortes et des inconforts qui leur sont systématiquement occasionnés, et dont il est le prétexte constant.

— La coupure d'« avec l'homme » qui est, elle aussi, largement consommée : l'opposition, le fossé et même... la haine sont ici très présents. Les contremaîtres et, surtout, les directions sont des ennemis déclarés, des gens d'un autre monde. On ne veut pas les connaître, on s'ignore mutuellement, on ne se serre pas la main... Ce sont les « petits monstres », les « zazous », on refuse « leurs » cadeaux, « leurs » promotions... Remarquons que les directions sont tout aussi coupées (volontairement ?) des ouvriers ; nous en avons vu plus d'une preuve.

— Enfin, la coupure d'« avec la nature » qui se révèle très nettement à travers les allusions au fait de faire quelque chose d'anormal, d'anti-naturel, de « vivre à l'envers », de ne pas « utiliser son cerveau »... La conscience de ne faire aucun appel à ses attributs d'être humain doté de jugement et de libre arbitre est, chez les ouvriers, très aiguë et souvent même assez dramatique.

Le recueil de telles données par le biais de l'observation participante ne se fait pas sans un engagement affectif éprouvant. Il faut être prêt à assumer des phases de tristesse, de désarroi, de frustration, de sentiment d'être injustement refusé, de remise en question de ce que l'on fait... Mais la récompense octroyée par ceux qui viennent totalement vers nous, qui nous entourent de leur sympathie et de leur spontanéité ou qui cherchent à entrer en contact, à parler, ainsi que la richesse de ce que nous en retirons, font que le jeu en vaut vraiment la peine... Nous avons le net sentiment de nous être fait des amis comme jamais nous ne l'avons pu ailleurs, et cela nous fait presque plus de bien et de plaisir que l'aboutissement même du travail.

Idéologie et organisation

Georges CONDOMINAS

I. Introduction : Qu'est-ce donc que l'ethnologie ?

Dans un ouvrage destiné à un public de décideurs, d'hommes d'affaires, de chefs d'entreprise ou même d'administrateurs, il convient de souligner que l'ethnologie n'est pas simplement une quête de l'exotique ; il y a cette image du vieux monsieur chasseur de papillons, cherchant des faits exotiques isolés, le fait rare, etc., qui revient encore très souvent et dont il faut tout de même dire qu'elle est dépassée. Elle correspondrait plutôt à la période pré-ethnologique de notre science. En vérité, ce que recherche l'ethnologue, c'est toujours un ensemble, car, de son point de vue, le fait isolé en soi ne peut prendre de signification que s'il est appuyé par d'autres données qui vont dans le même sens. Au fond, si le propre de l'ethnologie est l'étude des faits ethniques, des ethnies, c'est aussi l'étude des cultures ; il s'agit donc là de concepts plutôt fermés, qui reposent sur l'énumération de traits culturels, ou encore qui permettent de déterminer si quelqu'un appartient ou non à une ethnie, c'est-à-dire à un groupe que l'on peut dénombrer. Alors, me demandera-t-on, qu'est-ce que l'ethnologie peut apporter à la gestion ?

II. Ethnologie et espace social

A) *Signification*

« L'espace social » est un outil que ma démarche d'ethnologue et surtout mon expérience sur le terrain m'ont amené à utiliser. C'est un outil conceptuel qui, pour être opératoire, a besoin de concevoir les faits sociaux comme des faits totaux. En cela, il doit beaucoup à Marcel Mauss. Et c'est une définition péniblement obtenue que je vous livre ici : *l'espace social serait en définitive délimité par l'ensemble des systèmes de relations caractéristiques du groupe étudié.* J'insiste pour souligner qu'il s'agit ici d'un *système* de relations, et il devient évident que nous partageons dès lors les mêmes préoccupations, même si, en fait, nous appartenons à des disciplines différentes. En effet, la notion de système implique la présence d'interrelations, évoque la systémique, etc. Alors, comment se fait-il qu'un ethnologue soit amené à chercher des outils différents de ceux dont il dispose, traditionnellement ?

B) *Origines de l'élaboration d'un outil : l'espace social*

Tout de suite, je dois préciser que je n'ai pas eu du tout l'intention de bâtir une théorie. Peut-être l'espace social deviendra-t-il une théorie dans un avenir encore fort éloigné, mais pour l'instant, ce n'est qu'un outil tout à fait empirique. J'ai été obligé d'adopter cet outil, car avec le concept de culture j'étais gêné, pour des raisons que je vais vous exposer un peu plus loin. J'ai commencé à l'utiliser sans le définir donc, et ce sont mes étudiants qui m'ont forcé à en préciser la portée. J'ai eu beau leur objecter que Klemm avait utilisé le mot *kultur* dans ses dix-huit volumes (un ouvrage monumental !) sans l'avoir jamais défini [1], rien n'y a fait.

Donc, par commodité et par paresse un peu (je ne suis pas retourné aux racines grecques pour forger un néologisme d'allure savante), j'ai simplement pris le mot « espace » et je l'ai agrémenté d'un qualificatif : cela a donné « espace social », « espace socio-politique ». J'ai utilisé ces expressions dans des

---

1. Il fallut attendre vingt ans plus tard, soit en 1871, pour que Tylor propose une définition de *culture*.

rapports, sans oser pendant des années les faire imprimer. Ce n'est qu'à propos des *fokon'olona* de Madagascar que j'ai risqué, pour la première fois, de laisser imprimer l'expression « espace social ». En fait, il s'agissait d'un gros rapport qui a été imprimé avant même qu'on ait réussi à me joindre pour obtenir mon accord.

Dans ce rapport devenu un livre, l'expression « espace social » s'est imposée à moi, car j'avais à traiter de l'évolution historique d'un groupe, depuis la parentèle jusqu'à la tentative de création d'un État moderne et son effondrement sous le choc d'une entreprise coloniale. Il s'agissait plus précisément du passage d'un État traditionnel à une forme moderne d'État.

Attardons-nous maintenant sur la gêne que me causait le concept de culture et à laquelle je faisais allusion un peu plus haut.

III. Culture et « espace social »

A) *L'exemple Mnong Gar*

C'est lors de ce séjour au Vietnam que j'ai pris conscience que quelque chose n'allait pas avec le concept de culture, qui est le concept de base de notre discipline.

Les Mnong Gar vivent dans le sud du Vietnam, entre Ban Mé Thuot et Dalat, sur le bord d'un fleuve, la Srépok, qui est un affluent du Mékong. Si on parle de culture mnong gar, on y inclut alors tous ceux qui occupent la moyenne vallée du Mékong, bordée de montagnes. Il y a là tout un ensemble de villages qui partagent le même mode de vie, le même outillage, la même conception des rapports avec la surnature, le même genre de connaissances du milieu environnant et donc une façon identique de l'exploiter. Mais la réalité sociale de ces gens, c'était le finage, c'est-à-dire tout ce qui se passait à l'intérieur des limites du village.

B) *Le finage Mnong Gar : une culture, des espaces sociaux*

Quelque chose n'allait donc pas : l'homme, sorti du finage, était à la fois l'hôte et l'ennemi. Ce qui me gênait, c'était de voir qu'à travers tous les récits de vie et tous les cheminements, la réalité sociale des Mnong Gar, c'était le finage. Pourtant, sortant de son village, le Mnong Gar arrivait dans un autre village qui partageait exactement la même culture. Et le concept de culture n'était d'aucune utilité pour résoudre cette difficulté qui était de passer de la réalité statique au vécu. Et ici je dois préciser que, pour moi, le vécu c'est autre chose qu'une énumération de faits : car derrière le vécu, il y a les hommes avec leurs sentiments, leurs ambitions, leurs peines, leurs joies, et je crois que rien n'égale cela. Vous aurez compris que c'est le travail de terrain qui nous plonge dans le vécu ; je suis avant tout un homme de terrain et j'avoue que ma passion, c'est le travail de terrain. En exagérant quelque peu, je dirai que les constructions intellectuelles me plaisent un peu comme la poésie. Cependant, la poésie demeure, elle reste un recours permanent lié à la vie, alors que les théories, utiles à un certain moment à l'instar d'un « beau » problème de mathématiques que l'on doit résoudre, ne font guère que passer au bout d'un temps plus ou moins long. Le concept de culture me gênait certes, mais je me sentais davantage lié par ce que j'observais chez les Mnong Gar.

Le problème au sujet du concept de culture, c'est qu'il nous amène à présenter les faits sous une forme synchronique. Ce reproche s'applique à nous, anthropologues, mais ce travers est encore plus marqué dans l'approche structuraliste, tout au moins sous sa forme la plus populaire. En effet, lorsque l'on a devant soi une accumulation de traits culturels auxquels on essaie de comprendre quelque chose, c'est la démarche que l'on adopte spontanément. Cependant, ceux qui ont été exposés à l'histoire ne peuvent pas s'en contenter : ils savent qu'une démarche synchronique laisse dans l'ombre tout un pan de la réalité. Car ce qui est le propre d'une société, c'est aussi sa dynamique, sans quoi elle n'existerait pas. De la même manière, ce qui est le propre de l'homme, c'est son sens de l'histoire, du passé comme du futur : l'homme agit en se référant au passé, mais il sème en vue de moissonner ou, si l'on préfère, il est toujours préoccupé de l'avenir (ne serait-ce que par la peur que lui inspire la mort) et cela, quelle que soit la société dans laquelle il vit. En priant, par exemple, l'homme répète ce qu'ont fait ses parents avant lui ; il se réfère donc au passé ; il sait par ailleurs qu'en priant, il a des chances soit d'obtenir ce qu'il désire, ou encore d'évacuer tel événement néfaste, telle maladie. L'acte de prier, qui prend ses racines dans l'histoire du groupe, est renouvelé en vue d'un résultat futur. De ce strict point de vue, nier l'histoire chez les autres, alors qu'on en est préoccupé chez soi, est une attitude qui, je crois, n'est pas saine. Et je reviens au vécu de l'homme.

Dans ce vécu, il y a bien entendu la culture ; mais il y avait aussi cette barrière du finage, barrière capitale pour son vécu et qui reposait à la fois sur des données dynamiques et sur des données d'exploitation, de croyances et de rapports inter-humains, car on pouvait être capturé. À l'aide du seul concept de culture, il me paraissait malaisé de rendre compte de cette dynamique. N'allez pas conclure pour autant que le concept de culture n'est pas opératoire, bien au contraire ; il demeure indispensable justement pour délimiter, cartographier, etc. Or essayer de définir une société humaine par un seul trait est une entreprise vouée à l'échec, comme les tentatives de Ruth Benedict faites dans ce sens d'ailleurs. Il importe de comprendre qu'on ne définit pas une culture par une étiquette, car la culture c'est d'abord un faisceau de traits, mais il faut y ajouter également une idée de dynamique. Ce n'est pas statique. Je n'élimine donc pas le concept de culture, mais je préfère dans la pratique utiliser celui d'espace social, qui me permet d'interpréter, de comprendre le cheminement historique aussi bien dans l'extension que dans la régression des groupes ; et pour comprendre l'extension d'un groupe ou sa régression, on est obligé de voir quelle est la dynamique à l'œuvre, et l'idéal serait de pouvoir arriver, un jour, à établir une typologie des espaces sociaux.

Pour l'instant, je me borne à parler d'espaces sociaux restreints, larges ou intermédiaires. L'espace social des Mnong Gar est un espace social restreint, car il n'y a qu'un seul système de relations, c'est celui qui est inclus dans le finage. Dans le cas d'un État comme celui du Vietnam, vous aurez plusieurs systèmes de relations : celui du groupe paysan, par exemple, mais aussi celui des décideurs, des grands acteurs, le système de relations bureaucratique, mandarinal. Dans ce dernier cas, vous aurez un ensemble de systèmes de relations qui ne sont pas parallèles mais qui se croisent, et le domaine de cette intersection sera celui des relations politiques. C'est ce qui m'amène à aborder l'aspect des relations dans l'espace social.

IV. Les relations dans l'espace social

J'exposerai, à l'aide d'exemples, différents types de relations formant système. J'ajouterai que l'ordre de présentation ne trahit aucune hiérarchie ; il ne faut pas oublier qu'il s'agit d'un système de relations, c'est-à-dire que les différents éléments sont en interaction les uns sur les autres. Mais avant d'entrer dans le vif du sujet, il convient de s'attarder à la relation à l'espace et au temps, pour apporter certaines précisions rendues nécessaires par notre acception de ces termes.

A) *Relation à l'espace et au temps*

Dans n'importe quelle société, on a toujours l'ensemble espace-temps. Si on s'attarde quelque peu à l'étymologie du mot espace, cela me permettra de préciser que j'utilise le mot espace dans son sens large, dans son sens plein, c'est-à-dire que l'espace n'est pas simplement l'espace géographique, une surface, ou encore un espace à deux dimensions. L'origine latine du mot espace, *spatium*, signifie une étendue de temps ; c'est donc dire que l'espace comprend le temps. Et la séparation de ces deux concepts est une convention purement technique ou scientifique, comme le faisait remarquer Leroi-Gourhan [2].

Pour la civilisation chinoise, cette unité de l'espace et du temps était quelque chose de très explicite, et, dans ce sens, je citerai simplement Granet [3] :

> « La pensée chinoise commune ou même technique, ne sépare jamais la considération des temps de celle des étendues ; à toute partie individualisée de la durée, correspond une partie singulière de l'étendue. (...) Aussi le temps et l'espace paraissent-ils présenter une densité entière dans les seuls lieux et moments réservés aux assemblées et aux fêtes, liés à des espaces pleins, des temps forts, alternés avec des temps faibles liés à des espaces vides. »

B) *Formes de l'espace*

D'autre part, l'espace a plusieurs formes ; il ne s'agit donc pas que d'un espace géographique, et l'espace mythique,

---

2. André LEROI-GOURHAN. *Le geste et la parole — II La mémoire et les rythmes*, Paris, Albin Michel, 1965, p. 142.

3. Marcel GRANET. *La pensée chinoise*, Paris, La renaissance du livre, 1934 (L'évolution de l'Humanité, Synthèse collective), tome XXV bis, p. 127 et 86-87.

notamment, est intégré à cet ensemble et c'est là une des formes de l'espace social. Encore une fois, c'est un des membres, gréographe, de mon séminaire qui insista pour que je cartographie l'espace social, ce qui m'obligea donc à définir ce que j'entendais par cette expression. Obligation d'autant plus impérieuse que certains de ses éléments ne peuvent être cartographiés, les mythes notamment.

Je vous donne deux exemples maintenant pour illustrer mon propos : un exemple d'espace social restreint et, au risque de me « mnong gargariser », un exemple Mnong Gar.

C) *Les Mnong Gar : un espace social restreint*

Les Mnong Gar sont des essarteurs, c'est-à-dire qu'ils défrichent un morceau de forêt auquel ils mettent ensuite le feu ; sur le sol enrichi de cendres, ils font pousser une récolte de riz ; l'année suivante, ils se déplacent pour reprendre ailleurs les mêmes opérations. Ils reviennent abattre, brûler et cultiver (« ils mangent ») de nouveau le même terrain quinze ou vingt ans plus tard, le temps que la forêt se soit régénérée et ait repoussé en beaux arbres qui fourniront des cendres abondantes. Les Mnong ne déplacent pas seulement leurs essarts, leurs champs, mais aussi leur village. Ils disent qu'ils changent d'emplacement d'habitation tous les sept ans. Pourquoi sept ? C'est un chiffre sacré bien entendu mais qui désigne approximativement la période de temps au bout de laquelle le village tout entier offre un grand sacrifice au Génie du Sol.

Les activités se passent en des lieux-dits, c'est-à-dire que chaque forêt a son nom et lorsqu'on brûle telle forêt, on dit « nous avons mangé la forêt de... ». Ces lieux-dits deviennent le point de repère des années particulières. Ainsi, lorsque vous demandez l'âge d'un enfant, on vous répondra : « Oh, il a peut-être cinq ans, il a peut-être sept ans, il a peut-être dix ans », cette question les laisse plutôt froids à vrai dire. Mais si vous insistez, on tirera alors une paille du toit et, en cassant chaque fois une brindille, on vous dira : « Voyons, il est né l'année où nous avons mangé la forêt du trou du tigre, ensuite nous avons mangé la rivière aux serpents, après la rivière aux serpents, nous avons mangé la forêt de la pierre-génie Gôo » et ainsi de suite. Il ne reste plus qu'à compter les brindilles pour obtenir l'âge exact.

Ceci explique le titre donné à un livre consacré aux Mnong Gar : *Nous avons mangé la forêt de la pierre-génie Gôo* [4]. Un critique disait que j'avais trouvé là un titre très surréaliste. Mais je n'ai pas trouvé de titre du tout, j'ai seulement rendu compte, en tant qu'ethnographe, des institutions et des journées pendant lesquelles se sont déroulés les événements, l'année où l'on a mangé la forêt de la pierre-génie Gôo, soit l'année 1947 à Sar Luk. Pour vous faire sentir à quel point est restreint cet espace social, il me suffira d'ajouter que dans un autre finage, l'année 1947 n'a pas le même nom. Et nous voyons ainsi que pour rendre compte du temps, on utilise là une notion d'espace.

Ayant développé quelques aspects découlant de l'usage de cette notion d'espace social pour rendre compte d'une réalité particulière, celle des Mnong Gar, il nous reste maintenant à traiter d'un certain nombre de relations, toujours dans le cadre, je tiens à le rappeler, d'un système, donc d'interactions et non pas de hiérarchies quelconques.

D) *Les relations à l'environnement*

a) *Introduction*

Ce type de relations est sujet à controverse entre déterministes ratzéliens et probabilistes « vidal-de-la-blachiens» si je puis dire. Mon point de vue se situerait plutôt entre ces deux conceptions ; je crois en effet que les données sont là, c'est-à-dire que les hommes vivent dans un écosystème donné mais qu'ils ne peuvent en tirer que ce que leur permet l'outillage culturel dont ils disposent. Si on prend l'exemple des forêts tropicales, on constate que les façons de l'exploiter sont très différentes chez les Sémangs de la forêt de Malaisie centrale (qui sont des nomades forestiers, vivent en petites hordes sur un territoire assez large et vont d'un durion, cet arbre au fruit terrible par son odeur, à l'autre), chez les Mnong Gar (qui font de l'essartage, et on peut dire qu'il s'agit dans leur cas d'agriculture sur brûlis itinérante), ou enfin chez les Ifugao des Philippines avec leurs magnifiques terrasses. L'écosystème est sensiblement le même, et pourtant les manières de s'y prendre pour en tirer parti sont on ne peut plus différentes. Elles établissent la présence d'outils culturels différents.

---

4. Paris, Mercure de France, 1957 (2e édition, 1974).

b) *Les traits culturels*

Globalement, on a, d'une part, la nature qui offre l'éco-système et, de l'autre, la culture qui permet de l'exploiter. Encore une fois, la culture n'est pas quelque chose d'immuable, car son évolution s'inscrit dans la dialectique de ses rapports avec la nature qui, elle aussi, peut changer : les typhons, par exemple, bouleversent un temps le milieu. C'est donc cette adaptation, cette transformation de l'outil culturel dans un milieu écologique donné qui fait que la culture change elle-même, et ce résultat n'est pas le seul fait du contact avec d'autres cultures. Et ici, on peut poser les problèmes de l'anthropologie alimentaire, celui du goût par exemple. Il y a ainsi des milieux qui peuvent offrir tel ou tel aliment, mais si le goût de l'ensemble rejette la saveur de la plante, on ne la cultivera pas, tout simplement. Le milieu peut donc offrir des tas de richesses, le sous-sol peut bien receler du fer, mais si les gens ne connaissent pas la technologie du fer, le sous-sol gardera celui-ci. Il en va de même pour les plantes alimentaires ou médicinales : nous ne sommes pas les seuls à avoir élaboré des conceptions du monde, c'est-à-dire une vue d'ensemble du rapport de l'homme aux plantes ou de l'homme aux animaux. Nos arrière-grands-parents et d'autres peuples ont ainsi élaboré des visions de l'univers où la symbolique entre en jeu pour des raisons qui ne sont pas gratuites. Nous avons donc affaire à des systèmes de pensée : ce n'est pas du petit exotisme de pacotille, mais bien un système respectable parce qu'il est issu de l'expérience d'un groupe humain. Et ces représentations collectives ne nous introduisent pas seulement à la connaissance de la faune et de la flore, des minéraux et du climat, mais elles nous permettent aussi de saisir la technologie et l'outillage disponibles pour exploiter ce milieu. Ces univers cohérents, et pourtant différents, nous amènent donc à appréhender toute la difficulté que soulèvent les transferts de technologie et d'outils.

c) *Systèmes de pensée et organisation du travail*

Ceux qui ont participé à des programmes de développement et qui ont tenté d'introduire quelque part un outil qui paraissait, de leur point de vue, tout à fait rationnel, savent quel refus complet peut parfois être opposé à ces tentatives. On peut pourtant trouver le même outil dans un autre endroit. L'explication est en définitive assez simple : la technologie, cette facette particulière de chaque vision de l'univers, ne se réduit pas aux seuls outils. En posant cette affirmation, je m'expose peut-être à ce qu'on me trouve trop homicentriste, à l'opposé des hindouistes, mais un fait demeure, c'est que l'homme est l'utilisateur de ces outils et qu'il a quand même un apprentissage à faire. Prenons un exemple.

Vous introduisez une charrue bourguignonne dans un milieu où les gens peinent surtout en bêchant à l'*angady*. Ne croyez pas que, sous prétexte qu'elle constitue un progrès technique évident à vos yeux, on adoptera forcément votre belle charrue bourguignonne. Elle ne sera adoptée que si vous arrivez à faire comprendre aux « bénéficiaires » du transfert qu'avec cet outil efficace, mais supposant l'individualité, ils retrouveront la formation d'équipes de travail ; car c'est cela l'essentiel, l'outil n'est qu'un accessoire. Le travail, c'est un groupe qui se rend dans un endroit donné pour qu'ensemble ses membres puissent y collaborer et y travailler. Dans ce contexte, le travail ne se réduit pas à une entreprise pénible ; c'est plutôt nous qui l'avons transformé en peine en isolant les uns des autres les travailleurs par cette institution « sacrée » qu'ont adoptée nos sociétés, la parcellisation des tâches avec tout ce qu'elle implique comme destruction des relations de convivialité à l'intérieur des groupes sociaux. Il faut comprendre que l'homme n'est pas Robinson, car il est toujours membre d'un groupe et c'est cette solidarité qui fait, je crois, que la vie vaut d'être vécue. Alors si vous prenez des gens qui ont l'habitude de travailler ensemble et que vous les parquez en usine où ils seront chacun de leur côté, à serrer des boulons par exemple, il y aura une cassure.

Notre façon d'organiser le travail est donc à l'origine de cette rupture des solidarités de groupe, de même que c'est elle qui est rejetée lorsque sont tentés des greffons d'outillage dans des cultures qui respectent cette dimension fondamentale de l'espace social qu'est le travail de groupe. Et ici, il faut aborder l'aspect des moments du rituel.

d) *L'importance des rites dans le travail*

Avant d'aborder cet aspect particulier de l'organisation du travail de groupe, je précise tout de suite et très clairement que je suis rationaliste. Cependant, ce que je n'admets pas des hyper-rationalistes qui, pourtant, partagent ma conception du monde, c'est le mépris qu'ils affichent à l'égard des systèmes religieux. Car les rites, les rites agraires par exemple, ont une puissance et une efficacité considérables du fait qu'il y a, dans l'exécution des travaux, un instant de pause, et cet espace plein, comme les appelle Granet, ce n'est pas simplement une pause-café. C'est quand même plus que cela.

C'est le moment où le groupe, avant d'aborder une autre phase du travail agricole, retrouve sa cohésion et une cohésion qui explose dans la joie ; c'est l'instant où l'on retrouve la possibilité d'absorber des protéines animales, dira un nutritionniste, parce qu'en temps normal, on est trop pauvre pour pouvoir le faire. Mais on ne va pas égoïstement, avaricieusement, manger son petit bout de viande chacun de son côté : on consomme tous ensemble, et c'est cela qui est important. Dans la société industrielle, on a éliminé la fête ; or, tous les espaces sociaux vous le montreront, la fête c'est une façon d'être humain et de l'être pleinement surtout. Et il est à espérer que, si jamais nous y accédons, la société post-industrielle nous réinventera la fête, mais pas une de ces fêtes bâtardes que l'on nous propose actuellement.

E) *Les relations d'échange de biens*

C'est, si l'on préfère, le secteur de l'économie. Et en tant qu'ethnologue, je préciserai que mes collègues anglo-saxons ont tendance à forcer les liens en classant dans la rubrique économique non seulement les échanges de biens, mais la technologie également. Le rapport n'en demeure pas moins réel, mais à ce type d'échanges basé sur l'accumulation il faut opposer une autre façon d'échanger, et je vous renvoie ici à Malinowski et à Mauss : c'est le *kula*, c'est le *potlatch*. L'échange se fait par voie de redistribution ; c'est la logique du don qui veut que, par exemple, le chef d'une communauté donne sans cesse pour dépasser la valeur des cadeaux qu'on lui fait ; c'est l'accumulation à rebours, où le don oblige celui qui le reçoit, et c'est par cette obligation que le donateur établit son ascendant sur ceux qui reçoivent, et c'est pourquoi il est souvent plus « pauvre » que les récipiendaires de ses largesses. On retrouve cette économie de l'échange chez les Kwakiutls ou les Haïdas de la côte ouest du Canada, par exemple. Dans le cas mnong gar, je soulignais plus haut que le village n'occupe le même emplacement guère plus de sept ans, au terme desquels on fait un grand sacrifice de buffles : chaque maison va essayer d'en faire un. Et comme on tue plusieurs buffles, on en arrive ainsi à créer une situation d'échanges de biens et on a accumulé pour disperser. L'accumulation n'est donc pas cet acte d'avare que nous connaissons.

F) *Les relations de communication : la parole et l'écrit*

En tant qu'ethnologue, on ne se préoccupera pas seulement du langage parlé, mais également des différents modes d'expression comme la gestuelle. Il ne s'agit pas de s'interroger sur les relations génétiques des langues et la démarcation objective des dialectes comme le font les ethnolinguistes, mais bien plutôt, comme le disait Dell Hymes [5], sur les relations de « communicabilité » entre les personnes et les groupes. Dans cette perspective, ce qui est déterminant pour l'établissement « d'unités portant culture » (les *culture bearing units* de Dell Hymes) et la transmission des phénomènes culturels qu'elles sécrètent, ce sont les frontières de communication, c'est-à-dire le point auquel arrive un individu et où le membre du groupe suivant ne le comprend plus...

Et ici j'ouvre une parenthèse pour souligner le fait étrange que les Français, dont la langue a longtemps été un véhicule international, parlaient très mal les langues étrangères (et continuent d'ailleurs surtout du fait de leur accent), mais ils n'en étaient pas moins remplis d'admiration pour les Russes et les Scandinaves qui, eux, parlaient plusieurs langues. Par ailleurs, j'ai constaté que chez les populations soi-disant primitives, il y avait justement connaissance de plusieurs langues, ce qui est quand même quelque chose d'assez extraordinaire. Par exemple, un Mnong Rlâm parfaitement illettré parle aussi bien le rhadé que le mnong rlâm et, en plus, il parle français et vietnamien. Il n'a pas été à l'école et, pourtant, c'est un remarquable polyglotte.

Quant à l'écriture, qu'il suffise d'en dire que c'est l'outil d'élargissement de l'espace social par excellence, parce qu'elle permet à la parole de surmonter les limites imposées par l'espace et par le temps ; l'écriture permet de mettre la parole

---

5. Dell HYMES. « Linguistic Problems in Defining the Concept of "Tribe" », p. 23–48 in June Helm (Ed.), *Essays on the Problem of Tribe*, Proceedings of the 1967 Annual Spring Meeting of the American Ethnological Society, Seattle and London, 1968.

en conserve et de l'expédier là où on veut. Et l'écriture est un outil de domination politique extraordinaire, car elle restitue la pensée et l'histoire selon les normes du pouvoir. Cela pose un problème sérieux à qui veut actuellement reconstituer le passé des sociétés, surtout dans le Tiers-Monde : en effet, en se cantonnant à la seule histoire écrite, on ne fait qu'une partie du chemin ; il faut aussi recourir à la tradition orale, car elle est une source, pas nécessairement meilleure, mais à tout le moins plus fidèle à la réalité : en effet, elle ne distord pas l'histoire de façon aussi systématique que l'écrit. On sait, par exemple, que quand une dynastie accédait au pouvoir, elle n'avait souvent rien de plus pressé que d'enjoindre les scribes de récrire l'histoire. Et si Louis Puiseux [6] a pu dire que, dans nos sociétés, « la théorie économique est le langage du pouvoir », nous pouvons avancer que l'écriture permet de légitimer le pouvoir en place. L'histoire légitime le pouvoir.

G) *Relations de parenté et de voisinage*

Dans mon esprit, les relations de voisinage dépassent nettement l'étendue des relations de parenté, du moins telles qu'on les conçoit. Dans beaucoup de sociétés, elles ne sont qu'un indicatif, car on utilise les termes de parenté pour interpeller ou parler de gens qui sont simplement des voisins. La chose importante, c'est encore une fois l'organisation du travail et donc celle de la main-d'œuvre. Et ces termes deviennent réellement un embarras selon la spécificité des espaces sociaux ; pour certains d'entre eux, il est tout à fait légitime de caractériser l'organisation du travail comme étant une relation à l'environnement, car on rend des outils simples beaucoup plus efficaces en organisant le travail de façon à le faire reposer sur des collectifs de personnes. Aussi, quand on veut évaluer un outil, se limiter à sa description physique, comme on le fait trop souvent, n'en livre pas toute la potentialité ; il faut également préciser comment on l'utilise en groupe. On peut donner l'exemple des bêches malgaches (les *angady*) : les hommes travaillent en groupes de quatre ou cinq et avec une efficacité considérable ; si vous essayez, seul, de faire votre quote-part du même travail, vous n'y arriverez pas.

---

6. Louis Puiseux, intervention à la suite du rapport de Maurice Godelier, « Anthropologie et Sciences Économiques », p. 67 in [Georges CONDOMINAS et Simone DREYFUS-GAMELON (Dir.)], L'*Anthropologie en France. Situation actuelle et à venir*, Paris, CNRS, 1979.

On pourrait également considérer l'organisation de la main-d'œuvre sous l'angle des relations politiques, et je dirais même que c'est la base des relations politiques : c'est le problème du surtravail qu'a très bien dégagé un certain Karl Marx.

H) *Relations à la surnature*

Il y a une chose qu'il faut souligner ici : c'est que la conception du monde dans beaucoup de sociétés n'est pas marquée par une opposition entre la matière et l'esprit comme chez nous. Cette conception binaire d'opposition entre la matière et l'esprit, nous la tenons de notre tradition judéo-chrétienne et elle est tellement diffuse que, par exemple, lorsque j'ai voulu traduire des concepts mnong en français, j'ai été horriblement gêné, car j'ai été obligé de traduire *hêen* par « âme », parce qu'il n'y avait pas d'autre mot. Or l'âme est un principe immatériel, éternel et elle est unique, tandis qu'un individu a plusieurs *hêeng* et celles-ci sont matérielles. Je m'explique : quand un individu tombait malade, il m'arrivait de partir avec le chaman à la recherche des *hêeng* ; pour les récolter, nous secouions des broussailles pour en faire tomber de minuscules araignées que nous mettions dans une boîte pour ensuite les verser sur le crâne du malade. Ce sont donc ses *hêeng* qu'on restitue au malade. C'est un monde de formes, comme je l'expliquais plus haut [7]. Il n'y a pas d'opposition entre matière et esprit qui forment, au contraire, un tout. Un autre *hêeng* est un buffle élevé par les génies ; si les génies attachent le buffle ou qu'un *caak* (un homme, un sorcier mangeur d'« âme ») veut manger cette *hêeng*, l'homme à qui elle appartient tombera malade, et si les génies en font le sacrifice, l'homme mourra. Lorsque l'homme meurt, la *hêeng* va dans un espace souterrain : elle n'est pas pour autant immortelle, mais on pourrait la considérer comme immatérielle. C'est ainsi que les Mnong disent qu'au bout de sept morts, elle disparaît « comme l'écume de la vague qui s'éteint sur le rivage ».

Voici une autre illustration de ce monde de formes : lorsqu'une épidémie frappe le village, tuant plusieurs habitants, on le déplace ; de même, si à l'occasion de la Fête du Sol on

---

7. Voir sous-section b dans cette dernière partie, plus haut.

immole, disons, une douzaine de buffles, on changera également d'emplacement. En effet, la mort d'une grande quantité
de buffles équivaut à la mort d'une grande quantité d'hommes ;
il y a équivalence entre le buffle et l'homme, et c'est ce qui
explique qu'on se sente obligé d'aller ailleurs.

I) *Les relations politiques*

a) *L'an-archie des Mnong Gar*

Le village est constitué de longues maisons abritant des
familles individuelles. Comment le village est-il gouverné ?
C'est une formation an-archique, il n'y a pas de chef dans le
sens classique du terme. C'est plutôt d'équilibre qu'il s'agit,
équilibre entre, d'une part, les familles individuelles et, d'autre
part, les quatre *croo weer tööm bri tööm bboon* (« les hommes
sacrés dans la forêt dans le village »), qui sont en fait des
guides rituels et élus par une espèce de consensus local.

Mais il peut arriver qu'une famille émerge, qu'elle donne
tous les signes de vouloir s'approprier le pouvoir ; l'idéologie
prend alors le relais. C'est-à-dire qu'on va accuser cette famille
de sorcellerie pour l'éliminer physiquement. Car on ne peut
tolérer, dans cette société, que l'une des familles cherche à
s'imposer à tout le village : cela est ressenti comme une
atteinte grave à l'idéologie dominante, pour employer une
expression à la mode. Alors une nuit, on ira porter le bracelet
dans la montagne, chez les gens du même clan que ces
« sorciers » avérés : on fera alliance pour exécuter cette famille
qui veut prendre le pouvoir. C'est là, j'en conviens, une formule
radicale pour l'an-archie, mais il importe d'y voir une recherche
constante de l'équilibre ou de la gestion égalitaire si l'on
préfère.

Considérons maintenant un espace social plus large.

b) *Un grand espace social : l'exemple lao*

Pour avoir une idée du système de relations des paysans
lao, considérons un village de la Plaine de Vientiane. On voit
tout de suite qu'on a affaire à un habitat fixe, fait d'un
ensemble de maisons sur pilotis disparaissant sous leurs
vergers, avec un espace dégagé comprenant un bâtiment « en
dur » : le *vat*, c'est-à-dire la pagode, construite en brique ou en

pierre. En forêt, vous trouverez le *ho phi ban* (c'est-à-dire l'«autel du génie protecteur du village»). Vous avez là deux pôles permanents : la pagode et l'autel du génie du village, et ce sont deux mondes.

Lorsqu'on va rendre un culte au génie du village, tous les villageois se réunissent sous la guidance du *chao cham phi ban* (c'est-à-dire le «maître du culte du génie du village»). Et alors le village est fermé aux étrangers, qui en sont prévenus, car on a mis tout autour des *taléo* à cet effet. C'est en quelque sorte le culte du génie du terroir, ce qui correspond aux *yaang*, aux divinités des Mnong. En revanche, lorsque le culte se déroule à la pagode, le village est ouvert aux étrangers ; on voit alors que l'adoption d'une religion universaliste fait en sorte que l'espace social du paysan lao, bien qu'il vive dans son village, n'est pas du tout celui du Mnong Gar. Son village n'est pas sa seule raison d'être, car le Lao fait tout pour sa pagode. On le voit quand une communauté de six ou sept maisons se constitue pour défricher des champs, établir des rizières permanentes : son premier souci est de chercher un bonze, de lui construire une hutte sur pilotis et de tout tenter pour l'y retenir. Lorsque cette communauté se développe, on construit une *sala*, qui devient le symbole du village, car c'est là qu'on entrepose les effets précieux de la communauté, c'est là qu'on reçoit les voyageurs. Lorsqu'il y a eu un accroissement de la main-d'œuvre et qu'en plus on est suffisamment prospère pour avoir pu dégager un surplus, on engage des maçons et des sculpteurs pour construire le *sim*, le sanctuaire en briques et en pierres, ainsi que la statue plus ou moins monumentale du Bouddha dominant l'autel, etc. Ce travail s'effectue en général par étapes, chaque fête collective donnant l'occasion de recueillir du numéraire. Le *sim* achevé, la communauté villageoise acquiert un prestige considérable et consolide sa position dans la région : désormais, elle peut abriter des cérémonies d'ordination de moines.

Rappelons que le monastère tient un rôle qui dépasse largement ses fonctions religieuses. En fait, le *vat* est à la fois *le symbole et le centre de la collectivité rurale*. Il abrite la pirogue de course qui représente le village lors de la Fête des Eaux, on y construit l'engin qui entre en compétition avec ceux des autres villages lors de la Fête des Fusées. La *sala* du monastère sert à la fois d'entrepôt aux outils et aux matériaux communs, de gîte d'étape au colporteur ou au simple voyageur étranger, d'école, de forum à toute réunion concernant la vie du village, comme l'élection du maire ou la décision de célébrer une fête et d'en fixer la date, etc.

On comprend dès lors que dans un programme de développement, les villageois interrogés donnent la priorité à l'entretien de leur pagode. C'est d'ailleurs là que se tiennent toutes les grandes fêtes non seulement bouddhiques, comme le *Kathin* ou le *Vessantara*, mais réputées telles — bien que leur raison d'être soit à l'opposé de l'idéal bouddhique de détachement, comme cette Fête des Fusées déjà mentionnée et qui est une célébration généralement rabelaisienne de la fécondité. Mais ces fêtes entraînent la participation de tous les habitants, et aussi celle des villages environnants dans la majorité des cas (alors que la fête du génie tutélaire ne concerne que la communauté villageoise qui au contraire se ferme à ce moment-là au monde extérieur).

On perçoit donc le rôle de régulation de ces fêtes dites bouddhiques qui se tiennent dans l'enceinte du *vat* [8]. Le groupe y affirme sa cohésion vis-à-vis des autres, par le faste de son hospitalité mais aussi par son ouverture à la compétition (pirogue, fusée). Je ne fais que constater; en aucune manière, je ne me permets de mettre en doute la foi des villageois lao, qui reste une affaire individuelle et sort du champ de mes préoccupations principales.

Mais je voudrais insister sur un point : toute décision concernant le village entier doit entraîner l'adhésion de tous les membres de la communauté. On discute jusqu'à obtenir l'unanimité; on ne se quitte pas avec une majorité et une minorité; on doit être tous ensemble constamment d'accord. C'est ce que j'ai appelé à propos du *fokon'olona* malgache «la règle de l'unanimité». Si une minorité s'entête à refuser la décision, alors le groupe se scinde et les minoritaires vont s'installer ailleurs, défrichent un pan de forêt, créent des rizières et invitent un bonze à loger dans le *vat* dit «de forêt» qu'ils ont construit à son intention, en fait une très modeste case mais qui constitue dans leur esprit l'amorce de la pagode qui personnalisera leur groupe de pionniers lorsqu'il aura atteint la dimension d'un village. En grossissant démesurément, le groupe originel s'est certes cassé, mais il a essaimé

---

8. En ce qui concerne le rôle de la pagode et de l'autel tutélaire et aussi celui des fêtes bouddhiques ou considérées comme telles, cf. Georges CONDO-MINAS. « Notes sur le bouddhisme populaire en milieu rural lao», *Archives de Sociologie des Religions*, n° 25, p. 81–110, cartes, plan, X pl. photos; n° 26, p. 111–150, XII pl. photos, 1968.

au loin. Il s'agit donc d'un mode d'extension du groupe tout à fait pacifique.

Cependant, on ne doit pas oublier que, à la différence des villages mnong gar traditionnels, farouchement repliés sur leur finage, les villages lao traditionnels font partie depuis plusieurs siècles d'une formation étatique. Que cet État soit puissant ou déliquescent, qu'il ait atteint la taille d'un Empire (comme l'ancien Lane Xang Hom Khao ou « Royaume du Million d'Éléphants et du Parasol « Blanc ») ou qu'il se soit brisé en plusieurs principautés, elles-mêmes soumises à la suzeraineté des voisins plus puissants.

On a pu reprocher aux ethnologues d'avoir trop souvent étudié seulement le village, sans même essayer de relier celui-ci au reste, à l'État, ou même, moins ambitieusement, à des structures intermédiaires : car c'est à ce niveau qu'on peut, dans le cas des paysans lao, par exemple, dégager leur système de relations, qui recouvre non pas un mais plusieurs villages.

Or, contrairement à ce qui se passe pour les Mnong dont l'espace social se réduit à un système de relations, celui des Lao en comprend plusieurs. Nous venons de résumer très grossièrement celui des paysans ; la bureaucratie mandarinale en fournit un autre. Remarquons que les deux systèmes se chevauchent sur au moins un type de relations : le politique. En effet, prenons le cas du mandarin d'un certain niveau dont le paysan connaît au moins le nom — le *chao muong* ou chef de district ; son entretien repose sur le surtravail du paysan, comme celui des autres membres de l'appareil politique. Notons au passage une réaction ancienne qui s'est perpétuée chez les paysans lao : lorsque le représentant local de l'appareil étatique pèse trop lourd à son gré, le village s'évanouit pour se reconstruire plus loin.

Quoi qu'il en soit, ce surtravail aboutit à l'État, et si l'on tient à évoquer les grandes catégories, on a là une forme de ce mode de production dit « asiatique », où le souverain représente l'ensemble de la communauté étatique dont il draine le surproduit, mais dans laquelle les villages jouissent d'une large autonomie.

IV. En guise de conclusion

Une confrontation comme celle-ci, entre gestionnaires et décideurs d'un côté et scientifiques de l'autre, rend évidente la nécessité absolue d'être clairs dans un tel dialogue. Certes le devoir de clarté s'impose au scientifique dans son travail quotidien, ne serait-ce que pour se faire comprendre de ses collègues ; car toute recherche prend sa pleine valeur par la communication de ses résultats. Mais ce devoir de clarté prend un caractère de nécessité absolue lorsque l'on veut se faire comprendre au-delà du cercle étroit des spécialistes de sa propre discipline. Car alors le risque devient grand de voir ses élucubrations interprétées de travers. Le danger couru ne se réduit pas toujours à de simples jeux d'école. On connaît dans notre domaine au moins un cas où il a atteint l'ampleur d'une catastrophe, une catastrophe à l'échelle internationale. Qu'on se souvienne du nazisme, qui se réclamait d'une base soi-disant scientifique, mais qui reposait en fait sur une distorsion de données anthropologiques, aggravée par une confusion de faits linguistiques, culturels et biologiques, qui apparaît aujourd'hui absolument ahurissante. Résultat : des millions et des millions de morts...

J'ai cité le cas extrême. Est-il besoin cependant de rappeler que le racisme a toujours la vie dure...

Sans aller si loin, il y a des précautions à prendre pour lesquelles le concours des ethnologues est utile, ne serait-ce que parce qu'ils les signalent. En intervenant par exemple dans les programmes de mise en valeur de pays « neufs » dans leurs cultures respectives, de notions qui passent pour identiques, sous prétexte qu'on a traduit un terme couramment utilisé dans la langue des décideurs par un mot considéré comme équivalent dans celle des travailleurs. Rien n'est plus faux dans une situation interethnique que de prétendre devant un grave malentendu qu'il s'agit d'« une simple question de voca-bulaire ». Les contextes culturels, écologiques, entre autres, diffèrent tellement entre cultures industrielles et pré-indus-trielles que les concepts portés par les mots se superposent mal de l'une à l'autre. Or l'idéologie du développement a très vite imposé les concepts des pays industrialisés comme normes, trop souvent même comme postulats, aux travailleurs origi-naires de pays dits du « Tiers-Monde » et cela dans leur propre pays.

Puisque nous parlons de gestion, celle de la main-d'œuvre surgit comme le problème crucial dans les programmes évoqués plus haut. Or cette main-d'œuvre est fournie par des groupes dont la conception du travail ne répond guère à celle que les experts et cadres étrangers — et autochtones formés à l'étranger — tiennent pour vérité révélée. Certes les variantes existent d'une ethnie à l'autre; contentons-nous de rappeler qu'en général dans aucune d'elles on n'isole complètement la production de la nourriture et des autres lieux de l'ensemble des activités, ludiques comprises, du groupe.

La fête, cette bête noire du gestionnaire moderne en pays « attardés », qu'elle ait une origine familiale (on se rend fréquemment à un mariage ou aux funérailles d'un parent plus ou moins proche), villageoise, tribale ou autre, la fête reste un élément essentiel, qui scande le déroulement de la vie. Elle rompt avec bonheur l'ennui né d'un travail répétitif dépersonnalisé et permet en outre à l'individu de recouvrer ses forces vives dans la cohésion renouvelée de son groupe d'origine. Qu'on ne la considère surtout pas comme un simple équivalent de nos vacances : il n'y a pas alors recherche de vacuité, mais au contraire occasion méritoire de « refaire le plein » de ses forces. Une plus subtile écoute des cultures en présence et un peu d'imagination rendraient dans bien des cas la situation plus acceptable pour la main-d'œuvre, et par contrecoup permettraient au décideur d'atteindre ses objectifs — ce qui suppose bien entendu qu'il n'ait pas fait du taylorisme ou du stakhanovisme son idéal d'organisation.

Laisser parler les faits

Tom LUPTON

I. Introduction

Un fossé d'une largeur anormale sépare actuellement les champs de la connaissance qu'explorent les spécialistes des sciences sociales et de l'action, parmi lesquels se situent les gestionnaires dont les décisions influencent nos vies à tous. Je ne pense pas que l'on doive en imputer l'entière responsabilité à la réserve dont a traditionnellement fait preuve l'Université à l'égard de la pratique. Il me semble également qu'en cherchant à obtenir pour elles-mêmes l'aura de sérieux scientifique qui émane des sciences de la nature, les sciences sociales ont été conduites à imiter à l'excès leurs méthodes, ce qui a contribué à accroître leur isolement. Cependant, on observe que certaines tendances issues des sciences sociales cherchent à effectuer une plus grande convergence entre la théorie et la pratique, sans toutefois rien y céder au plan de l'intégrité scientifique. C'est de ces tendances dont j'aimerais maintenant vous entretenir.

Je me suis moi-même engagé à fond dans certains de ces développements et, comme mes idées sont largement tributaires de mon expérience, on voudra bien me pardonner d'essayer de concilier ici le récit d'une évolution personnelle avec une réflexion sur certains courants récents dans les sciences sociales et, plus particulièrement, dans la sociologie des organisations. J'espère ainsi arriver à vous faire partager ma conviction à l'effet que les spécialistes des sciences sociales jouissent actuellement du privilège d'une double vie et que la société ferait bien de l'abolir afin de renvoyer ceux d'entre eux qui sont encore assez jeunes pour être réhabilités à l'état de citoyens utiles.

Dans la première de ses incarnations, le professionnel des sciences sociales est un observateur et un théoricien, objectif et protégé, qui écrit et parle des relations sociales entre êtres humains et qui communique essentiellement avec d'autres observateurs tout aussi objectifs et protégés. Dans sa deuxième incarnation, c'est un être humain participant à part entière aux relations sociales en tant que membre d'une famille, d'un groupe de travail, etc., et, le plus souvent, il y a rupture complète entre ces deux existences. Même s'ils passent beaucoup de temps à observer et théoriser, ils n'en sont pas pour autant plus sages et plus sensibles, plus tolérants et plus créatifs que n'importe lequel de leurs contemporains, lorsqu'il s'agit d'aménager leurs propres relations sociales. Même si l'on pouvait envisager que leur côté jekyllien en tant que professionnels des sciences sociales ait quelque effet sur leur personnage civil, celui de M. Hyde, ce sont néanmoins les habitudes de pensée et d'expression plutôt rebutantes contractées dans l'exercice de ces professions qui rendent si difficile leur commerce avec le commun des mortels. Ignorant tout de la terminologie et des logiques abstraites en cause, le profane ne peut alors manquer de ressentir un mélange de crainte et d'impuissance à s'y retrouver, un sentiment de ne pas être à la hauteur, un peu comme ce qu'éprouve le voyageur qui est pour la première fois confronté aux us et coutumes d'une culture étrangère.

À propos, qu'est-ce qu'un homme ou une femme ordinaires ? Je pense avoir été autrefois un homme ordinaire du genre auquel je viens de faire référence et l'être resté assez longtemps même, de sorte que j'ai été en mesure de me prémunir d'une bonne dose de scepticisme capable de prévenir ma métamorphose en universitaire du type Jekyll et Hyde. Cela ne suffit certes pas à faire de moi quelqu'un qui soit plus sage, plus sensible, plus tolérant et plus créatif que la moyenne de ses contemporains, hommes et femmes, mais en tout état de cause, s'il m'arrive jamais d'inspirer de la crainte ou de confondre les esprits, ce n'est certainement pas par un discours nébuleux comme celui dont se parent certains professionnels des sciences sociales, qui s'emploient ainsi à flatter leur amour-propre et à démontrer le sérieux de leur profession. En fait, je suis ordinaire de par l'extraction sociale et l'éducation, et mon entrée éventuelle, du reste assez tardive, dans l'univers des sciences sociales, est un accident de l'histoire. Si la Deuxième Guerre mondiale n'avait pas éclaté à l'époque où j'étais assez jeune et vigoureux pour que l'on me jugeât, bien malgré moi d'ailleurs, apte à servir comme simple soldat, je serais sans doute encore travailleur en usine : je serais encore un travailleur ordinaire, en ce sens qu'on ne pourrait pas me distinguer aisément de la masse sur la base d'une possession quelconque d'attributs intellectuels reconnus et prisés en « Occident ». Je n'avais pas d'argent, mes parents non plus du reste ; mon bagage académique se limitait à des études qui ne dépassaient pas le niveau secondaire, et tout cela ne constituait guère un bilan très positif pour l'époque, exception faite de quelques succès sportifs. Je me distinguais — mais pas nécessairement à mon avantage — par un fort accent régional et une candeur propre à mon milieu d'origine. Les occasions de l'après-guerre auraient tout aussi bien pu me pousser vers des études universitaires en sciences de la nature ou en génie, mais, n'ayant jamais été très fort en mathématiques, je m'orientai tout naturellement vers les sciences sociales.

À l'université, j'ai eu la chance d'avoir pour premiers maîtres des gens qui se situaient très à l'écart de la sociologie abstraite, courant alors dominant. Après ma sortie d'Oxford, où j'avais acquis un salmigondis respectable, mais pas particulièrement remarquable, de connaissances en science politique, en économie et en philosophie, je m'étais laissé aller à la dérive, ce qui m'avait amené à occuper un emploi de dessinateur industriel. Joan Woodward vint m'en tirer. Elle-même avait suivi une démarche semblable, puisqu'elle était venue à l'université après avoir occupé des fonctions de directeur du personnel dans l'entreprise. Elle m'a enseigné certaines habiletés d'entrevue et d'analyse, mais elle m'a avant tout appris la vertu de la simplicité et l'art de conserver un brin de scepticisme et d'humour face à mon travail.

Max Gluckman, alors professeur d'anthropologie sociale à Manchester, et George Homans me confièrent quelques années plus tard des fonds de recherche et un mandat très ouvert. Tous deux cherchaient à démontrer que les méthodes employées par les anthropologues britanniques pour réunir et interpréter les données relatives aux sociétés dites primitives (surtout celles des anciennes colonies britanniques) pourraient être tout aussi efficaces pour expliquer les comportements au sein des sociétés industrialisées. Ils n'arrivaient pas à trouver quelqu'un qui soit formé dans cette tradition et qu'en même temps les firmes industrielles et commerciales aient pu intéresser sérieusement au point de l'amener à s'y engager à fond. Ils durent donc se rabattre sur moi. Encore une fois, les circonstances m'amenaient à vivre et à travailler avec les anthropologues sociaux de l'école britannique et, pendant un certain temps, avec George Homans, qui était alors de passage à Manchester. Homans, qui se démarquait très nettement de la plupart des sociologues nord-américains, possédait l'art d'exprimer des idées complexes dans une langue compréhensible. Or, comme me l'apprirent Homans et ses collègues britanniques en anthropologie sociale, une expression claire est plus difficile à maîtriser qu'une langue disgracieuse; néanmoins, cette simplicité d'expression offre toute la souplesse et la précision requises pour rendre possibles non seulement la communication d'idées abstraites et de phénomènes concrets entre spécialistes, mais également l'échange avec l'individu moyen qui s'y intéresse.

C'est ainsi qu'en 1955, âgé de 37 ans et fort de quatre années d'expérience en tant qu'assistant de recherches, je devins apprenti en anthropologie sociale, avec le mandat d'améliorer la connaissance des mécanismes d'interaction à l'œuvre au sein des groupes de travail et, plus spécifiquement, d'étudier l'influence du groupe de travail sur l'élaboration des normes de production en usine. Une telle perspective m'enchantait. J'avais travaillé dans l'industrie et j'étais donc de façon générale assez familier avec ce genre de vie. La perspective de côtoyer des travailleurs d'usine ou des militants syndicaux ne m'effrayait donc pas, non plus d'ailleurs que je n'éprouvais le besoin de les tenir dans un état de crainte respectueuse à mon endroit. Du temps où j'étais moi-même col bleu, certains aspects propres aux relations sociales m'avaient totalement échappé. Je disposais d'un autre avantage par rapport à plusieurs de mes collègues universitaires, puisque j'avais glané en cours du soir quelques connaissances et certaines compétences mineures en génie industriel; enfin, j'avais travaillé à titre d'ouvrier qualifié d'abord dans l'armée, puis dans la sidérurgie et la construction navale. Tout cela m'habilitait à comprendre le travail des ingénieurs et rendait possible la discussion avec eux. Il ne s'agit pas là d'un atout négligeable, puisque ce sont les ingénieurs qui conçoivent et réalisent l'environnement dans lequel les autres vont travailler ; j'avais d'ailleurs moi-même effectué des tâches analogues, d'abord au cours de ma brève carrière de dessinateur dans l'industrie de l'acier, ensuite à titre de membre d'une équipe dont le travail consistait à concevoir des aménagements pour les salles de machines de navires. J'ai été aussi bref que possible dans cette évocation du cheminement qui m'a conduit aux sciences sociales, ce que je ne cherche d'ailleurs pas à justifier.

Depuis lors, j'ai été amené à m'engager de plus en plus dans les tâches concrètes de la gestion et de l'administration, d'une part en tant que professeur, chercheur et conseiller dans diverses écoles de gestion, d'autre part en tant que gestionnaire de ces mêmes écoles de gestion. Dans un tel milieu, le professionnel des sciences sociales peut difficilement rester sourd aux questions pressantes qui lui sont posées sur la finalité et l'utilisation de ce qu'il enseigne. Ces questions, elles fusent non seulement de la bouche des gestionnaires qui assistent à ses cours, mais également des organismes qui les y ont envoyés ; il les entend dans les entreprises qui veulent savoir, par exemple, pourquoi leur productivité est si faible, de quelle façon elles doivent s'y prendre pour accroître la motivation au travail, ou encore pour trouver de nouveaux acheteurs ou clients, etc. Remarquez à quel point toutes ces questions sur le comment sont différentes des questions sur le pourquoi qu'ont l'habitude de se poser les scientifiques, et c'est d'ailleurs là la source de quelques-unes de leurs difficultés.

Il y a évidemment moyen d'éviter les questions qui portent sur le comment des choses. Certaines écoles de gestion d'Europe et d'Amérique du Nord ont recouru à cette échappatoire facile qui consiste à se mettre hors de portée des voix, y récoltant même au change une certaine renommée « universitaire ». D'autres, par ailleurs, se sont persuadées et ont convaincu leurs clients du fait que, si éloignée fût-elle de la réalité, la gymnastique intellectuelle est bonne pour le cerveau, peut-être aussi pour l'âme et, avec de la chance (et à long terme), pour les profits.

De telles attitudes ne sont pas seulement inopportunes, mais, dans les circonstances actuelles ou qui se font jour, elles sont insoutenables. Le monde hermétique et privilégié des universitaires est soumis à des attaques virulentes, et les plus contestées des disciplines sont justement celles qui soulignent le besoin de former des gestionnaires compétents et créatifs, qui puissent s'intégrer à des organisations souples et efficaces. De même, nous ne survivrons que si nous arrivons à nous adapter et à être efficaces.

Mais ce processus d'adaptation se heurte à des difficultés pratiques et soulève des dilemmes moraux. Dans ce texte, je devrai me limiter aux difficultés et dilemmes auxquels sont confrontées les sciences sociales et, en particulier, la psychologie sociale et la sociologie ; de manière plus précise encore, je devrai me borner à traiter des moyens que devront prendre les tenants des sciences sociales pour résoudre ces difficultés et sortir de ces dilemmes. C'est en cela que mon expérience personnelle trouve sa place dans cet exposé.

Une représentation visuelle du problème pourra peut-être l'éclairer. En effet, tant sur le plan de l'analyse que de la pratique, nous nous heurtons à la difficulté de savoir comment fusionner deux processus sociaux complexes, l'un comme l'autre répétitif et avalisé par la société. Chacun d'eux comporte en outre sa structure propre d'étapes logiques et de séquences chronologiques ; chacun d'eux est généralement entièrement distinct de l'autre dans l'espace comme dans le temps. L'illustration n° 1 représente la boucle fermée de la recherche empirique ; l'illustration n° 2, la boucle fermée de la résolution des problèmes pratiques.

Illustration n° 1
La boucle fermée de la recherche scientifique

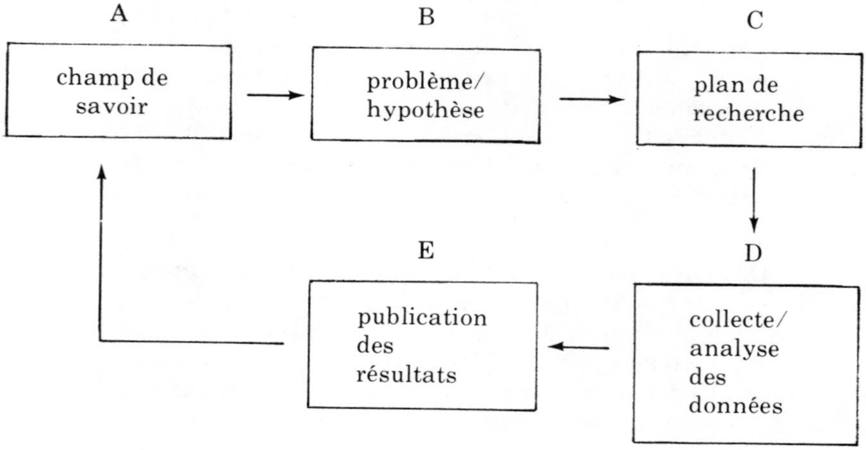

Illustration n° 2
La boucle fermée du raisonnement pratique

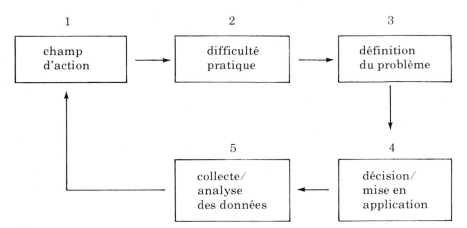

Je voudrais maintenant montrer qu'il existe plusieurs possibilités pour effectuer une certaine convergence entre les deux processus et signaler les points où cette convergence devrait s'avérer la plus fructueuse. Il devrait être possible, par exemple, d'énoncer le problème de la case B (ill. n° 1), de manière à ce qu'il ressemble à ce qu'on pourrait retrouver dans la case 3 ou même 2 de l'illustration n° 2. Mais comme une partie des difficultés auxquelles se heurte cette tâche de convergence provient des méthodes empiriques de recherche largement utilisées en sciences sociales, nous nous intéressons tout particulièrement aux cases C, D et E dans un premier temps.

Loin de moi l'idée de minimiser ces difficultés cependant, car elles proviennent en effet des réactions aux dilemmes auxquels est confrontée toute recherche en sciences sociales ; c'est en voulant éviter ou, au contraire, résoudre ces dilemmes que les sciences sociales ont de plus en plus glissé dans l'empirisme, ce qui a eu pour effet de rendre pénible la convergence souhaitée. D'autres difficultés sont attribuables à la « logique de l'action », et nous nous devons de les aborder. Sautant d'emblée aux conclusions, j'espère vous convaincre de ce qu'une certaine tendance qui se dégage de la recherche empirique sur les organisations offre les meilleures chances d'en arriver à une réconciliation, sans pour autant y sacrifier quoi que ce soit à la rigueur scientifique ou à la pertinence des résultats qu'en attendent les gestionnaires.

II. Les quatre dilemmes de la recherche scientifique

S'il est une chose que les sociologues et les psychosociologues ont en commun, malgré des objectifs parfois bien différents, c'est bien l'ambition de dégager la logique sous-jacente des phénomènes sociaux complexes. Certains considèrent que cette entreprise constitue une fin en soi et qu'ils ne sauraient donc se soucier de ses applications pratiques ; d'autres y voient plutôt un moyen pour atteindre une fin : cette recherche a donc pour but de faire avancer les connaissances ou d'éduquer, de provoquer un changement qui favorise l'amélioration, cette dernière pouvant évidemment recouvrir des définitions bien différentes. Parce que pendant une brève période de ma vie de professionnel des sciences sociales je me suis laissé convaincre par les tenants de l'école «neutre» et «objective», je sais jusqu'à quel point leur thèse peut être contraignante. D'ailleurs, si l'on est de ceux qui veulent changer les choses, on aura toujours peine à éviter de s'engager dans une «cause», un «mouvement social», risquant ainsi d'encourir l'opprobre des adversaires des valeurs invoquées. Ceux-ci seraient du reste tout aussi justifiés d'utiliser les sciences sociales pour promouvoir leurs propres valeurs. Grattez la surface d'un praticien des sciences sociales, dit-on, et vous trouverez un socialiste, un fasciste, un libéral, etc. La thèse qui consiste à affirmer qu'il n'y a et qu'il ne doit y avoir que deux principes qui l'emportent sur tout le reste, à savoir :

a) qu'il faut faire preuve d'objectivité et de neutralité, au stade de la recherche,

b) et que l'on doit assurer une publicité aux résultats, de manière à ce que tous puissent les lire et les commenter,

paraît, à première vue, extrêmement vraisemblable, mais, en fait, elle présente un certain nombre de failles sérieuses.

Premièrement, les sujets de la recherche et les lecteurs des résultats publiés — même si ceux-ci se tiennent au niveau le plus banal de la description statistique — en seront immanquablement influencés dans leurs comportements et leurs convictions, que le chercheur l'ait voulu ou non. Une enquête sur l'incidence de la criminalité chez les jeunes, par exemple, ne saurait manquer d'avoir une influence sur ceux qui en prennent connaissance. Il ne faut pas croire que chacun va se comporter comme si les faits n'avaient aucune portée. Il s'agit donc de savoir si le chercheur doit accepter ou non d'endosser la responsabilité de résultats que, du reste, il est rarement capable d'imaginer d'avance avec exactitude.

Le deuxième dilemme tient à la question de l'accès à l'information. Dès le moment où le chercheur quitte son bureau ou sa bibliothèque pour s'aventurer dans le vaste monde afin d'enregistrer des observations, il se heurte à une question d'ordre éthique : sur quel droit est donc fondé son privilège d'observer d'autres humains et de soumettre ces observations à une analyse pour éventuellement publier le tout, sans que les sujets de l'analyse et de l'observation y aient expressément consenti ?

Une troisième difficulté, liée à ce qui précède, m'a personnellement troublé tout au long de ma carrière de chercheur. Étant donné que le fardeau administratif et les frais de l'enquête sont assumés par une organisation et ses employés, le problème se pose de savoir si le chercheur doit quelque chose à l'organisation en échange de ces services : une idée prometteuse, peut-être ; une proposition de changement avantageux ? Et si oui, envers qui le chercheur en est-il redevable ?

En quatrième lieu, il faut aborder la question du droit des commanditaires. Je ne connais pas de chercheur qui défraie le coût des recherches de sa propre poche. Dans la mesure où le commanditaire a établi une politique de distribution pour ses fonds de recherche, le chercheur est donc soumis à certaines contraintes quant au choix du problème ou du secteur de recherches qu'il privilégiera, ce qui entraîne donc des conséquences quant aux données qu'il pourra recueillir. Même s'il s'agit de l'université à laquelle il est rattaché, le chercheur qui se sera imposé l'obligation de publier, pour des impératifs de carrière, choisira ses sujets en fonction de cette contrainte ; de même, les problèmes qui auront retenu l'attention de ses mentors seront autant de sujets de recherche en puissance.

Ce sont les réponses apportées à ces questions et dilemmes propres aux disciplines qui ont pour objet d'étude les relations sociales qui détermineront le choix d'un mode de raisonnement et d'une méthodologie de la part de ceux qui les pratiquent . Je voudrais maintenant démontrer que les solutions retenues ont souvent abouti à un gaspillage de capacités et de ressources humaines.

III. Modèles calqués sur les sciences naturelles

Si le professionnel des sciences sociales décide de travailler à partir d'un modèle emprunté aux sciences de la nature, il optera probablement pour l'expérience contrôlée en laboratoire. Cela lui évitera d'être confronté au dilemme résultant des observations sur le terrain, tout en atténuant les problèmes liés à l'existence d'un commanditaire. En pareil cas, les sujets d'expérience sont des volontaires rémunérés, qui acceptent de suspendre ou de diminuer considérablement le contrôle qu'ils exercent sur leur propre comportement pour la durée de l'expérience. Les sommes nécessaires pour obtenir la collaboration des sujets, la plupart du temps des étudiants, sont minimes ; on fait commodément les observations et, comme la ligne de démarcation entre l'univers réel et celui de l'expérience dépend du contrôle de l'expérimentateur, aucune donnée parasitaire ne vient perturber les résultats, qui peuvent alors s'aligner proprement et économiquement. Conformément aux conventions qui régissent ce *modus operandi*, le plan d'expérience est méthodiquement décrit dans l'article qui résume les résultats. On peut alors apparemment reproduire et valider ces résultats pour en tirer des généralisations empiriques acceptables. Il y a pourtant quelque chose qui accroche : les généralisations ne seront évidemment valables dans la réalité que si on y reproduit avec exactitude les conditions dans lesquelles l'expérience a été menée. Cette restriction s'applique naturellement à l'ensemble des méthodes expérimentales, quoique la structure des expériences conduites dans le cadre de disciplines dont l'objet d'études est le comportement d'éléments physiques ait bien plus de chances de se rapprocher de la structure du monde physique réel. Du reste, il est plus facile de manipuler le monde physique pour le faire ressembler à une expérience sans que les dilemmes éthiques dont nous avons parlé soient mis en cause, et vice versa : il y a certainement plus d'affinités entre la chimie et le génie chimique, entre la physique et le génie mécanique, qu'il n'y en a entre la psychosociologie expérimentale et la pratique de la gestion.

Il nous faut pourtant aborder la justification formelle du modèle des sciences naturelles, ne serait-ce que pour rendre justice aux nombreux chercheurs, avisés et intègres, les psychosociologues notamment, qui y adhèrent. Le modèle expérimental représente d'abord la quintessence des valeurs de l'érudition scientifique traditionnelle. Il se prête bien à la définition précise et à la mesure exacte des variables, puisque, entre autres choses, l'expérience peut être imaginée en fonction de ce but précis. On peut soumettre les variables à des changements contrôlés, de sorte que l'on peut d'emblée formuler et vérifier méthodiquement les hypothèses sur les liens, les causes et les effets. L'expérience peut être structurée de façon telle que les relations pourront s'exprimer sous forme mathématique. Dès lors exprimé à l'aide de symboles, le modèle pourra être manipulé conformément aux règles mathématiques et l'opération fera surgir de nouvelles hypothèses. Si la recherche d'abstractions élégantes s'est avérée fructueuse dans certaines des sciences de la nature, pourquoi n'en irait-il pas ainsi en psychosociologie et en sociologie ? À l'université, on considère que la participation à des travaux de recherche expérimentale est une façon économique de polir de belles intelligences en leur inculquant l'habitude du respect de la preuve et de la rigueur logique. L'argument à l'effet que la méthode expérimentale est une bonne façon d'assurer l'avancement universitaire, puisqu'elle semble incarner des valeurs universelles d'érudition, est évidemment moins convaincant sur le plan scientifique. Mais aussi séduisants que puissent paraître à première vue ces raisonnements, on se rend compte qu'ils ne résistent pas à un examen serré, pour deux raisons. Tout d'abord, si les résultats de la recherche expérimentale sont souvent intéressants, surtout en ce qui a trait à la dynamique sociale à l'intérieur de petits groupes, on ne peut guère, par contre, les transposer directement (à moins de les modifier considérablement) aux situations infiniment plus complexes que représentent les rapports liant les groupes «naturels» à des environnements complexes et aléatoires. En second lieu, il faut bien dire que ces élégantes abstractions mathématiques ou verbales ne constituent en fait qu'un postiche de la réalité, ce qui compromet donc sérieusement à la fois leur pouvoir d'explication et leur utilité pratique [1].

A) *D'autres modèles que celui de l'expérimentation*

Pour ma part, je n'ai participé à des expériences de laboratoire avec de petits groupes que lorsqu'il s'agissait de

---

1. H.A. SIMON. *Models of Man*, New York, John Wiley & Sons, 1957, chap. 8.

reproduire en classe un modèle pour illustrer une démonstration générale, par exemple l'effet des modes de communication sur la performance de groupes de travail affectés à des tâches routinières. Mais comme, dans de telles conditions, il n'est pas toujours possible de reproduire exactement la même procédure d'expérimentation, les résultats ne sont pas toujours identiques.

En tant que chercheur, je suis beaucoup plus familier avec les méthodes s'appuyant sur l'entrevue et le questionnaire. Ces techniques se rapprochent beaucoup de l'expérimentation en laboratoire, en ce sens qu'elles représentent un moyen d'échapper aux quatre dilemmes que je viens d'évoquer. Mais il y a une différence d'approche décisive. Contrairement à la méthode expérimentale décrite plus haut, ces techniques semblent reposer sur l'observation systématique d'un monde réel (donc complexe et embrouillé) et sur un traitement analytique rigoureux des observations. Mais elles abusent l'observateur en ce sens qu'elles contribuent à ériger une barrière entre lui et les sujets de son observation.

Tout comme en laboratoire, ces méthodes accentuent la position privilégiée de l'observateur. Celui-ci devient le créateur d'un «instrument» qui sera «administré» à d'autres individus, ses «sujets». Dans le cas d'entrevues, il peut bien obtenir directement de la personne concernée les réponses à ses questions; mais dès le moment où le sujet a donné son accord au principe de l'entrevue, il ne manquera presque jamais d'afficher une attitude de passivité, se contentant de réagir à la présence de l'«expert». La présomption de passivité est d'ailleurs si bien ancrée que tout «sujet» qui essaierait de structurer l'entrevue de façon à être à l'aise pour présenter son point de vue sur le problème abordé se heurterait à la réprobation de l'expert ou y gagnerait au mieux un regard amusé de sa part. S'il s'agit d'un questionnaire comportant un choix de réponses formulées d'avance, le récipiendaire ignorera généralement l'invitation à y répondre qui lui est faite (on considère comme excellents des taux de réponse de 20%); on pourra dire de ceux qui auront choisi d'y répondre qu'ils constituent donc un échantillon autosélectionné. Par contre, on affirme que cette technique permet l'étude de populations très nombreuses (ou d'échantillons statistiquement valides de ces populations), si bien que la plupart des conclusions ou des prévisions qui en sont tirées peuvent quand même être considéres comme dignes de foi. Cette affirmation est certainement fondée en ce qui concerne les formes les plus simples d'enquêtes sur les attitudes, telles que les sondages d'opinion.

À l'instar de ce qui se passe dans la méthode expérimentale, il s'agit ici de garantir la neutralité de l'observateur, mais en recourant cette fois à des techniques de construction de questionnaires ou à des manipulations statistiques extrêmement raffinées pour en arriver à formuler de façon plutôt large des énoncés explicatifs et prévisionnels sur les phénomènes sociaux en cause. Ces études sont typiquement assorties de réserves touchant, par exemple, la dimension de l'échantillon ou la validité des méthodes d'analyse utilisées ; si elles apportent quelque chose à la compréhension des phénomènes sociaux, c'est bien grâce à ces commentaires d'ordre qualitatif et non pas par la vertu de leurs données quantitatives. Il est rare que l'on réussisse à orienter ces travaux de façon à ce qu'ils contribuent à solutionner des problèmes concrets. On observe au contraire que ces chercheurs travaillent à affiner et à spécialiser de plus en plus leurs méthodes analytiques, tout en se détournant de l'intérêt pratique que peuvent présenter les problèmes étudiés et les résultats obtenus. À l'extrême, le plan de recherche deviendra l'instrument grâce auquel on cherche avant tout à démontrer sa virtuosité technique dans l'analyse.

On pourrait, non sans raison, faire valoir que les chercheurs dont les données proviennent d'entrevues conduites sur le terrain cernent la réalité de plus près que ceux qui travaillent avec des questionnaires expédiés par la poste. En contact personnel avec leurs « sujets », ils sont donc bien placés pour accéder à leurs préoccupations réelles, ou pourraient l'être à tout le moins, si le plan et la conduite de l'entrevue étaient assez lâches pour permettre l'expression spontanée du « sujet » quant à celles-ci. En y regardant de plus près toutefois, on se rend compte de la faiblesse de ces justifications. Le codage subséquent des réponses obtenues au cours d'entrevues non structurées est trop long, trop coûteux et susceptible d'incohérences. Il faut ajouter en outre que ces méthodes reposent sur un compte rendu des rapports sociaux plutôt que sur une observation personnelle du chercheur. Du reste, il est rare que les entrevues se déroulent au poste de travail ; le plus souvent, elles ont lieu dans une pièce à l'écart du lieu de travail où le sujet devient un étranger ; de ce fait, les conditions de l'enquête sont faussées à l'avantage de l'enquêteur. On a bien sûr pris conscience du fait que ce genre de situation n'incline guère en faveur de rapports décontractés, et c'est pourquoi on ne manque jamais d'enjoindre les enquêteurs de tout mettre en œuvre pour que le répondant soit bien à son aise avant de commencer à lui poser des questions.

Ces problèmes d'ordre méthodologique sont assez sérieux, mais ce ne sont pas les seuls, loin de là. Si longs et compliqués que soient le questionnaire ou le plan d'entrevues et quelle que soit la qualité de leur administration, il reste que les catégories dans lesquelles doivent obligatoirement s'inscrire les réponses ne peuvent arriver à rendre justice à la richesse des relations auxquelles le répondant se trouve confronté, pas plus qu'aux significations qu'il leur assigne. Même si l'entrevue est ouverte et non structurée (ce qui n'est pas souvent le cas) ou se déroule sans limite de temps, le fait qu'un répondant ne soit pas toujours capable d'exprimer ses expériences avec toute la précision et la clarté voulues pose une limite à la communication. En outre, ce n'est d'ailleurs pas toujours celui qui a élaboré le plan de recherche qui se charge d'administrer l'instrument et d'analyser les données : le travail est souvent confié à de la main-d'œuvre occasionnelle, agissant d'après les directives reçues et ne disposant guère que d'un temps limité.

Contrairement aux résultats de la recherche à base d'expériences contrôlées, les modèles non expérimentaux ne peuvent jamais être parfaitement reproduits. Il leur est bien sûr loisible d'utiliser les mêmes instruments et d'appliquer les mêmes traitements statistiques, mais les chercheurs n'exerceront pas le même degré de contrôle que leurs collègues qui travaillent en laboratoire. L'équivoque des résultats découle surtout de variations dans l'ampleur et la qualité des réponses, ce qui nous renvoie plus fondamentalement aux facteurs liés à la gestion, aux habiletés personnelles des enquêteurs, au temps disponible et autres aspects du même ordre. On ne s'étonnera donc pas du fait que les critères retenus pour évaluer ce genre de recherche mettent souvent l'accent sur la construction de l'«instrument» et les techniques d'analyse, au détriment des idées qui les ont inspirées et du raisonnement qui a conduit aux conclusions. Lorsque, par exemple, Joan Woodward a publié son ouvrage sur la gestion et la technologie [2], ouvrage fondamental qui ouvrait alors de nouvelles pistes débouchant éventuellement sur les théories contingentes

---

2. Joan WOODWARD. *Industrial Organization : Theory and Practice*, London, Oxford University Press, 1965.

de l'organisation, les critiques des revues savantes ne manquèrent pas d'y relever des insuffisances d'ordre méthodologique et technique. Le livre s'attira également les foudres de gestionnaires, parce qu'il dénonçait un certain nombre d'habitudes qui, dans leur milieu, faisaient figure de principes de gestion.

B) *Les intellectuels de salon*

À la lumière des insuffisances de ces méthodes utilisées par les sciences sociales, il n'est guère étonnant de constater que quelques chercheurs se tiennent résolument éloignés de tout travail empirique. S'ils s'en détournent, c'est pour adhérer aussitôt à des chapelles, s'alimenter en idées par leurs lectures et soulever des controverses sur des sujets tels que la cohérence des modèles abstraits ou mathématiques qui prétendent expliquer les lois déterminant le comportement humain. Ils ne s'intéressent que fort peu (sauf peut-être pour les grandes idéologies) aux interrogations et aux problèmes qui affligent leurs contemporains.

Une telle attitude peut se justifier, car il ne s'agit pas simplement d'une fuite devant les incertitudes de la recherche étroitement empirique. Les gens pris par l'action n'ayant pas le temps de réfléchir, il est donc raisonnable que des esprits entraînés le fassent pour eux et à l'exclusion de quoi que ce soit d'autre. Par le truchement de leurs publications, ou plutôt par les vulgarisations tirées de celles-ci, les penseurs finiront par influencer la manière d'agir des esprits pratiques. C'est Keynes qui aurait dit que la pratique est à la remorque de quelque théorie oubliée.

Il y a aussi, et c'est inévitable, un contenu empirique dans toute réflexion de salon. Les publications de ce genre sont truffées d'exemples et d'illustrations judicieusement choisis afin de permettre au théoricien de bien camper les relations de cause à effet qu'il veut faire ressortir. C'est dans les livres ou les revues que les auteurs relèvent généralement ces exemples ou encore dans leur vécu de tous les jours.

C) *La connaissance et l'action*

Quand bien même elles ne constitueraient qu'un intermède à une mission de formation de la jeunesse, toutes les activités dont nous venons de traiter doivent être sérieusement remises en question. Je ne veux certes pas contester la nécessité de la recherche ou de la réflexion théorique sérieuses, mais je persiste à affirmer que certaines directions dans lesquelles les sciences sociales sont engagées aboutissent à des impasses. Elles ne sont pas toutes en cause, heureusement. Celles dont je parlerai à l'instant me semblent être en mesure d'effectuer une fusion entre les deux logiques qui sous-tendent la recherche et l'application et, par là, d'augmenter l'imbrication de la connaissance et de l'action.

Faisons d'abord ressortir les insuffisances du raisonnement pratique afin de bien démontrer la nécessité de cette imbrication. Revenons donc à l'illustration 2 et remarquons l'absence de tout processus formel d'apprentissage à partir de l'expérience. Ce qui ne revient pas à dire pour autant que les organisations ou leurs gestionnaires ne savent pas tirer les leçons de leur expérience, mais bien plutôt que les difficultés pratiques sont rarement exprimées de façon telle qu'on pourrait vérifier systématiquement l'effet des solutions proposées et donc faire du succès ou de l'échec une occasion d'apprendre, c'est-à-dire d'améliorer la puissance des modèles qui servent à prévoir les résultats. La recherche scientifique telle qu'elle est schématisée par l'illustration 1 est fondamentalement un savoir acquis par expérience ; dans ce cas précis, l'expérience se constitue à partir de l'observation et de l'organisation des phénomènes dans le cadre d'un modèle de recherche conçu de manière à élargir et approfondir le champ des connaissances. L'intégration des logiques respectivement propres à la recherche et à l'application signifierait dans notre exemple que la pratique améliorerait et alimenterait la théorie en faits nouveaux. En un mot, c'est le monde réel des rapports sociaux en mouvance qui devient le laboratoire.

Pour illustrer cette affirmation, je reprends l'énoncé personnel que j'avançais au moment où j'entamais l'étude des processus sociaux qui façonnent et maintiennent les normes de production en usine.

Le problème des normes de production se pose à l'intersection de deux processus sociaux complexes. Le premier d'entre eux, reposant sur ce que les chercheurs de Hawthorne [3]

---

3. F. ROETHLISBERGER & W.J. DICKSON. *Management & The Worker*, New York, Harper and Roy, 1955 (pour compte rendu général de l'expérience).

ont appelé avec beaucoup d'à propos la «logique de l'efficacité», tire son origine de l'état d'un marché donné. En l'occurrence, gestionnaires et experts techniques vont évaluer le comportement de leurs compétiteurs, sonder le marché et ils décideront alors quels produits ou quels services ils vont offrir sur ce marché et à quel prix. Ces décisions ont une portée sur la manière dont la production devra être organisée. Une fois que l'on a déterminé le régime de production, on a par le fait même précisé les tâches à accomplir et défini les besoins en main-d'œuvre. Ce processus de «demande dérivée» est d'ailleurs familier à tout étudiant de première année d'économie. Cependant, son manuel d'économie ne décrit pas l'autre processus en cause.

Mais pour inciter les individus qui se trouvent sur le marché externe du travail à entrer dans l'organisation et à se déplacer au sein de celle-ci, il faut recourir à des stimulants tels que le salaire. Or les employés ou les employés potentiels vont se faire une idée de ce que devrait être une rémunération appropriée compte tenu de ce qu'ils savent des exigences de la tâche. Les ayant héritées de leur milieu et de leurs sous-cultures d'origine, les travailleurs apportent avec eux des opinions sur ce que devraient être les conditions de travail appropriées, le genre de relations à entretenir avec leurs collègues de travail, l'ampleur de l'effort qu'il convient de déployer à la tâche et l'étendue de la légitimité de l'autorité patronale; il s'agit donc d'un réseau complexe d'attentes. Si ces attentes correspondent aux exigences de travail établies en fonction d'une logique de l'efficacité, il ne surviendra aucun problème: le personnel sera disposé à fournir l'effort de production requis. Même si on a déjà pu l'observer, cette situation se retrouve rarement en pratique. Les normes de production que l'on enregistre habituellement sont l'aboutissement d'un processus d'ajustement entre les exigences et les attentes liées à une tâche donnée. On ne peut donc observer et rendre compte de ces processus qu'en s'y associant très étroitement. C'est ce qu'ont fait la plupart des gens qui les ont étudiés, et je ne fais pas exception à la règle.

Lorsque j'ai amorcé ce travail d'observation participante dans certaines usines de Manchester, on connaissait déjà ce dont je viens de vous entretenir surtout grâce aux travaux des sociologues industriels de l'école de Chicago qu'animait à l'époque William F. Whyte [1]; à cet égard, les contributions de

_____

4. W.F. WHYTE, *Street Corner Society*, Chicago, University of Chicago Press, 1955.

Donald F. Roy[5] et celles de l'équipe d'Elton Mayo à l'usine Hawthorne de la Western Electric[6], dont faisait partie George Homans, avaient été déterminantes. On se demandera alors quel était l'intérêt de multiplier les observations de ce genre. Il est intéressant à ce propos de noter que les deux équipes s'étaient demandé si les normes de production ne constituaient pas de fait un obstacle à une utilisation optimale des ressources, un obstacle du même ordre que celui que F.W. Taylor[7] avait antérieurement stigmatisé sous le nom de «flânerie systématique»[8]. Si c'est là la façon dont on appréhende un problème opérationnel, alors sa solution doit forcément découler de l'identification des causes qui sont à sa source. Si ces explications d'ordre général pouvaient demeurer utiles jusqu'à un certain point, il n'en demeure pas moins que les marchés de différents biens, la technologie, le marché du travail, les cultures et leurs sous-ensembles ne sont pas identiques et subissent des mutations, ce qui m'amenait alors à supposer que le processus d'ajustement doit aussi changer avec l'état de l'environnement et de la technologie.

Voici donc la méthode que j'utilisais pour faire de l'anthropologie sociale : je me faisais d'abord embaucher comme travailleur, je me présentais à tout le monde comme enquêteur, puis je me fondais dans le groupe de travail. La méthode consiste essentiellement à subir soi-même les pressions sociales, à observer les événements et les rapports entre les gens, écouter les conversations et, c'est primordial, à discuter avec les camarades de travail des raisons qu'ils invoquent pour justifier leur comportement et des explications qu'ils avancent pour rendre compte de celui des autres. «Laisser parler les faits», cela implique en effet que l'explication d'événements précis est déjà connue, collectivement et individuellement, par ceux qui les vivent ou qui les ont provoqués[9]. Ces

5. D. Roy. «Efficiency and the Fix», *Amer. J. Soc.*, vol. LX, n⁰ 3, 1954.
   Id. «Quota Restriction and Gold Bricking in a Machine Shop», *Amer. J. Soc.*, vol. 57.
   O. Collins, M. Dalton and D. Roy. «Restrictions of Output and Social Cleavage in Industry», *Applied Anthropology*, vol. 5, n⁰ 3.

6. Roethlisberger & Dickson, *op. cit.*

7. F.W. Taylor. «Shop Management», *Scientific Management*, New York, Harper and Bros, 1911.

8. Nous reprenons ici la traduction de «systematic soldiering» établie par Dominique Letellier et Serge Niemetz dans *Travail et capitalisme monopoliste* de Harry Braverman, Paris, 1976.

9. Là réside en effet toute la différence entre les phénomènes sociaux et physiques : en sciences sociales, le chercheur tente de découvrir des choses

explications ressortent de ce que font les travailleurs, se dégagent des différents registres de résultats (c.-à-d. niveaux de production, fréquence de l'absentéisme, bénéfices) et sont offertes par les premiers intéressés qui, en relatant les événements, leur assignent un sens et en estiment la portée. Mais l'observateur peut faire ce que d'autres que lui ne peuvent pas ou ne sont pas portés à faire, c'est-à-dire coordonner tous les matériaux et dégager de cet amas des concepts généraux qui donnent un sens à ce qu'il a vu, entendu ou éprouvé. L'observateur, membre à part entière du groupe et de l'organisation, est à même de préciser ses impressions et d'amender ou de consolider ainsi sa représentation de la réalité à partir des réactions qu'il peut recueillir sur place. Il s'agit bien là d'un authentique travail de découverte.

On ne saurait par ailleurs négliger ces autres facteurs de nature technique ou économique qui influencent aussi les relations sociales au sein du groupe de travail mais ne dépendent nullement de lui : modification de la gamme de produits, de la politique des prix, nouvelles machines, réaménagement des ateliers ou, plus globalement, introduction de législations nouvelles ou changement d'attitude de la part des syndicats. C'est au chercheur de remonter la filière des causalités, et c'est une des raisons pour lesquelles il doit toujours faire ses observations tout à fait ouvertement.

L'apport du groupe de Manchester [10] consiste à avoir démontré que, même si l'action du groupe de travail sur les niveaux de production semble relever d'une structure logique stable, les résultats de cette action sont cependant incertains parce qu'ils dépendent, entre autres, de la situation des marchés des biens et du travail, de la technologie utilisée, du système de rémunération et des mécanismes formels mis en place pour orienter le comportement.

Cette découverte a entraîné plusieurs conséquences d'une portée pratique considérable. On pourrait peut-être en énumérer trois. M'inspirant de l'expérience et des enseignements tirés de mon travail à Manchester, je commençai à m'intéresser à la

qui sont déjà implicitement connues. Ses activités se résument donc en quelque sorte à une « quête pénible de l'évidence ».

10. Tom LUPTON. *On the Shop Floor*, Oxford, Pergamon Press, 1963.
   Sheila CUNINSON. *Wages and Work Allocation*, London, Tavistock, 1966.
   Shirley WILSON. *Production Norms in Factories*, University of Manchester, thèse de doctorat inédite.

326

conception des systèmes de rémunération. En posant l'hypothèse qu'un déphasage pouvait entraîner une baisse des normes
de production générées par le groupe de travail, il devait donc
être possible de mettre au point un système de rémunération
qui réconcilie, d'une part, les attentes des employés avec,
d'autre part, l'état de la technologie de l'atelier, de l'ordonnancement des tâches, des marchés des biens et du travail. On a là
un bon exemple de fusion entre savoir et action, ces deux
modes de raisonnement dont nous parlions plus tôt[11].

Par ailleurs, Gowler, qui fut mon collaborateur, et Legge,
qui vint me rejoindre à l'école d'administration des affaires de
Manchester durant les années soixante, ont appliqué ce modèle
général à une étude en profondeur des phénomènes de rotation
de la main-d'œuvre et ont pu dégager une « spirale régressive »,
qui permet de prévoir les taux d'absentéisme et de rotation en
fonction de l'état des marchés des biens et services et du
travail, de l'organisation du système de rémunération, etc.[12].
Leur formule permet aussi d'agir sur ces phénomènes en
modifiant certaines des variables.

Enfin, au cours de notre longue association avec la
Pilkington Glass Company[13], nous avons pu élaborer des
méthodes de développement organisationnel reposant sur la
participation, et ces méthodes représentent des applications
directes des modèles que nous avons élaborés pour rendre
compte de la dynamique du changement dans les organisations. Deux dimensions de ce travail nous paraissent particulièrement intéressantes : tout d'abord, le recours à l'analyse
statistique pour quantifier les modèles qualitatifs de fonctionnement des unités de production nous a permis de déterminer
les configurations de variables susceptibles d'entraîner les
résultats optimaux ; ensuite, cette analyse a permis l'émergence
d'un nouveau type de cadres rompus à l'approche sociotechnique qui, en retour, ont élargi nos connaissances sur la
dynamique des organisations.

11. Tom LUPTON and Dan GOWLER. *Selecting a Wage Payment System*,
London, Kogan Page, 1969.
12. Dan GOWLER. « Determinants of the Supply of Labour to the Firm »,
Journal of Management Studies, vol. 6, 1969.
Karen LEGGE. « The Regressive Spiral in Labour Markets », *Journal of
Management Studies*, vol. 7, 1970.
13. Tom LUPTON, Allan WARMINGTON, Tom CLAYTON. « Organisational Deve-
lopment at Pilkington's », *Personnel Review*.
Allan WARMINGTON, Tom LUPTON, Cicely GORFIN. *Organisational Beha-
viour and Performance*, London, MacMillan, 1977.

Plus récemment, nous avons tenté de travailler avec des groupes formés de représentants de la direction et des employés pour leur confier une partie importante du travail d'enquête et de diagnostic ainsi que le soin de décider des améliorations à apporter et à mettre en application. Dans beaucoup de cas, ces expériences ont été concluantes, et leurs résultats pourraient bien nous amener à mettre au point des approches de conception d'une portée beaucoup plus générale [14].

IV. « Laisser parler les faits »
l'éducation et la formation des cadres

À l'école d'administration des affaires de Manchester, notre approche a été considérablement transformée par les expériences que je viens de décrire. Nos professeurs ont maintenant l'habitude de travailler avec des gestionnaires pour leur faire saisir à la fois l'entreprise à laquelle ils appartiennent et ses problèmes. Il s'agit pour eux de poser le diagnostic, de formuler des recommandations et d'en assurer l'application. Ces « activités conjointes de développement » représentent l'aboutissement, en quelque sorte inéluctable, du style d'intervention mis au point à la faveur de notre recherche sur les normes de production. C'est le professeur John Morris [15], rattaché à notre École, qui en assure avec zèle le développement.

À Manchester, délaissant de plus en plus la salle de cours pour le terrain, nous apprenons donc au sein même des organisations et avec leur collaboration. Nos compétences de professeurs de gestion deviennent des outils qui nous permettent de mettre en relation la variété d'expériences auxquelles nous sommes confrontés, tandis que les connaissances dont disposent les membres des différentes organisations sont autant d'armes qui nous aident à attaquer conjointement les problèmes. Nous exerçons donc un art délicat, pas facile à acquérir ni à pratiquer. Il faut préciser qu'il ne s'agit pas d'un enseignement qui correspond à celui auquel sont habitués la plupart des cadres anglais ; nous n'avons pas affaire à un

---

14. Tom LUPTON, Ian TANNER. « A Self-regulating Pay Structure », à paraître dans la *Personnel Review*.

15. Michael A. NEALE. « A View on Joint Development Activities », *Manchester Business School Review*, Spring 1980 (donne le point de vue de la direction).

professeur qui, creusant un fossé entre lui et l'auditoire, donnerait des conférences ou dirigerait des analyses de cas pour des étudiants qui absorberaient passivement l'expertise technique ou les idées théoriques ainsi livrées. Le concept d'apprentissage envisagé sous l'angle d'une activité conjointe ne se maîtrise pas facilement, et chacun ne peut prétendre l'appliquer avec un égal bonheur. À Manchester cependant, un nombre toujours grandissant de nos jeunes professeurs acceptent de s'y engager, et nous rencontrons de plus en plus de cadres qui trouvent l'expérience stimulante et fructueuse dans ses réalisations. Pour ma part, je crois que l'école de gestion de l'avenir s'appuiera sur quelque chose qui ressemble à nos «activités conjointes de développement»[16].

Je m'en voudrais de donner l'impression que nous sommes les seuls à nous être engagés dans cette voie. En Angleterre, le projet Glacier Metal, auquel le professeur Jaques fait allusion dans son texte, offre beaucoup de similitudes avec notre démarche[17]. Une partie du travail accompli par le Tavistock Institute est marqué au même coin[18], et il se trouve des défenseurs de la recherche-action dont la pensée et les méthodes s'apparentent aux nôtres tant en Europe de l'Ouest qu'en Scandinavie et en Amérique du Nord[19]. C'est un mouvement plein de vitalité et en pleine croissance, même si, à l'instar de toute croissance organisée, son évolution n'est guère rapide.

Pour conclure, j'aimerais revenir à mon point de départ. Je crois fermement que nous devrions tous œuvrer dans le sens d'une fusion des logiques de la connaissance et de l'action. Certains prétendent que, de ce fait, le scientifique serait amené à se compromettre dans le domaine des valeurs, alors qu'on doit précisément lui éviter de telles situations en vertu de son obligation de neutralité; cet argument me semble reposer sur des bases chancelantes. Quant au spécialiste des sciences sociales, il faudrait, bien au contraire, lui interdire de fuir les dilemmes éthiques et les conflits de valeurs. Ces métiers

16. Tom LUPTON. « Management Education in the 80's », *Developing Managers for the 1980's*, Macmillan Press, Cooper (ed.).

17. Elliott JAQUES. « The Changing Culture of a Factory », London, Tavistock, 1951.

18. E.L. TRIST, G.W. HIGGIN, H. MURRAY, A.B. POLLOCK. *Organisational Choice*, London, Tavistock Publications, 1963.

19. On trouvera des commentaires sur le sujet dans Peter A. CLARK. *Action Research and Organisational Change*, London, Harper and Row, 1972.

devraient allier de manière féconde détachement et engagement, rigueur et pertinence, surtout de la part de ceux qui ont
choisi de s'intéresser aux organisations et à la gestion.

Être truckeur (routier)

Serge BOUCHARD

I. Introduction

En 1974, vers la fin de l'année, je me présentais au siège social de la firme Brazeau Transport dans le but d'y présenter mes objectifs de recherche et de solliciter la collaboration de l'entreprise. J'appréhendais fortement cette première rencontre. Je me mettais dans la peau du directeur du personnel d'une grosse entreprise de camionnage ayant un beau matin à recevoir un anthropologue dans ses bureaux. D'autre part, je n'avais aucune difficulté à me mettre dans la mienne, celle d'un anthropologue spécialisé dans les questions amérindiennes (un anthropologue normal donc) venant présenter un projet d'étude sur les camionneurs de longue distance faisant le trajet Matagami-la Baie James-Matagami (trajet long de 1 800 km aller et retour, situé dans le Nord-Ouest québécois) [1].

Alors que je m'attendais au pire, l'entrevue se passa très bien. On me dit avec insistance, et je cite de mémoire, « qu'il était grand temps que les sciences humaines sortent de leur tour d'ivoire et de leurs préoccupations bizarres pour se pencher sur des problèmes ou des réalités concrètes, sur la vraie vie,

---

1. Ce texte reprend le dernier chapitre de la thèse de doctorat de **Serge** BOUCHARD, « Nous autres les gars de truck », Université McGill, 1980, et devrait être inséré dans un livre à paraître prochainement.

332

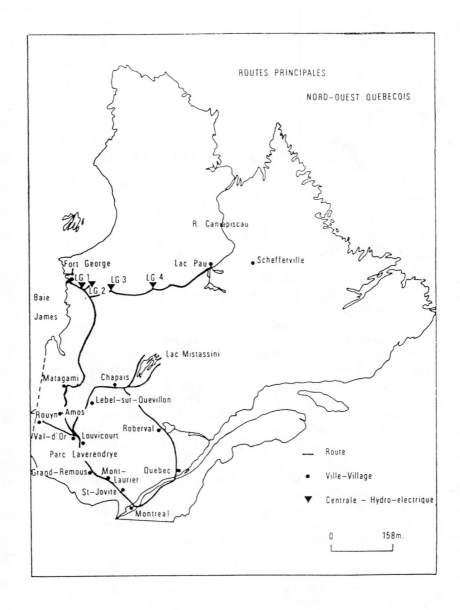

ROUTES PRINCIPALES:

NORD-OUEST QUEBECOIS

R. Caniapiscau

Fort George
LG 1
LG 2   LG 3   LG 4

Lac Pau •   • Schefferville

Baie

James

Lac Mistassini

Matagami   Chapais

• Lebel-sur-Quevillon

Rouyn • Amos

• Roberval

Val-d'Or   • Louvicourt

Parc Laverendrye

Grand-Remous •   Mont-   Quebec
        Laurier

St-Jovite

Montreal

———   Route

•   Ville–Village

▼   Centrale – Hydro-electrique

0   158m.

celle vécue sur une base quotidienne par les ouvriers, les hommes d'affaires, etc.».

La collaboration fut donc offerte avec enthousiasme, et je puis dire aujourd'hui qu'elle fut largement appréciée, puisqu'elle était techniquement essentielle. Nous n'avons pas discuté de méthode. Toutefois, il est réaliste de penser que l'on présumait, du côté de l'entreprise, que j'allais, à l'aide de questionnaires et d'entrevues, par le biais de mon apprentissage des rouages de l'entreprise, des caractéristiques de l'industrie, parvenir à mes fins en quelques mois. À cause de mon nouvel objet de recherche, le monde ouvrier, on pouvait facilement me percevoir comme un anthropologue converti à la sociologie. Ainsi, lorsque me fut donnée l'autorisation de voyager avec les chauffeurs sur tout le réseau, on croyait — et cela m'a été répété par la suite — me donner une autorisation pour quelques voyages. On ne se doutait nullement que j'allais voyager avec les chauffeurs en moyenne dix jours par mois pendant près de deux ans. On ne se doutait guère non plus que c'était l'anthropologue fervent de la spécificité de sa méthode qui entrait ainsi dans la ronde.

Il ne serait pas inutile ici de souligner que je n'en étais pas à mes premières expériences de terrain et de recherche. Au moment où j'entreprenais cette étude sur les camionneurs, je complétais une expérience de cinq années en milieu amérindien. Je me qualifiais déjà, par ma thèse de maîtrise, par un début d'enseignement universitaire ainsi que par la publication d'articles scientifiques, pour l'obtention de l'étiquette d'amérindianiste. Il eût été normal que je prépare un doctorat dans ce domaine. D'ailleurs, mes collègues et amis ont en général mal compris ce saut vers le monde ouvrier à partir du monde des chasseurs algonquins. Sans que la chose soit absolument explicite pour moi à l'époque, il est clair que je voyais un lien, que je poursuivais une démarche à l'intérieur de laquelle une continuité existait.

Au-delà des Montagnais ou des camionneurs, au-delà donc de la diversité apparente, je m'intéresse par-dessus tout au fondement de l'identité culturelle, aux représentations collectives, aux valeurs et à l'univers symbolique. Et sur ce point, dans le passage du chasseur au camionneur, mon intérêt est resté le même, mon questionnement s'est simplement poursuivi. L'originalité, dans mon cas, c'est d'avoir postulé une identité de camionneur, une sous-culture du routier. Et c'est à partir de cette hypothèse éminemment anthropologique que j'allais essayer de répondre à des questions aussi simples mais aussi difficiles que : « Qu'est-ce qu'un camionneur de longue distance ? Qu'est-ce qui le motive à travailler, à soutenir un rythme anormal (dans le sens de hors de la normale) de travail ? »

Ces questions sont assez générales pour intéresser par leur pertinence beaucoup de disciplines, notamment celles qui concernent la gestion (mais aussi la connaissance) du personnel.

Dans la quête de cette connaissance, on conviendra que tout est affaire de méthode. On peut se fier aux idées reçues ; on est alors dans l'univers du préjugé. On peut sortir son appareil méthodologique positiviste, mais les résultats sont alors étonnamment maigres.

Pour illustrer ce type de méthode, nous avons donc choisi de résumer les principaux résultats de l'étude de Latta [2]. Il s'agit d'une enquête préliminaire sur « les comportements occupationnels des chauffeurs de camion de longue distance » (notre traduction). Latta a mené son enquête au moyen d'un questionnaire écrit soumis à 329 camionneurs. Trois indicateurs fondamentaux étaient à la base de la constitution de son questionnaire :

1) le métier de chauffeur en tant que rôle social ;
2) le métier de chauffeur en tant que générateur d'une identité psychologique ;
3) le métier de chauffeur en tant que carrière.

De plus, Latta voulait aussi vérifier si les origines sociales sont pour quelque chose dans la décision des travailleurs de devenir camionneurs.

Latta ne trouve aucune caractéristique spécifique au chauffeur de camion, opposé au travailleur d'usine, sauf une : la solitude dans le travail. Le camionneur est physiquement isolé, et cela entraîne des conséquences. Pour le reste, le camionneur est un travailleur comme les autres.

Selon les conclusions de Latta, le travail n'est pas au centre des intérêts des camionneurs et ne peut, à ce titre, fournir les éléments essentiels à la constitution d'un rôle social. Par contre, le chauffeur retire une grande satisfaction

---

2. Lewis M. LATTA. *Occupational Attitudes of Over-the-Road Truck Drivers. An Exploratory Survey*, D.B.A., Michigan State University, 1968.

psychologique de la pratique de son métier. Finalement, les chauffeurs ne se voient pas et n'aimeraient pas changer d'emploi, ce qui fait dire à Latta qu'ils s'engagent dans ce travail un peu comme on s'engage dans une carrière définitivement choisie. Quant aux motivations originales et aux origines sociales, les données de Latta ne lui permettent pas de dire quoi que ce soit à ce sujet, sinon que la majorité des répondants aurait indiqué que, au fond, devenir camionneur, c'est avant tout se dénicher un emploi lorsqu'on en cherche un. C'est soutenir qu'au départ, la plupart des gens ne décident pas de devenir camionneur, mais bien plutôt de se mettre sur le marché du travail. Ce n'est que plus tard qu'apparaîtra la satisfaction que Latta décrit comme très forte.

Somme toute, les conclusions de Latta sont rassurantes en ce qu'il arrive à conclure que les camionneurs sont des travailleurs comme tous les autres, à la différence près qu'il semble bien que le fait de travailler seuls leur procure une grande satisfaction psychologique.

À mon point de vue, les conclusions sont décevantes. Rien n'est dit sur la satisfaction psychologique, ni sur la solidarité engendrée par la solitude. Décidément, dans ma recherche, je me devais de rester fidèle à mes allégeances anthropologiques sur le plan de la méthode.

Rechercher une sous-culture dans un milieu de travail, appliquer une méthode anthropologique d'enquête pour étudier l'idéologie et la culture des truckeurs, faire du terrain dans ce milieu particulier, voilà qui a de quoi surprendre. Comment mène-t-on une enquête ethnographique ou sociographique parmi des chauffeurs de longue distance ?

Ma principale stratégie fut de miser presque exclusivement sur la conversation avec les chauffeurs et sur la participation à des situations caractéristiques du milieu. Cela voulait dire être sur la route avec les truckeurs, dans les cabines des camions, dans les restaurants, les terminus et les entrepôts. Cela signifiait en outre me reposer et rédiger des notes dans des chambres de motel, à l'intérieur des petites villes où se concentrent les opérations de transport qui servent de toile de fond à la présente analyse.

Sur la route elle-même, j'inscrivais, au hasard des arrêts et au fur et à mesure que les informations et les discours se précisaient, des mots et des phrases clés, sortes de thèmes à partir desquels je reconstituais le discours par la suite. Je colligeais ces mots dans un petit carnet que je gardais dans ma poche. Une fois seul au motel, je mettais par écrit tout ce dont je me rappelais des conversations et des observations découlant du voyage que je venais de faire en camion. Je fus donc un observateur en même temps qu'un partenaire (dans la conversation) des truckeurs dans la mesure où, pour une période déterminée, j'accompagnais un informateur dans tout ce qu'il faisait en tant que truckeur. J'écoutais, j'observais, je conversais et je prenais des notes.

Cette attitude ne fut pas sans me poser des problèmes au début, puisqu'on me prenait naturellement pour un drôle d'individu ayant des allures par trop évidentes d'enquêteur. C'est à force de circuler dans le milieu que des attitudes de sympathie et de complicité se sont finalement établies. Quand c'était le cas, comme ce le fut la plupart du temps après l'étape normale des débuts difficiles, les individus développaient des attitudes sympathiques envers moi en me considérant vaguement comme un « écrivain ». C'est un peu mieux que le statut de journaliste, qu'on m'avait donné un certain temps et sur lequel, bien sûr, les truckeurs ont des idées précises. Mais mon obstination et ma régularité ne cadraient pas avec l'activité normale des journalistes, qui font un tour et puis s'en vont. En réponse à cette demande très claire des informateurs qui cherchaient à savoir à qui ils avaient affaire, je fus « l'écrivain, celui qui préparait un livre sur les truckeurs du nord »[3] (mon statut réel de chercheur en sciences sociales, occupé à rédiger une thèse de doctorat, ne fut accrédité que par les patrons et les gérants ; les truckeurs insistaient pour voir dans ma thèse un livre sur eux).

Bien sûr, l'écrivain reste un drôle de type mais, en l'occurrence, il est de bonne guerre de lui offrir sa sympathie. Et c'est bien ce qui se produisit. J'ai retiré la nette impression qu'une fois qu'un groupe particulier de truckeurs eut réglé la question de mon statut, les individus en question se mirent résolument à collaborer, m'interrogeant parfois sur l'éventuelle qualité du « livre », me demandant combien il aurait finalement de pages, s'arrêtant parfois en pleine discussion ou encore amorçant une intervention en spécifiant qu'ils croyaient que ce qu'ils disaient ou ce qu'ils allaient dire avait son importance pour le « livre », et que celui lui ajouterait bien quelques bonnes pages.

3. S. BOUCHARD. « De la nécessité des voyages inutiles », in S. GENEST. *Collectif sur le terrain en anthropologie* (à paraître).

La question du statut est une chose, l'évaluation de la compétence en est une autre. J'entends ici par compétence le processus d'acquisition ou d'apprentissage de la sous-culture par l'ethnographe. À mon sens, en ethnographie, la partie se joue vraiment là : lorsque les informateurs se rendent compte que vous apprenez bien, que vous conservez un vif intérêt et que conséquemment, avec le temps, vous commencez à poser les bonnes questions, à faire un certain progrès dans la compréhension, alors la relation se développe sur des bases solides.

C'est ainsi que les informateurs en vinrent à me parler pour bien me montrer ce qu'était la condition de truckeur, en sachant très bien que je cherchais à comprendre et à m'améliorer. De leur côté, les bons informateurs cherchaient à faire de moi un interlocuteur valable, celui qui, sans être truckeur, a fini par atteindre un niveau de compétence où il lui est possible de comprendre « sans qu'on lui fasse un dessin », ce qui signifie très directement « comprendre l'implicite, ce qui n'est pas dit »[4], partager les mêmes préconstruits culturels.

Lorsque ce type de relations s'établit, la relation elle-même devient le fondement d'un transfert de connaissances tout à fait essentiel. La qualité d'une ethnographie dépend de cette complicité entre le maître et l'élève.

Ainsi, au sujet de la forme de ce terrain en anthropologie, je n'ai rien de bien particulier à ajouter sinon que j'ai réellement discuté avec des truckeurs au cœur même de leurs activités de truckeurs, c'est-à-dire sur la route, dans les camions, en marche. Ils furent pour moi des maîtres à la fois sympathiques et compréhensifs vis-à-vis de ma volonté manifeste d'apprendre et de rendre adéquatement la richesse et la complexité de leur savoir et de leur expérience de vie.

II. Aperçu sur l'univers symbolique du truckeur

Si nous admettons que le camion est d'abord une machine fabriquée pour transporter de la marchandise, ce qui est sa fonction objective, que voyons-nous par surcroît lorsque nous examinons d'un peu plus près semblable machine ?

Nous voyons sa fonction symbolique, subjective. Nous voyons là, pour autant que quelqu'un puisse le déchiffrer ou le

---

4. *Ibidem.*

comprendre, un résumé de la sous-culture, une représentation complexe remplie de sens pour l'initié. C'est beaucoup plus qu'une machine utilitaire. Les manufacturiers et les spécialistes du marketing des camions ont rapidement compris que le camion constituait un lieu privilégié où les chauffeurs entretiennent des liens particuliers avec leur machine.

On fabrique donc des camions en ne perdant pas de vue cette double exigence : des camions qui soient techniquement adéquats et qui, en même temps, aient la capacité de répondre aux appétits symboliques du milieu. Cette évolution a pris une allure de spirale inflationniste : de plus en plus beaux, de plus en plus forts, de plus en plus marqués au coin du superflu et de l'ostentatoire. Quand je parle du milieu, il s'agit des truckeurs certes, mais j'inclus les compagnies de transport qui, dans de nombreux cas, se laissent prendre au jeu du prestige et n'hésitent pas à acheter des camions qui afficheront sur toutes les routes la puissance de la compagnie. Mais ce sont véritablement les camionneurs indépendants, ces petits entrepreneurs solitaires qui possèdent leur camion, qui s'avèrent les plus grands consommateurs de camions prestigieux fabriqués avec un grand souci de superflu. Il n'y a donc pas de raisons technologiques utilitaires exclusives présidant à la conception d'un camion. Il s'agit plutôt d'une dialectique spécifique qui nous renvoie aux conditions réelles de la production et de l'usage des camions. Les manufacturiers sont à la fois les créateurs, mais aussi les reproducteurs du camion des camionneurs. Pour réussir à le faire, ils doivent se mettre à l'écoute du milieu et posséder des informations précises sur le vécu, sur les représentations collectives, sur tout ce qui fait qu'une machine à transporter devient un camion particulier. Sans cela, leur modèle risque de ne pas passer.

Parlant de modèle, analysons un White « Western Star » (voir la photo) et examinons sa forme. L'objet n'est pas raffiné. Rien ne se confond, ni n'est lisse. Rien finalement ne suggère le monde irréel de la vitesse pure. C'est une beauté mécanique stricto sensu. Le camion est le contraire du véhicule futuriste, objet élancé et rapide manufacturé par des techniciens. C'est plutôt une masse compliquée dont les lignes sont résolument brisées, les angles nombreux, les parties disjointes, et dont les points d'assemblage sont tout à fait apparents. Il n'y a pas intérêt à trop profiler, à amenuiser les contrastes, puisque le camion représente l'univers de la résistance, de la dépense cadencée d'énergie. Il appartient encore à ce monde où

se mouvoir est difficile. Le dessin n'est pas celui de la facilité. Nous y trouvons les lignes de la mécanique opposées à celles de l'électronique. Tout est là, les angles, les fissures, les pièces hétéroclites, les nombreuses parties aux fonctions combinées. Tout souligne le travail, certes, la misère, mais aussi l'obstination et la liberté. On y voit que la mécanique a un cœur. Dans la fabrication du camion d'aujourd'hui, la fibre de verre remplace le fer. Fait significatif, le nouveau matériau ne tranche pas sur l'ancien, mais cherche plutôt à l'imiter, à en reproduire, sur le plan de la forme, la lourdeur et la solidité. Il remplace le fer, mais il en donne l'impression. Massif, boulonné, à l'échelle de l'homme et des machines qui ont besoin de l'homme, mais dont l'homme a besoin pour être ce qu'il est ou ce qu'il est devenu, dans la tradition des avions à hélices et des moteurs à pistons, pareil à la locomotive à vapeur d'autrefois, le camion demeure une machine vivante, culturellement appropriée. Réminiscence du XIXe siècle, le camion s'anthropomorphise facilement, d'où sa beauté. Il a des yeux, un nez, des pattes et, derrière sa morphologie, un cœur, un caractère. Il est courbé par l'effort, replié sur lui-même, fatigué ou fringant, vieux ou jeune.

Au fond, qu'ai-je véritablement trouvé ? La machine est une partie de l'univers des camionneurs, une partie qui en dit beaucoup. Sur le plan symbolique, le camion n'est pas autre chose que ce que le chauffeur est en train de devenir. Sur la force, la santé, la distance, le temps, l'usure, l'argent, la vie et la mort, j'ai retrouvé, en observant les camionneurs et en comprenant leur discours, tout un système idéologique et culturel fondé sur la plupart des valeurs exprimées par la machine.

Je présenterai ici plusieurs traits particulièrement expressifs du système de représentation des camionneurs.

III. Le plaisir d'affronter le danger et le danger de l'affronter sans plaisir

Faire un monde et des principes à l'échelle de la machine et de la force, enlever à la machine sa finalité simple et fonctionnelle pour lui redonner une condition première et fondamentale qui serait celle d'être l'objet privilégié résumant et contenant le monde, tout cela ne se fait pas sans l'acceptation d'un certain coût. Nous avons constaté que les coûts pratiques de la condition de truckeur sont très élevés lorsqu'ils sont évalués dans le champ de la normalité de la société globale. Par exemple, nous nous sommes rendu compte que le truckeur qui est toujours sur la route ou dans l'univers des truckeurs ne voit pas souvent ses enfants et sa femme. La condition du vrai truckeur ne favorise en rien la vie familiale et elle la détruit bien souvent. Le même phénomène joue pour les loisirs «de la vie normale»; le vrai truckeur n'a plus le temps, ni le goût, d'aller à la chasse, de s'intéresser au hockey, etc.

À ce stade-ci, il importe de réviser ces coûts, mais en continuant d'insister, moins sur l'aspect pratique et marginalisant des choses que sur les aspects intégrateurs qui président à ces cheminements. Autrement dit, en prenant le point de vue des truckeurs, eu égard aux coûts, il est moins question de marginalisation par rapport à une société globale que d'intégration à une fraternité particulière. Ici, les pertes nous intéressent moins que les gains. On me permettra une digression qui n'en est pas vraiment une: l'anthropologie, dans sa description des systèmes culturels, a toujours sous-estimé la notion de plaisir, plaisir de savoir et plaisir d'agir en face de risques réels auxquels un groupe est confronté.

Or c'est bien le plaisir dont il s'agit dans le cas des truckeurs. Il faut pouvoir répondre à la question suivante:

quels sont précisément ces plaisirs auxquels les truckeurs se réfèrent pour qualifier leur condition générale ? Quel est le plaisir d'être truckeur ?

> « Chauffer un truck, un gars a ça dans le sang. Quand tu y as goûté, quand ça te prend, tu ne peux plus t'en passer. »
>
> (Matagami 1976)

> « Pour chauffer un truck tout le temps, il faut aimer ça. Un vrai chauffeur, c'est un gars qui est fait pour ça. Celui qui n'aime pas ça ne dure pas longtemps merci. »
>
> (Rouyn 1975)

Nous tenons là l'essentiel d'un discours tout à fait commun dans le milieu : le plaisir du truckeur confronté à sa propre destruction. Le phénomène trouve un premier élément d'explication dans les notions de rythme et de contrôle. Le contrôle technique de la machine prend sa source et s'intègre à une notion de contrôle beaucoup plus englobante. Car si la machine est un monde, si ce monde est fait de forces intangibles, alors le contrôle de la machine est bel et bien le contrôle d'un certain monde.

IV. Le contrôle

À l'origine, le contrôle passe par le sens aigu du rythme, de la répétition. Il n'est pas difficile, à l'intérieur de ce « milieu », au-dedans des « situations », de se mettre à associer le rythme des pistons, leur résistance et leur usure, le tracé infini et compliqué de la route, la beauté intime de la machine, la familiarité de ses bruits, la reconnaissance de ses odeurs, d'associer donc toutes ces manifestations à ce que doit être ou à ce qu'est fondamentalement la vie de l'être conscient, fort et autonome. Dans ce contexte, la prémisse principale consiste à établir une fois pour toutes que l'on existe pour se dépenser, non pour se conserver.

L'utopie du truckeur serait d'être très fort, en parfaite possession de ses moyens à l'intérieur d'une cabine et d'une machine extrêmement belle, sans mettre cette beauté et cette force au service d'une fonction objective et profane : « Il ne ferait pas de charriage, mon plus beau truck. » (Baie James 1976).

Il s'agirait alors de se faire reconnaître, de se montrer et de passer à la légende sans avoir à bouger ou à dépenser cette force, que tous reconnaîtraient de toute façon. Il n'y aurait qu'à la manifester de temps à autre, sans plus. Sur le fond, cependant, nul ne peut régler son compte au fait que : « Chauffer un camion, ça vient à bout d'un homme. À la fin, il ne reste plus rien. » (Matagami 1975).

Mais le modèle culturel conscient poursuivrait en reprenant un dicton populaire et profond : « Ce n'est pas parce que la vie est dure qu'il faut reculer devant elle. » En fait, face au risque, face à la mort, face à l'ensemble de ce qui pèse lourd dans l'environnement immédiat du truckeur, ce dernier affiche un cynisme et une fierté qui ne relèvent pas de l'inconscience, mais bien au contraire d'une conscience aiguë de ces questions et de ces enjeux. Entre autres, l'usure de l'homme, la mesure de sa perte graduelle, le reflet qu'en donne la machine, qui vieillit en même temps que lui, sont des facteurs qui imposent une certaine attitude culturelle dont la principale fonction est d'escamoter ces pressions externes et objectives. Les truckeurs recourent à un premier élément de solution, quant à l'usure tout au moins, en établissant clairement que nul truckeur n'est truckeur bien longtemps s'il n'entre pas de plain-pied dans la ronde. Il faut s'y donner entièrement. C'est un rythme de vie.

Et la question du rythme est ici beaucoup plus qu'une figure de style. Le rythme est la première clef dans la mesure où c'est ce rythme qui est recherché par celui dont la volonté est de devenir truckeur, d'accepter donc les conditions premières, celles de rentrer dans le jeu quelle que soit la vitesse avec laquelle par la suite il observera son propre amenuisement physique.

La performance du truckeur, le rythme et la résistance du bon truckeur, est un moyen de combattre l'usure prématurée, d'une part, et la mauvaise « conscience » générée par le refus de cette même usure, d'autre part. Par le rythme, on se donne bonne « conscience » face à l'usure. De plus, on la légitime au moment même où on la contrôle. Le contrôle consiste principalement à faire de l'usure autre chose que ce qu'elle pourrait être dans un cadre différent, celui de la morale de la société globale, par exemple, où la santé du travailleur est quelque chose qu'il faut protéger. Ce quelque chose d'autre que devient la perte de sa santé et de son énergie, c'est le cours normal de la libération et de la perte de l'énergie d'un individu, qui montre ainsi et de différentes manières qu'il en a à revendre. Bien sûr, la limite sera atteinte quelque part. Mais rien n'est plus naturel.

L'homme vieillit, c'est bien connu. Ce qui est moins connu et ce qui fait partie intégrante de la philosophie du truckeur, c'est qu'il est donné à l'homme de vieillir à son propre rythme ou, en tout cas, à celui qu'il a choisi. C'est cela le contrôle du truckeur. La tragédie n'est pas de « se brûler » au travail. La tragédie, c'est de « se brûler » à un rythme non consenti, sur lequel on n'a pas de contrôle. En ce sens, le truckeur défie à la fois la médecine et la philosophie sociale générale d'une société comme la nôtre. Il n'y a pas que les truckeurs à le faire ; beaucoup de politiques de santé au travail, sur lesquelles les syndicats et l'État ainsi que le patronat sont d'accord, se heurtent à la résistance des « habitudes » de travail des travailleurs. Le diagnostic courant dans ce cas est l'inconscience des travailleurs.

Or ce contrôle, les truckeurs insistent pour dire qu'ils le possèdent. Ce n'est pas un moindre gain, et cela explique beaucoup d'attitudes qui semblent absurdes à celui qui n'est pas truckeur. L'imprudence, le risque calculé, la sur-performance, le manque de sommeil, la mauvaise alimentation, les « pilules », etc., voilà autant d'éléments qui n'ont de sens que dans un système particulier où une condition première dicte tout le reste : on n'est pas truckeur pour être en santé ; on l'est pour contrôler le rythme de sa vie, contrôle qui implique aussi, par l'autre bout, le calcul de sa propre perte. Il n'y aurait pas de truckeurs autrement.

V. Risques et confrérie

Un second élément de plaisir se retrouve dans le champ de la compétence face aux dimensions des choses. La dimension des machines, la grosseur des remorques, le poids des cargaisons, les distances parcourues, la rigueur du climat, la profondeur de la solitude, la difficulté de la route font que tout ce qui existe autour d'un truckeur est une négation constante de son humanité. Il y a certes une démesure qu'il est difficile de nier. Cet environnement inhumain mais tout à fait concret ne peut pas ne pas avoir des effets sur l'attitude du groupe face à sa situation. D'autant plus que la technique, dans sa définition la plus restreinte, n'y peut rien. Dans cette affaire, elle est tout à fait secondaire. D'ailleurs, si la technique, de secondaire qu'elle est actuellement, devait, d'une façon ou d'une autre, occuper tout le champ, alors tout ce dont nous discutons ici, le plaisir et le volontarisme en particulier, perdrait tout son sens.

Car face à l'inhumanité des choses, on ne peut qu'appliquer un modèle culturel vigoureux (profond), qui plaque sur ces mêmes choses des étiquettes rattachées à des codes qui ont pour fonction principale de restituer à la réalité sa seule dimension acceptable, celle de sa propre humanité. C'est en fonction du risque réel qu'il devient urgent de ramener le monde des choses (en ce sens, la machine est nature pour le truckeur) à l'échelle du monde des hommes, et vice versa. La vigueur dans l'adoption du rythme ainsi que les nouvelles échelles de résistance humaine à travers le concept et la pratique de performance relèvent aussi de cette nécessité première.

La confrontation au risque permanent peut être perçue comme correspondant à un besoin profond chez les individus. Ce besoin caractériserait une condition humaine générale qui dépasserait le cadre de la condition particulière des truckeurs. Il pourrait bien être un élément d'un complexe plus large présidant à la formation des groupes sociaux. Qu'il soit exacerbé dans un milieu où les problèmes de reproduction biologique et de production de nourriture ne se posent plus ne devrait pas nous surprendre.

Il n'y aurait pas autre chose ici que le plaisir d'atteindre une performance et de se dépenser dans un contexte où tout est vraiment risqué. Le «milieu» donne encore quelque chose de plus : non seulement la «situation» est véritable, les enjeux fondamentaux, mais encore l'existence de la machine, sa forme et son énergie, tracent la voie à une philosophie de la force et du pouvoir, de la chance et de la vie, qui s'accorde on ne peut plus avec la «situation». Une chose est sûre en tout cas, c'est qu'il n'y a pas de philosophie de rechange immédiatement disponible. La morale de la société globale ne fait pas le poids.

Historiquement, nous ne sommes pas en face d'une «situation» originale et tout à fait nouvelle. Le groupe des truckeurs est immédiatement, concrètement et quotidiennement confronté à la question de sa propre survie par le biais des performances de chaque individu du groupe. Pour faire face au risque que représente une situation globale où il n'y a que soi pour établir l'équilibre entre la sécurité ou la catastrophe, l'attitude générale (dont l'acceptation de sa propre perte) se construit sur une base collective et se traduit en normes partagées.

« Les peureux, les nerveux sont dangereux pour eux comme pour les autres. Si un gars pense trop à l'accident, c'est qu'il court après. À force d'y penser, on l'attire. Moi, je m'en suis toujours sorti. C'est la chance, d'accord, mais c'est aussi que j'ai vu à mon affaire. J'ai confiance en moi et je sais quoi faire. Faut surtout pas être sur le nerf. C'est déjà assez inquiétant comme ça. »

(Matagami 1975)

« Chacun est dû à un moment donné. Ton accident t'attend quelque part. Il y en a qui courent après. D'autres n'y pensent jamais. Certains ne sont pas dus pour jamais. Pour eux, pas d'accidents. Faut pas y penser. C'est trop bête. On n'y peut rien. »

(Parc La Vérendrye 1975)

On invoque le destin, le hasard, mais il reste que derrière tout cela, la théorie des truckeurs insiste pour établir que celui qui ne fait pas ce qu'il faut faire pour être un vrai truckeur, qui ne se conforme pas à une manière générale de faire et de voir les choses, s'expose à de très grands risques, l'accident et la mort notamment.

La peur joue donc ici un rôle très précis. Son traitement s'inscrit dans un code culturel particulier aux truckeurs. On rejoint ainsi une idée propre à plusieurs psychanalystes quant au caractère positif de l'anxiété vis-à-vis de la constitution et de l'existence des systèmes culturels, plus particulièrement de leur efficacité.

Pour le truckeur, la vie difficile et insupportable, la mort par accident, sont fonction d'une certaine mésadaptation par rapport au système propre au groupe des truckeurs qui a, vis-à-vis de la vie, de la mort, du bonheur et de l'univers, une théorie bien à lui. Tout groupe culturel s'appuie sur de semblables théories.

La survie du truckeur — la manière de s'en sortir et la preuve qu'on le fait à tous les coups — n'est donc pas un élément superficiel s'ajoutant à des réalités objectives. Elle serait au contraire la pierre angulaire du système culturel nécessaire, ce qui, faut-il le répéter, n'est pas très original en soi. Ce qui l'est vraiment, c'est de retrouver cette problématique au cœur même d'une société complexe dont on a assez dit qu'elle n'avait cure de ces anciennes contraintes propres au monde « primitif ».

Pour le truckeur donc, le défi est immédiat et constant. Le plaisir aussi. Il n'y a pas de délai, de relais indirects, d'attentes inutiles, d'inutiles réalisations de soi imposées par un système culturel qui aurait déplacé ses priorités en matière de performance et qui en aurait fait une finalité globale. Ici, c'est immédiatement et totalement qu'on se réalise, qu'on s'use et qu'on se détruit. Dans ce système, nulle morale externe, nulle idéologie venue d'ailleurs n'ont réellement de prise. Elles n'ont tout simplement aucun sens. Ce qui est vrai pour le truckeur n'est pas à la portée de n'importe qui, de ceux précisément qui voudraient penser, en lieu et place des truckeurs, ce qui est et serait objectivement (c'est-à-dire conformément à l'idéologie dominante) bon pour eux.

Rien n'est vrai qui n'a un sens profond à l'intérieur d'une culture construite pour expliquer le monde. Dans l'immédiat, la vérité des autres, pour légitime qu'elle puisse être par ailleurs, n'intéresse personne.

Le groupe des truckeurs surmonte ainsi une de ses préoccupations fondamentales, la peur face aux risques réels, en intégrant cette anxiété à l'intérieur d'un système culturel d'interprétation du monde où l'anxiété elle-même vient jouer socialement un rôle positif, par le biais d'une norme du plaisir constamment renouvelé.

VI. L'usure

Il est clair à présent que la question de leur propre perte, par la nature même du travail comme par l'intensité du risque, est une réalité qui retient grandement l'attention dans la réflexion collective des truckeurs. En accord avec le plaisir devant le risque et le contrôle manifesté tous les jours, on ne peut pas faire autrement que d'intégrer cette usure à la normalité établie et reconnue par le groupe.

Cela explique comment et pourquoi les truckeurs manifestent du plaisir à reconnaître qu'ils se détruisent en « performant». Le système fournit un cadre concret où l'individu est en mesure d'exposer aux autres et de vérifier pour lui-même les limites de sa propre résistance. On sait que le plus important dans ce contexte, c'est de fonctionner à la limite de sa résistance. Il ne faut donc pas se surprendre que la question de la conservation de la santé et de l'énergie vitale prenne un éclairage particulier lorsqu'elle est perçue par les truckeurs. La culture établit la norme suivante : il faut accepter de « se brûler». En échange, on atteint le plaisir de vivre à la limite de

ses capacités. Cette expérience continue est hautement valorisée dans le milieu.

Le principe est donc clairement établi et il est opérant.
Celui qui ne se conforme pas aux normes du groupe quant à la
nécessité de soutenir un rythme particulier et de viser la limite
de ses capacités, celui-là est en plus grand danger que les
autres. Le mauvais truckeur qui a un accident l'a eu parce qu'il
a transgressé la norme. Bien sûr, les vrais truckeurs ont aussi
des accidents et parfois des fins dramatiques ; mais alors, il y a
toujours des explications. Il a été victime de la malchance, il
était rendu au bout de ses limites, mais il a été « correct »
jusqu'à la fin.

Cette volonté collective d'attribuer une bonne partie des
accidents tragiques au fait qu'on a transgressé des normes
propres au groupe est un phénomène fort répandu dans à peu
près tous les groupes culturels. Le groupe des truckeurs ne
procède pas autrement. Mais, comme on vient de le voir, il y a
d'autres façons de finir, de mourir ou de se brûler une fois pour
toutes. La question de la perte et de la destruction de soi
débouche sur d'autres champs culturels qu'il convient de
traiter avec précision. On peut abandonner ou mourir faute de
s'intégrer, ce qui n'est pas très valable. On peut aussi mourir
au cœur même de l'univers routier : cela est très valorisé, car
on se rapproche alors de la notion de sacrifice. C'est ce
problème que nous allons maintenant aborder.

VII. La fête

Face au sentiment d'appartenance à un groupe extrêmement bien défini, nombreuses sont les valeurs qui légitiment et
donnent un sens à la perte et à la destruction de soi ; le
désintéressement est probablement la plus importante. Elle
l'est parce qu'elle nous fournit davantage d'explications sur ce
que nous avons appelé le plaisir et le volontarisme manifestés
des truckeurs face aux enjeux dramatiques de leur condition
objective.

Le vrai truckeur n'a pas peur de mourir, si mourir a un
sens dans les règles et les normes appartenant au groupe
auquel il s'identifie en tant que truckeur. Lorsque nous observons les accidents routiers auxquels les truckeurs sont particulièrement exposés, un point ressort : pour sauver des vies, pour
éviter que cet univers inhumain, que seul le truckeur contrôle,

ne provoque des dommages considérables à «l'extérieur de l'univers routier», le truckeur est prêt à se sacrifier ; «maître à bord», il est le dernier à sauter, ou il coule avec son navire.

Le truckeur qui dirige son camion sur un pilier de ciment ou vers un précipice pour éviter de faucher une voiture bondée de gens, l'autre qui secourt des gens emprisonnés dans une voiture en feu qui menace d'exploser à tout moment, toutes ces histoires classiques que nous avons recueillies sur le terrain indiquent d'une façon claire la haute valorisation du désintéressement. Quand un camion devient dangereux, c'est à son chauffeur de le dompter, de le rendre inoffensif ou, alors, de périr avec lui.

Cette nécessité est le terme ultime du contrôle de tant de puissance. Cette fin virtuelle est à l'échelle des contraintes et des plaisirs que le groupe se donne. Mourir de cette manière, c'est-à-dire au volant de son camion en allant jusqu'au bout de ses convictions de truckeur (ne pas faire payer les autres même si les autres font une incursion soudaine et imprévisible sur «sa route à soi», dans sa trajectoire), est extrêmement valorisée dans le milieu, même s'il est entendu que dans les faits «personne ne veut mourir dans un accident, personne ne sait vraiment quelle sera sa réaction». Mais par la valorisation de cette mort désintéressée, la confrérie compense pour ce qui n'apparaît aux yeux des profanes qu'un simple accident de la route et une simple mort accidentelle. Pour les truckeurs, au contraire, si toutes les normes du groupe sont respectées, cette mort est le sacrifice ultime, la mort d'une sorte de héros qui a fait la preuve que la condition culturelle de truckeur est à ce point réelle et valable qu'on va jusqu'à mourir pour être en accord avec elle.

Celui qui, pour expliquer de semblables comportements et de pareils développements idéologiques, ne s'appuierait que sur l'idée principale d'une morale et d'une responsabilité sociale en accord avec la société globale (environnement dominant dans ce cas), celui-là n'aurait pas grand-chose à dire ni ne dirait rien de bien utile. Bien au contraire, l'analyse d'un semblable comportement général me semble bien devoir s'amorcer autour des notions de fête et de plaisir. En ce sens, la mort est une destruction qui, à l'instar de l'acceptation de sa propre usure, est intégrée non pas comme un élément forcément négatif, mais bien comme une énergie tout à fait positive. Autrement dit, il est bon de se détruire. Cela est une démonstration de son honorabilité vis-à-vis des autres qui partagent les mêmes idées à ce sujet. Au fond, un truckeur est si fort qu'il *ne tient à rien*. Il ne tient tellement à rien que nul ne peut le fixer en un point, nul ne peut l'attacher ni l'arrêter.

Et la démonstration de sa force, sa libération et sa dépense, son recours aux rythmes maximaux, tout hypothèque la manière d'en arriver au bout. Puisque sa théorie est courbe et non rectiligne, puisque nulle fin n'est visée, nul accomplissement ne sera le terme, la fin est nécessairement un éclatement « héroïque ». C'est fondamentalement une question d'intensité ; la mort héroïque valorisée est tout à fait logique et nécessaire dans ce cadre.

En fait, si, comme nous le supposons, la culture est essentiellement un système de communication et si, comme nous le constatons, le groupe à l'étude n'est pas une société en tant que telle, puisqu'il ne se reproduit pas biologiquement mais recrute ses membres à l'extérieur (il n'échange pas de femmes), ni n'assure sa survie par une production économique propre (il n'échange pas de biens économiquement, il n'est qu'un groupe de travailleurs comme tous les autres), alors ce groupe culturel que nous appelons confrérie investit toute sa vigueur créatrice et destructrice, comme nous commençons à la voir, au niveau de la circulation rapide et de l'échange des messages.

Nous nous trouvons donc devant un groupe fort abstrait, un regroupement symbolique qui, pour générer une discrimination fondamentale entre ses membres, ne peut s'appuyer sur une structure d'organisation parentale (en ce qu'il n'a pas de femmes) ni sur un principe de possession matérielle et d'accumulation de richesses (ni de femmes ni de biens).

Il ne reste que les messages. Et il ne faut pas se surprendre de constater la puissance symbolique de l'idéologie résultante. Elle ne se déploie que dans l'abstrait d'une situation générale qui n'est qu'abstraite. L'individu lui-même n'émerge qu'à travers la constitution de son honorabilité par le biais de sa propre consumation (le sens profond de l'expression « se brûler »), élément fondamental de cette honorabilité à établir.

Compte tenu de ce qui vient d'être dit à propos de cette organisation sociale, de cette société qui n'en est pas vraiment une parce qu'elle est amputée de ses fonctions et de ses structures parentales et économiques, nous pourrions bien avancer que nous sommes en face d'un phénomène social total, comme l'entendait Mauss, en ce qu'un phénomène social pourrait être total de nos jours (religieux-sacré) si le groupe en question ne réalise concrètement son identité qu'à ce niveau religieux et sacré.

Là-dessus, il faut reprendre ce que Mauss dit à ce propos, en admettant qu'il est raisonnable de considérer la constitution de l'honorabilité chez les truckeurs comme se réalisant au sein d'une fête qui n'est pas sans se rapprocher, dans ses principes les plus fondamentaux, du très célèbre phénomène du potlatch. En tant que phénomène de « morphologie sociale », cette fête (potlatch) produit des états particuliers : « ... une nervosité, une excitation remarquable : on fraternise et cependant on reste étranger ; on communique et on s'oppose dans un gigantesque commerce et un *constant tournoi.* »[5].

Puisque dans le cas particulier qui nous occupe le commerce n'existe pas, il reste que cette énergie festive du groupe s'oriente et s'intensifie dans un cadre où, plus intensément que nulle part et que jamais, « on communique et on s'oppose dans un constant tournoi. »

Tournoi symbolique s'il en est un, l'échange n'est que symbolique et fortement symbolique. Et c'est bien ce qui se produit : l'honorabilité du truckeur se construit sur la base d'une compétition anxieuse et excitante mais qui reste, malgré tout, fraternelle. Dans cette ronde de tournois, par exemple, les femmes peuvent entrer qui ne sont plus alors des femmes, comme les hommes ne sont plus des hommes, mais des participants sans sexe. Car à quoi sert un sexe si, comme c'est bien connu, « on ne fait pas l'amour entre truckeurs. »

Dans ce jeu donc, le perdant est celui qui a commis une faute rituelle, comme le remarquait Mauss. Car, fautif, on ne porte plus alors le masque du vrai truckeur et on meurt coupable de ne pas avoir été à la hauteur, ce qui revient à dire qu'on abandonne le jeu (mort ou abandon réel) faute de ne pas avoir assez à *donner.*

Devenir et être un vrai truckeur, un champion de tournoi, prendre inconditionnellement le rythme de ce tournoi, cela veut véritablement dire tout donner y compris soi-même, pour recevoir en retour une honorabilité et un pouvoir qui n'existe que pour les truckeurs, quitte à risquer toujours d'avoir à le *rendre*, à le gaspiller soit en une seconde fatale, l'accident

---

5. Marcel MAUSS. *Sociologie et anthropologie*, Paris, P.U.F., 1950, p. 205.

mortel et désintéressé, soit en vingt ans, le temps normal de vie du truckeur.

Étant entendu que la communication entre les truckeurs est avant tout symbolique, cette communication a les caractéristiques propres à l'échange symbolique. Ne produisant rien pour soi ni ne se reproduisant elle-même, il devient possible pour la performance de se réaliser seulement dans un contexte de fête et de dépense.

Nous tenons là une explication qui me semble de beaucoup supérieure aux superficielles et stériles références à la morale ou à la présumée responsabilité sociale des truckeurs en général, ou à leur inconscience et leur irresponsabilité face à leur propre usure et leur exploitation, en particulier.

Voyons donc avec le sociologue Baudrillard, qui les a brillamment exposées dans son livre *Le miroir de la production*, quelles sont les caractéristiques principales de cet échange symbolique dont il m'est permis de croire, dans le prolongement de ce qui précède, qu'elles expliquent encore plus avant l'incroyable rythme de vie soutenu par les truckeurs, ainsi que leur volontarisme affirmé et leurs manifestes plaisirs :

> «... volatilisation gratuite et festive des forces du corps, un jeu avec la mort, l'acte d'un désir. Cette dépense du corps (contrairement à la dépense qui investit, le travail) a sa réponse dans d'autres corps, son écho dans une nature qui jouerait et se dépenserait en échange. »[6]

Or c'est bien ce que nous observons concrètement. Que ces caractéristiques se manifestent au cœur d'un monde rationnel de travail, au cœur même d'un monde de machine, ne devrait pas surprendre outre mesure quand on se rappelle que pour le truckeur, la nature c'est la machine et l'univers abstrait qu'elle occupe. Le truckeur n'investit pas dans la machine, il ne cherche pas à «la faire rendre» sans jamais rien lui donner. Bien au contraire, il communique avec elle sur la base de l'échange symbolique : «... ici, la substance de la richesse est dans l'échange... »[7]. L'idée d'expliquer ces conditions par la fonction objective du travail «est simplement absurde».

Le volontarisme, le plaisir et les rythmes excessifs des truckeurs les placent donc nettement en marge d'une société

---

6. Jean BAUDRILLARD. *Le miroir de la production ; ou l'illusion critique du matérialisme historique*, Tournai, Casterman, 1973, p. 33.

7. *Ibid.*, p. 68-69.

globale qui oriente d'abord ses valeurs sur la responsabilité au travail et dans la production de quelques biens. Les truckeurs, dans leur lutte collective et idéologique contre les valeurs sèches du travail et de la production, le long desquelles leur activité de chauffeur serait probablement la plus monotone (la plus cadencée dans le vrai sens du terme, à la cadence du 1 800 tours/minutes) que nul ne pourrait jamais imaginer, en viennent vigoureusement à valoriser la destruction et la consumation dans un système culturel où la perte est positive.

> « Intégration symbolique : la réversibilité du procès d'accumulation dans la fête et la dépense, la réversibilité du procès en production dans la destruction, la réversibilité du procès de pouvoir dans l'échange et la mort. Exigence symbolique : qu'il ne soit jamais donné qu'il ne soit rendu, jamais gagné sans qu'il ne soit perdu, jamais parlé sans qu'il ne soit répondu. »[8]

Ce qui marginalise et rend invisible le truckeur, ce qui fait sa liberté et sa subversion en même temps, c'est précisément la puissance et l'invisibilité de l'efficacité de l'échange symbolique qu'on retrouve ici au cœur même d'une activité capitaliste de production qui ne peut absolument pas saisir ce qui se passe en son sein :

> « Ce dont il crève (le capitalisme), ce n'est pas de ne pas pouvoir se reproduire économico-politiquement, c'est de ne pas pouvoir se reproduire symboliquement. Le rapport social symbolique, c'est le cycle ininterrompu du donner et du rendre qui va, dans l'échange primitif, jusqu'à la consumation des surplus et l'anti-production délibérée lorsque l'accumulation (la chose non échangée, prise et non rendue, gagnée et non perdue, produite et non détruite) risque de briser la réciprocité et faire surgir du pouvoir. »[9]

De l'échange symbolique, il faut dire encore qu'il a une caractéristique de plus qui n'est pas la moindre : « Dans l'échange/don primitif, le statut des biens qui circulent est proche de celui de la langue : ils ne sont ni produits ni consommés comme valeurs, leur fonction est l'articulation incessante de l'échange. »[10]

Chez les truckeurs, le rapprochement est encore plus évident. La culture qui s'appuie sur l'échange symbolique finit

---

8. *Ibid.*, p. 125-216.
9. *Ibid.*, p. 123.
10. *Ibid.*, p. 81.

par être exclusivement une compétence abstraite, un code hautement symbolique. À ce titre, l'idéologie des truckers n'est que parole par rapport à ce système symbolique qui n'existe que pour faire exister le groupe, lequel, de cette manière, règle son compte à la fonctionnalité pratique et à la notion de travail. Les truckers n'échangent que des messages, nous l'avons dit. Idéologiquement, ils parlent pour parler. L'action réelle et conséquente de la pleine participation symbolique est ailleurs et donne un sens au fait que lorsqu'on est trucker, on dépense, mais on n'investit jamais. Et c'est ce qui importe avant tout quand on veut être un trucker plutôt qu'un travailleur. Et les truckers n'étant pas des travailleurs, réussissent à ne pas l'être malgré tout, ils finissent par être ce qu'ils veulent, c'est-à-dire des ouvriers, dans le sens de fabricants d'œuvres, des artisans dans le sens d'artistes :

> « Ce qui fait la différence radicale entre l'œuvre et le travail, c'est qu'elle est un procès de destruction aussi bien que de production. C'est en cela que l'œuvre est symbolique : c'est que la mort, la perte, l'absence s'y inscrivent à travers ce dessaisissement du sujet, cette perte du sujet et de l'objet dans la scansion de l'échange. À partir des concepts de production et de travail, on ne saisira jamais ce qui passe là, et qui nie le travail, et qui nie la loi de la valeur, qui passe par la destruction de la valeur, l'œuvre, et dans une certaine mesure l'ouvrage artisanal portent inscrites en eux la perte de la finalité du sujet et de l'objet, la radicale compatibilité de la vie et de la mort, le jeu d'une ambivalence que le produit du travail, en tant que tel, ne porte plus... »[11]

Il en résulte un indiscutable plaisir. Plaisir de « faire », « d'œuvrer », d'aller au bout de quelque chose dans un espace restreint qui fait immédiatement sens. Il n'y a que les truckers pour se rendre compte de ce tournoi continuel et fraternel dans lequel toute la vie en vient à s'inscrire et à se résumer.

VIII. La création du monde

Il reste un dernier point. Pour cerner complètement la situation qui préside à la formation, c'est-à-dire au développement et au maintien, de ce « milieu sacré », de ce sacrifice (acceptation de sa perte) et de ce tournoi (performance), il faut en revenir à une condition contextuelle première : la conduite d'un camion sur de très longues distances, sur des trajets qui

---

11. *Ibid.*, p. 83.

n'en finissent plus. Or si le tournoi et le sacrifice ont un sens, c'est qu'au départ la conduite est un rituel. Je tenterai donc, ici, de répondre à la question suivante : Que signifie-t-on lorsqu'on dit que la conduite, c'est sacré ?

Nulle part ailleurs n'ai-je rencontré une formulation aussi précise que dans le témoignage d'un truckeur américain, devenu écrivain, qui a publié un article dans la revue *Rolling Stones* :

> « Driving a truck gives plenty of time to make excursions in the mind. This is one of the good parts that a driver knows but does not talk about much. It is not easily understood. Ever since Tim Leary set out with the compulsive intent to prove himself worthy of crucifixion (and will have to settle for self-immolation), the natural high has been much suspect. Heads tell me that the mind is good until it is primed, but each of us can only speak from his own experience. My experience is that the mind will give the highest high there is; unassisted by anything but raw thought and accomplished meditation. »[12]

C'est clair et c'est essentiel. Tout ce dont nous parlons s'appuie sur cette réalité de la méditation. Celle-ci est un phénomène particulier à la solitude du chauffeur, à sa position « assise », à la répétition et à l'isolement. Tout favorise les incursions profondes dans son propre « esprit », au milieu de sa propre conscience. Il y a des conséquences immédiates à d'aussi intenses méditations :

> « The strength and fascination that some guys gain from solitary road is as strong as the fascination with God that sustains the religious mystic. Put the same man on a steady job that pays three times as much and his mind rots. Or he goes crazy. America, the busy. If it ever knew the importance of solitude, it has forgotten. »[13]

Avec les truckeurs, j'ai appris moi-même que ce domaine n'était pas de ceux à propos desquels on parle abondamment. Pour en faire explicitement état, le témoignage d'un ancien truckeur et d'un auteur tel que Cady est tout à fait précieux. Ce sujet n'est jamais abordé directement dans le milieu, mais il importe quand même de préciser que c'est toujours de cela dont il est vraiment question. Ce qui soutient la performance, c'est le rituel de la méditation. Le phénomène est tout aussi vrai du

---

12. Jack CADY. « Kansas 5 AM : A Trucker's Odyssey », *Rolling Stones*, November 22, 1973, p. 64.

13. *Ibid.*, p. 64.

truckeur québécois ou canadien qu'il l'est de l'américain. D'ailleurs, l'appréhension de la force en tant que substance intangible mais intérieure aux choses ne pourrait se réaliser autrement.

Le plaisir, la négation donc de la monotonie (la récupération de la monotonie superficielle par le sens profond du rituel fondé sur le rythme et la répétition) passe par cette expérience méditative et mystique. L'échange symbolique peut alors se déployer dans un «milieu» qui lui est tout à fait favorable. Et de simple individu isolé et solitaire, de simple travailleur soumis et exploité par des compagnies «qui n'ont pas de cœur», dont on pourrait aussi dire qu'elles n'ont pas d'âme, le truckeur se transforme en un puissant mais invisible «créateur du monde», ce qui est en soi une source de satisfaction et de plaisir que bien peu de contextes dans notre société sont en mesure de procurer systématiquement à qui que ce soit.

Pour mieux voir encore ce qui est en jeu ici, revenons à Mauss qui a dit des choses importantes sur la «raison sociale» des «créateurs de monde» et sur la nécessité idéologique de «créer des mondes» dans certains contextes sociologiques donnés.

Pour Mauss, le potlatch n'est pas simplement un système juridique d'avant le Droit. Il ne saurait remplir non plus une simple fonction économique. À tout cela s'ajoute toujours une raison mystique à l'intérieur de laquelle l'ensemble du phénomène a son point de départ, tout comme il enregistre son point de chute.

> «La caste brahmique est celle des brahmans, c'est-à-dire des hommes qui ont du brahman. Le brahman est ce par quoi agissent les hommes et les dieux et c'est plus spécialement la voix. En outre, on trouve déjà quelques textes qui disent qu'il est la substance, le cœur des choses (pratyantam), ce qu'il y a de plus intérieur... le brahman devient le principe actif, distinct et immanent, du tout du monde. Le brahman est le réel, tout le reste n'est qu'illusion. Il en résulte que quiconque se transporte au sein du brahman par la mystique (yoga : union)... se met en état de créer des mondes. Le brahman est le principe premier, total, séparé, animé et inerte de l'univers. Il est la quintessence.»[11]

Chez les truckeurs, le rituel de la conduite est ainsi essentiellement un rituel de méditation s'appuyant sur un principe

---

14. Marcel MAUSS, *op. cit.*, p. 110.

d'union (communication-entente) avec la force fondamentale. Tout le reste en découle : plaisir, performance et confrérie.

Le phénomène se réalisant ici au cœur même d'une société objectivante qui réprouve ces attitudes, cette culture du « sacré » est nécessairement réprimée et fortement intériorisée. On en parle peu, même entre « confrères ». Mais ces idées sur la force des choses n'ont pas à être formellement exprimées pour être connues, reconnues et suivies. Elles sont vécues intensément, elles ont une telle efficacité qu'il est admis dans le milieu « qu'il ne saurait y avoir de camionnage autrement ». Il n'y a pas de liens directs entre le discours idéologique des truckeurs et cette compétence implicite qui fait le sens profond des situations vécues. Autrement dit, il n'y a rien de superficiel qui pourrait justifier pour les truckeurs le fait d'être truckeur. Il faut ce principe profond qui, une fois reconnu, génère du plaisir et surtout un sentiment de puissance non admis dans la société dominante d'aujourd'hui.

C'est bien ce dont témoigne Cady dans le passage cité plus haut. Couplé avec les réflexions de Mauss, et lié avec ce qu'on a observé sur le traitement de la notion de force chez les truckeurs, il est permis de croire que le phénomène auquel nous sommes confrontés est essentiellement une quête de plaisir par le biais de la création de mondes, ce qui n'est pas un phénomène nouveau en soi dans l'histoire de l'humanité.

La volonté de puissance et de contrôle absolu de son univers est aussi en jeu. Dans cette quête et dans les réalisations des truckeurs, le participant finit par réduire le monde en un espace qui ne dépasse pas l'aire de déploiement de sa puissance propre. La parole, par exemple, la voix forte ou les discours humoristiques, volontairement farfelus, voire systématiquement contradictoires, toutes ces réalités trouvent ici une explication. La parole est la manifestation de ce contrôle. Le discours contradictoire est la négation voulue de la nécessité du discours logique et finalisé.

En ce sens, rien n'empêche de tout dire quand il s'agit de rendre compte de la vie, tout aussi contradictoire qu'elle puisse être, puisqu'on sait bien par ailleurs que l'explication véritable du monde se trouve dans un tout autre registre, dont il n'est pas nécessairement recommandable de faire état dans une société qui ne valorise en rien la magie comme élément premier d'explication du monde.

C'est aussi en ce sens qu'il faut entendre que la culture des truckeurs est «invisible» à quiconque se refuse à l'aborder de l'intérieur. Bien sûr, la confrérie conserve toujours un certain caractère élitiste qui saurait bien se déployer de manière presque formelle et institutionnalisée si le contexte sociologique le permettait. Mais c'est «en cachette» qu'on se procure aujourd'hui le plus grand des plaisirs : celui de réduire le monde à la mesure de son immédiate capacité objective-subjective. C'est en faisant par ailleurs du transport objectivement, sous le masque du travailleur, qu'on persiste à créer des mondes, à valoriser collectivement le couple objectif-subjectif dans l'interprétation de la vie au détriment de la pensée rationnelle et rationalisante dont on finit par mettre définitivement en doute l'utilité.

De cette manière, le travail n'est plus travail, comme nous le constatons au point précédent. Il devient œuvre, cette œuvre qui ne reste pas et qui ne s'inscrit nulle part ailleurs que dans le vécu de chaque artisan qui travaille sur «sa méditation» et qui est lié aux autres dans le contexte d'un tournoi de créativité. Il est donc vrai sur le fond, comme le dit Gramsci, que «tout le monde est philosophe, tout le monde est savant, tout le monde est artiste». Bref, tout le monde est en mesure de créer des mondes. Quand on saisit mieux le niveau symbolique (échange fondamental) où se réalise essentiellement l'œuvre, et lorsqu'au surplus on saisit bien la puissance de la méditation du vécu, on se rend compte, particulièrement ici avec les truckeurs, que cette soif de créer est peut-être en soi un de ces impérissables traits culturels qui, entre autres choses, a toujours préoccupé l'anthropologie. Cette attitude «du monde ordinaire», pour «ordinaires» qu'ont toujours été les gens partout, ne s'est pas nécessairement relâchée définitivement, parce que la rationalité économique domine aujourd'hui toutes les autres. Elle prend des chemins particuliers et ne se laisse pas voir facilement. Elle n'a plus rien à gagner ailleurs qu'à l'intérieur du vécu des groupes particuliers.

Il se pourrait bien que tout ce que nous avons décrit se résume concrètement à «ces situations particulières (indéterminées)» devant lesquelles l'esprit humain réagit toujours de la même manière. Cela a quelque chose à voir avec le risque réel de se détruire, le plaisir de réfléchir sur le pouvoir, la capacité de le contenir et le milieu réel pour vivre à la mesure de ses limites, dans un contexte sociologique où des règles existent qui sous-tendent un tournoi dont on ne saurait se passer.

IX. Conclusion

Une telle analyse peut bien sembler tout à fait inutile et, en réalité, elle témoigne d'un grand paradoxe. L'anthropologue vit en effet dans un «autre monde», où il lui est permis de croire que le respect entre les êtres humains s'accroît en fonction de la connaissance que ces derniers peuvent avoir d'eux-mêmes. Nous sommes en face d'un credo particulier : « Connaissez-vous les uns les autres » et tout ira bien mieux. Or rien n'est moins vrai.

Les relations entre les groupes humains ne sont pas des relations de «connaissance», ce sont des relations de pouvoir. Conséquemment, mieux connaître un groupe se résume souvent, sinon toujours, à mieux asseoir sa domination sur lui. La «science» anthropologique fut longtemps cela, dans le contexte toujours actuel des politiques coloniales des nations dominantes. Et dans le monde du travail, la transposition est limpide : connaissez anthropologiquement vos travailleurs, cela vous permettra de les utiliser à meilleur escient, dans l'intérêt de votre entreprise.

L'anthropologue qui étudie les univers symboliques contemporains se poserait ainsi à peu près les mêmes questions que le physicien nucléaire : doit-on stopper la recherche parce que les êtres humains ont une propension marquée à s'entretuer ? Nous savons par ailleurs qu'utilisée autrement la recherche nucléaire peut sauver des vies humaines. Mais voilà des questions qu'on ne règle pas. Plus encore, nous constatons, dans l'étude anthropologique des univers symboliques d'aujourd'hui, que la recherche en vient à dépasser ses moyens traditionnels d'investigation. Mon approche fut qualitative et elle se devait de l'être. Je crois, par exemple, qu'aucune méthode objective (quantitative) n'aurait pu mettre au jour les réalités à l'étude. Car pour ce faire, il faut aller jusqu'à utiliser sa propre sympathie, sa propre intuition. Bref, il m'a fallu aimer ces truckeurs, l'être moi-même en un certain sens. Nous sommes loin de la science positiviste, mais ce fut pour moi, l'ethnographe, la seule manière de «découvrir» littéralement la richesse symbolique enfouie sous l'amoncellement des jugements de surface (d'ailleurs précis et mesurés) qui existent sur les camionneurs.

J'ai fait tout cela pour rien et, en réalité, mes conclusions ne s'adressent à personne. Elles ne font que témoigner de l'importance du symbolique dans la société moderne d'où nous le croyions disparu. Mais cela, les camionneurs le savaient déjà. Leurs patrons aussi. Quant à moi, je pourrai toujours affirmer que nul ne connaît véritablement les gens s'il ne dévoile ce qui les fait marcher, s'engager, rouler, s'aliéner et puis mourir.

CINQUIÈME PARTIE

RÉFLEXIONS
ET CONCLUSIONS

À propos du management

Omar AKTOUF

I. Introduction

Nous voudrions donner ici une illustration rapide des doctrines modernes de gestion en rendant compte de certaines des principales « théories des organisations », cadre théorique général du management. Nous passerons en revue l'école technologique, l'école de la prise de décision et nous terminerons par l'école sociotechnique.

Deux raisons dictent ces choix : d'abord, nous ne voulons pas reprendre, même différemment, une critique de courants aussi connus et aussi abondamment discutés que les écoles « classique » et « relations humaines » ; ensuite, nous voulons interroger des théories de la gestion et de l'organisation qui ont pour dénominateur commun d'intégrer la « charpente technique » et de présenter ainsi un certain ordre industriel, qui serait aussi inéluctable et aussi « nécessaire » que le sont les progrès de la production.

Les critères utilisés pour organiser ce travail seront des critères dérivés de l'essentiel des analyses de A. Gorz [1],

---

1. A. GORZ. *Critique de la division du travail*, Paris, Seuil, 1976.

S. Marglin[2] et H. Braverman[3], selon lesquels l'organisation du travail, la « gestion » et les théories qui les sous-tendent, ne sont qu'une expression de certaines grandes constantes de l'exploitation du travail : dominer, produire, contrôler et, ajouterions-nous, « avilir » le travail humain. Nous parlons de cet « avilissement » qui tend, entre autres, à maintenir autant que possible la valeur du travail dans un rapport d'échange défavorable face à sa contrepartie monétaire ou à sa rétribution en général et aussi dans le sens d'une réduction croissante du rôle de l'homme, qui est, au fond, un indésirable, un élément constamment réfractaire.

Dès les premiers efforts de l'industrie capitaliste naissante du XVIIIe siècle pour démanteler les lois des différentes corporations, notamment en Angleterre, on assiste à un dépérissement qualitatif du travail et à un dépouillement graduel de ce dont était encore maître l'ouvrier.

Le regroupement en ateliers, puis en manufactures, imposa un type de contenu et de déroulement du travail différent, qui fit précisément le lieu et l'objet du contrôle, la domination étant assurée par la subordination au capital et la mise en situation de dépendance absolue des ouvriers (masses sans terres ni capitaux... ni métiers, devenus non exerçables hors de la manufacture). Nous essayerons donc de voir comment chacune des théories des organisations retenues contribue, à sa façon, à maintenir ou à renforcer la domination ou le contrôle ainsi entendus, ou les deux. Pour ce qui est de la production, nul ne saurait contester que l'organisation du travail, dès les premières manufactures, avait pour souci premier de fabriquer plus, et à moindre coût.

Par ailleurs, la célèbre analyse de la manufacture d'épingles de A. Smith[4] et le complément fort intéressant apporté par C. Babbage[5], en matière de rémunération (donc de valeur) de chacune des opérations issues de la subdivision (qui, même prises totalement, restent inférieures en rémunération au même travail global non parcellisé et sont bien plus productives !), nous montrent comment se construit le processus d'« avilissement » du travail par son « organisation »... Cet avilissement

2. S. MARGLIN, *ibidem.*

3. H. BRAVERMAN. *Travail et capitalisme monopoliste*, Paris, Maspéro, 1974.

4. *Recherche sur la nature et cause de la richesse des nations*, Idées, 1976, p. 38-39.

5. Dans *On the Economy of Machinery and Manufactures*, 1832. Réédition N.Y., 1963, p. 175-176.

est évidemment une des grandes constantes historiques des sociétés monétarisées, notamment à travers le fait que ceux qui «frappaient monnaie» (les princes, rois et autres seigneurs ou évêques) avaient intérêt à maintenir le travail agricole et artisanal le plus bas possible par rapport à sa contrepartie monétaire, de façon à préserver celle-ci de l'érosion. Le changement est que les industriels ne frappent pas de monnaie... mais ils «organisent», et c'est là, comme le dit P. Mantoux, la cause essentielle de leur réussite et de celle du capitalisme dès les XVIIIe-XIXe siècles :

> «Là où se manifeste le talent particulier à l'industriel, *c'est dans l'organisation des entreprises*»...

... et nous savons à présent ce que cela signifie... Car, après tout, lors du regroupement en manufactures des artisans tisseurs de laine à la fin du XVIIIe, ne lut-on pas dans une pétition des drapiers de Halifax qui voulaient l'abrogation des lois de la corporation (et ils l'obtinrent !) :

> (Cette loi) «... par les obstacles qu'elle offre à un recrutement plus large du personnel rend plus difficile d'en augmenter le nombre et de maintenir *cette subordination dont dépend la vie même de l'industrie*» ![6]

Donc, dominer en divisant et en subordonnant, contrôler le travail en le parcellisant et en le disciplinant, le rendre plus productif et plus vil en le réduisant à sa plus simple expression et en le dépréciant... telles furent, de toute évidence, les principaux objectifs des premières formes d'organisation des entreprises aux débuts du capitalisme industriel. Qu'en est-il à notre époque ?

II. L'école technologique

À proprement parler, il n'existe pas vraiment d'école «technologique» dans la littérature des théories des organisations. Mais, et c'est ce que nous retenons, il existe une prise en considération de la technologie dans la façon de structurer et d'organiser toute entreprise, et cette «prise en considération» a été l'objet de systématisation et de théorisation dans le cadre de deux grandes approches, au moins : la théorie de la contingence et les systèmes sociotechniques. La première approche a

---

6. *La Révolution industrielle au XVIII siècle*, Paris, Génin, 1969.

été inaugurée par J. Woodward[7] ; c'est celle qui retiendra le plus notre attention ici. Quant à la seconde, elle s'illustre par le fait que l'organisation est comprise comme un système dans lequel se combinent le sociologique et le technique, mais où, tout de même, le second terme reste prédominant. Hunt[8], estimant à juste titre que le terme « technologique » est trop vaste et trop peu opérationnel en tant que concept, a proposé de le remplacer par « système technique », expression désignant l'ensemble des « instruments collectifs » utilisés dans la production et permettant, par l'étude de sa flexibilité (choix possibles laissés aux membres) et de sa complexité (en tant que système et en tant technologie), d'asseoir ou de mieux comprendre la structuration et l'opérationalisation de l'entreprise. Nous voyons donc que, par contingence et système technique interposés, la technologie, prise ici dans le sens de l'ensemble constituant la matrice matérielle de production générant une forme donnée de répartition et d'utilisation du travail humain, constitue la pierre angulaire de la structuration — donc de l'organisation — de l'entreprise. L'hypothèse ici est que, ne remettant nullement en cause le bien-fondé de cette influence directe, les systématisations théoriques des deux courants en question prennent à leur compte, et reconduisent et légitiment tout ce que nous pourrons dégager comme attributs de domination, de contrôle, de productivité et d'avilissement liés à la conception, à l'application et au rôle socio-économique de la technique... C'est donc elle que nous allons questionner le plus, fort que nous sommes, entre autres, de la remarque de H. Mintzberg montrant que l'approche de la contingence a établi qu'il n'y avait pas une « meilleure façon de structurer » mais « plusieurs et différentes meilleures façons »... « sous conditions »... la principale d'entre elles étant visiblement la technologie[9].

Il ne peut échapper à personne que la « structuration » de l'entreprise n'est en fait que la manifestation concrète de l'exercice des deux « droits » fondamentaux issus du droit de

---

7. La notion de théorie de la contingence fut introduite par J. WOODWARD. *L'efficacité est fonction de la situation et de la structure* — ce à quoi BURNS et STALKER ont ajouté en 1966 la prédictivité de l'environnement (*The management of innovation*) et LAWRENCE et LORSCH, les conditions de secteurs d'activité (*Organization and the Environment*, 1967).

8. R.G. HUNT. *The Restless Organization* (1972) et « Technology and Organization », *Academy of Management Journal*, 1970, p. 235-252.

9. Selon la définition de H. MINTZBERG. *The Structuring of Organization*, N.Y., 1979, p. 217.

propriété : celui de «fixer le mode d'usage des moyens de production» (selon l'expression de M. Weber) et celui d'y incarner son «droit de pouvoir» (selon l'expression d'A. Etzioni)[10]. Or il n'est pas du tout contestable que le «mode d'usage» sera le mode de la production la plus élevée possible, et le «droit de pouvoir», la recherche de la plus grande soumission et du plus grand contrôle de la force de travail. En quoi la technologie et les courants qui en systématisent le rôle central assurent-ils l'exercice de ces droits ? Voici les réponses que nous proposons :

A) *La domination*

La technique et la technologie étant le produit de l'œuvre scientifique (au moins en tant que science appliquée) financée et entretenue par les capitaines d'industrie ne peuvent être qu'au service des intérêts de ceux qui les utilisent.

Il suffit de songer à l'alliance étroite Watt-Roebuck (le premier, esprit inventif féru de chimie et de mécanique ; le deuxième, industriel opulent) dans la mise au point de la machine à vapeur à la fin du XVIIIe en Angleterre pour se convaincre et de la précocité et de la réalité flagrante de cette collusion entre la science appliquée et les classes possédantes, d'une part, et de l'incarnation de la plus grande sauvegarde des intérêts de ces dernières dans la «technologie» qui en découle, d'autre part.

La logique exploitatrice générale et fondamentale des activités du capital industriel va nécessairement se transmettre et s'extérioriser dans la technologie en en faisant l'un des plus importants instruments d'exercice de la domination sociale qui la caractérise. Comme le dit très judicieusement H. Braverman :

> « La science est la dernière propriété sociale — et après le travail la plus importante — à être convertie en un accessoire du capital. L'histoire de son passage des mains des amateurs, des "philosophes", des bricoleurs, de ceux qui cherchent la connaissance, à son état actuel d'activité hautement organisée et largement financée est en gros l'histoire de son incorporation dans l'entreprise capitaliste et ses organisations annexes »[11]

Le rapport de subordination, l'ordre social à pôle exploiteur dominant va donc se retrouver tel quel, au moins, dans les conséquences «organisationnelles» et relationnelles inhérentes

---

10. *Modern Organizations*, N.J., 1964, p. 41 et suivantes.
11. *Travail et Capitalisme Monopoliste*, Paris, Maspéro, 1974, p. 134.

à l'usage de cette technologie. Bien entendu, c'est l'ordre social qui transparaît dans cet ordre technique, ce dernier remplissant d'autant plus et d'autant mieux son rôle oppresseur qu'il en apparaît (et est représenté comme tel) revêtu de l'auréole «de la neutralité scientifique» ou «productiviste-pour-le-bien-de-tous», ou même des deux à la fois...

B) *La production*

La recherche d'une constante amélioration, en quantité, de l'output et du rapport coûts/revenus est d'une évidence incontestable dans toute l'histoire de l'évolution de la technologie. Le seul fait qu'il ne s'agit nullement d'une amélioration visant un optimum mais toujours des maxima, quitte à ce qu'il faille «conquérir»[12] pour cela des débouchés et des marchés lointains, suffit à placer d'emblée la doctrine du progrès technologique dans la spirale ascendante de la dynamique capitaliste de production.

La technologie ne saurait, tant s'en faut, jouer un rôle autre que celui de soutien logistique de toute cette machinerie du profit... et la doctrine sociotechnique ou la théorie de la contingence lui accordent quasiment tout l'arsenal conceptuel dont elle avait besoin pour encore mieux se poser comme l'inamovible «noyau» de l'organisation, à la fois son sens et sa substance... Car enfin, elle n'est jamais prise autrement que comme un «donné-là», à la fois sacré, intouchable et tout-puissant...

C) *Le contrôle*

Ici encore, le rapport est direct et évident : toute technique, tout processus de production portent leur mode d'usage et, par voie de conséquence, le mode de partage du travail entre machines et hommes, d'une part, et entre hommes, d'autre part. Il n'est besoin, pour s'en convaincre, que de voir les principales conclusions tirées par J. Woodward et qui montrent des différences plus que significatives dans les répartitions du travail, les zones de manœuvres des divers employés, les ratios administratifs/producteurs... selon le type technologique de l'entreprise[13], le tout indépendamment de toutes

---

12. Mot qui est passé dans le jargon du business, non par hasard !...

13. Voir notamment l'analyse détaillée et enrichie qu'en fait H. MINTZBERG, *op. cit.*, p. 254 et suivantes.

considérations de taille, de marché, de philosophie de gestion
ou autres.

Donc, la volonté de contrôle du travail est ici transmise
aux machines, qui assurent une extrême régularité dans les
flux de fabrication, dans les rythmes et les standards... La
direction est même soulagée de son fâcheux rôle de chien de
garde de la production.

Par ailleurs, chaîne de montage et processus continu
permettent un contrôle rigoureux des cadences de travail,
même si on peut nous objecter que la « chaîne » est désormais
un archaïsme industriel (ce qui n'est que partiellement vrai,
tout au moins si on tient compte du « point de vue de l'ouvrier »),
car, comme nous le rappelle B. Barber :

> « La chaîne de montage industrielle est une importante invention
> sociale car la division du travail, et la technologie des machines
> modernes, est impensable sans elle, quelle que soit la quantité de
> connaissances scientifiques que nous pouvons posséder. »[11]

Quoi d'étonnant alors si, comme le dit H. Braverman,
« on trouve dans ces "reliques barbares", qui n'ont rien à voir
avec la technologie des machines modernes, le siège des
connaissances scientifiques et la base de la technologie » ?

D'un autre point de vue, l'organisation du travail sur la
base du système technologique engendre, selon les termes de
C. Perrow[15] et de H. Mintzberg[16], une « postbureaucratie »
par l'intégration des règles aux machines (l'exemple de
la secrétaire, qui n'est plus soumise aux règles de caractères,
espaces, disposition des lettres, calligraphie... du fait que la
machine à écrire les porte, est une image de ce processus).
Nous pensons néanmoins qu'il serait plus juste de parler
d'hyperbureaucratie ou de métabureaucratie, car le préfixe
« post » peut laisser entendre qu'il a pu y avoir une coupure
quelque part, ce qui n'est pas le cas. Pour nous, la filiation est
directe : les méthodes, tenants et aboutissants de la phase
« classique » de l'organisation du travail passent « naturellement » dans l'ordre des machines qui servent les mêmes fins.

On ne peut mieux illustrer l'antagonisme entre la « masse
réfractaire » des employés et la logique industrielle qui réalise
la « paix » en effectuant la « synthèse » de la contradiction :

---

14. Dans *Science and the Social Order*, Glencoe, 1952.

15. *Complex Organization : A Critical Essay*, Foresman, 1972.

16. *Op. cit.*, chap. 14.

remplacer l'homme dans un système inhumain — en en donnant la preuve de cette inhumanité par la même occasion — système dans lequel il a d'abord été énergie, puis cobaye, et où il devient finalement obstacle !

D) *L'avilissement*

Dès l'abord, ici, nous pouvons nous poser la question : quelle peut être la valeur, intrinsèque ou marchande, d'un travail qui est en voie d'être pris en charge totalement par la machine, puisqu'on sait depuis A. Smith et le XVIIIe siècle que celle-ci est devenue possible grâce à la désarticulation et à la simplification préalables du travail humain ? En voulant se passer du travail humain, problématique, réfractaire ou irrégulier, la technologie avancée en fait un pur et simple appendice de la machine, là où il est inévitable : soit comme fournisseur soit comme « entreteneur »... il n'est même plus nécessaire comme énergie, il n'est que ce que la machine n'est pas ou ne peut encore être. On en arrive à le définir négativement par rapport à elle ! L'opérateur, dénomination moderne et ronflante des ouvriers spécialisés, a surtout pour fonction d'attendre passivement et de répondre aux sollicitations éventuelles des cadrans et autres appareils « autorégulés ».

À cet appauvrissement considérable du travail vient s'ajouter une déshumanisation non moins considérable ; on assiste à une baisse des conflits avec l'automation ! Les machines ne soulèvent pas de griefs ! Ni les quelques hommes encore nécessaires face à elles ! Le conflit était encore un vestige de « présence » humaine dans l'usine ; son élimination, dans ce sens, est une reddition totale, une abdication inconditionnelle à l'ordre du « travail-mort ».

III. L'école de la décision

Nous traiterons ici surtout des travaux de H.A. Simon et du courant dit des « systèmes d'information ». L'école de la prise de décision nous vient, semble-t-il, de la faillite de la prévisibilité absolue et de la rationalité, non moins absolue, qui ont caractérisé la pensée et l'action administratives jusqu'à la crise de 1929.

L'un de ses pères incontestés reste H.A. Simon [17], qui lui a donné des assises qui sont demeurées quasiment identiques jusqu'à nos jours. Cette école, en bref, prétend dépasser la doctrine du «one best way» tout en conservant intact l'essentiel de ses présupposés :

— la décision comme élément fondamental, comme étape clé ;
— la conception de toute action comme combinaison de moyens-fins ;
— la préséance de la rationalité, même «multiple» ou «limitée» ;
— la conception formaliste de l'organisation ;
— la conception mécaniste du travail d'ensemble de l'organisation.

L'élément clé est la décision, qui, d'étape qu'elle était dans le management classique, devient la fin et le centre de tout. Sa genèse est alors alimentée d'un côté par le vaste réseau d'informations que devient dorénavant l'entreprise et, de l'autre, par les modèles formels (mathématiques) qui serviront à faire un choix «objectif» et plus rationnel parmi les décisions possibles.

Chez Simon, l'organisation est investie, en soi, d'une grande part de cette rationalité dont on ampute dorénavant l'homme. Par la planification et la programmation, celle-ci en effet génère des «procédures opératoires» qui vont fonctionner selon une logique qui se dynamise et s'alimente par elle-même et donc «compenser la rationalité limitée de l'individu».

L'individu n'est plus ici qu'un maillon d'une chaîne, dont la fonction est de véhiculer les informations vers les «sommets» qui vont collationner, compiler et choisir. La rationalité décisionnelle devient le nouveau «deus ex machina» qui préside au fonctionnement de l'entreprise après la rationalité unique d'antan... On voit déjà poindre les corrélats nécessaires : formalisation, centralisation, hiérarchie, dichotomies, spécialisations... autant d'éléments qui entrent de plain-pied dans le processus continu de domination, contrôle, productivité et dépréciation du travail. Évidemment, en élaborant le corps conceptuel de sa doctrine, Simon ne se pose pas la question de savoir ce que signifie sociologiquement une «décision satisfaisante». Nous sommes tout prêt à le suivre dans la voie de la

17. Avec ses ouvrages fondamentaux : *Organization Behavior* (1947) et *The New Science of Management Decision* (1960).

non-rationalité absolue, où il est démontré qu'il est impossible de prendre une décision qui soit la bonne et la meilleure... ; mais faire entrer en jeu des considérations de «fonctions d'utilité» et de facteurs de satisfaction «sous contraintes» nous amène immédiatement à poser la question de la nature des prémisses introduites dans les dites «fonctions» et de celle des «contraintes». Cela ne peut pas être totalement «neutre» idéologiquement et sociologiquement et ne peut pas être «satisfaisant» pour tous : le système composé par les décideurs est en fait une sorte de «structure» extérieure par rapport à celle qui est directement reliée à la production et aux relations des producteurs ; c'est un surajout organisationnel destiné à donner prise et vie à cet ensemble «hardware-software» qui constitue le corps même des Management Information Systems : nourrices, supports, véhicules et centres nerveux des décisions.

C'est comme si, magiquement, le système préconisé (le M.I.S.) portait en lui tout un ensemble de vertus d'objectivité, de réalisme, de neutralité et surtout de rationalité qui transcenderaient les rationalités partielles dont est victime l'organisation.

Or, comme le montre M. Crozier [18], il ne s'agit dans tous les cas que de «rationalités en action», donc étroitement insérées dans (et influencée par) des sous-cultures qui sont à la fois les produits et les génératrices d'autant de «pratiques» et d'habitudes de «structurer les problèmes».

A) *La domination*

Dans le mode de structuration de l'entreprise où la pièce prévalente est le processus de décision, il ne faut que peu d'imagination pour voir se réaliser la parabole du «cerveau» de Fayol. En effet, il apparaît très nettement (étant donné que ce n'est pas l'information qui fait défaut mais les capacités et les habiletés pour la filtrer et la traiter) que l'ensemble du système «chaîne d'information-décision» fonctionnera comme un vaste réseau collecteur et préparateur de données pour les faire converger vers un «centre de traitement», véritable «cerveau» de l'entreprise ; lequel centre est un complexe «hardware-software» plus ou moins sophistiqué.

18. M. Crozier. *L'acteur et le système*, Paris, Seuil, 1977, p. 299 et suivantes.

Dès lors, les M.I.S. constituent la « trame nerveuse » du fonctionnement de l'entreprise, avec un système périphérique de recueil et d'acheminement et un système central de mémoire et de traitement. Il va sans dire que l'organisation est vue ici comme une entité formalisée, rationalisée, hiérarchisée et cloisonnée. Le formalisme vient de la conception de base de l'existence d'une « logique informationnelle » à laquelle doit se conformer la structure : les flux, les canaux, les émetteurs, les récepteurs, les mémoires... qui imposent un ordre, des séquences, des types particuliers d'interactions...

La rationalité, ou plutôt la néo-rationalité, à la Simon, et la hiérarchisation découlent très directement de la philosophie décisionnelle et de ce que nous en avons vu jusque-là. Quant au cloisonnement, il est, contrairement à ce qu'affichent et affirment les tenants des M.I.S., une conséquence inévitable du processus lui-même. En effet, que ce soit chez Simon, ou plus encore chez Blumenthal, Anthony ou Forrester[19], on voit clairement affirmée la nécessité de distinguer, de découper, de séparer tâches, séquences et sous-tâches en unités informationnelles particulières, afin de les « couler » dans des parties de M.I.S. distinctes et identifiables. Il faut distinguer « niveaux » et « modules », tracer des « frontières », suffisamment claires pour pouvoir appliquer la logique informationnelle et surtout la logique analytique — qui a besoin de ce découpage structural pour opérationnaliser les séquences de ses propres algorithmes.

La domination est donc assurée ici avant tout par la conformation de l'entreprise aux présupposés et hypothèses du modèle : travail mécanique, sécable, isolable en « générateurs-d'unités-d'informations » et gestion assurée par un ensemble complexe « technique-machines-opérateurs-décideurs-rationnels »...

Par ailleurs, Simon résume admirablement le sens global de l'ensemble de la doctrine lorsqu'il écrit à propos du devenir des organisations au sein de l'école de la décision :

« Si l'on me demandait de choisir deux termes pour résumer le sens du changement que nous pouvons opérer dans le domaine

---

19. H.A. SIMON, *op. cit.* ; S.C. BLUMENTHAL. *M.I.S. A Framework for Planning and Development*, Prentice Hall, 1969 ; R.N. ANTHONY. *Planning and Control Systems...* Harvard, 1965 ; J.W. FORRESTER. *Industrial Dynamics*, N.Y., 1961.

de la gestion, je proposerais ceux de "rationalisation" et de "spécialisation"...»[20]

Et pour cause! Le «spécialiste» et le «rationnel», voilà l'essentiel du mythe «classique» de l'efficacité organisationnelle, qui revient sous l'aspect de l'ordinateur et sous la blouse blanche de ses servants. Mais c'est aussi l'essentiel de l'arsenal de la légitimation de l'instauration d'un ordre de domination au sein de celui de la production.

L'information étant actuellement la clé du pouvoir et de l'inflexion du fonctionnement de nos sociétés, développer les capacités de la contrôler et de l'utiliser, c'est dominer.

Et ce travail de définition des problèmes et des rationalités à appliquer concerne seulement les différents groupes de «décideurs» dont les intérêts divergent derrière la façade globale de la rationalité du profit... Non seulement le système de décision rationnel et ses modèles sont un nouveau mythe, mais en plus ils excluent totalement de la scène tout ce qui est «cadres intermédiaires», désormais remplacés par les «décisions programmées» et, a fortiori, tout ce qui est simple main-d'œuvre chargée de produire[21].

B) *La production*

Un des premiers éléments reliant les préceptes de l'école décisionnelle et des M.I.S. au problème de la production et de la productivité est incontestablement sa partie liée très précoce avec la comptabilité analytique. En effet, les informations qu'il importe de contrôler, de suivre au dernier détail près, sont les informations comptables et, avant tout, celles qui permettent l'analyse et la détermination des coûts pour, évidemment, mieux les réduire: c'est là le b-a-ba et le catéchisme de tout bon diplômé en gestion.

«Bien gérer», c'est faire plus de profit; pour cela, il faut prendre les «bonnes décisions». Donc, faire plus de profit, c'est mieux décider, et mieux décider, c'est être informé de façon

---

20. H.A. SIMON. *The New Science of Management Decision*, éd. revue et corrigée, N.J., 1977. Éd. française Économica, Paris, 1980, p. 125.

21. Cf. l'analyse raffinée des décisions «programmées» et «non programmées» où seules les dernières échappent à la routine, donc à l'automatisation, et seront l'apanage des systèmes et spécialistes-décideurs. In H. SIMON. «*The New Science of Management Decision*», p. 45 et suivantes.

parfaite et disposer d'instruments qui traitent toute cette information. C'est un peu le « one best way » adapté à la complexité actuelle des entreprises et de l'économie : prévoir, minimiser les risques, les coûts, les effets des fluctuations des environnements...

C'est, on s'en doute, sous cette allure scientifique, « optimisatrice », « quantificatrice », « sécurisante » et surtout productiviste, que l'école de la prise de décision s'est vendue au management.

Son succès auprès du business constitue à lui seul la preuve indubitable de sa contribution à l'amélioration de la performance économique. Ackoff[22] montre fort bien comment se sont développées nombre de croyances et de professions de foi à l'égard de la technologie de l'information : la gestion presse-bouton, la connaissance totale et quasi parfaite de tout, la disposition et la permanence de cette connaissance, l'élargissement des horizons de décision... le tout enrobé d'un jargon productiviste serein et convaincu, destiné à lever le fâcheux sentiment que les spécialistes de l'information développent modèles et gadgets qui semblent plutôt les amuser eux-mêmes que profiter à l'entreprise.

L'argument massue est évidemment ici la rapidité de l'accès à l'information — le temps c'est de l'argent — donc la rapidité proportionnelle de la décision et de la réaction, et aussi, ce qui n'est pas le plus négligeable, la prétendue considérable économie en coûts nombreux et variés liés au système d'information classique basé sur les « bureaux », dossiers, fichiers et... employés administratifs.

À l'évidence d'une plus grande productivité par un plus grand contrôle des données comptables et des coûts vient s'ajouter l'immense gain que l'on réalisera par la nécessaire automatisation, sinon automation, des processus de production, afin de rendre ceux-ci plus « gérables » par les M.I.S. et de les conformer au « langage » et aux circuits de la surstructure informationnelle. Dès lors, nous dit Simon[2], à moins que la loi des avantages comparés ne préconise le contraire dans certains secteurs particuliers, où l'on a encore « intérêt » à être conservateur, le nombre d'employés requis dans la transformation sera en baisse constante. À tout le moins peut-on rassurer les « pessimistes » par ceci :

22. R.L. ACKOFF. « Management Misinformation Systems », *Management Science*, déc. 1967, vol. 14, n⁰ 4.

376

« Lorsque nous prévoyons qu'il y aura moins d'employés à l'usine et au bureau, cela signifie qu'il y en aura moins par unité de produit, et moins par unité d'équipement en capital. Cela ne veut pas dire qu'il y en aura moins globalement. »[23]

De plus, nous aurons, toujours selon le même auteur, non seulement une force inépuisable en énergie et en régularité pour produire mais encore, avec l'ordinateur :

« Un travailleur infatigable qui remplace l'homme dans son travail sans prétendre en partager les fruits »...[24]

Que rêver de mieux ? Une force de travail et... de « gestion » qui engendre l'abondance et n'a strictement aucune prétention quant à son partage !... Le capital au pays des merveilles !...

C) *Le contrôle*

Le contrôle du travail par le biais de celui des éléments comptables est le but avoué et le premier jalon de pénétration du M.I.S. dans l'entreprise. Le poste, le service, l'atelier... sont désormais des « comptes », des « centres de frais » qui ne doivent en aucun cas absorber plus qu'ils ne produisent. On voit aisément toutes les conséquences d'un tel système sur les politiques d'embauche, de conservation ou de suppression des postes, de licenciements, de compressions du personnel... Si, avec les relations humaines, le « renseignement » à la direction était chose indirecte et plus ou moins camouflée sous diverses pratiques paternalistes, ici il devient une fonction de plein droit avec fichiers informatisés et autres pointeuses électroniques...

Nous pouvons aussi voir dans la centralisation, et des flux d'information et des décisions, un facteur supplémentaire de contrôle pouvant être exercé par la haute direction. La prise de décision centralisée est justement une des conditions de bonne coordination et d'élimination des conflits entre sous-groupes dans l'entreprise !... L'école de la prise de décision va porter, avec Simon, ce souhait à une nécessité désormais structurale : l'ordre informationnel ne peut pas ne pas être centralisé, car les unités de traitement hardware et software l'imposent et,

23. *New Science of Management Decision*, p. 19 et suivantes et p. 20 pour la citation (éd. française, p. 17-18).
24. *New Science of Management Decision*, p. 2 (éd. française, p. 2).

par ailleurs, les décisions «efficaces» doivent être prises à partir d'un point de vue qui embrasse l'ensemble du système, donc au niveau des cadres [25]... même si, par besoin opérationnel, on subdivise en sous-systèmes, prétendant ainsi l'existence d'une décentralisation.

Nous n'insisterons pas plus sur le fait que la mise en place de tout M.I.S. implique immédiatement hiérarchie, concentration et centralisation. Simon est très explicite à ce sujet:

> «Les organisations conserveront une forme hiérarchique. L'organisation sera divisée en sous-parties principales, lesquelles seraient divisées en parties, et ainsi de suite, selon les normes habituelles de la départementalisation.»[26]

Voilà un langage qui garantit au moins le statu quo en matière de subordination et de contrôle. Pour ce qui est de la place de l'homme dans tout cela, on a l'impression que c'est avec regret qu'il constate:

> «Jusqu'à ces dernières années, la prise de décision était une activité exclusivement humaine, qui impliquait des processus œuvrant à l'intérieur de la tête de l'homme et une communication symbolique entre humains...»[27]

On aimerait ajouter que c'est un scandale que cela ait pu durer et dure encore!... Contrôler ce qui se passe à l'intérieur d'une tête qui pense pour... s'en débarrasser... voilà le programme! Cela sera l'achèvement parfait de l'ordre du capital et du travail morts. Le règne des objets sur l'homme par la transformation de toutes ses activités, y compris mentales, en inputs informationnels codables et traitables... l'aboutissement de l'objectivation de l'humain dans le processus! Dans les passages suivants, Simon résume de façon édifiante l'ensemble de la volonté de contrôle, telle que nous la concevons ici, véhiculée par la doctrine de cette école de pensée:

> «Parmi les systèmes possibles d'une taille ou d'une complexité données, *les systèmes hiérarchiques*, composés de sous-systèmes, *sont les plus susceptibles d'être créés* par des processus évolutifs. Les mécanismes naturels de sélection (sic!) engendreront des hiérarchies bien plus vite que des systèmes non hiérarchiques d'une taille comparable, étant donné que *les éléments des systèmes hiérarchiques sont eux-mêmes des systèmes stables* (...)

25. H. SIMON. *Administrative Behavior*, p. 240 et suivantes.
26. *New Science of Management Decision*, p. 134 (éd. française, p. 127).
27. H.A. SIMON. *Applying Information Technology to Organization Design*, P.A.R., mai-juin 1973, p. 270.

Avec le développement des techniques de recherche opération-nelle, qui permettent de déterminer le niveau de production optimale et le niveau optimal des stocks, et avec le développement de moyens techniques permettant de conserver et d'ajuster les données nécessaires à l'application des procédures d'optimali-sation, *on a pu réaliser d'importantes économies* grâce à la réduction des stocks et l'accomplissement des opérations de production. Mais *il a fallu*, en contrepartie, *intensifier la centra-lisation des décisions* relatives au plan de fabrication et aux commandes des entrepôts. Tant que *la source des économies est la coordination des décisions*, la centralisation est inévitable si l'on veut garantir les économies. »[28]

Tous les arguments séduisants de la productivité-subordi-nation du travail sont réunis et énoncés on ne peut plus clairement !

D) *L'avilissement*

À la qualification technique et au contenu intégré du travail, qui servaient de base essentielle à sa dépréciation, on ajoute ici la capacité de décision et de coordination. Or, de l'aveu même de Simon, cette dernière a tendance (tendance qui s'accentuera dans le futur) à ne se retrouver que de plus en plus haut dans la hiérarchie, donc la valeur du travail de non-décision est en baisse proportionnelle à la survalorisation de celui des décideurs.

C. Argyris, dans une série d'articles parus dans la *Public Administration Review*[29], reproche fort justement à Simon de faire de l'homme un accessoire de la rationalité et de la décision, ne lui laissant aucune place comme potentiel personnel ou comme individualité à accomplir. Il lui reproche nettement de ne laisser, en bref, aucune place à l'homme ou à un modèle d'homme « humain » dans son système. Ce que fait Simon, c'est en quelque sorte remplacer l'homme éco-nomique de l'OST et l'homme sentimental des Relations Humaines par l'« homme décisionnel », sorte de maillon passif et inerte dont toute la fonction consiste à assurer la meilleure « conductibilité » possible au courant informationnel, organisé et intégré bien en dehors et bien au-dessus de lui...

---

28. *New Science of Management Decision*, p. 111 et p. 118 (éd. française, p. 105 et p. 111).

29. Entre autres : « Organizational Man : Rational and Self Actualizing », n° de juil.-août 1973 et « Some Limits of Rational Man Organizational — Theory », n° de mai-juin 1973.

À ce genre de reproches Simon répond, non sans un certain cynisme :

> « Je vois un système social utilisant des organisations hiérarchiques pour atteindre un niveau élevé de productivité, et pour produire beaucoup de liberté sous la forme du loisir. Je vois quantité de gens créatifs utiliser ce loisir pour toutes sortes d'activités d'accomplissement de soi. »[30]

L'entreprise est une chose « sérieuse », il ne faut surtout pas y mêler des problèmes de « personne humaine » et autres histoires d'« accomplissement » !... L'école de décision et les M.I.S. ont affaire (et transforment en ce sens les organisations) à des modèles, chiffres, machines, hypothèses, programmes... Argyris ne fait-il pas figure d'un nouveau Diogène cherchant l'homme là où on l'a déjà banni ?...

De même, le travail n'a de contenu que préétabli et fixe, pour bien entrer dans le « système » et générer la « bonne » mais surtout « conforme » information... l'homme n'a plus rien à y voir ![31] Loin de s'arrêter là, Simon nous promet même le « directeur-robot », l'« exécutif » accompli du M.I.S. :

> « Peut-être le directeur automatisé du futur a-t-il beaucoup en commun avec l'ouvrier ou l'employé-robot que nous pouvons observer aujourd'hui dans diverses situations !... »[32]

Quoi de plus normal en effet que cet « automated-worker » ? Non seulement on s'y est fait, mais il faudra aussi se faire à sa plus grande robotisation, puisque celle-ci est nécessaire à l'avènement du « automated executive » de demain... On prend désormais d'assaut le travail humain et les derniers retranchements de son originalité subjective, de son « essence » dirions-nous, afin d'assurer de façon complète sa non-nécessité. Même les fonctions cérébrales les plus proprement humaines sont menacées :

> « ... L'automatisation des fonctions cérébrales et des fonctions impliquant la manipulation de symboles devrait avancer plus rapidement que l'automatisation des séquences plus complexes

---

30. In « Organizational Man : Rational and Self Actualizing », *P.A.R.*, juil.-août 1973.

31. C. ARGYRIS s'attaque de façon intéressante à ce problème dans « Management Information Systems : The Challenge to Rationality and Emotivity », *Management Science*, vol. 17, n° 6, 1971.

32. *New Science of Management Decision*, p. 13 (éd. française, p. 10).

yeux-cerveau-mains. Assurément, les progrès des vingt dernières années étayent ces prévisions...»[33]

En faveur de ce vaste effort de destitution de l'homme et de son travail, pas assez dociles ni assez productifs pour l'ordre du profit, J. Forrester ne rend-il pas ce verdict étonnant, qui renforce considérablement l'argumentation M.I.S. :

> « Ma position de base est que le cerveau humain n'est pas adapté à l'interprétation du comportement des systèmes sociaux. Nos systèmes sociaux appartiennent à la classe appelée systèmes rétroactifs non linéaires à boucles multiples »...[34]

Quand on sait que l'entreprise est un « système social », il ne reste plus qu'à se mettre au service de l'ordinateur et à lobotomiser les hommes, puisque, selon toute apparence, les parties les plus évoluées du cerveau le plus évolué sont dépassées et... constituent même une limitation, une gêne, par la versatilité et l'imprévisibilité qui les caractérisent ! Par ailleurs, la souplesse et l'universalité des capacités de l'intellect humain, jusque-là non imitables, posent des problèmes tout de même... Qu'à cela ne tienne ! Selon Simon, on peut s'arranger soit pour imiter ces aptitudes, soit pour en supprimer... le besoin ! Voici ses propres termes :

> « La souplesse et les facultés d'adaptation à des situations très diverses sont les clés de la plupart des domaines où l'homme a un avantage comparatif par rapport à la machine. Cela soulève deux questions :
> a) Par quels moyens mécaniques envisage-t-on de remplacer la souplesse humaine ?
> b) Jusqu'à quel point peut-on réduire l'exigence de souplesse afin de remplacer les qualifications humaines dans certains secteurs ? »[35]

L'inspiration, l'orientation et la finalité de telles positions se passent de commentaires...

33. *New Science of Management Decision*, p. 25 (éd. française, p. 21-22).
34. J. FORRESTER. « Counterintuitive Behavior of Social Systems », *Technology Review*, 1971, p. 211.
35. *New Science of Management Decision*, p. 24 (éd. française, p. 21).

IV. L'école sociotechnique

L'école sociotechnique est un des sous-produits de la théorie des systèmes appliqués aux organisations et au monde industriel. Avant d'en voir les particularités par rapport au problème de la subordination et de l'exploitation du travail, qui, comme on s'en rendra compte, résident beaucoup plus dans une série de statu quo incompatibles avec la théorie des systèmes, nous pensons qu'il est nécessaire d'examiner, même rapidement, l'approche en tant que telle, ses origines et ses présupposés majeurs.

C'est vers le début des années 1950, après les écrits de L. Von Bertalanffy et les travaux du Tavistock Institute, avec, entre autres, L.E. Davis, F.E. Emery et surtout le fameux article de Trist et Bamforth publié en 1951 [36], que va se constituer le terrain de l'approche socio-technique, se réclamant d'une vue « systémique » de l'entreprise.

À première vue, il ne peut paraître que très louable de s'acheminer enfin vers une vision plus globale de l'entreprise. Une telle vision impose en effet un recul à l'idéologisme, au formalisme et, en général, à toute conception normative et préétablie de l'organisation et de la mise en jeu de ses rouages, en faveur d'une conception nettement plus proche de la réalité du monde de la production : un sous-système inséré dans un système et lui-même décomposable en d'autres systèmes et sous-systèmes... les fonctions, les places, les significations, les contradictions des uns s'expliquant par celles des autres... Bref, on s'attend à rompre avec la béate image d'un monde économico-sentimental fermé, harmonieux et heureux à condition qu'on y respecte les doses de salaires, de leadership et... de « participation » prescrites ! Or il n'en est strictement rien. L'approche sociotechnique reste une doctrine du statu quo général, les organisations et ce qui s'y passe n'étant « systémiques » qu'à l'intérieur de ce statu quo, et dans le cadre de règles du jeu et de positions délimitées selon des canons qui relèvent beaucoup plus de l'idéologie dominante que des lois des systèmes et des structures.

---

36. L. Von Bertalanffy. *La théorie générale des systèmes*, Paris, Dunod, 1973.
L.E. Davis, J. Taylor. *The Design of Jobs*, Penguin, 1972.
F.E. Emery. *Systems Thinking*, Penguin, 1969.
E.L. Trist, K.W. Bamforth. *Some Social and Psychological Consequences of the Long Wall Method of Coal-Getting*, Human Relations, 1951.

Nous allons essayer d'expliquer les concepts de base de l'approche et son mode d'intervention, en les regardant d'un peu plus près.

La naissance officielle de la doctrine sociotechnique remonterait, selon la majorité des auteurs, au travail de Trist et de Bamforth. Or le concept de base qui s'élaborera est celui de l'«optimisation conjointe» du social et du technique ; les auteurs l'ont exprimé comme suit :

> «La méthode des longs fronts de taille sera considérée à la fois comme un système technologique découlant des principes fondamentaux de la production de masse et comme une structure sociale consistant en rôles de travail devenus institutionnels par l'usage»... [37]

Que signifie ici «optimisation conjointe»? Que signifie «structure sociale consistant en rôles de travail institutionnalisés par l'usage»... du processus technologique? Il est clair qu'un système social vu dans ce sens n'existe et n'est pris en considération qu'en fonction du technique qui, en conséquence, se trouve investi du primat de l'antériorité. Une «vue systémique», qui admet des priorités et un pôle dominant, est une théorie postulatoire où l'élément flexible, adaptable et «moulable», reste le social !...

Tout organisme vivant est un système ouvert, nous dit Von Bertalanffy. Selon Katz & Kahn, neuf critères font de l'organisation humaine un «système ouvert». Or, par une simple phrase, ces auteurs limitent considérablement leur champ et tronquent d'autant le caractère «systémique» de leur vue :

> «Nos deux critères de base pour identifier les systèmes sociaux et déterminer leurs fonctions sont :
> 1) tracer le *réseau d'échange d'énergie*, ou d'activité des personnes, qui aboutissent à un produit (output) et,
> 2) s'assurer de la façon dont le produit est transformé en *énergie qui réactive le réseau.*» [38]

C'est là considérer à l'avance l'organisation comme «objectives oriented», sans se poser la question de savoir qui les assigne, et, surtout, comme un ensemble dont la moelle épinière est le flux des activités générant un output, les «fonctions» étant les activités «utiles» pour le produire. Le

---

37. E.L. TRIST et K.W. BAMFORTH, *op. cit.*, p. 5 de la version française.
38. *The Social Psychology of Organizations*, N.Y., 1966, p. 18 et suivantes.

moins qu'on puisse dire est qu'on confond ici structure et activités séquentielles et fonctions et utilités...

Par ailleurs, on voit très clairement ici — ce qui est un biais fondamental de l'approche sociotechnique — que l'entreprise et les systèmes sociaux sont conçus comme entités en soi, commençant et s'arrêtant avec un flux d'activités isolable donné. L'environnement englobant et ses variables ne sont prises en considération, quand elles le sont, que « pour mémoire ». On pourrait tout aussi bien délimiter un système social par une unité quelconque de flux monétaires, par « centres de frais » ou autres. En outre, que dire de cette autre affirmation des mêmes auteurs, quand on sait la place qu'ils accordent à la « mission centrale » de l'entreprise dans la délimitation des systèmes sociaux :

> « En dehors du protocole formel, *la mission primordiale d'une organisation telle que perçue par ses dirigeants,* fournit un ensemble de clés très riche en information pour le chercheur qui veut étudier le fonctionnement organisationnel. »[39]

En d'autres termes, les patrons nous fournissent le schéma de délimitation du fonctionnement de l'entreprise, donc de celle des systèmes sociaux, donc de la configuration à leur donner pour les adapter à la « primary mission »... N'est-ce pas une façon — il y en a d'autres — d'essayer de « régler » le système à partir d'un de ses sous-systèmes, le technique en étant un autre ? La loi des systèmes nous apprend-elle que tout peut être animé et équilibré par, pour et à travers les données d'un de ses sous-systèmes ? !

Cela devient un tout autre problème si nous nous attardons au concept de « structure ». Radcliffe-Brown y consacre tout un chapitre, soulignant par là l'énorme difficulté qu'il y a à cerner le concept, et finit par aboutir à une nécessité qu'il considère comme absolue et méthodologiquement inévitable quand on s'intéresse aux structures sociales :

> « L'étude de la structure sociale conduit immédiatement à l'étude des intérêts ou des valeurs comme éléments déterminants des relations. »[40]

---

39. *Ibidem*, p. 15.
40. A.R. Radcliffe-Brown. *Structure et fonction dans la société primitive,* Paris, Points, 1972, p. 286.

Or voici ce qu'en disent Katz et Kahn :

« Comment considérons-nous les structures sociales quand des frontières physiques, au sens propre, n'existent pas ?... *La structure est alors à localiser dans tout réseau d'événements interreliés* qui reviennent sur eux-mêmes pour compléter et renouveler un *cycle d'activités. Ce sont les événements* plutôt que les choses *qui sont structurés.* »[11]

D'entrée de jeu, le conflit et l'antagonisme de groupes ayant des intérêts différents sont évacués, ce qui donne un sens synergique foncier aux relations sociales dans l'entreprise. De plus, un cycle d'activités détermine une fonction, laquelle détermine une structure sociale ! Les groupes et les personnes ne sont plus, au mieux, que des acteurs secondaires, voire des figurants, au sein de ces « ensembles d'événements » donnant ici forme et signification !

Un autre aspect de la doctrine sociotechnique, qui peut témoigner de son orientation fortement biaisée, est son mode d'intervention tel qu'il fut systématisé, entre autres, par P. Clark, Davis et Valfer [12]. Les étapes que nous reprenons ici ne constituent pas l'ensemble du processus d'intervention mais en représentent le plus significatif :

— Le « balayage » : sorte de diagnostic de connaissance globale rapide de l'entreprise, de ses originalités, de sa « primary-mission »... Cela se fait avant tout grâce au personnel de direction et aux « demandeurs » (les payeurs). Il n'échappera à personne que la connaissance qu'on en tirera ne sera que celle des agents qui servent de « sources », c'est-à-dire celle qui est fournie par le point de vue des représentants d'un sous-système précis.

— La « délimitation des activités » ou du cycle d'activités : c'est la définition de la colonne vertébrale sur laquelle on accroche les rôles et donc les personnes et donc le système social. Le noyau utilitaire et technologique reste l'élément premier et est reconduit comme tel.

— La délimitation des « frontières » : les étapes de transformation à l'intérieur d'un cycle déterminent les frontières des rôles ; celles d'un ensemble intégré, ou sous-système, le seront par la délimitation de l'unité de

41. *Op. cit.*, p. 20 (reprenant d'ailleurs ALLPORT).
42. P. CLARCK. *Action Research and Organization Change*, London, 1972.
L.E. DAVIS, E.S. VALFER. *Studies in Supervisory Job Design*, Human Relations, vol. 19, n° 4.

transformation montrant clairement le lieu d'entrée des inputs et le lieu de sortie des outputs. Ce seraient également là les frontières des systèmes ou sous-systèmes sociaux... On voit tout l'arbitraire utilitariste, techniciste et surtout normatif de l'approche.

— Détermination et description des tâches de «transformation», de «soutien» et de «régulation» : c'est encore une fois la délimitation et la caractérisation et de la structure et des relations des systèmes par l'usage des critères et du point de vue d'un de leurs sous-systèmes, c'est-à-dire le flux de production, la mécanique de transformation.

— Enfin, l'étape clé, le «tableau des variances» ou «matrice des variances» — qui servira à structurer, à préparer et à proposer le changement, c'est-à-dire une transformation de l'ensemble du système considéré — n'est autre chose qu'une version particulière de la bonne vieille «table des incidents critiques» (que tient tout contremaître adepte du TWI) faisant ressortir les écarts par rapport aux résultats standards, et les goulots d'étranglement... Nous sommes en présence d'un systémisme qui prend pour finalité principale d'ajuster le cycle productif aux «standards», lesquels jouent le rôle de pivot de la structure qui sera préconisée! Laquelle structure ne sera que le reflet des arrangements permettant d'atteindre ces standards.

Après ce que nous venons de voir, il nous semble qu'il n'est pas nécessaire de détailler ni de chercher à argumenter plus amplement sur la façon dont l'approche sociotechnique apporte sa contribution à la perpétuation de la subordination du travail. Nous avons dit plus haut que cela se faisait avant tout par le statu quo auquel elle incite, donc par la reconduction pure et simple des éléments organisationnels préexistants, seules leur désignation et le mode d'approche ayant changé.

A) *La domination*

Nous l'avons vu par le primat accordé à «l'operating core», au processus de production, la domination du travailleur par la définition de son rôle en un rapport de dépendance est toujours assurée. De plus, comme le souligne Braverman, la technologie et le «cycle productif» sont conçus et évoluent en dehors de toute considération envers le système social ou l'homme :

> «... les ingénieurs envisagent la technologie prioritairement selon ses relations internes et tendent à définir la machine par rapport à elle-même, comme un fait technique »[43]

Rôle et tâche primordiale associés aux résultats normalisés étroitement «interreliés» en amont et en aval assurent une zone de manœuvre fort bien circonscrite...

B) *La production*

Il nous suffirait de rappeler la « philosophie » de la « matrice des variances» et aussi le fait que le tout se présente comme une heureuse synthèse de l'Organisation Scientifique du Travail et des Relations Humaines, agissant aux deux niveaux à la fois au lieu de les superposer. Faut-il aussi rappeler que l'«enrichissement des tâches» n'est préconisé — et n'est accepté — que là où une amélioration de productivité est prévue ? La faillite de ce sous-produit de l'approche sociotechnique est fort bien analysée dans un article du journal «Le Monde» [44]... et son échec est principalement dû à un défaut flagrant d'approche... systémique !

C) *Le contrôle*

En ce qui concerne le contrôle, aux éléments analysés plus haut et qui y participent directement nous ajouterions le fait de tracer des «frontières» précises, minutieuses, entre rôles, tâches, unités et sous-systèmes, conformément au cycle détaillé de la production directe. Par ailleurs, le management étant considéré d'emblée comme remplissant les fonctions de régulation et d'échanges entre sous-systèmes, nous voyons d'ici dans quel sens se fera cette régulation !

D) *L'avilissement*

C'est avant tout cette «égalisation», cette équation «social-technique»... qui n'en est même pas une ! On l'a vu, partout le

---

43. *Op. cit.*, p. 156.
44. 13 novembre 1979, p. 22.

technique l'emporte... c'est la fusion de l'homme dans le travail mort, dans le monde des objets.

À travers le postulat du primat du technique, toute approche dite «sociotechnique» ne sera alors qu'un effort de plus vers l'aggravation de cette «objectivation» de ce qui restait de subjectif dans le processus. Le «système» ainsi conçu sera alors un «objet» connaissable, analysable et traitable... et c'est ce qui est recherché!

Donc, système tronqué, structure tronquée et fonction réduite à l'utilité, l'approche sociotechnique n'est qu'une doctrine supplémentaire de l'utilitarisme et du pragmatisme sociologique; de plus elle ne fait parfois que récupérer par certains traits — élargissement du travail, groupes semi-autonomes, enrichissement des tâches... — une mystique du travail déjà dépassée et qui ne trompe plus personne...

Enfin, que dire des systèmes «hommes-machines» (sic) et de leur fusion-insertion dans les «matrices de variances»? Comme le dit L. Von Bertalanffy:

> «La société humaine n'est pas une communauté de fourmis ou de termites gouvernées par un instinct héréditaire et contrôlée par les lois d'un tout super-ordonné; elle est fondée sur l'achèvement de l'individu et elle est perdue si l'individu n'est plus qu'un rouage de la machine sociale (...) le léviathan de l'organisation ne peut avaler l'individu sans sceller du même coup sa perte inévitable...»[45]

---

45. *Op. cit.*, p. 51. Nous prenons «individu» dans le sens de «personne humaine», avec tout ce que cela suppose...

Crise de l'Occident, crise de l'Afrique

Kä MANA

I. Introduction

Je voudrais faire deux considérations préliminaires pour marquer, dès le départ, la portée et la signification de mon intervention dans ce débat.

La première considération concerne la légitimité de ma participation à la réflexion commune que nous entreprenons. Dans un débat organisé par les Occidentaux sur les sciences de la vie et la gestion, il peut paraître étonnant qu'un Négro-Africain ait la témérité de prendre la parole. Que peut-il dire à l'Occident sur des sciences comme la biologie, la psychanalyse, l'éthologie, la linguistique et la physique ? Que peut-il apporter de fécond à l'homme occidental dans un domaine comme la gestion ? Venant d'un continent où la dynamique scientifique est à peine à ses débuts, venant d'une société dont on prétend qu'elle donne aujourd'hui l'image d'une terre allergique à l'implacable rationalité économique caractéristique de la civilisation contemporaine, ne court-il pas le danger de répéter aux Occidentaux ce qu'eux-mêmes savent avec infiniment plus de compétence ?

Qu'on soit rassuré sur ce point : je n'ai nullement la prétention de livrer ici de nouvelles connaissances sur les sciences de la vie ni des recettes nouvelles dans le domaine de la gestion. Ma contribution ne se situe pas sur le plan du *savoir scientifique* et *économique*, mais sur celui des *valeurs* et *des fins* qui doivent sous-tendre et féconder la rationalité scientifique et la logique de l'économie.

À ce niveau vital qui est celui de l'éthique et de la métaphysique, il ne s'agit pas pour moi de céder à la tentation de tenir un discours moralisateur sur les injustices du monde actuel et la nécessité d'une charité internationale pour sauver les peuples d'Afrique. Il s'agit de nous situer tous sur le plan de la compréhension des sources des problèmes du monde contemporain, en Occident comme en Afrique. Par le biais de cette interrogation sur les sources profondes de la crise du monde actuel, j'inscris le problème des «sciences de la vie et de la gestion» dans la dynamique d'ensemble d'une recherche de voies nouvelles pour la survie de nos civilisations.

C'est dire que ma réflexion épouse la philosophie même de ce débat. Par-delà les problèmes techniques spécifiques aux sciences de la vie et à la gestion, la question qui nous occupe ici est à mes yeux celle de la recherche d'une nouvelle compréhension de l'homme et de son destin. En ayant recours aux sciences de la vie pour éclairer les problèmes de gestion, les auteurs ont voulu, par-delà la rationalité économique, ouvrir un nouvel avenir à *l'homme intégral*.

Aussi, il me semble utile, afin de mieux cerner la crise de l'Occident et la crise africaine, de comprendre celles-ci en rapport avec l'idée même de *l'homme intégral*, foyer vital de nos aspirations en ce siècle.

Ceci m'amène à ma deuxième considération. Elle concerne l'esprit dans lequel je conduirai cette réflexion sur la crise de l'Occident et la crise de l'Afrique. Je crois qu'il est d'une grande nécessité sur ce point d'avoir à l'esprit trois dimensions fondamentales de compréhension des problèmes de l'homme dans les sociétés contemporaines.

1. D'abord la dimension des *permanences essentielles*, qui définissent l'homme dans sa spécificité au cours de son histoire. En analysant la crise de l'Occident comme la crise de l'Afrique, nous aurons toujours en vue l'idée qu'il existe un socle vital commun, une nappe souterraine d'humanité, un fond de vie auquel se rattachent les problèmes spécifiques de nos civilisations. C'est dans ce commun fond nourricier qu'il sera possible de trouver le limon vital nécessaire à la construction de l'avenir.

2. Ensuite la dimension des *différences des noyaux éthico-mythiques* de nos cultures respectives. Nous ne voulons en aucun cas perdre cette dimension de différence dans l'appréhension et dans la compréhension des problèmes de l'homme contemporain. Pour donner à l'avenir un visage d'humanité, il est nécessaire de saisir la véritable portée de la différence et d'en recueillir tout le suc. C'est, à mon sens, la seule manière de procéder qui a quelques chances de sauver nos civilisations de la dérive prochaine, très sensible dans les idéologies totalitaires du monde actuel.

3. Enfin *la dimension de transcendance*. C'est la dimension à travers laquelle il faut dépasser les différences et les spécificités culturelles pour créer une zone d'entente et de dialogue dans la construction de l'avenir. Dans toutes les analyses que nous ferons sur la crise occidentale et la crise africaine, c'est l'horizon de la dimension de transcendance que nous aimerions élargir. À partir de la spécificité fondamentale de chacune de ces crises, à partir de ce que chacune de ces crises dévoile de l'homme et de son destin, nous voulons montrer qu'il n'est pas illusoire de penser et d'espérer un horizon de rencontre des cultures. Cet horizon ne doit pas seulement être pensé et espéré. Il doit être assumé et vécu dans le labeur de tous les jours. Il doit être défini en pensée et réalisé dans la pratique. De labeur en labeur, d'espoir en espoir, mais aussi d'inquiétude en inquiétude, il ne nous est pas impossible à nous tous, hommes de cultures différentes, de nous rencontrer dans une commune transcendance. Ma réflexion n'est qu'une manière de dire cette commune transcendance.

II. La crise de l'Occident : rationalité et profondeur

Il faut, pour comprendre le problème de l'homme dans les nations de l'Occident, distinguer trois lieux du déploiement de la pensée occidentale en regard de ce problème :

— un lieu historique destiné à faire saisir dans toute sa lumière l'évolution de la pensée de l'Occident jusqu'à ce jour ;

— un lieu social capable de mettre en lumière les forces en lutte dans les sociétés occidentales à propos de la promotion de l'homme ;

— un lieu idéologique en mesure de dévoiler à nos yeux
certaines tentatives d'utilisation de l'idée de l'homme
intégral dans une perspective étrangère à la dynamique
de sa promotion.

En définissant de manière précise ces trois lieux fondamentaux, on peut saisir le fond et la signification de la crise
actuelle de l'Occident.

A) *Le lieu historique de la question*

La question de l'homme intégral est philosophiquement
liée en Occident à tout le destin de la raison au cours des
siècles. Il faut remonter à la Grèce antique pour en découvrir
les sources et comprendre les germes de son déploiement futur.

D'un certain point de vue, c'est à la Grèce antique que
nous devons tous un mode particulier d'usage de la raison, qui
caractérisera longtemps l'activité philosophique et deviendra
au cours des âges la définition même de la raison en tant que
telle. S'éloignant progressivement de la compréhension
mythique et magique de l'univers, la Grèce a tenté d'avoir une
perception logique des êtres et des choses en fondant explicitement et de manière exemplaire toute la faculté humaine
d'intellection sur les principes universels *d'identité, de non-
contradiction* et du *tiers exclu.* Malgré l'usage très large des
mythes, des allégories et des poèmes dans leur philosophie, les
Grecs ont eu le mérite de léguer à toutes les générations
postérieures de philosophes un souci logique, dont la philosophie ne peut se départir sans se renier elle-même comme
philosophie. À mesure que s'écoulaient des siècles d'effort
philosophique, la raison fondée sur *l'identité, la non-contra-
diction* et le *tiers exclu* s'est imposée de plus en plus à l'activité
discursive comme la seule manière dont la philosophie devait
se faire pour demeurer conforme à ses propres exigences
internes et s'affirmer comme philosophie.

C'est avec la philosophie moderne que la raison ainsi
comprise subit un infléchissement remarquable. Nous devons
évoquer toute l'époque de la germination de cette philosophie
pour comprendre la nature de cet infléchissement dont nous
sommes tous tributaires aujourd'hui. La philosophie de
l'époque moderne accomplit sur la raison un travail de purification et d'approfondissement. Elle tenta de dépouiller la
raison de tout le halo de religiosité dont l'avait entourée la

philosophie scolastique, de la libérer de la pesanteur de la tradition chrétienne et de l'emprise de l'autorité de l'Église, de la poser en instance suprême de recherche de la vérité, de la comprendre essentiellement comme ouverture à l'expérience et au concret, de la vivre comme une force de valorisation de l'histoire et de la mesure.

Descartes constitue une plaque tournante de l'infléchissement de la raison et de sa compréhension nouvelle à l'époque moderne. L'intérêt qu'il porte

> « à l'aspect mathématique de la connaissance scientifique et, par là, aux choses matérielles — possédant, seules de l'étendue — l'amena à scinder en deux disciplines la recherche scientifique : les sciences de la matière et les sciences de l'esprit. »[1]

La dualité matière-esprit ouvrait à la raison un triple champ de déploiement : le domaine mathématique portant sur la matière, le domaine de la recherche subjective et le domaine de la philosophie spéculative orientée vers l'objet intelligible[2]. Comme le remarque si justement S. Dockx, ces trois perspectives de pensée se sont parallèlement développées dans l'histoire de l'effort philosophique depuis Descartes, obéissant ainsi au principe même de la division radicale de l'esprit et de la matière. En érigeant le «cogito» en principe de connaissance, en dotant le «cogito» du «pouvoir d'accès immédiat»[3] au monde supra-sensible, Descartes accentue de manière fort marquée la division de l'esprit et de la matière.

La philosophie qu'il instaure ruine dans une large mesure toute la métaphysique scolastique. La nature y perd son caractère d'intimité poétique, sa fonction religieuse de chemin vers la connaissance de Dieu. La nécessité s'impose de la désacraliser, de la soumettre autant que possible aux impératifs et aux attentes de la volonté humaine. De là l'avènement «de la science technicienne où les événements du monde sont dépouillés de leur qualité et réduits à des déplacements de matière»[4].

---

1. S. Dockx., « Introduction », in *Science-Philosophie-Foi*, Paris, « Bibliothèque des archives de philosophie » (18) Beaucheme, 1974, p. 5.

2. *Ibid.*

3. *Ibid.*

4. F. Alquié. *Philosophie du surréalisme*, Paris, Flammarion, «Champs», 1977, p. 125.

Comme l'a bien remarqué F. Alquié, c'est le destin même de l'Être qui est en jeu dans le mouvement que Descartes imprime à l'activité philosophique. Descartes lui-même pouvait encore reconnaître l'existence de l'Être et affirmer la possibilité de sa connaissance. Mais le pouvoir dont il a doté le « cogito » devait finir soit par l'affirmation de l'impossibilité de toute réductibilité de l'Être à l'objet (Kant), soit par la négation pure et simple de la pertinence des questions métaphysiques (empirisme logique), soit encore par une froide et catégorique négation de Dieu (matérialisme). La raison technicienne et scientifique devient ainsi souveraine, réduisant le monde à des relations mathématiques, pliant le monde à ses propres impératifs, desséchant de plus en plus les sources vives de l'être que sont l'imagination, le rêve, la sensibilité et le cœur.

La réaction de ce monde nocturne de l'homme sur la raison cartésienne était inévitable. Le grand procès intenté à l'intellectualisme par le XIXe siècle finissant fut le signal d'un renouveau dans la compréhension de la raison. Contre le rationalisme desséchant, contre l'intellectualisme et l'idéalisme exacerbés, les philosophies du siècle passé ont affirmé un *réalisme intégral* [5]. Aux conceptions rationaliste, idéaliste, matérialiste et positiviste de l'univers, ils opposent l'autorité de l'expérience intégrale où la poésie, l'expérience religieuse et la fonction mythique trouvent leur place non seulement comme modes d'être, mais comme modes de connaissance.

À l'infléchissement physico-mathématique qui avait caractérisé la compréhension de la raison à l'époque moderne s'ajoute un élargissement considérable du domaine d'investigation de l'être connaissant. La raison cesse d'être uniquement une faculté directrice commandant de toute son autorité la compréhension philosophique du monde et l'action de l'homme sur le réel : elle coïncide avec toute l'expérience de l'être. Elle devient une exploration intégrale des possibilités de l'être humain, « une raison nouvelle où l'homme tout entier pourrait retrouver son image » [6], raison poétique dont le surréalisme nous a vigoureusement montré toute la force et toute l'ambition. Plus encore, la raison épouse le sens du mystère : elle se fait *raison ardente*, selon l'expression de Pierre Emmanuel,

---

5. Ngindu MUSHETE. *La connaissance religieuse d'après Lucien Laberkonière*, Kinshasa, FTCK, 1978.

6. F. ALQUIÉ, *op. cit.*

« une raison qui aurait cessé de se terroriser et de flirter avec le mystère en cachette, l'aurait épousé pour consommer amoureusement leur union ; raison qui saurait mettre sa gloire où elle est, dans le rapport mystique entre la science et l'être »[7]

Par la force d'une telle raison,

« l'intelligence symbolique nous serait (...) restituée, liant de réciprocité le savoir et le sens du mystère, singulièrement dans cette logique du symbole qui est une science du cœur. »[8]

On peut dire dans l'ensemble qu'on se rend de plus en plus compte aujourd'hui de l'insuffisance de la raison gréco-cartésienne pour saisir la complexité du phénomène humain et du mystère des choses. Cette raison n'épuise en rien la vitalité de la connaissance humaine. Elle n'en est qu'un aspect, d'une portée restreinte et d'une efficacité fort limitée. De là la conscience de plus en plus aiguë de l'intimité de l'homme et de la nature aujourd'hui, de là la nécessité de la redécouverte de Dieu dans son mystère fondamental. L'homme tente en profondeur de se réconcilier avec les forces latentes de son être et de découvrir toutes les potentialités que la raison gréco-cartésienne avait mises en veilleuse.

Malgré la force de la philosophie existentialiste, qui a défini l'homme par son caractère de créativité plutôt que par celui de son ouverture à l'Être reconnu comme Dieu, malgré la vague de la philosophie structuraliste, qui a remis en cause l'existence même de l'homme en tant que subjectivité, le XXe siècle aura été en Occident celui de la prise de conscience de la complexité de l'homme et du souci de sa promotion intégrale. Toute la manière occidentale de penser est marquée actuellement par ce souci de l'homme intégral. Aussi, le débat philosophique essentiel en Occident est-il celui de sa promotion. Au bout de vingt-cinq siècles d'investigation philosophique, le destin de la raison se condense dans ce problème où toutes les dimensions de l'homme sont en cause dans la libération, dans l'invention du futur. D'une question de *rationalité*, le problème de l'homme est devenu un problème de *profondeur, d'intégration de la raison dans les profondeurs de l'être.* Pour le philosophe, cela constitue un grand progrès dans la pensée humaine aux prises avec le destin.

---

7. P. EMMANUEL. *La face humaine*, Paris, Seuil, 1965, p. 122.
8. *Ibid.*

B) *Le lieu social de la question*

Il faut dire que la question qui nous préoccupe n'a pas seulement ce lieu philosophique historique, où l'homme en quête de vérité cherche à assumer l'intégralité de son expérience. Elle se situe également dans un lieu social bien spécifique, dans une civilisation dont les ambitions fondamentales ne coïncident pas toujours avec la pure quête de vérité constitutive de la dynamique philosophique. Ce lieu est le champ de la politique, de la science et de l'économie des nations occidentales. La quête de vérité y est avant tout une quête de domination sur les éléments de la nature, une quête de connaissance des lois d'action sur le monde et la dynamique des sociétés. Dans cette perspective, les sociétés occidentales comprennent la question de la promotion de l'homme non dans une optique égalitariste, où chaque dimension de l'homme équivaudrait en valeur à n'importe quelle autre, mais dans une sorte de causalité structurale, où les éléments déterminants et dominants sont ceux qui permettent une emprise plus grande sur la nature, une maîtrise plus efficace de la dynamique évolutive des sociétés humaines.

C'est ainsi que la civilisation occidentale vit aujourd'hui une tension interne entre la signification philosophique de l'intégralité de l'homme et la réalité de sa conception politico-économique dans une perspective de causalité structurale. Laissant à la philosophie les sphères métaphysiques des analyses notionnelles des dimensions de l'homme intégral, elle cherche à maîtriser, en vue d'acquérir toujours plus de puissance, les lois de l'économie, de la science et de la politique. Elle cherche à maîtriser toutes les sphères du savoir théorique dont dépend l'avenir de l'espèce humaine. Développer tout l'homme et tous les hommes demeure ainsi pour elle un idéal moral et une béatitude spirituelle, dont la réalisation dépend de l'obéissance rigoureuse à la logique de la raison scientifique.

Dans une perspective de causalité structurale, cette raison demeure l'élément dominant et déterminant de tout l'édifice social, politique et économique. Les grandes superstitions séculaires que sont dans les sociétés occidentales la magie et l'occultisme, les grands courants d'art et de mystique ainsi que les grandes dynamiques philosophiques et religieuses sont actuellement des éléments constitutifs d'une structure vitale déterminée, et même étouffée par une rationalisation suffocante, toujours précaire mais toujours recommencée, de la vie sous ses multiples faces.

Dans un tel lieu social, la promotion intégrale de l'homme n'est compréhensible que dans une perspective de rationalité économico-politique. Le grand problème n'est pas tellement d'accomplir l'être dans une quiétude spirituelle éternelle que de maîtriser le savoir en vue de l'avenir, en vue d'une puissance susceptible d'accroître l'emprise de l'homme sur la nature et l'emprise de l'Occident sur les autres cultures. Le savoir est ici assumé dans une perspective asymptotique où l'être n'apparaît pas toujours très clairement, où il n'est pas vraiment le but mais la conséquence du savoir.

Comprise dans le mouvement intime de ce lieu social, la vie de l'homme est dominée par quelques concepts fondamentaux sans rapport direct avec l'intimité de l'individu et le souci philosophique du développement intégral. Ces concepts sont ceux de rentabilité, de progrès scientifique, de maîtrise de l'espace, de prospectivité et de puissance.

Bien des philosophes de l'Occident s'élèvent contre cette conception structurale de la promotion de l'homme intégral. Centrant leurs réflexions sur la destination spirituelle de l'homme dans l'univers, ils comprennent la politique et l'économie dans la perspective du sens même de la vie. En dépit de la force de leurs protestations, la politique et l'économie de l'Occident demeurent jusqu'à aujourd'hui centrées sur la dynamique de rationalité en vue de la puissance de l'homme occidental et de sa domination du monde.

C'est dire qu'entre la philosophie du *réalisme intégral* et son application dans la pratique politique et économique règne actuellement un hiatus, qui amène l'homme qui pense à douter de la possibilité même de développer véritablement tout homme, tout l'homme et tous les hommes.

De ce point de vue, la promotion de l'homme ne peut se comprendre que dans deux perspectives encore irréconciliées en Occident :

— la perspective mythico-philosophique, dont la fonction serait de ne pas nous faire oublier la complexité du réel et de la nature humaine ;
— la perspective politico-économique, dont le but serait de maîtriser la nature par un savoir toujours plus puissant et plus efficace mais toujours sans profondeur et sans finalité humaine.

La société occidentale n'est pas encore parvenue à résorber la tension entre ces deux perspectives de sa compréhension de l'homme. Cette tension est si vive qu'elle aboutit aujourd'hui à une sorte de dérive de l'esprit, qui amène l'homme occidental à douter de la pertinence même et de la validité de son modèle de vie. Ce que l'on nomme actuellement *Crise de l'Occident* a sa source et sa manifestation fondamentale dans cette tension. Aussi, le problème fondamental de l'Occident est-il aujourd'hui de créer une voie d'harmonie entre sa pensée philosophique et la philosophie de sa politique et de son économie.

C) *Le lieu idéologique de la question*

Du point de vue philosophique, nous l'avons vu, l'idée de promotion intégrale n'a été élaborée qu'à partir d'un élargissement de la raison jusqu'à la faire coïncider avec toute l'expérience humaine. Cette démarche a été conditionnée par une exigence d'ordre spirituel.

Devant la montée du matérialisme et du positivisme, devant le danger que le rationalisme représentait pour la foi, on a ressenti la nécessité de rappeler la destination spirituelle de l'Homme et d'ouvrir ainsi dans la forêt de la destinée humaine une clairière pour Dieu. Il s'agissait d'affirmer le caractère essentiellement humain du phénomène religieux et la nécessité pour l'homme du souffle prophétique dont le christianisme est le garant. Tout le débat sur la philosophie chrétienne au début de ce siècle s'inscrit dans l'immense contexte polémique d'élargissement de la raison [9]. Perçu du point de vue de ses défenseurs, cet élargissement se vit et s'inscrit dans une fidélité fondamentale à la dynamique même de la raison. Par contre, du point de vue des protagonistes de la raison pure, cet élargissement est chargé d'une ambiguïté foncière : que ce soit au cœur d'une philosophie de l'action ou au sein d'une philosophie du vouloir, il comporte en lui la tentation de faire perdre à la pensée humaine tout le limon vital contenu dans la conception gréco-cartésienne de la raison et de mettre cette raison au service d'un projet spirituel qui en inhiberait la dynamique. Voir dans la religion, le mythe et l'imaginaire des aspects différents d'une même raison ardente, cela a pu satisfaire tous les hommes ouverts au souffle spirituel dans le monde, mais cela n'a pas résolu aux yeux des rationalistes le problème de savoir quel peut, quel doit être le *principe directeur* de toutes les dimensions constitutives de

---

9. Ngindu MUSHETE, *op. cit.*

l'homme, de sa raison élargie. Serait-ce le sens découvert dans la réalité de Dieu ou plutôt le recours à une rationalité pure constituant la force prométhéenne de l'homme aux prises avec son destin ?

Devant cette question, deux usages idéologiques de l'idée de l'homme intégral se dégagent en Occident. Dans le premier, la question de l'intégralité de l'homme est sous-tendue par des options fidéiques fort alléchantes pour l'imagination et le cœur, mais dont la *raison raisonnante* (celle-là même qui est mise en question par la théorie de l'homme intégral) ne peut se satisfaire qu'en les refondant dans une perspective propre. Dans le cadre de cet usage idéologique fondé sur une interprétation erronée de *Populorum progressio*, l'alternative est présentée, nette et intransigeante : *Dieu ou la Raison, l'homme intégral ou la démence d'une raison non éclairée par la foi.*

Cette alternative est fausse, répondent les protagonistes de la raison pure. Le vrai problème n'est pas : Dieu ou la Raison, l'homme intégral ou le rationalisme, mais plutôt Dieu dans la raison, l'homme intégral dans une raison comprise non comme coextensive à l'expérience humaine tout entière mais comme déterminante d'une *structure* vitale dont tous les autres aspects sont co-répondants. Cette perspective structurale n'est pas encore saisie dans l'usage idéologique que l'on fait du développement intégral dans certains cercles religieux. En s'inscrivant dans la vieille dichotomie matière-esprit, ces cercles ont dilué la raison dans la foi et fait du transcendant le seul fondement et la seule justification des luttes des hommes. D'un tel point de vue, la foi se justifie à peu de frais, la mission salvatrice des religions est allègrement affirmées en même temps que montent dans le siècle toutes sortes de superstitions et de fétichismes sans fondement. La promotion de l'homme intégral quitte ainsi la sphère philosophique, où elle était une question d'unification de l'homme, pour devenir une simple question de moralité, une simple question d'option religieuse. Dans cette mesure, l'idéologie de l'homme intégral appauvrit la question de l'homme. Au lieu d'être une philosophie de la lutte pour l'avenir, cette idéologie est devenue une sorte de viatique pour des hommes fatigués en quête du repos éternel. Aussi trahit-elle autant la religion chrétienne, dont elle inhibe l'aspect prophétique, que la raison elle-même, dont elle méconnaît le souffle prométhéen.

Parallèlement à cette subordination du rationnel à une religiosité frileuse, une autre idéologie s'est instaurée qui a subordonné le rationnel au matériel. Elle s'est imposée au monde grâce à des régimes totalitaires qui affirment à grand renfort de slogans l'homme intégral comme l'horizon de leur politique et de leur économie, alors qu'en réalité ils pensent que l'économie et la politique obéissent à leur propre logique, dans laquelle souvent l'éthique et la spiritualité n'ont aucune place. Il s'agit d'un mensonge très répandu aujourd'hui : celui de croire qu'on peut atteindre à la promotion intégrale en amputant préalablement l'homme de sa dimension religieuse et en lui promettant un bonheur mythique dans un Grand Soir paradisiaque. Ce mensonge est destiné à faire croire à l'homme qu'il est possible qu'un régime totalitaire fasse son bonheur sans une vision préalable du destin humain, où le matériel soit ordonné à une éthique et à un projet spirituel rationnellement fondé.

D'une manière comme d'une autre, le double usage religieux et matérialiste qu'on fait de la question de la promotion de l'homme est, aux yeux des tenants du rationalisme, une tentative de soumettre la raison à ce qui, d'un point de vue spécifiquement philosophique, doit lui être subordonné pour trouver en elle son fondement, sa fondation.

Dans ce lieu idéologique que nous venons d'analyser, la tension fondamentale entre rationalité et profondeur (tension qui est à la source de la crise de l'Occident actuel) n'est nullement résorbée. L'Occident y demeure toujours en situation d'écartèlement. Entre les forces contraires de sa dynamique historique, il ne parvient pas à trouver dans ses idéologies un chemin d'harmonie.

Telle est sa crise, métaphysique avant d'être éthique. Crise d'intégration de la raison dans les profondeurs de l'être.

III. La crise africaine : identité et modernité

Tout ce que nous avons affirmé jusqu'ici concerne le destin de la raison dans l'histoire de l'esprit au cœur de la civilisation occidentale. Le triple lieu historique, social et idéologique, tel que nous l'avons dégagé, ne se comprend que dans la diachronie et la synchronie occidentales. En ce qui concerne l'Afrique, un autre destin a gouverné le sort de la raison. C'est un destin dominé par le concept de « vie », dont Placide Tempels et tous ses héritiers en philosophie africaine ont rendu compte de façon fort remarquable.

Il s'est fait cependant que par la rencontre ambiguë de l'Afrique et de l'Occident, le topique rationnel, je dirais même rationaliste, de l'Occident s'est imposé sur le topique vital négro-africain. Il en va maintenant du destin de la raison en Afrique comme au cœur même de la civilisation occidentale : le réalisme intégral s'est ouvert à l'horizon de la philosophie africaine du développement. Le projet de promotion de l'homme intégral paraît à l'Afrique le seul projet raisonnable de son destin.

Cela ne va cependant pas sans danger d'interprétation de ce développement de l'homme intégral. Du fait que l'Afrique est entrée dans cette problématique par la porte de sa condition économico-sociale, plutôt que par celle du destin même de la raison en elle, il y a danger pour elle de ne vivre que partiellement ce problème et d'en saisir mal la portée.

Ce danger a sa source dans la philosophie de la « *vie* », caractéristique de la pensée africaine. Cette philosophie a plongé l'Afrique dans une mécompréhension totale du sens du développement intégral en Occident.

A) *L'ambiguïté d'une philosophie de la force vitale*

Il est difficile, dans l'état actuel des connaissances historiques, de donner un aperçu général du développement de la *ratio africaine* depuis les hautes civilisations de l'Égypte pharaonique jusqu'aux nations décadentes de l'Afrique contemporaine. Dans la mesure où tout l'effort de compréhension des sociétés africaines s'est cristallisé autour du concept de *force vitale*, ou plus précisément de *force-vie*, la seule manière de saisir la *ratio africaine* est de comprendre chaque grande période de l'histoire africaine en regard du degré de force-vie atteint par les sociétés de l'Afrique. Dans une telle perspective, l'Égypte pharaonique correspondrait à une période d'une force vitale très proche de l'instinct, à la fois mythique et combatif, qui semble avoir gouverné le destin de toutes les civilisations du bassin méditerranéen dans les temps très anciens. Tendue vers une recherche toujours plus impérieuse de grandeur et de puissance, cette *ratio pharaonique* est devenue avec les grands empires africains, entre le XIIIᵉ et le XVIIᵉ siècles, une *ratio-sagesse*, une sorte de quête d'équilibre dans l'organisation sociale par une intégration toujours plus heureuse du destin de l'individu dans le destin collectif. Le grand équilibre social qui a dominé ces sociétés traduit une attitude vitale d'une certaine béatitude, vécue par l'individu dans une sorte de quiétude foncière au sein de la société. À cette période, pourrait-on dire, la *ratio africaine* atteint le niveau le plus paisible de son déploiement, auquel elle cesse d'être un instinct prométhéen pour devenir une *jouissance*, une *sagesse*, une sorte de contentement de soi devant le degré de force-vie atteint par la société. À cette époque d'apogée de la *ratio africaine*, s'instaure une philosophie du temps fondée sur la sagesse des traditions et sur une certaine peur de la nouveauté. À partir de ce moment, se développe une philosophie des rapports humains soustendue par un besoin d'équilibre intérieur, de communion avec la nature, avec les ancêtres, avec les forces telluriques et les puissances divines. À partir de ce moment, se déploie une force de vie dominée par une dilution de l'individuel dans le social, du social dans le métaphysique.

Dans cette époque de quiétude relative, où l'individu vit au cœur d'une société réconciliée avec les forces de la nature et les puissances divines, va s'ouvrir la brèche de l'impondérable : la *ratio occidentale* dans sa force gréco-cartésienne fend et déséquilibre la force-vie africaine. Elle désagrège les sociétés africaines, les domine et en secoue toutes les assises. Le choc est tellement inattendu et tellement surprenant que l'Afrique y perd sa puissance. Elle est livrée à un destin de déséquilibre, dont la traite et la colonisation accroissent le caractère tragique. Il se produit une coupure entre les traditions africaines et le nouveau destin instauré par l'avènement de la *ratio occidentale* au cœur de l'Afrique.

On aurait pu faire de la décolonisation et des indépendances africaines une redécouverte de toute la *ratio africaine* dans son développement historique et une « recompréhension » de cette ratio dans tout ce qu'elle a pu acquérir de sa rencontre ambiguë avec la *ratio occidentale*. Rien de tel ne s'est produit d'un point de vue spécifiquement philosophique. La *ratio africaine* contemporaine a été au contraire dominée par trois soucis majeurs parallèlement déployés.

a) *Un souci d'identité*

Par ce souci, la plupart des Africains ont voulu renouer avec la *ratio africaine* des grands empires, sans vouloir remonter jusqu'aux sources méditerranéennes de cette ratio dans les civilisations de l'Égypte pharaonique. Ils ont de cette manière prôné un retour à une certaine philosophie de la quiétude, caractéristique des sociétés africaines à leur apogée politique.

b) *Un souci de modernité*

Par ce souci, beaucoup d'Africains prônent aujourd'hui un recours à la rationalité occidentale, dont ils n'ont saisi dans une large mesure que l'aspect gréco-cartésien, sans pouvoir analyser les conséquences de l'insertion de cet aspect dans la problématique du réalisme intégral défendu par la philosophie occidentale depuis le siècle passé.

c) *Un souci de synthèse entre ratio africaine et rationalité occidentale*

Par ce souci, s'est affirmé l'impératif d'intégrer la raison occidentale dans la sagesse africaine et de dépasser de cette manière la crise que traverse l'Occident dans son manque d'harmonie entre rationalité et profondeur. Il s'est fait seulement que la raison occidentale étant elle-même en crise et la raison africaine étant mutilée par sa réduction actuelle à une dynamique de sagesse, la réconciliation entre *ratio africaine* et *rationalité occidentale* n'a pas eu d'assises suffisamment solides et clairement définies pour fonder une *politique*, une *économie* et un *destin nouveau* pour l'Afrique.

C'est dire que la philosophie de la force vitale, par laquelle on définit généralement la vie africaine, est difficilement réductible à une attitude commune de rationalité pour toute l'histoire africaine. Telle qu'on peut la comprendre aujourd'hui, elle est chargée d'une ambiguïté fondamentale qui la disqualifie en regard des grands problèmes actuels des sociétés africaines. Elle peut signifier en effet une quête de puissance pour dominer les mécanismes du monde moderne, comme elle peut signifier simplement une philosophie de la quiétude incompatible avec les grands combats de notre siècle. Souvent comprise dans ce dernier sens plutôt que dans le premier, la philosophie de la force vitale a conduit l'Afrique à se méprendre sur le sens de la crise actuelle de l'Occident et à prendre à son propre compte des éléments de cette crise, de manière abusive et foncièrement erronée.

B) *Une interprétation quiétiste de la crise occidentale*

Du point de vue philosophique, l'Afrique est entièrement atteinte d'une mécompréhension totale du problème de la promotion de l'homme intégral tel qu'on peut l'interpréter à partir de la crise de la *ratio occidentale.*

On peut dire dans l'ensemble que, pour l'homme africain, le problème de la promotion de l'homme intégral est entièrement posé comme un problème *d'être : être plus, être mieux,* vivre à l'aise matériellement dans un rapport d'intimité avec la nature et avec le transcendant. Le problème de l'avoir, du pouvoir et du savoir sont tous subordonnés à celui de l'être. Il s'agit pour l'homme africain d'avoir plus pour être mieux, de savoir plus pour vivre à l'aise et d'orienter la dynamique du pouvoir politique vers l'être-plus, la quiétude béatifique. Dans la perspective de causalité structurale qui nous concerne ici, l'être, je veux dire la quiétude dans la vie, serait le centre déterminant de la structure vitale avoir-pouvoir-savoir-être. Raison et vie sont ainsi fondues dans le même vocable *d'être-plus.*

Dans cette manière de comprendre le développement intégral, l'Afrique a court-circuité toute la démarche occidentale dans laquelle le problème de la promotion de l'homme a été posé. Philosophiquement tendue vers une compréhension totale du monde, socialement destinée à donner de la puissance à la civilisation occidentale par la conquête d'un savoir toujours plus efficace, idéologiquement orientée vers la maîtrise spirituelle et matérielle du monde, la philosophie occidentale est restée, dans ses contradictions et ses tensions internes, une philosophie de la raison. Telle quelle, elle ne se fonde ni sur la quiétude du nirvâna oriental ni sur une posture de béatitude facile. Elle demeure fidèle au mythe du paradis perdu : pour elle, peut-on dire, ce paradis est à jamais perdu, et son retour relève d'un mythe dont le seul rôle est de dynamiser le devenir. Cette philosophie s'est fondée sur l'instinct prométhéen centré sur le savoir. Elle se laisse conduire par cet instinct en reculant toujours dans le domaine mythique d'un au-delà ou d'un Grand Soir l'horizon de la quiétude. Même dans sa tension dialectique entre rationalité et profondeur, elle est toujours chargée d'une volonté de savoir. Elle ne peut, elle ne veut nullement se contenir dans la quiétude de l'être. Désirée, cette quiétude n'est jamais atteinte. La philosophie occidentale est cette *tension*, ce mouvement toujours recommencé de l'esprit qui devient ce qu'il est, en s'inventant sans cesse, sans atteindre au repos éternel, en se faisant sans cesse dans la difficulté d'être.

En l'interprétant comme une philosophie de la quiétude et de la béatitude, l'Afrique en a manqué le sens. Aussi, le court-circuit grâce auquel elle veut s'inscrire dans la dynamique occidentale l'installe-t-elle quiètement dans un *faux mimétisme*. Cela fait que dans la bataille pour l'avenir, bataille dont l'enjeu fondamental est actuellement le *savoir scientifique*, l'Afrique semble déserter le champ de guerre pour attendre un règne d'être-plus dans une sorte de mythe de la fin des temps. Aussi s'enlise-t-elle dans ses misères sans pouvoir trouver en elle les ressources de force pour affronter son destin.

C'est dire que la philosophie africaine de la promotion intégrale, dans la mesure où elle se réduit à une mystique facile de l'être-plus et à une éthique de la quiétude, est une *philosophie inefficace dans la logique* de l'homme contemporain. Par philosophie, je n'entends pas ici un système ordonné de pensées mais l'attitude d'ensemble de l'homme africain actuel devant la vie, devant le monde, devant l'avenir ; cette sorte d'engourdissement fataliste qui semble caractériser les sociétés africaines aux prises avec leur destin.

Dans les grands débats sur la condition africaine, on s'est habitué à considérer que le fond du problème africain réside dans la tension entre les traditions africaines et la modernité occidentale. On veut opter, ainsi que nous l'avons dit plus haut, soit pour l'identité africaine définie comme une quiétude de l'être, soit pour la modernité occidentale interprétée dans une philosophie de la quiétude, soit pour une synthèse que l'on veut harmonieuse, c'est-à-dire pleine de calme et de paix. De quelque côté que l'on analyse le problème, la quiétude de l'être est mise au centre de la recherche. Elle est le centre de la métaphysique vitale africaine aujourd'hui. Elle est le virus de la mort de l'Afrique, si l'on reste dans la logique de la rationalité desséchante du monde actuel.

À mon sens, le fond de la crise africaine est dans cette *philosophie de la quiétude*. Philosophie implicitement vécue par les Africains et socialement célébrée dans une quête de promotion intégrale, sans une véritable compréhension de l'arrière-plan de raison combattante et de dialectique rationalité-profondeur qui sous-tend ce problème dans son topique

originel. Dans cette philosophie où la raison n'est pas collectivement organisée dans une structure vivante qui en fasse
l'arme déterminante du destin, il y a risque pour l'Afrique de
prendre un retard tel dans le domaine du savoir scientifique
qu'un siècle suffirait à établir entre l'Africain et l'Occidental
la même distance intellectuelle que celle qui existe actuellement
entre *l'homo sapiens* et le singe.

Ce n'est pas là exagérer le problème africain. C'est comprendre en ses justes proportions l'enjeu de l'avenir auquel
l'Afrique est confrontée. La profondeur de cette question africaine n'a d'égale que l'abîme de perdition que vivra l'homme
africain en refusant de l'aborder de face au regard de son
destin individuel comme au regard du destin collectif du
continent africain. *Il s'agit là non d'un problème de vie, mais
d'un problème de survie pour l'Afrique.* De celui-ci découle la
nécessité d'une philosophie de la survie, articulée sur la spécificité philosophique du problème du développement intégral
en Afrique, centrée sur une libération de l'homme africain
dans la dynamique d'une nouvelle rationalité, orientée vers un
nouveau destin qui soit un destin de combat permanent pour
la liberté et la dignité humaines.

C) *Une philosophie de la survie :*
mort et renaissance

Nous avons tenté jusqu'ici de rendre sensible la différence
qui existe entre la crise de l'Occident actuel et celle des
civilisations africaines. D'un côté il y a un besoin de résorber
la tension entre rationalité et profondeur, de l'autre une *crise
d'identité* que l'on camoufle dans une philosophie de la quiétude
célébrée comme un désir d'être plus. D'un côté il se fait une
critique radicale des options de la raison depuis l'antiquité
grecque ; de l'autre, une reprise abusive de cette critique, alors
que la raison n'y a pas l'initiative d'une option propre. D'un
côté, il y a une quête de sagesse dans une vie que la raison
risque de détruire ; de l'autre, une quête de quiétude par simple
peur d'un Occident que l'on rejette, tout en se laissant fasciner
par ses exploits et ses mirages. D'un côté, c'est le combat pour
vivre ; de l'autre, le désir de paradis.

Philosophiquement parlant, la critique de la raison dont
la pensée africaine se fait forte aujourd'hui est une critique
abusive, dont le risque majeur est de cacher les impératifs

mêmes de la survie de l'Afrique si l'Afrique décide d'entrer dans le combat de la modernité.

Elle risque de cacher d'abord l'impératif de la mort de toute *philosophie de la quiétude* déguisée en philosophie de la force vitale. Pour la génération actuelle de philosophes, notre génération, toute compréhension de la force-vie dans une perspective de l'être-plus connue au temps des grands empires africains serait une trahison de l'avenir africain. Dans la mesure où l'être est force-vie, cette force ne peut se comprendre que dans le mouvement même par lequel l'homme maîtrise son devenir en refusant de figer sa vie dans une sagesse de paradis. La seule sagesse est de comprendre *le savoir comme l'élément co-répondant d'une quête d'humanité fondé sur lui.* Cette humanité toujours en fuite et toujours recherchée par l'homme n'est pas le bonheur au sens vulgaire du mot, elle est la force intérieure par laquelle l'homme résiste au destin et construit son devenir en tentant au jour le jour de maîtriser l'avenir. Dans une telle perspective, les valeurs de l'être ne peuvent pas se figer dans une mystique de repos éternel. Elles ne sont valeurs de l'être qu'en autant qu'elles renforcent l'esprit humain à avoir prise sur sa destinée. Elles sont savoir, et c'est en tant que savoir qu'elles fondent une sagesse qui n'est pas une quiétude mais une quête de force scientifique, économique, philosophique, spirituelle : une nouvelle rationalité démarquée de la rationalité occidentale.

Pour la génération actuelle, dont le problème majeur n'est pas tant de *vivre* que de *survivre* dans le monde actuel, l'impératif qui s'impose après celui de la mort de toute philosophie de la quiétude est l'impératif d'une nouvelle naissance :

— une nouvelle naissance aux sources pharaoniques de la raison africaine. Une compréhension vitale de l'esprit pharaonique, bâtisseur des pyramides et constructeur de grands mythes ;

— une nouvelle naissance aux exigences de la rencontre de la *ratio africaine* et de l'*esprit occidental*. Malgré l'ambiguïté fondamentale de cette rencontre, celle-ci a en elle des germes d'un avenir nouveau pour le destin de l'homme africain. Elle constitue une redynamisation de la *ratio africaine figée en sagesse* depuis les temps des grands empires. Elle constitue également une redécouverte de la sagesse par une ratio occidentale déshumanisée par la ratio grecque et par l'esprit scientifique instauré en Occident depuis Descartes. Cette rencontre est le défi de l'avenir auquel l'Afrique et l'Occident doivent répondre aujourd'hui. Elle est la dimension commune de leur crise actuelle.

Il faut insister sur un point à cette étape de notre réflexion. La double naissance d'où doit jaillir l'avenir africain n'est pas une recherche d'harmonie entre le cœur et la raison. *Elle est une redynamisation de la raison dans une dynamique de savoir dont la sagesse est le cœur de l'horizon.* Lorsqu'on vit dans une civilisation confrontée aux problèmes primaires du manger et du boire, dans une société dont les économiques manquent d'assises, dont les politiques déraillent, il vaut mieux mettre un accent marqué sur le problème de la rationalité au lieu de s'alarmer sur la raison occidentale en cherchant une harmonie intérieure fictive qui soit un alibi à notre manque de vraie rationalité. Sans vouloir mutiler l'homme ni minimiser la force de la sagesse antique des civilisations noires, il importe de dire à l'homme africain que son défi fondamental aujourd'hui est le *défi d'une nouvelle rationalité.* Il importe de crier partout en Afrique que ce défi est la condition même de notre survie en tant que civilisation dans le monde actuel. Plus qu'un problème de sagesse (et sans exclure cette sagesse), notre problème est un problème de vrai savoir, le problème de l'instauration d'une dynamique sociale, d'un savoir visant certes une sagesse, mais qui ne s'établisse pas dans une quiétude de l'être et une béatitude mystique. Seul ce savoir nous rendra libres et aptes à conquérir notre dignité dans nos rapports ambigus avec les civilisations de l'Occident.

Ce problème de rationalité est un problème avant tout individuel. C'est au niveau de la vie individuelle qu'il doit avant tout trouver sa solution. «Si tu veux vraiment influencer le monde, écrivait Convetry Patmore, quitte-le et ne pense à rien qu'à tes intérêts propres.» Il y a dans ce conseil de Patmore un fond de vérité qui n'est ni égoïsme, ni isolement, mais nécessité d'organiser sa vie de manière suffisamment rationnelle pour que les problèmes personnels les plus urgents soient résolus. Ils ne peuvent l'être sans cette dynamique de rationalité personnelle qui donne à chacun une vraie connaissance de lui-même et une véritable emprise sur son destin.

Le problème de rationalité est également un problème collectif. Comme la démocratie, il concerne «une certaine manière de vivre chacun pour tous et tous pour chacun», selon le beau mot de l'historien voltaïque Joseph Ki-Zerbo. Il concerne notre idée de la politique, notre compréhension de l'économie, l'organisation même de nos sociétés. Il n'est pas nécessaire de redire ici les défaillances de l'Afrique sur ce plan.

Il n'est pas nécessaire non plus de dire que la promotion de l'homme passera en Afrique par une dynamique intense de rationalité. Cette dynamique s'instaurera-t-elle jamais ? La génération actuelle, celle d'après la négritude et les indépendances africaines, sera responsable de son avènement. Aussi sa tâche est-elle claire et nette.

Il ne s'agit pas de poser le problème de l'homme intégral dans les mêmes termes que le pose l'Occident actuel.

Il ne s'agit pas non plus de le poser en dehors du contexte de la rencontre de l'Occident et de l'Afrique, de vouloir par là opposer à la crise de l'Occident une philosophie de l'être qui serait une philosophie de la quiétude.

Il s'agit pour l'homme africain de survivre et d'assurer la survie de l'Afrique dans le monde actuel par une philosophie vivante, qui engage l'homme africain sur la voie d'un combat rationnellement organisé en vue d'une liberté toujours à conquérir sur les forces du destin.

IV. Perspectives

Ainsi que nous venons de l'établir, la crise de l'Occident est celle de l'intégration de la rationalité dans les profondeurs de l'être. La crise africaine, elle, est celle de la re-découverte de la véritable identité historique de l'Afrique et son intégration dans une dynamique d'une rationalité profonde et combative.

Ces deux crises actuelles ont à nos yeux une double signification. Elles prouvent d'abord que le chemin suivi jusqu'ici par l'Occident et par l'Afrique n'est pas le bon chemin d'avenir. La voie occidentale de la rationalité scientifique et économique a abouti à une forme de civilisation dangereuse pour l'avenir de l'espèce humaine. Elle a abouti à une forme de vie où l'homme, réduit à un état de simple salaire et de jouet, perd de plus en plus le sens de son destin. Cette civilisation rationalisante a fait perdre à l'homme occidental sa véritable métaphysique, sa mystique et sa vie intérieure. Tout en elle a perdu sa signification : *la sexualité, les rencontres humaines, l'organisation sociale*. L'Occident aboutit aujourd'hui à une forme de civilisation où tout semble fait pour faire oublier à l'homme qu'il *existe*, qu'il est un homme et qu'il doit vivre en assumant son existence et son humanité. En dessous de la brillance de tous les exploits scientifiques, sourd une angoisse fondamentale pour l'Occident : l'angoisse même de l'homme occidental qui sent en lui-même son être se défaire et qui veut se récupérer comme homme au sein d'une civilisation qui n'a plus aucun sens. Sans métaphysique et sans mystique, soutenu seulement par quelques théologies elles-mêmes soumises au rationalisme desséchant, l'Occident n'a d'avenir que dans la contestation de la validité de son mode de vie ainsi que dans la recherche d'une mystique et d'une métaphysique profondes.

Aussi dangereux pour l'avenir de l'espèce humaine est l'actuel mode africain d'être. L'Afrique actuelle a de plus en plus la prétention d'offrir au monde une sagesse fondée sur ses propres traditions culturelles. Nous croyons avoir montré que dans l'état actuel de ses problèmes, l'Afrique a perdu cette sagesse sous le coup de la modernité. Elle n'a pas une image totale de sa propre histoire. Elle n'a pas d'elle-même une idée précise sur laquelle elle peut fonder son insertion dans la modernité. Jusqu'ici, elle subit la vie moderne sans pouvoir la faire. Elle est, pour reprendre une belle expression de V.Y. Mudimbe, *«entre les eaux»*, également attirée vers un passé dont elle n'a plus la clé et vers une modernité mal assumée. L'Afrique n'offre pas aujourd'hui un modèle d'avenir pour l'humanité. Sa voie de vie est celle d'une oscillation fondamentale entre une sagesse perdue et une modernité non maîtrisée. Ce n'est pas une telle voie qui donnera à l'humanité son chemin d'avenir.

Ce n'est donc ni dans la modernité occidentale, ni dans l'indécision africaine qu'il faut chercher des solutions vitales à la crise de l'homme contemporain. C'est dans une perspective de *transcendance*, qui est celle d'une *nouvelle dynamique de rationalité*. Devant l'échec flagrant du modèle occidental de développement, devant l'absence d'un modèle africain plausible et défini, la nécessité s'impose de transcender la crise occidentale et la crise africaine dans une forme de rationalité encore à définir et à vivre.

Une telle forme de rationalité ne peut se situer que dans *la rencontre des sciences de la vie avec la rationalité économique*, dans la transformation de la rationalité économique par les sciences de la vie.

C'est là que se situe la deuxième signification de la crise occidentale et de la crise africaine. Elle porte sur les perspectives qui s'ouvrent à l'avenir commun de l'Afrique et de l'Occident. Ces perspectives ne sont pas celles d'une symbiose facile entre ce que l'on a coutume d'appeler la sagesse africaine et ce que l'on appelle l'esprit de l'Occident. Ce sont des perspectives qu'ouvriront les dynamiques mêmes des sciences de la vie. Par ces sciences, on pourra mieux comprendre ce qu'est l'homme dans sa spécificité, dans sa vie, dans sa culture. À partir d'une réflexion profonde sur ce qu'est l'homme, il est possible de mieux comprendre ce qu'il faut au monde actuel pour qu'il puisse dépasser sa crise. Or la plus grande leçon des sciences est aujourd'hui celle de l'humilité à propos de ce qu'on peut vraiment savoir sur l'homme. En tant que sciences, elles laissent la place à *l'innommable*, à l'*impondérable*. Cela signifie en profondeur que les sciences de la vie ouvrent la voie à *la métaphysique*, à *la mystique*, à une forme d'être centrée sur la vie intérieure et sur le sentiment du mystère. C'est dire que l'avenir de l'homme est dans la rencontre de *la science*, de *la métaphysique* et de *la mystique*. Telle est la leçon qu'on peut tirer de l'analyse de la crise occidentale et de la crise africaine. L'une et l'autre de ces crises s'enracinent dans un même manque : manque de *vraie science*, de *vraie métaphysique* et de *vraie mystique*. L'une et l'autre résultent d'une méconnaissance de ce qu'est l'homme, des valeurs qu'il doit vivre et des fins qu'il doit poursuivre. À l'oubli de l'être qui caractérise la crise occidentale correspond la méconnaissance dans les civilisations africaines de ce qu'est la véritable vie. À la trahison de l'être par le rationalisme occidental correspond la mort de la vie dans l'Afrique contemporaine.

Dans le fond commun qui les définit, la crise occidentale et la crise africaine nous ramènent au socle vital commun, à la nappe souterraine d'humanité que seules les sciences de la vie peuvent nous découvrir si elles s'enracinent dans une métaphysique féconde et une mystique vécue.

C'est au nom de ces sciences qu'est condamnable le modèle de vie que l'Occident impose au monde actuel. C'est au nom de ces sciences qu'il faut ouvrir à l'Afrique un autre destin que celui de ses misères actuelles. Si, comme l'écrit Maurice Dufour, « le temps est révolu d'un homme défini par un assemblage de qualités abstraites imposées par une abstraction, la rationalité », il faut que s'ouvre un temps nouveau où les sciences de la vie se fondent sur une éthique nouvelle, une nouvelle métaphysique et une nouvelle manière de s'ouvrir au transcendant.

Dans un monde secoué par une crise de l'ampleur de celle que nous vivons, l'éthique nouvelle, la nouvelle métaphysique et la nouvelle manière d'être peuvent-elles être autre chose que la redécouverte d'un fond commun sur lequel bâtir le destin ? Et ce fond commun est-il autre chose que l'inépuisable et indomptable besoin d'amour qui pousse l'homme à se dépasser et à s'accomplir dans la rencontre avec l'Absolu ?

Il fut un temps où parler d'amour relevait d'un moralisme théologique de mauvais aloi. Aujourd'hui, nous comprenons, grâce aux sciences de la vie, que l'amour est plus qu'une notion morale, il est *une nécessité de l'être* dans sa triple composante biologique, psychologique et sociale. Y a-t-il plus belle manière de dire la rencontre de la science, de la métaphysique et de la mystique ?

Synthèse

Maurice DUFOUR

À cause d'une récente querelle, il convient de rappeler à quel titre le problème des rapports de l'homme et du monde fait partie de la tradition philosophique occidentale la plus vénérable et la plus ancienne. Les premiers Grecs avaient inventé des dieux assez semblables aux hommes. Ils s'estimaient jalousés par eux et poursuivis, de plus, par leur vengeance. Il n'y a donc jamais eu, au départ, cette profonde et intime connivence entre l'homme et le monde à travers les dieux, propre à d'autres cultures. Ce trait est loin d'être indifférent. Les premiers « physiciens » d'Ionie dénoncèrent ces dieux dérisoires et cherchèrent à expliquer le fonctionnement du monde. Cette première physique fut donc une cosmologie. La transformation des institutions politiques d'alors, le développement du concept de « justice » alors divinisée, fit advenir l'idée qu'il y avait peut-être dans l'univers, pour régler le cours des choses, des dispositions semblables à celles qui permettaient de régler les affaires des hommes. Or le concept organisateur de ces premières institutions démocratiques de la Grèce était celui d'égalité. Cet « ordre » du monde ne renvoie donc pas à une relation essentiellement extérieure et arbitraire d'autorité, de sujétion et de domination, mais plutôt à des relations de nécessité issues d'obligations de réciprocité où chaque chose établie dans ses propres limites ne peut pas les outrepasser ni déborder sur celles des autres. « Les êtres, selon la formule d'Anaxagore souvent citée, doivent se payer les uns aux autres une juste amende pour leur injustice, selon le décret (ou l'arrêté) du Temps.» L'idée constitutive du mot « loi » sera celle de la détermination nécessaire de relations entre des phénomènes ou des êtres vivants, et au sein d'eux-mêmes, selon certains principes pris comme référence ou comme mesure. L'idée d'autorité en est totalement absente. Toute la philosophie présocratique cherche l'explication du monde soit dans des abstractions, l'illimité, l'un, l'être, soit dans des éléments, l'eau, le feu, les atomes, soit dans des couples de contraires construits sur le modèle primordial de l'amour et de la haine, du mortel et de l'immortel, du jour et de la nuit, de la génération et de la corruption. Dans le même temps, on s'avisa de rechercher si des lois du même genre ne gouvernaient pas aussi le corps matériel de l'homme. C'est dans la médecine hippocratique qu'a été créée l'expression de « nature humaine ». Héraclite fut le premier à établir une concordance entre la connaissance et la vie à travers le parler et l'agir humains, premiers constituants de ce qui devait devenir la personne. Mais ce furent les sophistes, au milieu du Ve siècle, qui exploitèrent l'idée d'un enseignement possible pour former les citoyens et les hommes politiques, fondé sur la nature, la connaissance et la pratique. Or ils furent aussi les premiers à contester la notion de l'égalité et à créer l'opposition entre la loi politique fondée sur l'égalité et la loi naturelle fondée pour eux sur la force, entre la Loi et la Nature. Ils ne faisaient que reprendre les vieilles idées de l'éducation aristocratique dont le poète Pindare était en même temps le chantre et le héraut. Tous les thèmes de l'élitisme biosocial se trouvent déjà là, en dehors de toute théorie de l'évolution et de la sélection naturelle. Puis vint Socrate dont l'opposition aux sophistes est bien connue. Est-ce parce que les sophistes s'opposaient au principe fondamental de la loi politique que Socrate non seulement fit du respect de la loi la définition même de la vertu, mais encore professa que la vertu était une science ? Nous ne le saurons jamais de façon certaine. Mais l'Occident tout entier, à travers le platonisme, fut imbibé intellectuellement de cette idée. Nul ne s'est étonné pendant des siècles de voir confondus, l'un dans l'autre, l'ordre divin et l'ordre monarchique. Nul ne s'étonne encore de la prétention de lire les lois de l'économie politique dans la théorie cinétique des gaz, analogie clé de l'économétrie. Nous sommes en plein platonisme. On sait maintenant trop bien, hélas comment cette soumission aveugle, inconditionnelle et servile à la loi des hommes, définie comme loi immanente et transcendante, conduit aux crimes contre l'humanité. C'est Aristote [1] qui, par trois fois dans son œuvre, exprima le regret que, sous l'influence du génial inventeur de la « définition générale et du discours inductif», Socrate, on se soit détourné des « recherches sur la nature», commencées par Démocrite, pour se tourner « vers les vertus utiles et la politique». C'est Aristote qui, tout au long de son œuvre, soutient que de telles vertus ne peuvent pas être des sciences au sens propre du terme. C'est qu'en effet posséder la connaissance de la médecine ne suffit pas pour être en bonne santé, ni celle de la politique pour faire une bonne législation. En plus d'avoir de bonnes dispositions, il faut savoir comment s'y prendre. Il ne s'agit plus de connaissance pure mais de sagesse. En effet, la fin des sciences pratiques, c'est l'action. Or l'action humaine se situe dans l'ordre du particulier, elle ne relève donc pas de l'universel, elle est de plus de l'ordre du contingent, elle ne relève donc pas du nécessaire. Universelle et nécessaire, telle est la loi de la science théorique pure, mais particulier et contingent ne signifient pas non plus arbitraire.

Parce qu'il est fait des mêmes matériaux que les plantes et les animaux, l'homme ne peut pas échapper à la causalité propre de sa réalité naturelle. En termes étonnamment modernes, Aristote nous la décrit: «La plus naturelle des fonctions pour tout être vivant... c'est de créer un autre être semblable à lui... Car tel est l'objet du désir de tous les êtres, la fin de leur naturelle activité. Or le terme «fin» est pris dans un double sens : c'est d'une part, le but lui-même, et d'autre part, le sujet pour qui ce but est une fin.» «Les sciences modernes ont quasiment achevé de faire le tour du premier sens, il faut continuer avec elles pour essayer de déterminer le deuxième sens, sens du sujet et de sa réalité intrinsèque». Où est le crime et le scandale que dénoncent dans leur ignorance les idéologues? «De nos jours, s'écriait Nietzsche [2], les gouvernements, les Églises, les mœurs, les modes et la lâcheté des hommes s'accordent à user de moyens politiques et policiers pour confiner l'activité philosophique dans une vaine apparence d'érudition.» Pour nous autres, nous n'en avons pas l'intention.

---

1. ARISTOTE. *La métaphysique*, commenté par Jean Tricot. Paris, Vrin, 1974, 2 vol.

———. *Traité de l'âme*, commenté par A. Jannone et Demond Barbotin, Genève, Belles Lettres, 1966, 120 p. (Universités de France).

2. Friedrich Wilhelm NIETZSCHE. *La naissance de la philosophie à l'époque de la tragédie grecque*, Paris, Gallimard, 1969, 191 p. (Collection Idées, n⁰ 196).

Il convient en premier lieu de s'interroger sur la valeur heuristique de l'analogie établie entre les sciences physiques, les sciences morales et les sciences économiques, en particulier sur celle qui renvoie à la théorie cinétique des gaz comme modèle explicatif. La théorie des gaz relève de la science des sciences : la physique. Paul Dirac lui-même nous en dit ceci : « *Le seul but de la physique théorique consiste à calculer des résultats qu'il est possible de comparer avec l'expérience* (souligné par Dirac) et il est tout à fait inutile de fournir une description satisfaisante de la totalité du cours des phénomènes.» Or l'économie fait, en ce qui la concerne, sur ces deux points exactement l'inverse. D'une part, de par la nature des phénomènes qu'elle observe, elle est dans l'incapacité originelle de procéder à des expériences princeps, d'autre part elle se sert d'une description conventionnelle de la totalité du cours des phénomènes, sous forme d'une théorie a priori, néo-marginaliste, libérale ou toute autre, pour justifier les résultats de calculs qu'il lui est impossible de comparer avec une quelconque expérience princeps qu'elle ne peut pas faire et qu'elle n'a jamais faite. On ne saurait mieux s'exclure soi-même de la méthode et de l'esprit des sciences physiques. Il est donc pour le moins contestable qu'on puisse intellectuellement s'en réclamer. Si cette analogie ne répond donc pas à des exigences internes des phénomènes économiques et moraux, il est permis d'en chercher les raisons ailleurs. On peut, en effet, lire dans ce choix une référence au postulat fondamental de l'idéalisme positiviste rationaliste d'inspiration platonicienne : l'idée d'une harmonie à rétablir entre les lois de la nature et celles des hommes grâce à la connaissance de causalités universelles déterministes. Voici pour le fond. On aurait pu orienter le choix vers un autre domaine que la théorie cinétique des gaz et la thermodynamique. Il y a, au contraire, du point de vue de la théorie économique traditionnelle en général, une très grande cohérence métaphorique dans ce choix. Un gaz contient environ 10^{23} molécules au cm^3. Il n'est donc pas possible d'avoir recours, pour le définir, à la position et à la vitesse de ses molécules, agitées, de plus, par des mouvements désordonnés. Or, si l'on veut en outre en obtenir un travail et donc un rendement, il faut orienter leur mouvement d'une manière ou d'une autre dans une même direction. C'était le rôle attribué au démon de Maxwell, c'est un rôle analogue que Walras attribue à son secrétaire général du marché. Le fond de l'analogie ici, c'est le rendement optimal du travail de la machine. Mais Maxwell était obligé de justifier, il ne pouvait pas se limiter à suggérer. Il eut l'idée d'introduire en physique le calcul des probabilités. Il s'inspirait de Quételet à la recherche de son homme moyen défini par lui comme l'homme normal « soumis à son insu aux lois divines » et les accomplissant avec « régularité ». On ne trouve pas toujours ce qu'on cherche, et si Maxwell réussit là où Quételet échoua, c'est que les particules sont toutes tellement identiques qu'on ne peut pas les distinguer les unes des autres. On peut donc ne pas tenir compte de leurs singularités et des effets de signes, il n'y en a pas. Ici peut se placer le second doute sur la validité de l'analogie, mais poussons-la jusqu'à son extrême conséquence et voyons où elle aboutit en physique. Quand deux électrons se heurtent, peut-on prédire avec certitude quel sera l'un et quel sera l'autre après la collision ? On ne le peut pas. Pour les garder distincts l'un de l'autre, on leur attribue certaines coordonnées mathématiques. Mais ce faisant on triche, car on leur attribue en quelque sorte une « individualité qu'ils n'ont pas le droit de posséder ».

« L'élimination mathématique de l'individualité transforme nos équations, dit Banesh Hoffmann[3], et produit des effets extraordinaires à expliquer correctement en termes imagés. » Le risque est donc grand de traiter des hommes comme des particules élémentaires par l'utilisation des mêmes modes de calcul, inadéquats en ce qui concerne les hommes. Quels sont les risques de ces « effets extraordinaires » ? Ce sont ceux tout simplement du totalitarisme économique. Sortant du domaine de leur science, de nouveaux prophètes veulent expliquer toutes les activités humaines par la seule rationalité économique et les y réduire. On aimerait plutôt qu'ils soient capables de rendre compte d'une manière exhaustive et correcte des phénomènes qui sont de la compétence de l'économie politique, en particulier l'inflation et le chômage, que cette science est tout particulièrement incompétente à maîtriser. « L'ambition est le dernier refuge de l'échec » disait Oscar Wilde.

Cependant, grâce à l'authentique thermodynamique, il est possible de savoir aujourd'hui que « loin de l'état d'équilibre, la notion de probabilité qui est au centre du principe de Boltzmann perd sa validité ».[4] De plus, la comparaison de la

3. Banesh HOFFMANN & Michel PATY. *L'étrange histoire des quanta*, Paris, Seuil, 1981, 288 p. (Point — sciences, n° 26).

4. Ilya PRIGOGINE & Isabelle STENGERS. *La Nouvelle alliance : métamorphoses de la science*, Paris, Gallimard, 1979, 312 p. (Bibliothèque des sciences humaines).

formule de Boltzmann pour l'entropie et celle de Shannon pour l'information fait ressortir que la constante k qui les distingue ou bien est «la mesure d'un désordre par rapport à un ordre purement probabiliste d'où toute signification est absente», ou bien est «la mesure du désordre d'un système physique du point de vue de cette seule signification d'usage d'une machine thermique *artificielle* (souligné par Atlan) arbitrairement étendue à toute la nature. Dans tous les cas, la richesse des significations naturelles, possibles ou réalisées, est absente... Et nous devons alors nous poser la question toujours rouverte de la réalité et du lieu de ces significations.»[5] Qui n'aurait pas envie ou refuserait d'écouter le discours d'une telle science? C'est qu'en effet, ainsi que nous l'enseigne l'ethnologie, «une société n'est pas une collection d'individus mais un ensemble de concepts» (V.W. Turner).

S'il est vrai que la linguistique n'est pas considérée en général comme une des sciences naturelles, il n'en reste pas moins que le langage permettant un dialogue est la fonction biologiquement la plus caractéristique des êtres humains. Il n'y a donc rien d'étonnant à la rencontrer dans une des nombreuses activités des hommes, l'activité économique. Les analystes d'entreprise, pour le moment les plus écoutés, ont découvert que les managers consacraient à peu près 60% de leur temps et de leurs activités à la parole[6]. Cette constatation empirique, établie et vérifiée par de nombreux auteurs n'a pas encore reçu une élaboration théorique convenable, faute d'avoir eu recours aux disciplines appropriées pour le faire, les sciences du langage. Est-ce faire preuve d'une imagination inadaptée que de la proposer comme schéma d'analyse? Les physiciens devant une difficulté empirique, ont recours à l'arsenal mathématique pour la résoudre. Qu'y a-t-il d'étrange à proposer la linguistique comme science conductrice dans des activités de langage? C'est que dans l'entreprise, on a peur de tout ce qui échappe au domaine de la stricte comptabilité ou ne peut pas lui être réduite. Certes, ainsi que l'a démontré Max Weber, la comptabilité rationnelle en partie double est bien la caractéristique distinctive de l'économie de marché de type occidental. Ayant poussé cette logique jusqu'à ses extrêmes conséquences, l'économie occidentale entre dans une période de décadence.

5. Henri ATLAN. *Entre le cristal et la fumée: essai sur l'organisation du vivant*, Paris, Seuil, 1979, 288 p.

6. Henry MINTZBERG. *The Nature of Managerial Work*, Englewood Cliffs, N.J., Prentice-Hall, 1980, xix, 217 p.

Peut-être va-t-il devenir enfin possible de cesser de tout quantifier en termes monétaires, c'est-à-dire en argent, et de traiter certains problèmes dans le cadre scientifique qui leur est propre. Ce n'est pas que l'entreprise ignore la réalité de la parole. Elle en a découvert l'importance au tour des années 30, mais aussi longtemps que la théorie du management traitera tous les problèmes dans la double dépendance théorique et pratique de la rationalité économique comme norme suprême de l'entreprise, elle restera incapable de rendre compte correctement du problème des relations humaines. L'exemple le plus frappant de ce genre d'échec est bien celui de la direction par objectifs. Il est dû à l'ignorance d'un effet pervers du dialogue décrit à la fois par la linguistique et la philosophie du langage et par l'ethnopsychanalyse. C'est en s'obstinant à mépriser de telles disciplines, au nom de l'idéologie de l'efficacité, que l'entreprise non seulement tend à se réfugier dans son ghetto, mais encore est l'artisan de ses propres difficultés. La crainte de s'écarter tant soit peu de la rationalité, du profit et de la rentabilité, ou d'entrer en conflit avec elle, empêche toute évolution scientifique des disciplines de l'entreprise. On ne s'étonnera donc pas du discrédit où sont tenues toutes celles qui ont introduit au XXe siècle de profonds remaniements dans la conception que l'homme occidental se faisait de lui-même et des autres. Le temps est révolu d'un homme défini par un assemblage de qualités abstraites imposées par une abstraction, la rationalité.

Et pourtant la première grande leçon de la linguistique, inscrite dans l'acte d'énonciation, est que dans le discours l'individu se constitue comme personne et qu'il appelle comme recours et comme secours une autre personne indispensable à ses propres énonciations. Pas de discours possible sans «je» ni «tu» [7]. On est sûr qu'il n'existe aucune langue où ne s'instaurent pas, à travers les personnes, les liens humains fondamentaux et nécessaires à toute activité de parole. Mais le problème de la référence de cette catégorie lexicale mérite d'être souligné. «Je» n'a pas de référent en dehors de celui qui le prononce, ni «tu» en dehors de celui auquel «je» s'adresse. Je et tu «ne renvoient ni à un concept ni à un individu». Je et tu «sont à chaque fois uniques». C'est cette constitution immédiate, unique et toujours changeante, qui fait la particularité des personnes. Elles sont constitutives d'une «opposition

7. Émile BENVÉNISTE. *Problèmes de la linguistique générale*, Paris, Gallimard, 1966-1974, 2 vol. (Bibliothèque des sciences humaines).

synthétique a priori », inclusive et fondamentale, qui décrit la complémentarité et la réciprocité de la relation entre les hommes. Que celui qui refuse de le reconnaître ou n'est pas capable de l'assumer se taise donc. Mieux vaut entre les hommes le silence que le mensonge. Ce fut jadis un des grands thèmes de la tragédie grecque. La première leçon est donc celle de l'unicité et du respect des personnes.

La seconde leçon, de même nature au fond que la précédente, est la découverte de tout un réseau d'autres relations également nécessaires instaurées dans et par le langage et fondatrices de toute vie sociale. C'est grâce au langage que nous pouvons vivre en tant qu'êtres humains au sein de différentes cultures. Ces relations concernent essentiellement la signification et le sens. L'usage répandu du mot « information » dans le monde moderne entraîne à des confusions dangereuses renforcée par l'analogie entretenue entre les phénomènes thermodynamiques et les phénomènes économiques. Il convient d'y réfléchir un instant. La molécule d'un gaz peut être considérée comme identique à une autre molécule. Il n'existe pas entre elles de communication, aussi la théorie de l'information dans ce domaine n'a pas besoin de prendre en considération les significations. Il n'y en a pas. Dans le monde des êtres vivants, avec le code génétique, apparaît le problème de la communication. Le code génétique partage avec les langues naturelles quatre similitudes que Roman Jakobson [8] a bien mises en lumière. L'information chimique est transmise au sein des molécules à l'aide de quatre éléments chimiques fondamentaux comparables aux lettres d'un alphabet. Ces éléments, tout comme les lettres d'un alphabet, n'ont pas de signification intrinsèque mais sont utilisés pour fabriquer des unités de rang supérieur « pourvues de leur propre signification dans le code donné ». Voici pour la première ressemblance. Et puisqu'il y a des unités de rang différent, ces unités sont donc hiérarchisées, c'est la seconde ressemblance. Cette hiérarchisation est obtenue par un jeu de combinaisons fondé sur une opposition binaire entre les éléments du code. C'est ici la troisième ressemblance. Enfin dans les deux systèmes, le codage et le décodage s'effectuent selon une séquence temporelle linéaire. C'est la quatrième et dernière ressemblance. Cet isomorphisme entre le code génétique et les langues naturelles est un fait unique dans la nature. Si l'on ajoute à ces quatre

8. Roman JAKOBSON. « La linguistique », dans *Les tendances principales de la recherche dans les sciences sociales*, Paris, Mouton, 1975.

caractéristiques une cinquième qui veut que les éléments de ce système puissent être toujours en relation paradigmatique, c'est-à-dire être comparés et substitués les uns aux autres, on arrive à la définition, selon Émile Benveniste, de la nature sémiotique du langage, celle qui permet de construire des signes, donc de signifier. Mais quand les hommes mettent en action leur langue pour se dire quelque chose et faire quelque chose ensemble, alors on entre dans l'ordre sémantique : c'est celui qui permet de communiquer. Ce sont des mots qu'on utilise pour former des phrases constitutives de sens et véhiculant des idées. C'est tout un monde de connexions des mots entre eux à l'intérieur des phrases, des idées et des sens, des mots et des choses, du monde et de l'homme. L'ensemble de ces connexions forme une véritable institution, qui sert à repérer le vrai du faux, l'inapproprié de l'approprié. Il n'est pas possible de dire n'importe quoi, n'importe comment, n'importe quand à n'importe qui. La langue alors, comme le dit si bien Oswald Ducrot, « perd son innocence ».

Ces rapports interpersonnels forment la trame de tout un réseau institutionnel tissé par le langage, tenant les hommes dans ses rêts : obligation de répondre à qui interroge, de céder à qui sollicite, de tenir ce qu'on a promis, en un mot de faire réellement qu'il en soit ainsi de ce qu'on dit, faute de quoi la parole n'est plus valide. C'est la nécessité d'adhérer à ses propres paroles. Les Grecs, Hésiode en particulier, ont bien décrit cette « parole à double sens » qui risque de devenir « parole de querelle » parce qu'elle n'est plus, comme le dira Eschyle, « parole du fond du cœur », « parole d'homme à homme ». C'est le mérite de l'école analytique d'Oxford d'avoir renoué sur ce point avec la tradition présocratique.

On s'en convaincra facilement par cette citation de la troisième règle des actes de parole définis par Austin : « Lorsque la procédure, comme il arrive souvent, suppose chez ceux qui recourent à elles certaines pensées ou certains sentiments, lorsqu'elle doit provoquer par la suite un certain comportement de la part de l'un ou l'autre des participants, il faut que la personne qui prend part à la procédure (et par là l'invoque) ait, en fait, ces pensées ou sentiments, et que les participants aient l'intention d'adopter le comportement impliqué. De plus, ils doivent se comporter ainsi, en fait, par la suite. »[9]

---

9. John L. AUSTIN. *Quand dire c'est faire*, Paris, Seuil, 1970, 183 p. (L'Ordre philosophique).

Mais c'est avec Benveniste qu'il convient de clore ces brèves remarques sur le langage, en citant de lui cette magnifique période : « nous voyons cette fois dans la langue sa fonction de médiatrice entre l'homme et l'homme, entre l'homme et le monde, entre l'esprit et les choses, transmettant l'information, communiquant l'expérience, imposant l'adhésion, suscitant la réponse, implorant, contraignant ; bref, organisant toute la vie des hommes ».

Il est tout naturel de sortir des sciences du langage pour entrer dans la psychanalyse, qui « est un langage construit sur un langage » comme l'a dit Freud lui-même [10]. C'est en effet ne pas quitter le problème de la construction de la personne et encore moins celui du sens. Il convient donc, là plus qu'ailleurs, que j'assume ma propre personne et que je dise que je ne suis ni psychanalyste ni psychanalysé. Je me suis donc obligé à un effort plus grand pour comprendre. C'est à partir de lui que je parle. Je le fais en désirant m'inscrire parmi ceux qui, n'étant pas de la psychanalyse, en parlent à leur tour dans une double tradition. La première, la plus importante pour moi, est celle du plus grand souci possible d'exactitude dans la compréhension ; elle est celle de Paul Ricœur, par exemple. La seconde, absolument nécessaire à mon avis, est celle qui permet de renouveler les questions et de remettre en cause ; elle est celle de Jean-Paul Sartre et d'Herbert Marcuse. Il n'y a pas que le Sphinx qui ait pouvoir et droit d'interroger par énigme. Puissent les dieux me préserver de la démesure ! Une autre remarque s'impose à l'intérieur du thème que nous examinons. La psychanalyse a déjà fait une percée timide et camouflée dans l'entreprise sous la forme des différentes thérapies et analyses qui ont emprunté le déguisement soit des affects, soit des instances psychiques. C'est un peu le carnaval de la psychanalyse.

---

10. Sigmund FREUD. *L'interprétation des rêves*, 5ᵉ éd., Paris, Presses universitaires de France, 1981, 584 p.

_____ . *Cinq psychanalyses*, 9ᵉ éd., Paris, Presses universitaires de France, 1979 (Bibliothèque psycha.).

_____ . *Essais de psychanalyse*, Paris, Payot, 1981, 288 p. (Petite bibliothèque Payot, nᵒ 44).

_____ . *Inhibition, symptôme et angoisse*, 7ᵉ éd., Paris, Presses universitaires de France, 1982 (Bibliothèque psycha.).

Sigmund FREUD & Joseph BREUER. *Études sur l'hystérie*, 7ᵉ éd., Paris, Presses universitaires de France, 1981 (Bibliothèque psycha.).

Or la psychanalyse veut être une science, c'est ce premier point que je voudrais souligner. Sa recherche d'un statut scientifique est liée à ses origines. Née dans la clinique médicale, elle a été confrontée au sein de la clinique neurologique à un faisceau de symptômes classés comme morbides, identifiés par Hippocrate et dénommés par lui « hystérie ». Comme toute la science médicale, la psychanalyse est une science inductive fondée sur l'observation. Rien n'est plus difficile qu'une bonne observation, tous les médecins le savent. Il importe non seulement de relever d'une manière méticuleuse et exhaustive le plus grand nombre de détails précis, mais encore et surtout de les articuler entre eux, d'une part, et avec leur contexte, d'autre part, qui devient à son tour objet d'observation. De plus une maladie se développe, elle apparaît puis disparaît. Cette étiologie à travers le développement a pris le nom en psychanalyse de continuité génétique. Il est nécessaire de ne pas oublier ce schéma de la pratique médicale si l'on veut comprendre la psychanalyse. À la fin du XIXe siècle, dans toutes les cliniques neurologiques européennes on était convaincu que les phénomènes hystériques ne pouvaient recevoir aucune explication « anatomique, physiologique ni pathologique ». Breuer et Freud allèrent en chercher l'origine ailleurs. L'observation rigoureuse leur permit d'établir tout d'abord que les sujets « souffrent de réminiscences » douloureuses d'événements traumatiques vécus dans leur première enfance, c'est-à-dire dans leur propre passé, et qu'ils y restent encore plus tard « affectivement attachés ». Cette constatation empirique suffit à comprendre pourquoi la psychanalyse est obligée d'accorder à la fois une place primordiale au « processus affectif » et une si grande importance au rôle du passé et à son élaboration par le sujet. D'autre part, la thérapeutique de l'époque, l'hypnose, mit en évidence dans le même contexte clinique des états de « double conscience » et de « dédoublement de la personnalité ». Parmi les interprétations contemporaines de ce phénomène, deux retenaient plus particulièrement l'attention à ce congrès de Londres de 1913, celle de « subconscient », élaborée par Pierre Janet, et celle de « Préconscient/conscient » — « Inconscient », élaborée par Freud et Breuer. C'est cette dernière, cliniquement meilleure à cause de sa plus grande richesse d'explications, qui prévaut encore actuellement. Ce concept de base de la psychanalyse est donc l'aboutissement d'une série d'observations et de discussions médicales et non pas un postulat indémontrable d'origine psychologique ou philosophique, encore moins une vision du monde idéologique.

Dans une seconde étape et toujours au sein de la clinique, c'est en abandonnant l'hypnose et en laissant s'exprimer librement les sujets qu'on devait rencontrer la résistance qu'ils opposaient à se rappeler ces événements douloureux à cause de l'opposition de deux désirs contradictoires manifestés dans leur expression. C'est qu'en effet on découvrit qu'ils étaient liés à des expériences sexuelles précoces subies passivement. On crut d'abord voir là des phénomènes répertoriés par le code pénal sous le nom de «détournement de mineurs». C'est alors que l'examen minutieux du contexte fit apparaître que ces expériences avaient été purement et simplement inventées et qu'elles servaient à dissimuler l'autoérotisme infantile. Néanmoins, de telles expériences fictives étaient bel et bien vécues comme réelles et avaient le même résultat. Il faut tout le génie d'un homme pour tirer de ces observations, considérées jusquelà comme banales et insignifiantes, quatre des concepts fondamentaux d'une théorie de la vie psychique! Le concept de conflit, celui de refoulement, celui de sexualité infantile et enfin le concept de la réalité psychique. Les trois premiers sont si connus que je me permettrai de ne pas m'y arrêter. C'est le quatrième que je désire développer quelque peu.

Il entraîne en effet avec lui deux autres constructions théoriques de la plus grande importance, celle du phantasme et celle du désir. Dans une société qui nous impose, à travers sa rationalité matérialiste économique comme seule et unique réalité, la réalité extérieure et celle des objets matériels, il convient de rappeler et de parler de la réalité psychique, du phantasme, du désir et de l'objet libidinal. J'ai pu constater, à travers ma propre expérience de consultant, que même les hommes occidentaux modernes en avaient assez d'être traités comme des matières premières dotées de propriétés psychologiques et sociologiques. C'est à cela, hélas, que conduit la notion de bilan. Freud, dans *La science des rêves*, dans *L'introduction à la psychanalyse* et dans ses *Remarques sur les deux principes du fonctionnement psychique* a soigneusement distingué pour des raisons théoriques et thérapeutiques les deux réalités. Voici quelques citations : «Pour bien comprendre la vie psychique, il est indispensable d'accorder moins d'importance à la conscience...» Il rappelle dans l'*Introduction* que «les phantasmes possèdent une réalité psychique opposée à la réalité matérielle» ; enfin il affirme dans *La science des rêves* : «Lorsqu'on se trouve en présence des désirs inconscients ramenés à leur expression la dernière et la plus vraie, on est bien forcé de dire que la réalité psychique est une forme d'existence particulière qu'il ne faut pas confondre avec la réalité matérielle.» Ainsi donc l'homme serait un être de phantasmes et de désirs ; comment cela se peut-il concevoir ?

Eh bien, il faut d'abord considérer «l'état de détresse originel de l'être humain», incapable de mettre seul et de lui-même un terme aux excitations endogènes et aux tensions internes créées dès sa naissance par la faim. Il lui faut le recours d'une partie de quelqu'un d'une importance pour lui capitale, le sein de sa mère avec lequel il est indissolublement lié. «Cette chose qu'on appelle nourrisson n'existe pas, dit Donald W. Winnicott[11], j'entends par là que chaque fois qu'il y a un nourrisson, on trouve des soins maternels et que, sans soins maternels, il n'y aurait pas de nourrisson». C'est donc en utilisant ce sein, partie de lui-même et d'un autre, que par l'action spécifique il pourra mettre un terme à sa faim. Mais cette action ne s'effectue pas n'importe comment et cette situation n'est pas sans conséquence. Elle laisse en effet dans le tissu nerveux du nourrisson des traces mnésiques perceptives et motrices intimement associées. «L'image mnésique d'une certaine perception reste associée avec la trace mnésique de l'excitation résultant du besoin», dit Freud. Chaque fois donc que naît le besoin, l'image mnésique du sein est recréée par l'enfant qui «hallucine l'objet». Winnicott lui a préféré le terme d'illusion, parce que cette «hallucination» est une idée universelle et non pas «pathologique». Mais il y a souvent décalage entre cette illusion et la satisfaction. «Les larmes qui le concernent en propre, sont provoquées par le retard imposé par lui pour l'arrivée à lui, en certaines circonstances... Il y a des pleurs de joie à l'instant précis de la rencontre... C'est ainsi que le nourrisson tète le sein de sa mère en pleurant». Vous ai-je rendu plus sensible cette «question de l'illusion... inhérente à la condition humaine» par la citation d'un mystique musulman de la fin du IXe siècle, Abou-Saïd Al-Kharraz?[12] Allons un peu plus loin. «Ce que crée l'insatisfaction du besoin ne s'annule pas par la satisfaction du besoin», ou bien encore

11. Donald WINNICOTT. *De la pédiatrie à la psychanalyse*, Paris, Payot, 1969, 369 p. (Petite bibliothèque Payot : collection science de l'homme, n° 253).

    ————. Les processus de maturation chez l'enfant : développement affectif et environnement, Paris, Payot, 1978, 264 p. (Petite bibliothèque Payot : collection science de l'homme, n° 245).

12. René KHAWAM. *Propos d'amour des mystiques musulmans*, Paris, Éditions de l'Orante, 1960, 250 p. (Lumière et nations, vol. 7).

« Ce qui crée la satisfaction du besoin ne s'annule pas d'avoir levé l'insatisfaction du besoin ». Une société qui s'empêtre de besoins quand il s'agit de désirs tombe dans le tonneau des Danaïdes. L'illusion est constitutive du besoin de vivre. Mais, bien sûr, nul ne peut vivre seulement d'illusion ; c'est le rôle fondamental de la mère d'aider à l'élaboration de la distinction entre la réalité intérieure et la réalité extérieure. C'est ensuite le jeu qui permettra cette élaboration toujours nécessaire et plus tard, enfin, les activités créatrices au sein de la culture. Mais qu'arrive-t-il dans une culture qui privilégie uniquement la réalité extérieure à travers l'extension indéfinie de besoins matériels artificiels ? La réponse est tellement évidente que nous ne la voyons même plus : avec les usines s'élèvent en même temps les asiles d'aliénés et les prisons. Les travaux de Michel Foucault ont montré ce triste privilège de la culture occidentale, ceux de Philippe Ariès permettent de suivre depuis le haut Moyen-Âge cet abandon progressif du jeu et de la fête, qui deviennent de vulgaires jours chômés dans une société gouvernée par la productivité. Nous avons donc à nous interroger sur la généralisation progressive des dérèglements de l'appareil psychique au moyen d'institutions inadéquates. La rationalisation politique, morale et économique de la vie humaine n'est pas neutre à l'égard de la folie, parce qu'elle n'a pas pouvoir d'annuler la réalité psychique. La société occidentale serait avisée d'écouter ses maîtres et de méditer le cas du président Schreber « ... ce qui a été aboli à l'intérieur » revient de l'extérieur, nous enseigne Freud. C'est la raison peut-être pour laquelle, depuis deux cents ans, la société industrielle ne vit que de révolutions et de guerres, elle semble en avoir fait les principes constitutifs de sa propre existence ; c'est aussi la raison peut-être pour laquelle les savants occidentaux se montrent si peu capables d'utiliser leurs connaissances à des fins uniquement pacifiques et les offrent souvent avec une bien étrange complaisance aux applications militaires et guerrières. La logique de la paranoïa est imparable et inéluctable, c'est la destruction des autres et de soi.

Mais il reste à dégager une autre grande leçon. Freud se rendait bien compte que sa thérapeutique fondée sur la parole était inaccessible à ceux qui avaient régressé à un stade préverbal. Il fallut donc attendre les raffinements de la théorie et de la clinique infantile avant de pouvoir s'avancer à travers cet au-delà du miroir que sont les états psychotiques. L'observation minutieuse du nourrisson permit d'approfondir un certain nombre de principes. On ne s'étonnera pas que ce renouveau soit essentiellement l'œuvre de femmes. « Hors de ce qu'il représente pour sa mère, l'enfant n'a pas d'existence psychique propre : source de vie pour son enfant, elle est aussi son appareil à penser. » La différence et la séparation sont ici difficiles à établir entre le psychique et le somatique, entre l'intérieur et l'extérieur, entre le « je » et le « non-je ». C'est par des manifestations de décharge, ses activités motrices et ses cris que le nourrisson manifeste son désir de voir mettre un terme à la tension créée par la faim. C'est de cette manière que s'élabore l'agressivité nécessaire à la satisfaction instinctuelle et à la compensation des frustrations de la réalité. Grâce aux soins d'une autre personne, d'un état de non-intégration et de non-relation, advient petit à petit la réalisation d'une personne. Telle semble être la réalité humaine. Il en est ainsi tout au long de l'existence. « Toute identité requiert l'existence d'un autre : de quelqu'un d'autre dans une relation grâce à laquelle s'actualise l'identité du soi. » De ces états primitifs de détresse, de danger et d'angoisse il restera toute leur vie aux hommes le besoin « d'être aimé ».

Victime du positivisme auquel il adhérait, Freud cachait très soigneusement la profondeur de sa culture grecque. Pourtant, dans une page touchante et maladroite de grand intellectuel, il nous rappelle avec insistance, dans *Psychologie collective et analyse du moi*, au nom du dieu Éros, que la psychanalyse ne parle pas de sexe mais d'amour. La vulgarité des hommes modernes, qui ne l'ont pas compris, n'est plus à dire.

Les sociétés modernes, sous couvert d'efficacité, ont tendance à décomposer la relation interpersonnelle en un faisceau de rôles associés à des fonctions, elles les délimitent et les encadrent au moyen de la spécialisation. C'est la conception de la machine introduite dans l'homme. Il devient difficile, dans un tel système de relations, d'éprouver une personne dans sa totalité. On considère généralement comme un déviant ou comme un psychopathe celui qui ose poser la question « qui suis-je et pour qui ? ».

En assumant la question et en cherchant à élaborer la réponse, un grand nombre de psychanalystes ont, chacun à leur manière, découvert qu'il était nécessaire d'utiliser une autre rationalité que celle fondée sur les données sensorielles courantes qui nous servent à construire notre connaissance des objets de la réalité extérieure. L'expérience que nous avons des autres et que les autres ont de nous fait appel à un au-delà du langage pour lequel le langage lui-même n'est pas construit. Si l'entreprise veut bien s'admettre comme un monde de relations entre les hommes et de leur expérience entre eux, elle ne peut pas ignorer la psychanalyse. Que cela plaise ou non aux chefs d'entreprise, les hommes exigent d'aimer et d'être aimés. La rationalité de l'obsessionnel vient toujours se briser là contre.

Michaël Balint [13], d'une manière fort convaincante, envisage dans le salariat la compensation monétaire de la neutralité affective et de la non-manifestation des sentiments exigées dans l'accomplissement de rôles strictement réduits à leur dimension opératoire, la profession. L'obligation de vivre en sociétés organisées pour survivre nous expulse en quelque sorte dans un autre que nous-mêmes, construit tout exprès pour nous par les autres. Nous risquons donc de nous prendre pour de bon pour ce que nous sommes contraints de dire ou que d'autres disent que nous sommes. La psychosomatique a démonté, sous le nom de « conduite opératoire », le mouvement contre-évolutif qui peut conduire un homme à se prendre au pied de la lettre pour le mot de sa fonction. « Il "vit" la loi, dit Pierre Marty [14]. Il n'a pas besoin de l'observer pour la vivre. »

Il ne faudrait pas croire que cet état de suradaptation le rapproche de l'animal ; au contraire, en le privant de ses affects il l'en éloigne. C'est seulement une tentative manquée pour retrouver l'unité perdue. La neurobiologie et l'éthologie permettent de mieux comprendre ce qu'est cette unité, c'est-à-dire l'interconnexion entre le physiologique et le psychologique. La théorie évolutionniste a déplacé l'accent porté exclusivement sur la définition de l'être vivant en tant qu'entité abstraite pour le mettre sur son activité, sur ce qu'il fait et sur l'interaction avec son milieu. Que fait l'environnement des êtres vivants qui l'habitent, que font les êtres vivants de leur environnement, que font-ils de ce qu'on leur fait ? Tel est l'ordre des préoccupations. Il est établi en fonction d'une dialectique de la structure, de la fonction et du comportement.

13. Michael BALINT & Enid. BALINT. *Techniques psychothérapeutiques en médecine*, Paris, Payot, 1966, 249 p. (Petite bibliothèque Payot : collection science de l'homme, n° 162).

14. Pierre MARTY. *Les mouvements individuels de la vie et de la mort, 2 : L'Ordre psychosomatique. Désorganisations et régressions*, Paris, Payot, 1980, 300 p. (Collection Science de l'homme).

Elle oblige à ne pas privilégier un aspect au détriment de l'autre et à ne pas expliquer l'un sans les autres. Ce sont leurs interrelations réciproques qui servent à définir l'être vivant. « Le corps tout entier est constitué en vue d'une action totale. » Ce principe d'action, c'est la vie. Là, sans doute, réside la différence dans la démarche conceptuelle introduite par les sciences de la vie. La rationalité analytique décompose un ensemble en ses éléments et permet ensuite de penser sa totalité dans ses éléments constitutifs. Les sciences de la vie s'attachent, elles, principalement à la recherche des états antécédents et des constructions antérieures. Elles font tout dépendre non pas tant des constituants, de la matière (elle est toujours et partout la même), mais de la manière dont un sujet s'est construit. Cette mise en ordre, dans le temps et l'espace, de ce qui est antérieur par rapport à ce qui est postérieur constitue le principe de la hiérarchie, c'est-à-dire la disposition actuelle d'états antérieurement construits successivement différenciés, coordonnés et rendus mutuellement indispensables dans une nouvelle construction, en vue d'assurer une plus grande indépendance de mouvement dans le monde extérieur. On est vraiment très loin des appareils d'autorité d'institutions destinées à faire travailler des hommes pour le profit d'autres hommes. C'est une grande leçon pour le management. Cette construction spécifique du sujet n'est pas sans conséquence. Elle lui permet d'exister selon un mode qui lui est propre, mais cependant pas séparément d'autres sujets construits comme lui et formant un groupe plus vaste, son espèce. Dans une telle organisation, les êtres vivants, pour pouvoir agir, doivent donc disposer des renseignements nécessaires à la fois sur leur état interne et leur environnement externe, leur permettant ainsi de se délimiter en tant que sujets et d'évaluer la situation. Leurs organes intéroceptifs et extéroceptifs leur fournissent des sortes de modèles de l'un et de l'autre pour l'élaboration de ces évaluations. Régulées entre elles et décodées par le sujet, elles servent à la fois à la surveillance et à la signification. La matière utilisée pour la vie étant chez tous les vivants la même, on retrouvera nécessairement dans tous les systèmes, à des degrés divers, les mêmes capacités : mémoire et apprentissage, «conservation d'une expérience passée modifiant le comportement ultérieur». Ceci nous permet de parler de «nos frères les animaux». Mais l'étonnement actuel des hommes modernes devant l'intelligence, les sentiments et les activités des animaux montre à quel point ils sont coupés et éloignés de la partie zoologique d'eux-mêmes. La question n'est donc pas tant de savoir si les animaux ont un esprit, une âme ou pas, elle est plutôt de se demander où est l'esprit de l'homme. Les Grecs l'avaient logé un peu partout, dans le foie, dans le diaphragme, dans le cœur. Platon nous l'a logé dans la tête. Il y est resté, et c'est là que nous l'y cherchons. À la fin du XIXᵉ siècle, « l'idée que les hémisphères cérébraux puissent servir aux mouvements » était loin d'être admise, même par un homme comme Jackson [15]. Il les considérait « comme servant non pour les mouvements mais pour les idées ». Or il nous faut un tissu cérébral intact pour vivre l'expérience intégrée de notre existence psychique et physiologique. Comme le dit Donald W. Winnicott, « Toute expérience est à la fois physique et non physique. Des idées accompagnent et enrichissent la fonction corporelle, tandis que le fonctionnement du corps accompagne et réalise l'idéation », ou pour le dire d'une manière plus sarcastique et plus abrupte, comme Lin-Tsi [16], « Fi le gaillard, qui avec sa tête cherche sa tête »...

S'il est difficile d'établir, à l'intérieur de notre propre expérience, une claire démarcation entre son aspect psychologique et son aspect physiologique, il n'est pas plus facile de délimiter, au sein des activités des hommes entre eux, leur aspect matériel de leur aspect symbolique. C'est le grand mérite de l'ethnologie de nous aider à y voir plus clair. La difficulté commence tout de suite, dès qu'un homme vient au monde : il n'est pas le petit d'un animal adulte. La différence fondamentale ici encore est de l'ordre du langage. L'être humain reçoit d'abord un nom qui l'inscrit dans sa lignée et qui le rattache à ses ascendants et à ses descendants. Avec et par ce nom, il reçoit ainsi une place au milieu des siens et un destin. Il n'est plus le fruit du hasard et de la nécessité, il devient celui de la fatalité. Il ne s'agit plus en effet de naissance mais de filiation. Son espace et son temps lui sont d'avance assignés ; s'il veut se les approprier, il devra les conquérir comme les siens. C'est à proprement parler son drame. De là vient le côté tragique de la vie d'un homme.

Mais devenu nom, il est par le fait inscrit dans la chaîne des significations fixées par sa culture, il en reçoit donc aussi sa propre signification. Ce n'est qu'à ce prix qu'il lui est dès le

---

15. Henri Ey. *Des idées de Jackson à un modèle organo-dynamique en psychiatrie*, Toulouse, Privat, 1975, 308 p. (Rhadamanthe).
16. Shih I-Hsuan. *Entretiens de Lin-Tsi*, traduits du chinois et commentés par Paul Demiéville, Paris, Fayard, 1972, 254 p. (Documents spirituels, n° 6).

début permis de parler de soi. En effet, les hommes ont besoin de pouvoir rendre compte à eux-mêmes et aux autres de ce qu'ils sont et de ce qu'ils font. Ils aiment s'en fournir de bonnes raisons. À toute activité matérielle, fût-elle la plus humble et de celles nécessaires à la survie, l'homme se doit d'être capable d'attacher un sens. Parce qu'il est biologiquement incapable de se suffire seul à lui-même, il se voit assigné à communication. Il ne le peut qu'au moyen du sens et de la signification. Cette transmission de sens peut être immanente, comme dans le code génétique ; elle est en général arbitraire, immotivée, contraignante et déterminée dans la culture par un langage. Aucune des activités humaines n'échappe à cette règle. On oublie volontiers que le développement de la main, « cet organe cortical » comme dit André Thomas, s'est fait avec celui du langage. Dans et par le travail, la main permet à l'homme d'établir une relation avec les choses et, à travers elles, avec les autres hommes, selon des rapports également arbitraires fixés par sa culture. Les activités de fabrication et de production sont donc elles aussi des activités symboliques. Elles relèvent à ce titre d'un ordre de concepts qui les organise, et permet de les justifier et de les expliquer au sein des sujets eux-mêmes et à travers eux entre les personnes. C'est grâce à ces concepts qu'un homme peut rendre compte à lui-même et aux autres de l'ensemble des relations que constituent ses droits sur et ses devoirs envers les choses et les personnes au milieu desquelles il vit. La grande leçon des sociétés traditionnelles est là. Les hommes n'y sont coupés ni des gens ni des choses, des liens invisibles mais puissants les y rattachent. Au sein de sa parenté, l'homme n'est pas seul dans l'univers. Son travail n'est qu'un des aspects et des moments de relations qui le transcendent dans un temps et dans un lieu plus vastes, hors desquels il n'aurait, à lui seul, aucune signification. La fin de la vie des hommes dans de telles sociétés n'est donc pas leur travail matériel. Il n'est qu'un aspect subsidiaire de leur personne et peut même n'être pas, en lui, un caractère du tout. Ce n'est pas lui qui définit nécessairement un homme, parce que, dans une telle organisation, ce n'est pas par son travail qu'un homme existe. Il est intégré à d'autres activités souvent plus importantes qui l'englobent, lui permettent de vivre sa culture comme une totalité et d'en recevoir une « unité de style ».

Il en va tout autrement dans la société industrielle. Par un long et inexorable cheminement, elle a réduit l'homme à n'être plus que son travail et à ne devoir plus son existence qu'à son salaire. L'introduction des rapports marchands dès l'antiquité, en même temps qu'elle focalisait les préoccupations sur l'acquisition des biens matériels, a lentement et très sûrement favorisé l'utilisation de l'argent comme moyen d'échange et instauré la primauté des rapports de prix. Petit à petit, par le biais d'une comptabilité de plus en plus rationnelle, à l'ordre du concept se substituait l'ordre du calcul. Les rapports, en devenant comptables, se faisaient de plus en plus abstraits et déshumanisés. L'histoire du travail montre bien comment tous les liens non quantifiables qui rattachaient les hommes à la totalité de leur culture furent, les uns après les autres, quantifiés et brisés pour conduire à l'isolement total de la personne au sein d'une activité que « des penseurs français d'une secte ésotérique » nommèrent, au XVIIIe siècle seulement de notre ère, « économique ». Ce n'est donc pas le développement de l'individualisme qui mène à l'économie mais l'inverse. L'individualisme n'est qu'une justification d'un ordre qui lentement s'établit au sein des sociétés occidentales. La concentration de toutes les activités humaines dans la seule production de biens fabriqués au prix le plus bas possible, dans la plus grande quantité susceptible d'être vendue, conduit à la création d'un marché abstrait rendu possible par la division du travail et la comptabilité rationnelle. C'est un non-lieu pour des non-personnes où fluctuent, au hasard, des prix. Dans cette société composée de professions assorties de revenus imposables, le maître mot va devenir celui de « revenu » dans lequel les hommes disparaissent. On peut ainsi, grâce à lui, les ranger avec leurs activités dans des tableaux, répartis en grandes masses qui échangent entre elles leurs flux. Dans ce meilleur des mondes, l'homme peut enfin être tenu tranquille et rendu « scientifique ». Il est bien vrai qu'il est là tout à fait semblable à la molécule d'un gaz ; en cela l'économétrie a bien raison. Mais ces tableaux rendent-ils compte de sa réalité intrinsèque ?

« Quand on pose des questions on n'obtient que des réponses », mieux vaut donc poser une autre question venue d'ailleurs, du fin fond de cette Chine du IXe siècle : « N'êtes-vous pas vous aussi nés de votre maman ?... Ne vous y trompez pas, adeptes. Vous avez un père et une mère, c'est tout. Que cherchez-vous de plus ? Essayez donc de retourner votre vision vers sous-même. »

LES AUTEURS
Notes biographiques

Alain **CHANLAT** est professeur de management à HEC Montréal. Ses activités d'enseignement, de consultation et sa participation à des projets en Algérie et au Sénégal lui ont fait prendre conscience des limites du savoir en gestion et de la nécessité de davantage tenir compte du point de vue des sciences humaines.

Maurice **DUFOUR**, conseiller pédagogique a été invité comme professeur visiteur à HEC Montréal en 1979-1980. Au cours de sa carrière, il a tenté de trouver une forme moderne d'enseignement des humanités adapté aux besoins de futurs dirigeants d'entreprise, et s'est efforcé de la mettre en pratique dans les entreprises. Il est à l'origine de la démarche esquissée dans cet ouvrage. Maurice Dufour a pris sa retraite en 1984.

Omar **AKTOUF** est professeur de management à l'Université du Québec à Trois-Rivières. Ses emprunts à l'anthropologie, la linguistique, la phénoménologie et la psychanalyse le conduisent à renouveler et à enrichir les conceptions traditionnelles en gestion.

Henri **ATLAN**, médecin et biologiste enseigne à la faculté de médecine de Paris VI et à l'université hébraïque de Jérusalem. Il contribue au renouvellement de la notion d'organisation dans les systèmes vivants. Ses travaux jouissent d'une renommée internationale.

Serge **BOUCHARD** est anthropologue. Il s'intéresse au phénomène de la bureaucratie, aux idéologies et au symbolisme dans la société moderne. Il travaille à Montréal au sein d'une petite firme de consultation dont le but est de développer un centre de recherche anthropologique non subventionné.

Jean **CLOUTIER** est directeur-fondateur de l'Institut international de la communication de Montréal. Il utilise l'analyse des systèmes afin de mieux comprendre et mesurer l'impact des nouvelles technologies sur les activités de communication.

Georges **CONDOMINAS** est ethnologue et actuellement directeur d'études à l'École des hautes études en sciences sociales. Il a enseigné dans plusieurs universités américaines. Ses travaux sur les Mnong Gar du Centre Vietnam l'aident à jeter un regard nouveau sur les sociétés industrielles.

Jean-Blaise **GRIZE** est professeur de logique et directeur du Centre de recherches sémiologiques à l'Université de Neuchâtel. Ses recherches mettent en évidence l'importance de l'argumentation dans le discours et en dévoilent les faces cachées.

Paul **HOPKINS** est attaché au laboratoire d'éthologie de l'Université de Rennes. Ses travaux pratiques et théoriques le conduisent à souligner les faiblesses des hypothèses sociobiologistes et en montrer les implications néfastes pour nos sociétés.

Elliott **JAQUES** est médecin, psychanalyste et professeur de sociologie à l'Université Brunel. Ses travaux de recherche et de consultation aident à mieux comprendre les relations qui existent entre l'angoisse individuelle et les structures sociales. Il est à l'origine d'une méthode originale d'intervention dans les entreprises.

Henri **LABORIT**, chirurgien et neurophysiologiste propose, à partir de ses travaux à l'hôpital Boucicaut à Paris et des connaissances biologiques contemporaines, une théorie de l'action qui souligne, en particulier, les effets désastreux de l'inhibition sur l'équilibre physiologique et psychique des êtres humains. Il a obtenu aux États-Unis le prix Lasker.

Tom **LUPTON** est actuellement à la retraite. Après avoir été ouvrier, il est devenu anthropologue et a fini sa carrière comme directeur de la faculté de gestion à l'Université de Manchester. Son itinéraire l'a amené à ne jamais oublier la vie concrète des travailleurs.

Kä **MANA** est originaire du Zaïre. Il termine actuellement en Belgique la rédaction de deux thèses de doctorat en théologie et en philosophie. Ses travaux, qui accordent une très grande place à la métaphysique et à l'ontologie, permettent de mieux saisir les enjeux et les implications de la rencontre entre l'Occident et l'Afrique.

Charles **MERTENS de WILMARS**, médecin et psychanalyste est professeur aux universités de Louvain et de Harvard. Ses travaux identifient certains facteurs qui nuisent ou favorisent l'épanouissement individuel et d'autres qui contribuent au développement de relations harmonieuses dans les groupes.

Lionel **VALLÉE** est anthropologue et professeur à l'Université de Montréal. Ses travaux sur les Incas, sur les Indiens des Andes et d'Amazonie le conduisent à accorder une place primordiale aux systèmes de représentation collective dans toute théorisation des sociétés.

TABLE DES MATIÈRES

PREMIÈRE PARTIE

BIOLOGIES ET CONTESTATIONS DES CERTITUDES

CINQUIÈME PARTIE

RÉFLEXIONS ET CONCLUSIONS

**Achevé d'imprimer au Canada
sur les presses de
l'Imprimerie Gagné Ltée
Louiseville**

COMPOSÉ AUX ATELIERS
GRAPHITI BARBEAU, TREMBLAY INC.
À SAINT-GEORGES-DE-BEAUCE